러시아,
그 역사와 진실

러시아, 그 역사와 진실

—

2023년 9월 6일 초판 1쇄 발행

—

지은이 올랜도 파이지스
옮긴이 홍우정
펴낸이 강준규
책임편집 유형일
마케팅지원 배진경, 임혜솔, 송지유, 이원선

—

펴낸곳 (주)로크미디어
출판등록 2003년 3월 24일
주소 서울특별시 마포구 마포대로 45 일진빌딩 6층
전화 02-3273-5135
팩스 02-3273-5134
편집 02-6356-5188
홈페이지 http://rokmedia.com
이메일 rokmedia@empas.com

—

ISBN 979-11-408-1636-1 (03920)
책값은 표지 뒷면에 적혀 있습니다.

—

커넥팅은 로크미디어의 인문, 역사 도서 브랜드입니다.
잘못 만들어진 책은 구입하신 서점에서 교환해 드립니다.

러시아의 기원에서 오늘날까지, 러시아에 관한 총체적 역사

러시아, 그 역사와 진실

올랜도 파이지스 지음 | 홍우정 옮김

THE STORY OF RUSSIA

Connecting

저자 · 올랜도 파이지스 Orlando Figes

영국 역사학자이자 작가이다.

1982년 케임브리지대학을 졸업했고, 동 대학 트리니티칼리지에서 역사학 박사학위를 받았다. 1999년부터 2022년까지 런던대학교 버벡칼리지 역사학 교수로 재직했다. 그의 집안은 영국에서 유명한 저술가 집안이며, 그 역시 섬세한 감각과 타고난 문학적 재능을 겸비한 작가로 명성이 높다. 〈타임Time〉, 〈가디언The Guardian〉, 〈뉴욕 리뷰 오브 북스The New York Review of Books〉를 비롯해 여러 매체에 정기적으로 글을 기고하고 있다. 여러 권의 책을 썼고, 울프슨 역사상, WH 스미스 문학상, 로스앤젤레스타임스 도서상, NCR 도서상 등 학계와 출판계 유수의 상을 받았다. 서평 주간지가 선정한 "2차 세계대전 이후 가장 큰 영향력을 떨친 책 100권"에 든 《민중의 비극A People's Tragedy》은 1997년 울프슨 역사상, NCR 도서상, WH 스미스 문학상,

롱맨-히스토리 투데이 도서상, 로스앤젤레스타임스 도서상 등을 받았다. 《나타샤 댄스》는 2003년 새뮤얼 존슨상과 더프 쿠퍼상 결선 후보에 올랐다. 2019년에 출간한 《유러피언》은 BBC 히스토리 매거진, 스펙터, 데일리 텔레그래프, 커커스 리뷰에서 '올해의 책'으로 선정됐고, 파이지스는 파이낸셜 타임스로부터 "역사적인 내러티브의 대가"라는 찬사를 받았다. 그 외에 《농민 러시아, 내전Peasant Russia, Civil War》, 《크리미아Crimea》, 《내게 소식을 보내줘Just Send Me Word》, 《혁명의 러시아 1981~1991》 등 다양한 역사서를 썼다. 그의 저서들은 30개 이상의 언어로 번역돼 세계 각국에서 널리 읽히고 있다. 이 책 《러시아, 그 역사와 진실》은 퍼블리셔스 위클리와 커커스 리뷰에서 2022년 올해의 가장 기대되는 책으로 선정됐으며, 파이지스는 이 책을 통해 파이낸셜 타임스로부터 "위대한 러시아 역사 이야기꾼"이라는 찬사를 받았다.

역자 · 홍우정

　　서울대학교 서양사학과를 졸업하였으며, 한국산업기술진흥원에서 다년간 근무하였다. 현재 번역에이전시 엔터스 코리아에서 전문 번역가로 활동 중이다. 주요 역서로는 《러시아 히스토리: 제국의 신화와 현실》, 《해적》 등이 있다

일러두기 ───

· 책 제목은 《 》로, 신문, 잡지, 단편, 시 등의 제목은 〈 〉로, 영화, 그림 제목은 「 」로 묶었다.
· 인명과 지명 등의 외국어와 외래어는 외래어표기법에 따르되, 몇몇 경우는 관용적 표현을 따랐다.
· 'Kiev'는 상황에 따라 키예프 또는 키이우로 혼용해 번역하였다.

스테파니에게
또다시 언제나

유럽 속 러시아

✂ 전투지
▬▬▬ 소비에트연방(USSR)(1945~1991)

0 100 200 300 400 500 km

핀란드

푸스토제르스크

북극권 한계선

백해

솔로베츠키섬

아르한겔스크

백해 운하(벨로모르카날)

이르티시강

솔비체고츠크

스타라야 라도가

우스튜크

체르딘

페름

코스트로마

러시아

우랄강

튜멘

세르기예프
포사트

클린

수즈달

니즈니노브고로드

예카테린부르크

보로디노
전투(1812)

모스크바

투시노

블라디미르

스비야지스크

카잔

첼랴빈스크

노보오가레보

아르자마스

우파

칼루가

랴잔

아르다토프

알라티르

코스타나이

툴라

오룔

스타라야랴잔
쿨리코보 전투(1380)
코즐로프

심비르스크

베즈드나

마그니토고르스크

벨린스키

펜자

사마라

쿠르스크

탐보프

아르딤

보로네시

사라토프

오렌부르크

벨고로드

돈강

우랄스크

악퇴베

우크라이나

볼가강

볼고그라드

카자흐스탄

칼카강

2 3

노보체르카스크

바이코누르

아조프 요새

신(新) 사라이

아티라우

아랄해

구(舊) 사라이?
아스트라한
이틸

스타브로폴

악타우

우즈베키스탄

흑해

수후미 4

베슬란

체첸

조지아 5

고리

카스피해

바투미

트빌리시

아르메니아

아제르바이잔

에르주룸

예레반

6

바쿠

투르크메니스탄

튀르키예

이란

아시가바트

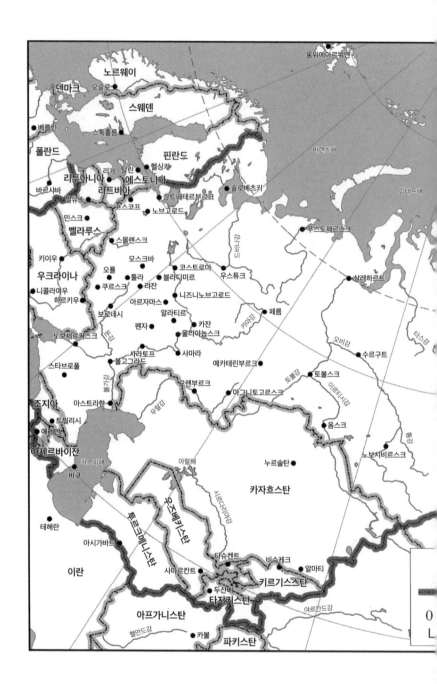

롱위에아르뷔엔

노르웨이
덴마크   오슬로
        스웨덴
베를린   스톡홀름
폴란드   핀란도
                헬싱키
리투아니아 리가 탈린
벨라루스 라트비아 에스토니아
바르샤바 빌뉴스   상트페테르부르크
        모스코프 노브고로드
벨라루스 스몰렌스크
키이우 오룔 모스크바
우크라이나   툴라 코스트로마
        쿠르스크 랴잔 블라디미르 우스튜크
니콜라이우 아르자마스 니즈니노브고로드
하르키우   펜자 알라티르 카잔 페름
보로네시   울리야놉스크
노보체르카스크 샤라토프 사마라
스타브로폴 볼고그라드 예카테린부르크
조지아 아스트라한 오렌부르크
트빌리시   마그니토고르스크
예레반
아제르바이잔 카스피해
바쿠
테헤란
아시가바트
이란 투르크메니스탄 우즈베키스탄
        사마르칸트 타슈켄트 비슈케크
        두샨베 키르기스스탄
아프가니스탄 타지키스탄 알마티
헬만드강 카불 야르칸드강
        파키스탄

바렌츠해
란테프해
솔로베츠키
푸스토제르스크
살레하르트
오비강 타스강
수르구트
토볼스크 토볼강 이르티시강
옴스크
노보시비르스크
누르술탄
카자흐스탄
아랄해
시르다리야강

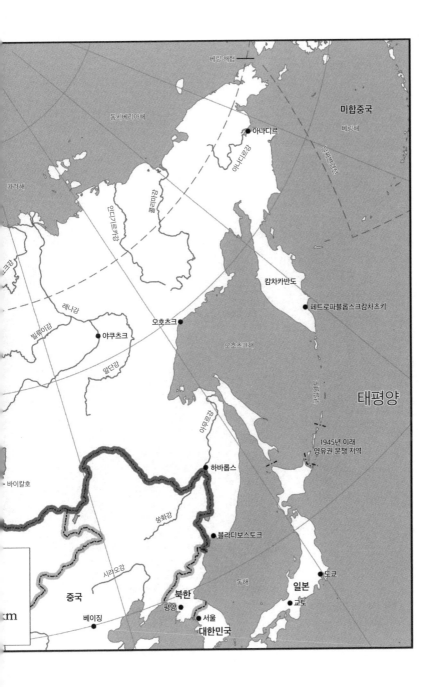

베링 해협

동시베리아해

미합중국

베링해

아나디르

카라해

아나디르강

인디기르카강

콜리마강

카라해

캄차카반도

레나강

페트로파블롭스크캄차츠키

빌류이강

오호츠크

야쿠츠크

올단강

오호츠크해

태평양

쿠릴열도

1945년 이래
영유권 분쟁 지역

바이칼호

하바롭스

송화강

아무르강

블라디보스토크

시라오강

도쿄

동해

일본

km

중국

북한

평양

교토

베이징

서울

대한민국

011

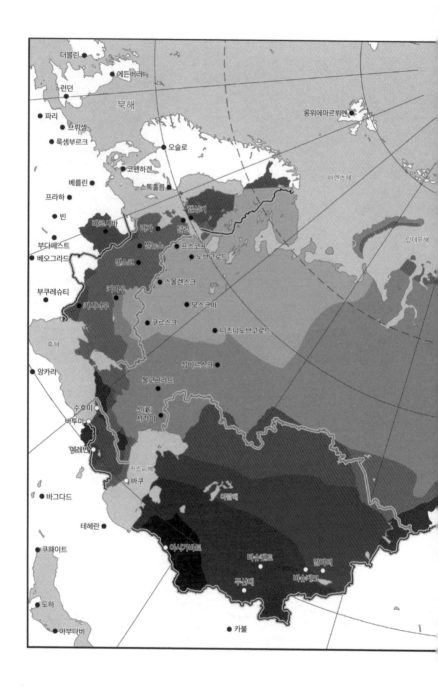

베링 해협

동시베리아해

베링해

태평양

야쿠츠크

오호츠크

오호츠크해

하바롭스크

바이칼호

울란바토르

동해

베이징

평양

서울

러시아의 확장

- 1533년 이전
- 1533~1689년
- 1689~1801년
- 알렉산드르 1세 (1801~25)
- 니콜라이 1세 (1825~55)
- 알렉산드르 2세 (1855~81)
- 알렉산드르 3세 (1881~94)
- 소비에트연방 (1945~91)
- 러시아 연방 (1956년 이후)

0   500   1,000 km

2016년 11월 춥고 어스름한 아침, 모스크바 크렘린궁 앞 눈이 치워진 광장에 사람들이 모였다. '최초의 러시아 국가'인 키예프 루스Kievan Rus(키예프 공국. 우크라이나에서는 '키이우 루스'라고 한다.—옮긴이)를 980년부터 1015년까지 통치한 블라디미르 대공의 동상 제막식을 보기 위해서였다. 전설에 따르면 블라디미르 대공은 988년에 당시 비잔틴 제국의 일부였던 크림반도에서 세례를 받았고, 그 후 백성들도 동방정교로 개종했다. 이 자리에는 모스크바와 전全 러시아 총대주교, 가톨릭 대주교, 이슬람 최고 율법학자, 수석 랍비, 불교 승려 최고지도자 등 러시아 주요 종교 지도자들도 참석했다.

검을 쥐고 십자가를 든 청동상은 높이가 20미터가 넘었다. 이 동상은 블라디미르 대공에게 헌정된 일련의 우스꽝스럽게 큰 기념물 가운데 가장 최근의 것이었다. 기념물들은 한결같이 공산주의가 무너진 19세기 이후에 발전한 조잡한 '러시아' 국가 양식을 따랐다. 다른 러시아 도시들(벨고로드, 블라디미르, 아스트라한, 바타이스크, 스몰렌스크)에도 국고 지원과 공공 모금을 통해 기념비가 세워졌다. 모스크바의 동상은 러시아 문화부와 군사역사협회, 오토바이 동호회가 자금을 지원했다.[1]

또 다른 블라디미르인 푸틴 러시아 대통령이 개막 연설을 했다. 푸틴은 말하면서도 지루해 보였다. 푸틴은 행사를 가급적 빨리 끝내고 싶은 듯했는데, 아마도 그런 이유로 표도르 본다르추크Fedor Bondarchuk(그는 최근 러시아의 우크라이나 크림반도 합병을 소리 높여 지지했다)가 예정된 시간보다 더 일찍 블라디미르 블라디미로비치(푸틴의 본명—옮긴이)를 연단에 불러 세운 것 같았다. 푸틴은 밋밋한 어조로 대본을 읽으며, 러시아 '국민통합의 날' 국경일인 11월 4일에 동상을 공개하는 것의 상징성을 언급했다. 그는 블라디미르 대공이 "강력하고 단일하며 중앙집권적인 국가를 세우고, 언어, 문화, 종교가 다른 다양한 민족을 하나의 거대한 가족으로 통합"함으로써 "러시아 영토를 모으고 지켜냈다"고 선언했다. 이어 키예프 루스에 기원을 둔 현대의 세 나라, 러시아, 벨라루스, 우크라이나가 그 거대한 가족의 일원이라고 말하며, 이들은 같은 기독교 원칙, 같은 문화와 언어를 공유한 단일 민족 또는 국가였고, 러시아 제국과 소비에트 연방의 슬라브 기반을 형성했다고 덧붙였다. 다음 차례로 연단에 오른 키릴 총대주교도 같은 내용을 되풀이하며, 블라디미르 대공이 이교도로 남기로 했거나 자기 혼자 개종했다면 "러시아도, 위대한 러시아 제국도, 현대 러시아도 존재하지 않았을 것"이라고 강조했다.

세 번째이자 마지막으로 연단에 선 알렉산드르 솔제니친Aleksandr Solzhenitsyn의 미망인 나탈리야 솔제니친의 어조는 사뭇 달랐다. 나탈리야는 러시아의 충격적인 20세기 역사로 나라가 분열되었고, "의견이 어긋나는 모든 분야 중에서 우리의 과거만큼 분열을 부추기는 것도 없다"고 말했다. 그녀는 "역사를 존중하라"는 호소로 연설을 끝냈는데, 역사에 자부심만 갖지 말고, '악을 합리화하거나 카펫 아래로 감추지 말고 솔직하고 용감하게 심판'하라는 의미였다.[2] 푸틴은 언짢아 보였다.

우크라이나인들은 격분했다. 우크라이나에도 그들이 볼로디미르Volodymyr라 부르는 같은 인물의 동상이 있다. 그 동상은 우크라이나 수도 키이우가 내려다보이는 드니프로강 기슭에 있는데, 1853년 우크라이나가 제정 러시아의 일부였을 때 세워졌다. 1991년 소련이 붕괴된 후, 볼로디미르 동상은 러시아로부터의 독립을 기념하는 국가적 상징이 되었다. 모스크바에서 제막식이 끝나고 채 몇 분도 지나지 않아 우크라이나 공식 트위터 계정에는 키이우의 동상 사진과 '진짜 볼로디미르 대공 동상이 어떻게 생겼는지 잊지 마세요'라는 영문 게시글이 올라왔다. 2014년 유로마이단 혁명을 계기로 대통령에 당선된 페트로 포로셴코Petro Poroshenko 우크라이나 대통령은 크렘린궁이 우크라이나 역사를 제멋대로 지어낸다고 비난하며, 러시아의 '제국주의적' 행태를 자신이 당선되기 직전에 벌어졌던 러시아의 우크라이나 크림반도 강제 병합에 빗대었다.[3]

키이우와 모스크바는 볼로디미르/블라디미르를 두고 수년간 분쟁을 벌여왔다. 모스크바는 동상을 키이우의 것보다 1미터 더 높게 제작했는데, 대공에 대한 소유권에서 우위를 차지하기 위함인 듯하다. 푸틴은 '블라디미르'를 근대 러시아 국가의 창시자로 추대했고, 우크라이나는 '볼로디미르'가 우크라이나의 조상이며, '중세 유럽 국가인 루스-우크라이나의 건립자'라고 주장했다. 이는 2015년 포로셴코 대통령이 1015년 대공 서거 1,000주년을 기념하는 자리에서 대공을 묘사한 말이다('우크라이나'라는 용어가 12세기 말까지 문헌에 나오지 않는다는 사실은 편리하게 간과되었다. 12세기 말에 최초로 등장하는 '오크라이나 okraina'(고대 슬라브어)는 '주변부' 또는 '국경'이라는 의미로 사용되었다). 그로부터 몇 달 후, 포로셴코는 볼로디미르가 동방정교를 받아들인 것은 "문화적이거나 정치적인 결정일 뿐만 아니라 키이우를 비잔티움의 기독교 문명에 속하게 한 '유럽 선택European choice'(우크라이나는 원래 유럽 국가이며 따라서 공식적으로 유럽과 노선을 함께하겠다는 선택—옮긴이)"이었다고 덧붙였다.[4] 메시지는 분명했다. 우크라이나는 러시아의 속주가 아니라 유럽의 일부가 되기를 원한다는 것.

두 나라는 키예프 루스라는 그들이 공유하는 역사를 뒤적거린다. 국가 정체성을 이루는 서사를 다시 상상하고, 각자 민족주의적 목적으로 사용하기 위해서다. 물론 역사적으로 10세기 국가나 정치 체제를 '러시아'나 '우크라이나'라고 부르는 것은 별의미가 없다. 볼로디미르/블라디미르를 둘러싼 갈등의 핵심은 진정한 의미의 역사적 논쟁이 아니라 양립할 수 없는 두 개의 기원 설화에 관한 것이다.

러시아인, 우크라이나인, 벨라루스인이 원래 하나의 국민이었다는 크렘린 버전의 기원 설화는 러시아의 세력권이 '자연발생적'으로 우크라이나와 벨라루스를 아우른다는 주장을 내세우기 위한 것이었다. 소비에트식 역사관을 배운 많은 러시아인이 그렇듯, 푸틴은 우크라이나의 독립을 인정하지 않았다. 2008년 말, 푸틴은 미국 대통령에게 우크라이나는 "국가가 아니며" 역사적으로 대★러시아의 한 부분, 서방으로부터 모스크바의 심장부를 지키는 국경지대라고 말했다. 이 제국주의 논리에 따르면 러시아는 우크라이나에 침입하는 서방에 대항해 스스로 방어할 권리가 있었다. 우크라이나와의 긴 전쟁의 서막이었던 러시아의 크림반도 합병은 우크라이나 역사에 대한 이 미심쩍은 해석에서 비롯되었다. 크림반도 침공은 키이우에서 일어난 '쿠데타'에 대한 러시아의 대응이었다. 크렘린이 쿠데타라 부른 마이단Maidan 시위는 빅토르 야누코비치Viktor Yanukovich 친러 정권이 유럽연합 가입 협정에 관한 협상을 중단하자 대중이 이에 반발하며 일으킨 것이었다. 한편 포로셴코는 자신을 대통령직에 오르게 한 이 혁명과 이후 서명한 유럽연합 가입 협정을 우크라이나 '유럽 선택' 신화로 정당화했다. 즉, 우크라이나 국민은 마이단 혁명을 통해 '유럽 선택'을 한 것이었다.

조지 오웰George Orwell은 《1984》에서 "과거를 지배하는 자가 (…) 미래를 지배하며, 현재를 지배하는 자가 과거를 지배한다"고 썼다.[5] 이 격언은 세계 어느 곳보다 러시아에 꼭 들어맞는다. 공산주의가 의심할 여지 없는 국가의 운명이었고 그 종착지에 적합한 방향으로 과거 역사를 뜯어고쳤던 소련 시대에, 아마도 오웰을 염두에 둔 듯한 우스갯소리가 있었다. "러시아에서 미래는 확고하다. 예측할 수 없는 것은 오직 과거다."

그 어떤 나라도 제 과거를 그렇게 자주 새로 상상하지 않는다.

각종 통치 이념의 부침에 역사가 그토록 휘둘린 나라도 없었다. 러시아에서 역사는 정치적이다. 나라의 과거로부터 교훈을 끌어내는 일이 미래 방향과 정책 논쟁에서 이기는 가장 효과적인 방법이었다. 국가의 성격과 운명에 관한 모든 논쟁은 역사에 던지는 질문으로 틀이 짜였다. 19세기 러시아의 지적 생활을 지배했던 서구주의자와 슬라브주의자 사이의 논쟁은 역사를 둘러싼 갈등으로 귀결됐다. 서방에서 영감을 찾았던 이들은 18세기 초 표트르 대제가 도입한 서구화 개혁이 러시아를 강력하게 만들었다고 주장했고, 슬라브주의자들은 표트르 대제가 러시아인에게 이식한 이질적인 서구 방식 때문에 러시아의 토착 문화와 전통, 국가적 결속력이 훼손되었다고 주장했다.

오늘날 그런 논쟁에서 역사의 역할은 그 어느 때보다 중요하다. 좌우 정당으로 분리되지도 않았고, 논쟁의 틀을 만들 경쟁 이데올로기도 없으며, '민주주의'나 '자유' 같은 대중적으로 합의된 핵심 개념도 없는 푸틴 체제에서 정치 담론은 나라의 과거에 대한 개념으로 정의된다. 정권이 러시아 역사에 등장하는 일화에 의미를 부여하면 그 주제는 정치화된다. 이는 낯설지 않다. 소련 역사학자들은 당의 노선 변화에 생사가 달린 포로 처지였다. 특히 자신의 중요성은 높이고 경쟁자의 위신은 떨어뜨리기 위해 역사를 위조했던 스탈린 치하에서 더욱 그랬다. 일부는 글을 '수정'하라고 강요받았고, 일부는 도서관에서 저작을 모두 거둬들여야 했으며, 출판 금지 조치를 받기도 했다.

1917년 이전에도 러시아에서 역사물은 꼼꼼히 검열되었다. 정치적으로 위험한 사상과 사실(독재정권을 부정적으로 묘사한 어떤 것이든)

이 출간되는 일을 막기 위함이기도 했지만, 무엇보다 나라의 과거에 대한 공식 서사가 현재 정책에 반하지는 않는지 확인하기 위해서였다. 특히 우크라이나 역사학자들은 요주의 인물이었는데, 유럽의 원칙들에 동조하리라 추정되었기 때문이다. 우크라이나 역사학자들은 우크라이나어로 책을 출간할 수 없었고, 우크라이나에 민족주의 감정을 고취하거나 러시아에 대한 반감을 불러일으켜서는 안 되었다.[6]

러시아에서 역사 서술은 통제되는 것을 넘어, '신성 러시아' 신화, '신성 차르', '러시아의 혼', '제3의 로마' 모스크바 등 온통 신화적인 개념으로 얽혀 있다. 러시아인은 이 신화들을 바탕으로 자신들의 역사와 민족성을 이해했고, 서방은 러시아에 대한 정책과 태도를 결정할 때 이를 안내판으로 삼았다(때론 잘못 안내되기도 했다). 현대 러시아를 이해하려면 우리는 이런 신화의 보따리를 풀고, 그것들이 역사적으로 어떻게 발전해왔는지 설명하고, 러시아의 행태와 정체성에 관해 그 신화들이 어떤 정보를 주는지 탐구해야 한다.

러시아 신화에 관한 위대한 문화사학자 마이클 체르니아프스키 Michael Cherniavsky는 수천 년에 걸쳐 이어지는 신화의 비범한 힘과 회복력에 대해 이렇게 설명했다.

많은 이가 신화가 현실에 가깝기보다는 오히려 모순되는 경향이 있음을 봐왔다. 그리고 러시아의 현실은 '가장 신성한' 신화를 만들어내야 할 만큼 충분히 '끔찍했다.' 정부의 힘이 커질수록, 신화는 정부를 정당화하고 정부에 복종해야 하는 이유를 대변하기 위해 더 극단적이 되었다. 러시아인의 비참함이 커질수록, 신화는 그 비참함에 이유를 붙이고 그것을 초월

하게 하도록 더 극단적인 종말론적 도약을 제공했다.[7]

수많은 작가가 러시아인들이 더 나은 러시아의 도래를 약속하는 초월론적 신화를 필요로 한다는 점에 주목해왔다. 도스토옙스키의 소설에는 고통과 구원이 매우 빈번하게 등장하는데, 이는 러시아인 캐릭터의 본질로 묘사된다. 신화에 등장하는 이러한 인내는 러시아 역사의 많은 요소를 설명한다. 정교 신앙의 지속적인 힘, 이상의 현현으로서 불의로부터 자신들을 구해줄 신성 차르를 찾는 러시아인들, 그것이 스탈린 정권의 악몽으로 드러났을 때조차도 이 땅 위에 천국을, 혁명 유토피아를 건설하려던 러시아 사람들의 꿈 같은 것 말이다.

이것들이 모두 내가 이 책의 제목을 '러시아 이야기(원제가《The Story of Russia》이다.—옮긴이)'로 정했던 이유다. 이 책은 러시아 역사를 만든 사건, 제도, 사회단체, 예술가, 사상가, 지도자에 관한 것인 만큼, 그 역사를 형성한 사상, 신화, 이데올로기에 관한 것이고, 러시아인이 그들의 과거를 해석하는 방식에 관한 것이다.

이 책은 러시아 땅에 슬라브인들이 정착한 최초 천 년에서 시작해 세 번째 천 년에 이르러 러시아 역사의 신화를 면밀히 연구한 푸틴이 그것을 자신의 권위주의 정권을 강화하는 데 사용하는 지점에서 끝난다. 요지는 이렇다. 러시아는 먼 과거에 뿌리를 둔 개념들로 뭉친 나라이며, 역사가 끊임없이 재구성되고, 현재의 필요에 부합하게 미래를 다시 상상하도록 그 용도가 변경되는 나라이다. 러시아인이 자신들의 이야기를 어떻게 말하는지, 그리고 그 과정에서 그것을 어떻게 재창조하는지가 러시아 역사의 핵심을 차지한다. 그것이 이 역사 이야기의 기본 틀이다.

'사도대등자使徒對等者'라 불리는 블라디미르 대공의 숭배는 이러한 과거 재창조의 한 예다. 블라디미르에 관해서는 알려진 바가 거의 없다. 동시대 문헌은 남아 있지 않고, 나중에 수도사들이 집필한, 그가 개종했다는 전설을 찬양하는 연대기만 전해진다. 키예프 루스의 통치자들은 연대기의 신성한 신화를 통해 블라디미르의 후계자로서 정당성을 인정받았다. 블라디미르는 중세에 성인으로 시성된 여러 공후 중 하나다. 하지만 블라디미르 숭배가 좀 더 중요한 지위를 갖게 된 것은 이반 4세Ivan IV('이반 뇌제Ivan the Terrible')가 모스크바 대공국의 차르인 자신이 키예프 공국 지배자들과 비잔틴 제국 황제의 유일한 후계자라는 거짓 주장에 대한 근거로 그것을 대대적으로 홍보한 16세기 이후였다. 당시 폴란드와 리투아니아는 키예프 루스의 땅 일부를 차지하고 있었는데, 러시아는 그들과 싸우는 수단으로 그 신화를 이용했다. 이반 4세 치세부터 블라디미르는 전설적인 '러시아 최초의 차르', 신성한 '러시아 영토를 모은 자'로 칭송됐다. 그 서사의 목적은 모스크바 대공국이라는 제국의 기원이 신성한 근본인 키예프 루스와 비잔틴 제국까지 거슬러 올라가게 하는 것이었다.[8]

이 건국 신화는 로마노프 왕조에는 필수적이었다. 1613년 수년간 이어진 내전 끝에 취약한 왕조를 세웠지만, 왕조의 기반으로 삼을 키예프 공국의 후손이 없었기 때문이다. 왕조의 창시자 미하일 로마노프Mikhail Romanov는 키예프 루스의 유산을 상징하고, 우크라이나에 대한 모스크바의 지배를 주장하기 위해 키예프에 있던 블라디미르 대공의 유해(머리를 제외한 부분)를 모스크바로 가져와 크렘린의 성모 영면 대성당cathedral of dormition에 안치했다. (유골은 1917년까지 그곳에 보관되었다.) 제정 러시아가 18세기에 우크라이나 대부분을 집어삼키면서 블라디미르 대공 숭배는 점령을 정당화하는 신화의 핵심이 되었다. 그의 생애는 제국의 신성한 시작이자 통합된 러시아 '가족' 혹은 러시아 '국가'(제국주의적 담화에는 대러시아, 소러시아[우크라이나], 백러시아[벨라루스]라는 용어가 사용되었다)의 상징으로 칭송되었다. 1853년 러시아가 키예프에 블라디미르 동상을 세울 때는 이러한 것을 의도했지만, 19세기 말에 이미 포로셴코와 같은 우크라이나 민족주의자들이 그 동상은 우크라이나만의 것이며, 우크라이나가 유럽 국가임을 나타내는 상징물이라고 주장하며 논란이 일었다.[9]

러시아의 과거를 형성한 여러 신화와 더불어 이 책에 반복되는 주제들이 있다. 이 주제들(지리적 요인, 신념 체계, 통치 방식, 정치사상, 사회 관습)은 러시아 역사의 구조적 연속성을 반영하는데, 러시아의 현재를 제대로 이해하려면 이런 연속성을 아는 것이 매우 중요하다. 현대 러시아 정치는 너무 자주 러시아 역사에 대한 이해 없이 분석된다. 푸틴이 러시아와 더 넓은 세계에 관해 진짜 계획하는 바가 무엇인지 파악하려면, 푸틴의 통치가 러시아 역사의 장기 패턴과 어떻게 관련되는지, 그리고 푸틴이 호소하는 '전통 가치'가 러시아인에게 어떤 의미인지를 이해할 필요가 있다.

이러한 심층 구조deep structure(화자가 사용하는 표층적 언어 사용 아래 존재하는 추상적 의미 구조—옮긴이)적 연속성은 앞으로 전개될 이야기에서 명백해지겠지만, 시작부터 한두 가지는 분명히 해둘 가치가 있다. 첫째는 가장 명백한데, 러시아의 광대한 크기와 지리이다. 러시아는 왜 그렇게 크게 성장했을까? 어떻게 유라시아를 가로질러 그렇게 멀리 확장하고, 수많은 민족(1926년 소련 최초 인구조사에 따르면 194개)을 흡수할 수 있었을까? 러시아 국가가 발전하는 데 크기는 어떤 영향을 미쳤을까? 18세기 에카테리나 대제Catherine the Great는 러시아처럼 큰 나라는 독재 정치로 다스려야 한다고 주장했다. "변방 영토에서 보내온 보고에 신속하게 결정을 내려야만 먼 거리로 인해 생긴 지연을 벌충할 수 있다. 다른 어떤 형태의 정부였다면 그저 해로운 정도를 넘어 러시아를 완전히 붕괴시켰을 것이다."[10] 하지만 정말 그런가? 전제주의 국가의 자리를 채웠을 수도 있는, 다른 형태의 대표 기구나 지방 정부는 없었는가?

러시아는 경계를 이루는 자연물이 없는 평평하고 탁 트인 땅에서 발전했다. 외부 침략에 취약했을 뿐만 아니라, 주변 강대국인 하자르Khazar, 몽골, 비잔틴 제국, 유럽, 오스만 제국의 영향권에도 닿아 있었다. 러시아는 강해지자—16세기부터라고 보는 것이 타당할 것이다—국경 방어에 주력했다. 이 우선순위는 러시아 역사를 이루는 특정 발전 패턴과 맞물린다.

사회는 국가와 군사력 필요성에 맞춰 형성됐다. 국가에 보탬이 되는 납세자와 군인을 기준으로 사회 계층이 만들어졌고, 법으로 정의되었다. 이는 또한 러시아 국경을 확보하기 위해 영토 확장 정책을 쓰겠다는 의미였다. 러시아 국가의 토대를 형성한 중핵인 모스크바 대공국(머스코비Muscovy) 또는 모스크바의 부상부터 푸틴의 우크라이나 전쟁에 이르기까지의 역사를 보면, 러시아가 인접국의 세력을 억누르고, 전쟁을 통해 적대적인 강대국들을 견제하는 식으로 안보를 강화해왔음을 알 수 있다. 이는 현대 많은 비평가가 말하듯 러시아가 팽창주의적이라는 의미인가? 아니면 주변부를 식민화하는 러시아의 경향성을 개방된 초원 지대에서 국가를 지키기 위해 완충국을 만들려는 방어적 반응으로 보아야 할까?

여기서 언급할 가치가 있는 두 번째 주제는 국가 권력의 본질이다. 예카테리나 대제는 러시아를 유럽의 절대왕정 국가들과 습관적으로 비교했다. 하지만 러시아는 그들과 같지 않았다. 제정 러시아는 국가(고수다르스트보gosudarstvo)의 개념이 러시아 땅의 주권자 또는 소유자인 차르(고수다리gosudar)의 인격으로 구체화되는 가산제적 독재patrimonial autocracy(독일 사회학자 막스 베버가 국가가 군주 한 사람의 세습 재산처럼 취급되던 정치 체제를 일컬어 사용한 용어이다.—옮긴이) 또는 일인 독재로 발전했다. 중세 유럽에서는 '왕의 두 신체king's two bodies'(유한한 인간으로서의 몸과 군주라는 신성한 권위)의 법적 분리가 추상적이고 비인격적인 국가 개념으로 발전했지만,[11] 러시아에서는 이반 4세 때부터 차르와 국가는 하나였다. 인간이자 통치자로서 신의 도구인 한 단일 존재의 몸으로 통합된 것이다.

비잔틴 제국의 유산인 '차르 권위의 신성화'는 러시아 국가의 강점이자 약점이었다. 차르가 신성성의 대리인이라는 신화는, 20세기에 이르러 니콜라이 2세Nicholas II의 탄압 정책에 반발한 대중 반란으로 깨질 때까지, 군주제를 지탱하는 핵심 역할을 했다. 한편으로는 같은 신화가 반란 지도자에게 이용되기도 했는데, 실제 17세기와 18세기에 코사크(병사 집단)가 봉기해 차르 권력을 전복할 때 그 신화를 동원했다. 대중의 머릿속에 신성 차르는 민중에게 진실과 사회 정의(프라브다правда)를 가져다주는 사람이었다. 따라서 차르가 불의를 가져온다면 그는 '진짜 차르'가 아니므로(아마도 '신성 러시아 땅'에서 신이 이룬 역사役事를 파괴하기 위해 사탄이 보낸 적그리스도일 것이다), 그와 싸워야 했다. 코사크 지도자들은 자신들이 진짜 차르를 왕좌에 올리기 위해 싸우고 있다고 주장함으로써, 근대 역사에서 위기의 순간에 나라를 뒤흔든 반란에 대중의 지지를 얻을 수 있었다.

진실과 정의에 관한 유사 개념이 1917년 러시아 혁명을 뒷받침했고, 신성 차르 신화는 레닌과 스탈린의 지도자 숭배에 자리를 내주었다. 모든 광장에 그들의 동상이 세워졌다. 푸틴 정권은 '러시아 전통'에 기반하여 안정적으로, 러시아식 군주제 통치의 전형을 재현하고 있다.

푸틴 숭배는 아직 모습을 드러내지 않았다. 공공 광장에 세워진 푸틴 동상은 존재하지 않는다. 하지만 블라디미르 대공의 동상 제막식을 보던 어떤 사람들은 농담 섞어 말했다. 저 이름을 가진 러시아 대통령의 동상이 크렘린궁 앞에 곧 등장하지 않겠느냐고.

★

차례

THE STORY OF RUSSIA

★

저자·역자 소개 / 004

서문 / 014

1 국가의 시작 / 029

2 몽골의 영향 / 061

3 차르와 신 / 093

4 동란 시대 / 127

5 서구와 마주한 러시아 / 165

6 나폴레옹의 그림자 / 205

7 위기의 제국 / 243

8 혁명 러시아 / 285

9 옛 러시아와 싸우는 전쟁 / 323

10 모국(母國) / 357

11 이야기의 결말 / 405

감사의 글 / 456

주석 / 457

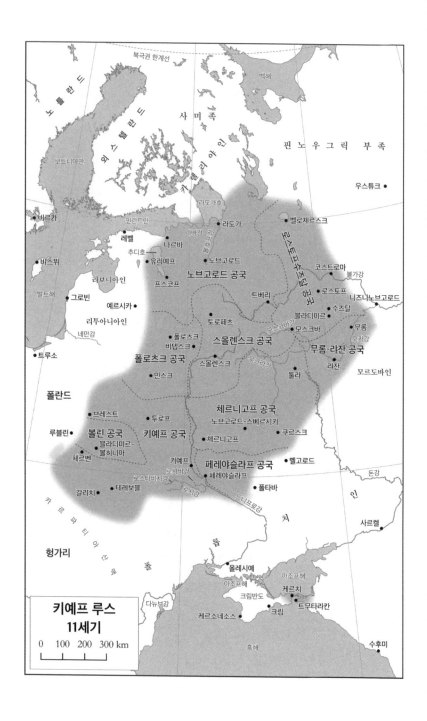

노블란디

북극권 한계선

사 미 족

핀 노 우 그 릭 부 족

백해

우스튜크 •

보트니아만

외 스 텔 란 디

카 렐 리 아 인

라도가호

벨로제르스크 •

비르카 •

핀란드만

라도가 •

모 스 토 프 조 칼 아 주

네바강

바스뷔 •

레벨 •

나르바

유리예프

코스트로마

추디호

노브고로드

레스토프

불가강

리보니아인

프스코프

노브고로드 공국

발트해

그로빈 •

예르시카 •

트베리

니즈니노브고로드

리투아니아인

블라디미르

수즈달

무롬

네만강

토로페츠

오카강

모스크바

폴로츠크 •

비텝스크

스몰렌스크 공국

무롬-랴잔 공국

트루소 •

폴로츠크 공국

스몰렌스크

라잔

모르도바인

민스크 •

우그라강

폴란드

톨라

체르니고프 공국

루블린 •

브레스트 •

노브고로드-스베르시키

쿠르스크 •

투로프 •

볼린 공국

키예프 공국

체르벤 •

블라디미르-볼히니아

체르니고프

돈강

인

갈리치 •

테레보블 •

키예프

페레야슬라프 공국

벨고로드 •

로스타비차강

로샤브강

페레야슬라프

로시강

사르켈 •

드니프르강

폴타바

헝가리

치

카 르 파 티 아 인

폴

돔

올레시예

아조프해

케르치

사르켈 •

다뉴브강

아조프해

크림반도

수후미 •

케르소네소스

크림

트무타라칸

흑해

키예프 루스
11세기

0 100 200 300 km

1

국가의 시작

ORIGINS

모든 나라에는 기원에 관한 이야기가 있다. 어떤 나라는 신성하거나 고전적인 신화, 즉 신이 만들었다거나 고대 문명과 연관된 서사를 내세운다. 하지만 대다수 국가—최소한 유럽 국가들—의 기원 설화는 18세기나 19세기 초에 만들어졌다. 당시 민족주의 역사학자, 언어학자, 고고학자들은 나라의 기원을 동질적이고 불변하며 근대 국가성의 시초가 되는 원시 집단에서 찾았다. 과거 그 영토에 살았던 사람들의 모든 흔적에 원시 민족이 반영되어 있다고 본 것이다. 그렇게 켈트족, 프랑크족, 갈리아족, 고트족, 훈족, 세르비아족은 근대 국가의 원시 민족 지위를 얻었다. 사실 그 민족들은 수세기 동안 유럽 대륙을 가로지른 대이동의 결과로 형성된 복잡한 사회 집단이었는데도 말이다.[1]

자기 나라의 기원에 대해 러시아처럼 의견이 갈렸던 나라는 없다. 기원 설화가 그렇게 많이 바뀐 나라도 없다. 러시아의 기원이라는 주제는 국가적 신화를 떼 놓고는 생각할 수 없다. 현재 남아 있는 유일한 문헌은 1110년 키예프의 네스토르Nestor를 비롯해 여러 수도사가 집필한 《흘러간 시간에 관한 이야기Tale of Bygone Years》이다(《원초연대기Primary Chronicle》로 불린다). 《원초연대기》에는 862년에 서로 전쟁을 벌이던 러시아 서북부 슬라브족들이 어떻게 뜻을 합쳐 바이킹 일족 '루스Rus'에게 자신들을 통치해달라고 요청하게 되었는지 서술되어 있다. "우리 땅은 광활하고 풍요로우나 질서가 없습니다. 이곳의 통치자가 되어 우리를 다스려주십시오."[2] 루스 귀족 삼 형제는 길쭉한 바이킹의 배를 타고 친족과 함께 러시아 땅에 도착했고, 슬라브인들이 그들을 맞았다. 삼 형제 중 두 명은 죽고, 살아남은 류리크Riurik는 북부의 가장 중요한 무역도시였던 노브고로드의 지배자가 되었다. 류리크가 879년 사망하자 아들 올레그Oleg가 권좌를 이어받았다. 그로부터 3년 후, 연대기에 따르면 올레그가 키예프를 점령했고, 그렇게 최초의 '러시아Russian' 국가, 키예프 루스가 탄생했다.

《원초연대기》는 역사 기록이라기보다는 만들어낸 옛날이야기로 읽힌다. 키예프의 류리크 왕조가 루스의 땅을 기독교화하기 위해 신이 선택한 대리인이라는 정치적 정당성을 부여하는 전형적인 건국 신화다. 연대기 내용은 상당 부분 허구인데, 구전되는 서정가요와 이야기시narrative poem(러시아에서는 이런 구전 설화를 '빌리니byliny'라고 한다), 노르드 사가saga(아이슬란드어로 '역사'를 뜻하는 단어에서 유래했다. 산문체 영웅담, 서사시 등이다.—옮긴이), 슬라브 민담, 고대 비잔티움 연대기, 종교 문헌에서 여러 이야기를 가져와 짜깁기했다. 그 내용 중 어떤 것도 사실이라 단정할 수 없다. 류리크가 실존한 인물인지도 확실치 않다. 류리크는 그 당시 생존한 인물인 뢰릭Rörik(덴마크 군주 하랄드 클라크 Harald Klak의 조카나 아들 또는 형제로 추측된다)이었을 수도 있다. 하지만 뢰릭이 키예프와 연관이 있다는 증거는 없다. 그러므로 류리크 왕조의 창시자는 또 다른 바이킹 전사일 수도 있고, 류리크는 실존하지 않은 우화적 인물일 수도 있다.³ 《원초연대기》를 쓴 수도사들은 연대기의 정확성보다는 종교적 상징성에 무게를 둔 듯하다. 이 작가들은 키예프 루스의 역사를 창세기에 나오는 노아까지 거슬러 올라가, 자신들이 노아의 아들 야벳Japheth의 후손이라고 주장한다. 그렇게 함으로써 키예프 루스는 성령의 섭리로 탄생한 나라가 된다.⁴

《원초연대기》는 18세기 전반에 벌어진 러시아 기원 논쟁의 핵심이었다. 그때 러시아에서는 역사 서술이 막 걸음마를 떼고 있었다. 새 학문은 독일인들이 주도했다. 그중에는 스무 살에 상트페테르부르크 과학 아카데미 교수직을 맡았던 게르하르트 프리드리히 뮐러Gerhard Friedrich Müller(1705~1783)가 있었다. 뮐러는 최초로 러시아 역사에 관한 문건과 글을 모아 발간한 시리즈물인 《러시아 역사 총서 Sammlung Russischer Geschichte》(1732~1765)의 창립 편집자였다. 총서는 러시아와 러시아 역사에 관해 아는 것이 거의 없는 유럽 독자들을 위해 독일어로 출간되었다. 1749년 그는 제정 러시아의 황제였던 엘리자베타 1세Elizabeth I의 영명축일(세례명과 같은 성인의 축일—옮긴이)에 기념 연설을 맡게 될 정도로 명성이 높았다. 강연 제목은 '러시아 민족과 그 이름의 기원에 관하여'였다.

당시 다른 독일 학자들이 《원초연대기》를 읽고 나서 러시아의 기원이 바이킹이라고 결론 내렸는데, 뮐러는 강연에서 이 학자들이 발견한 내용을 개괄해 설명했다. 루스인이 스칸디나비아인이며, 루스라는 부족 이름은 핀란드인들이 로슬라겐Roslagen의 스웨덴인을 부르는 이름인 '루오치Ruotsi'에서 유래했다고 말이다. 하지만 그때는 스웨덴이든 다른 어떤 민족이든, 외부 민족이 러시아를 세웠다고 얘기하기에 적합한 때가 아니었다. 불과 몇 년 전에 스웨덴과의 전쟁 (1741~1743)에서 승리를 거머쥔 터라 러시아에는 애국심이 가득했고, 애국적 정서는 조국의 과거를 바라보는 시각에도 영향을 미쳤다. 뮐러의 강의 내용은 아카데미 내부에서 거세게 비판받았다.

엘리자베타 1세의 영명축일인 9월 5일이 어렵다면 즉위 7주년 기념일인 11월 25일까지는 러시아의 '평판을 훼손'하지 않는 강연을 하는 것이 가능한지 여부를 결정하는 조사위원회가 구성되었다. 러시아 최초의 위대한 '폴리매스polymath'(박식가)인 미하일 로모노소프 Mikhail Lomonosov가 뮐러를 공격하는 데 앞장섰다. 그는 뮐러가 슬라브인을 스스로 국가도 못 세우는 야만인으로 깎아내리기로 작정했다고 비난했다. 로모노소프는 루스는 스웨덴이 아니라 이란 록솔라니족Iranian Roxolani의 후예인 발트 슬라브족이라고 주장했다. 그들의 역사는 트로이 전쟁까지 거슬러 올라간다. 로모노소프는 독일인에 대한 개인적 혐오와 민족주의적 자존심으로 비난에 열을 올렸다. 로모노소프는 뮐러는 러시아 문건을 읽을 줄 모르고, 그런 이유로 중대한 실수를 저지르며, 이는 다른 외국인도 마찬가지인데, 러시아인이 아니기 때문에 러시아 역사를 제대로 이해할 수 없다고 잘못 주장했다.

6개월 동안 학문적 논쟁이 이어졌다. 1750년 3월 8일, 조사위원회는 뮐러의 강의를 금지하고 러시아어와 라틴어로 된 모든 인쇄본을 압수했다. 로모노소프도 이 일에 가담했다. 뮐러는 지위가 강등되었고 국가 기록보관소에서 일하는 것이 금지되었다. 러시아 제국의 역사를 '더럽히려는' 시도를 내버려둘 수 없기 때문이라는 이유가 붙었을 것이다. 뮐러는 학문적 경력으로는 다시 예전의 명성을 회복하지 못했지만, 강의 내용을 발전시킨 《러시아 민족과 이름의 기원 Origines gentis et nominis Russorum》(1761)을 비롯해 많은 책을 썼다. 해당 책은 독일에서 최초로 출판된 후, 뮐러의 주장을 반박하는 내용을 담은 로모노소프의 《고대 러시아사Ancient Russian History》가 발간되고 10년이 지난 1773년에야 러시아어로 출판되었다.[5]

러시아의 기원에 관한 논쟁은 현재까지 이어진다. '노르만 논쟁'(바이킹이 노르만족이기 때문이다)이라 불리는 이 사안은 지극히 정치적이고 이념적인 문제다. 논쟁의 핵심은 러시아를 세운 이들이 러시아인이냐 외국인이냐 하는 것이다.

18세기 마지막 몇 십 년 동안, 뮐러의 '노르만 학설'은 독일 태생 역사학자들이 주류였던 당시 상트페테르부르크 아카데미에서 정설로 받아들여졌다. 그들은 류리크가 스칸디나비아 게르만 부족 출신이므로 국가적으로나 문화적으로 러시아는 게르만족이 세운 나라라는 학설을 퍼트렸다. 예카테리나 대제(독일 출신이다)도 이에 지지를 표명했는데, 그도 그럴 것이 이 입장은 러시아인이 유럽계라고 말하는 셈이었고, 그것은 대제가 여러 사업을 통해 장려해 온 관점이었기 때문이다. 독일인 연구자들의 노르만주의 입장에는 때로 슬라브족을 향한 인종차별적 태도가 수반되었다. 1802년 아우구스트루트비히 폰 슐뢰처August Ludwig von Schlözer가 《원초연대기》에 관해 연구한 보고서에서 남긴 글을 보자.

물론 그곳[러시아 땅]에는 사람들이 있었고, 그들이 얼마나 오랫동안 그곳에 살았는지 어디서 왔는지는 신만이 아시리라. 하지만 그들은 지도자가 없었고, 광활한 숲속에서 야생 금수처럼 살고 있었다. … 어떤 계몽된 유럽인도 그들을 목격하지 못했고 기록을 남긴 바도 없다. 북부 전역에 도읍이라 불릴 만한 곳은 전혀 없었다. … 야생적이고 천박하고 고립된 슬라브인들이 사회적이라 불릴 만한 집단이 된 것은, 슬라브인 사이에 문명의 첫 씨앗을 뿌리는 것을 운명이 명령한 임무로 여긴 게르만족 덕분이다.[6]

노르만 학설은 전제정치를 옹호하는 사람들의 구미에 맞았다. 그들과 전쟁을 벌이는 슬라브 부족들이 자치 능력이 없다고 가정하는 셈이었으니 말이다. 선두에는 러시아 최초의 대문호이자 역사가인 니콜라이 카람진Nikolai Karamzin이 있었다. 카람진은 1818년부터 1829년에 걸쳐 12권에 달하는 《러시아 국가의 역사History of the Russian State》를 집필하면서 슐뢰처의 보고서를 대거 반영했다. 카람진은 외국 공후에 의한 통치체제가 확립되기 전 러시아는 '야생적이며 전쟁이 끊이지 않는, 부족들이 날짐승과 길짐승처럼 살던 빈 땅'에 불과했다고 선언했다.[7]

이런 견해는 19세기에 이르러 언어학자와 고고학자들의 반대에 부딪혔다. 러시아의 고대 슬라브 문화에 민족주의적 자긍심을 가졌던 그들은 러시아 땅에 최초 천 년 동안 진보된 사회가 형성되었음을 암시하는 증거를 찾는 데 주력했다. 반노르만주의자로 불린 이 학자들은 루스라는 부족 이름이 2세기 그리스 문헌과 5세기 아랍 문헌에 나온다는 점을 들어(고대 노르드 문헌이나 설화에는 루스의 흔적이 없다), 루스족은 스칸디나비아 출신이 아니라 슬라브족이라고 주장했다. 또한 루스의 본래 영토는 우크라이나이며, 슬라브식 이름을 가진 강들(로시, 로사바, 루스나, 로스타비차 등)이 그 증거라고 주장했다. 정착지 유적을 발굴한 결과 루스는 둥근 방어형 정착지를 이루고 살았는데 이는 바이킹의 개방형 정착지와 판이한 데다, 루스가 바이킹이 진출하기 전에 이미 헬레니즘, 비잔틴, 동양 문명과 접촉해 상당한 수준의 물질문명을 이루었음을 보여주는 증거가 여러 유적을 통해 드러났다는 입장이었다.

반노르만주의는 러시아를 휩쓴 민족주의의 영향으로 상승일로를 걸었다. 절정은 스탈린 시대, 특히 소련 이데올로기의 심장부에 나치 독일에 대한 승리로 고무된 '대러시아Great Russia' 쇼비니즘이 자리 잡은 1945년 이후였다. 초기 슬라브족 정착지에 관한 민족고고학(유적 공간과 유물 조성에 관해 형성과 사용, 폐기 과정을 연구하는 고고학—옮긴이)은 정치화됐다. 국가는 동쪽의 볼가강에서 서쪽의 엘베강까지, 북쪽 발트해에서 남쪽 에게해와 흑해까지 아우르는 '슬라브인의 요람'을 드러내는 발굴사업에 막대한 예산을 투입했다. 그 요람은 달리 말하면 냉전 시대에 스탈린이 소련 '세력권'이라고 주장한 지역이었다. 러시아의 기원이 외국 세력, 더욱이 (독일을 연상시키는) '게르만계Germanic' 바이킹들에게 있다는 생각은 절대 용납될 수 없었다. 감히 그런 의견을 제시하는 학자가 있다면 공산당이 개입해 연구 결과

를 수정하게 했다.[8]

러시아의 기원에 관한 소련의 견해는 이렇게 민족성 개념과 얽히게 되었다. 이 개념에서 민족이란 고대로부터 이어져온 국가 정체성의 핵심으로, 사회는 변했을지언정 역사에서 변하지 않은 채 전승된 것이었다. 서구 학자들이 민족 집단은 근대에 학문적으로 고안된 산물이자 복잡한 사회 집단을 구분하기 위해 만든 범주라는 시각으로 넘어가던 무렵, 소련 학자들은 민족 집단을 생물학적으로 정의되는 원시적 실체로 분석하고 있었다. 그들은 민족 발생학 연구를 통해 현대 러시아의 기원을 철기시대의 단일 민족에게서 찾았다. 러시아인이 고대 슬라브족의 후예라는 뜻이었다.

이런 접근방식은 소련 붕괴 후 러시아, 우크라이나, 벨라루스 민족주의자들이 저마다 키예프 루스의 유산에서 민족의 기원을 찾으며 대립각을 세우자 한층 더 강한 동력을 얻으며 부상했다. 푸틴 러시아 대통령이 블라디미르 대공의 모스크바 동상 제막식에서 한 연설의 목적도 여기에 있었다. 키예프에서 러시아의 유산을 상속받았다고 주장함으로써, 러시아인, 우크라이나인, 벨라루스인이 역사적으로 단일 민족이며, 한 민족에 속한 세 개의 하위 집단이라는 오래된 제국 신화를 불러내어 원래의 '조상의 땅'에 현재 러시아의 '자연발생적인' 세력권을 확립하려는 것이었다. 물론 역사는 더 복잡하다. 확인되지 않는 이야기일 뿐이지만 말이다.

러시아는 유럽과 아시아 사이 숲과 스텝 지대에서 성장했다. 러시아는 장구한 역사를 거치며 양 대륙에서 밀려온 민족들이 정착한 땅인데, 그 영토를 규정할 바다나 산맥 등의 자연적인 경계가 없다. '유럽 러시아'와 시베리아를 가르는 경계로 일컬어지는 우랄산맥은 아시아 스텝 지대의 유목 민족의 침입으로부터 러시아 주민들을 지켜주지 못했다. 우랄산맥은 넓은 통로로 뚝뚝 끊기는 일련의 고지대이다. 많은 부분이 언덕에 가깝다. 러시아어로 '언덕'과 '산'을 가리키는 단어가 'gora'(고라)로 같다는 점은 의미심장하다. 러시아는 가로로 길게 뻗은 단일 평원으로 이루어진 국가다.

우랄산맥 양쪽은 지형이 똑같다. 서부 국경부터 동쪽으로는 태평양까지, 땅은 거대한 초원에 표준시만 열네 번이 바뀐다. 러시아 영토는 한쪽 끝에서 다른 쪽 끝까지 대체로 평행하게 이어지는 4개의 지대 혹은 구역으로 구성된다. 첫 번째 지대는 러시아 전체 영토의 5분의 1에 해당하는 북극권 상부이다. 나무가 자라지 않는 툰드라 지역으로 연중 8개월은 눈과 얼음으로 덮인다. 순록 떼를 몰고 다니는 유목민이나, 모피용 짐승과 바다코끼리를 노리는 사냥꾼이 20세기까지 이곳에 산 유일한 사람들이었다. 영구 동토층에서 석탄, 금, 백금, 다이아몬드가 발견된 후 북극 지대에 강제수용소 '굴라크 Gulag'가 들어섰고, 현재는 인구가 2백만 명에 달한다. 대부분은 수용소 수감자의 후손들이다.

남쪽으로 내려오면 타이가 삼림 지대가 나온다. 발트해에서 태평양까지 뻗은 세계 최대 침엽수림이다. 소나무, 가문비나무, 낙엽송이 주를 이루고, 습지와 호수 그리고 19세기까지 이 지역에서 가장 빠른 이동 수단이었던 완만히 흐르는 하천이 땅을 가로지른다.

더 아래로 향하면 소나무 숲이 혼합 삼림 지대와 나무가 드문드

문한 스텝으로 대체되고, 모스크바 남부에 이르면 비옥한 흑토 지대가 나온다. 비옥한 흑토는 땅 아래 수 미터까지 내려간다. 이 세 번째 지대는 중앙 농업지대로 불리는데, 헝가리 평원과 합쳐지는 서쪽 경계에서는 넓고 동쪽으로 갈수록 좁아져 시베리아에 이르면 타이가로 대체된다. 이 땅은 16세기 이래로 러시아인이 개척한 땅이다.

마지막으로 남쪽 끝에는 반건조 초원과 사바나인 폰토스 스텝이 있다. 서쪽으로는 흑해의 북쪽 해안선에서 동쪽으로는 카스피해Caspian Sea와 카자흐스탄에 이르는 지역이다. 이 지역은 18세기에 이르러서야 러시아인들이 튀르크 유목 민족에게서 빼앗은 것으로, 러시아와 이슬람 세계를 가르는 종교 단층선이기도 하다.

에스토니아인과 같은 핀노-우그릭Finno-Ugric 부족이 첫 천 년의 중반부터 북부 삼림 지대에 살았지만, 키예프 루스로 알려진 땅에 살았던 것으로 맨 처음 기록된 사람들은 슬라브인들이다. 대부분의 역사가는 군사력 덕분에 남쪽 초원 지대를 장악한 튀르크 부족들이 슬라브족을 북부 삼림 지대로 밀어냈으리라 추정한다. 슬라브족은 작은 집단으로 나뉘어 거대한 원시림으로 퍼져나가, 나무를 자르고 태워 재가 쌓인 땅에 농작물을 심었을 것이다. 북부 삼림 지대에서 농사짓는 일은 고역이었다. 생존을 위해서는 강력한 집산주의 체제가 필수였다. 4월에는 얼음이 녹고 땅 위로 물이 차오르는 봄 홍수가 시작된다. 노동자들은 그때부터 땅이 얼어붙기 시작하는 10월까지 나무를 베고 파종한 후 모든 작물을 거둬들이는 일을 마무리해야 했다. 땅은 푸석했고, 모래가 섞였고, 지층이 얇았다. 조금만 파 들어가면 암석층이었다. 경작할 수 있는 곡물은 호밀뿐인 데다 그나마 수확량도 보잘것없었다. 하지만 숲은 농부들에게 모피, 꿀, 밀랍, 어업, 목공 같은 다른 생계 수단을 제공했다.

슬라브 부족은 정착지 외곽에 목조 방벽을 세웠다. 민주적인 면모가 있어 성인 남성들로 구성된 의회가 통치를 담당했다(비잔틴인들은 슬라브족의 민주주의를 '무질서와 무정부상태'로 보았다).[9] 도끼를 다루는 데 능숙해 나무로 건물, 배, 카누를 손쉽게 만들었다. 어업과 무역 역시 그들의 생계 수단이 될 수 있었다는 뜻이다. 인구가 점점 증가하자 핀노-우그릭 어족은 더 깊은 숲속으로 밀려났다. 최초 천 년이 끝날 무렵, 슬라브족 내부에는 항구적이고 적응력이 있는 농민 문화가 뿌리를 내렸다. 러시아 역사에서 드러나는 특징인 집산주의와 불굴의 인내심을 기반으로 하는 문화였다.

바이킹은 러시아에 진출했지만, 영국에서 그랬던 것과는 달리 약탈이 목적이 아니었고(러시아에는 약탈할 것도 없었다) 유럽과 아시아 사이의 장거리 무역에 유용한 수로를 이용하기 위해서였다. 루스라는 이름은 '노 젓는 사람'이라는 뜻의 고대 노르드어 '로아róa'에서 유래한 것으로 보인다. 루스인들은 배를 몰던 사람들이며 십중팔구 다양한 민족이 모인 집단이었으리라 짐작할 수 있다. 그들은 단일한 민족적 기원을 바탕으로 결합한 부족이 아니라 공통의 경제활동을 기반으로 뭉친 집단이었다. 루스인들은 스웨덴 동부 해안에서 오늘날 상트페테르부르크인 네바강 어귀까지 바이킹 롱보트를 타고 이동했다. 그곳에서 네바강을 거슬러 핵심 무역 거점인 라도가 호수까지 노를 저어 올라가 북부의 다른 민족으로부터 노예와 귀중한 모피를 얻었다(그렇게 '슬라브Slav'와 '노예slave'는 바이킹 사전에서 동의어가 되었다).

그리고 드니프로강, 돈강, 볼가강을 따라 남쪽으로 이동해 흑해와 카스피해를 건너 노예와 모피가 값비싸게 거래되었던 비잔티움과 칼리프가 다스리는 아랍국들의 시장으로 가 물건을 팔았고, 그 대가로 은화, 유리구슬, 금속제품, 장신구를 얻었다. 고고학자들은 8세기의 초기 바이킹 정착지로 추정되는 스타라야 라도가Old Ladoga의 무덤터에서 이런 공예품들을 발굴했다. 무덤에는 가죽 신발, 뼈와 뿔로 만든 빗, 룬 문자(유럽 고대 표음문자—옮긴이) 부적과 스칸디나비아에서 발견된 것과 비슷한 나무 막대도 있었다.[10]

루스인들은 금세 정착했고 슬라브족과 동화되었다. 스타라야 라도가 정착지에는 엘리트 계층인 바이킹 전사, 슬라브족과 핀족인 농부와 수공업자가 모인 다민족 공동체가 형성됐다. 이들은 슬라브족 언어와 관습, 종교의식을 받아들였다. 동화 과정은 이들이 10세기 동안 함께 기독교로 개종하면서 급물살을 탔다. 이런 이유로 러시아어와 러시아 지명에는 스칸디나비아의 흔적이 거의 없다. 영국과 독일이 언어와 지명 모두에서 스칸디나비아 영향을 크게 받은 것과는 대조적이다.[11]

루스인은 아랍인에게 강렬한 인상을 남겼다. 탐험가 이븐 파들란Ibn Fadlan은 921년 카스피해로 흐르는 볼가강 하류의 항구도시 이틸Itil에서 한 무리의 상단을 만났다.

내가 루스인을 본 것은 교역을 위해 여행해온 무리가 이틸에 야영지를 차렸을 때였다. 그들은 종려나무처럼 키가 크고, 금발에, 얼굴에는 혈색이 돌았다. 그보다 더 완벽한 인체는 본 적이 없다. 튜닉도 카프탄도 입지 않앉지만, 몸의 반쪽을 가리는 천을 둘렀고 한 손은 자유롭게 움직일 수 있게 했다. 남자들은 저마다 도끼, 장검, 단도를 가지고 있었고, 늘 몸에 지녔다. 여자들은 가슴 위에 철이나 은, 황동, 금 같은 금속으로 만든 갑을 찼다. 갑에는 칼을 매달았고, 금과 은으로 만든 고리로 목을 장식했다. 가장 귀하게 치는 장신구는 초록 유리알이었다. 바이킹은 유리알을 엮은 목걸이를 제 여인들에게 선물했다.[12]

이틸은 하자르한국Khazar Khaganate의 수도이다. 하자르한국은 튀르크족 전사 엘리트가 이끄는 다종교 무역 제국으로, 영토는 아랄해에서 카르파티아산맥까지, 캅카스 산악지대에서 볼가강 상부 삼림 지대까지였다. 질서정연한 정부, 효율적인 조세 징수 수단, 위협적인 유목민 약탈자(가장 악질은 폴롭치[킵차크 또는 쿠만으로 불리기도 한다]인들이 었다)로부터 하천 무역로를 방어할 수 있는 군사력을 갖춘 왕국이었다. 초기 천 년 중반에 흩어져 있는 정착지들의 연합이었던 키예프 루스 공국은 하자르한국의 요새로서, 발트해와 비잔티움을 잇는 무역로에서 드니프로강을 통제하는 역할을 맡아 발전을 거듭했다.

하자르 왕조가 키예프 루스의 발전에 끼친 영향에 관해서는 의견이 분분하다. 일부 학자들은 하자르인들이 바이킹이나 슬라브족보다 더 중요한 역할을 했다고 판단한다.[13] 비잔틴과 아랍 세계에는 루스국을 하자르한국과 혼맥으로 이어진 봉신국으로 묘사한 내용이 남아 있다. 최초의 루스 지도자들은 자신을 '카간khagan'이라 불렀는데, 이는 그들이 자신의 권위를 하자르한국에서 찾았음을 보여준다. 확실히 하자르와의 관계는 중세 연대기에 튀르크어족인 하자르족이 평화로운 러시아 정착민들을 상대로 끊임없이 약탈과 폭력을 감행했다고 서술된 것보다는 더 좋았음이 틀림없다. 하지만 19세기 러시아 역사가들은 연대기의 내용을 전적으로 믿었다. 그들은 러시아의 시작을 두고 북부 삼림 지대 농경민이 아시아 스텝 지대의 기마대에 맞서 싸우는, 흡사 서사시에 등장하는 투쟁처럼 극적인 이야기를 만들었다. 이 국가 신화는 러시아인이 스스로 유럽인이라는 정체성을 가지는 데 너무나 핵심적인 위치를 차지했고, 자신들의 조상이 스텝의 아시아 문화의 영향을 받았다고 말하는 행위는 반역죄로 여겨지는 지경에 이르렀다. 사실 스텝 부족의 침략은 빈번하지 않았고, 두 부족은 오랜 기간 평화롭게 공존하며 교역하고 협력했으며, 사회적으로 혼합되었다. 심지어 슬라브족과 이웃한 스텝 유목 부족 간에 혼인도 이루어졌다. 루스 상류층의 복식과 신분 상징물에서 스텝 부족의 영향을 발견할 수 있는데, 묵직한 금속판이 박힌 허리띠나 정교하게 장식한 마구 굴레 같은 것이 그렇다.[14] 우리는 초기 루스를 삼림 지대 정주민과 스텝 유목민 사이의 적대적 분쟁 서사가 아닌 유라시아 모든 민족 사이의 평화로운 상호작용의 서사로 바라볼 필요가 있다. 아마도 초기 루스 공국은 민족 집단 개념에서 벗어나 슬라브, 핀, 바이킹, 하자르 등 다양한 집단이 모인 무역 연합으로 생각하는 편이 타당할지도 모른다.[15]

키예프 루스는 하자르한국이 쇠퇴하면서 모습을 드러낸 국가이다. 루스는 군사력이 강해지면서는 하자르한국에 세금을 상납하지 않았고, 그때까지 하자르가 맡았던 비잔티움 북부 변방을 지키는 역할(비잔틴 제국의 수도인 콘스탄티노플과의 교역에서 우대를 받아 보상도 짭짤했다)도 차지했다. 루스는 성장을 거듭했고, 결국 볼가강과 드니프로강 사이에 있는 하자르에게 공물을 바치는 영토를 공격했다. 882년에 그들은 키예프를 정복했고, 그 땅은 키예프 루스의 수도가 되었다.

최초의 루스 공후들이 지배하는 동안 키예프는 흑해와 발트해 사이의 중요한 무역 중심지로 발전했다. 옛 도시 키예프의 포딜Podol 지구(현재 우크라이나 키이우 북부 포딜스키)에서 고고학자들은 대량의 비잔틴 주화, 암포라amphora(배가 불룩하고 손잡이가 달린 항아리—옮긴이), 저울추를 발굴했고, 북부 루스인의 기술(못을 사용하지 않는다)로 통나무 집을 지은 흔적도 발견했다. 새 국가의 인구와 조세를 늘리기 위해 대공 블라디미르는 전 슬라브 공동체를 북부 삼림 지대로부터 키예프 인근으로 강제 이주시켰다. 러시아에서 국가가 주도해 대대적으로 인구를 이식하는 전통은 이때 시작되었다.[16]

권력 기반을 키예프로 옮기자 두 가지 변화가 생겼다. 첫째, 국가 정책의 구심점이 기존의 장거리 무역에서, 하자르 왕조를 번성하게 만든 요인이었던 세금 징수로 옮아갔다. 한때 하자르에 세금을 냈던 땅들은 이제 키예프에 세금을 냈고, 키예프는 서부 스텝 지대를 지키기 위해 요새와 마을을 건설했다. 둘째, 볼가강에서 이슬람 세계로 이어지던 핵심 무역선이 드니프로강과 비잔티움으로 이동했다. 이는 키예프 루스와 비잔틴 제국이 몇 차례 무역 조약을 맺으면서 더욱 공고해졌다. 매번 조약이 체결되기 전에 루스가 콘스탄티노플을 공격했던 기록이 있는데, 공격의 목적은 비잔틴 제국이 시장을 개방하고 교역 조건을 우호적으로 조정하게 하는 것이었다. 911년 체결된 최초의 조약 내용은 루스 무역상에게 이로웠다.

무역과 외교에 힘입어 이단 루스국은 비잔틴 제국의 기독교 문명에 빨려 들어갔다. 945년부터 960년까지 키예프 루스를 섭정으로 다스린 올가Olga 공비가 포문을 열었다. 올가는 콘스탄티노플에서 기독교 세례를 받았는데, 당시 황후였던 헬렌Helen(러시아어로는 엘레나Elena)과 같은 이름으로 자신의 이름을 채택하여 비잔틴 황제와 군사적 동맹을 강화했다. 아들 스뱌토슬라프Sviatoslav는 개종하지 않았지만, 손자인 블라디미르 대공은 자신이 개종한 것은 물론, 988년 자신이 다스리는 전 지역에 동방정교 개종 명령을 내렸다.

《원초연대기》에 따르면 블라디미르 대공의 개종은 그가 '진정한 믿음'을 갈구하고 나서 얻은 결과였다. 연대기에 적힌 이야기는 이렇다. 이웃 국가 사절단들이 블라디미르를 자국 종교로 개종시킬 목적으로 방문했다. 처음 손님은 이슬람을 믿는 볼가 불가르국Volga Bulgar 특사였다. 불가르 특사는 내세에 육욕의 황홀경을 누릴 수 있다고(전설에 따르면 그에게는 800명의 부인이 있었다고 한다) 블라디미르를 설득했지만, 무슬림이 되면 술은 입에 댈 수 없다는 말에 블라디미르는 단번에 거절했다("음주는 루스인의 즐거움입니다. 술 없이 살 수는 없습니다"). 다음 손님은 교황이 보낸 독일인 특사였고, 하자르 랍비 사절단이 뒤따랐다(하자르 지도자들은 9세기에 유대교도 포용했다). 블라디미르는 매번 시큰둥했다. 마지막으로 비잔틴 사절단이 왔다. 그들은 대공에게 주변 국가들에 사절단을 보내 각국의 종교를 탐색해보라 권했다. 볼가 불가르를 방문한 사절단은 '슬픔과 끔찍한 악취'뿐이라고 평했고, 독일을 방문하고는 "영광스러움이 느껴지지 않는다"고 했다. 하지만 콘스탄티노플의 아야소피아 대성당Hagia Sophia에서는 '이

곳이 천국인지 땅인지 분간되지 않았다'고 했다. "천지간에 이보다 더한 장관과 아름다움은 없습니다. 차마 묘사할 수 없을 정도입니다. 오직 아는 것은 신이 사람들 사이에 함께 산다는 것입니다. 우리는 그 아름다움을 잊을 수 없습니다."[17]

《원초연대기》내용 대부분이 그렇듯 이 이야기도 출처는 불분명하다. 블라디미르의 개종은 종교의식보다는 국정 운영 기술 및 외교와 더 관련이 깊다. 통일된 유일한 종교를 채택하면 키예프 국가를 정당화하고, 다양한 신앙과 이단 숭배가 체제에 저해 요소로 작용하는 다민족 지역에서 키예프의 권위를 확립하는 것이 수월해질 수 있었기 때문이다. 쉽게 번역된 교회슬라브어 문헌이 있다는 점도 유리하게 작용했다. 정교회 기독교인은 경전이 없는 다른 종교와 달리 광범위한 영역에 가르침을 전파할 수 있었다. 이는 수도사 키릴Cyril과 메토디우스Methodius의 업적이었다(둘은 9세기에 비잔틴 황제가 슬라브족에 기독교를 전파할 목적으로 파견한 선교사였다). 이들은 그리스 경전을 글라골Glagolitic 문자(훗날 그의 추종자들이 이름 붙인, 키릴 문자의 초기 버전이다)를 사용해 번역했고, 이 경전 덕분에 기독교 제례를 슬라브어로 진행할 수 있었다.[18]

《원초연대기》에는 이 시점에 블라디미르 대공이 비잔틴 황제 바실리오스 2세Basil II에 대항하는 반란군을 물리치기 위해 6천 명의 전사를 이끌고 크림반도로 진군했고, 그곳에서 기독교로 개종했다고 적혀 있다. 또한 반란군을 진압한 대가로 황제가 대공의 개종에 맞춰 누이 안나를 대공과 혼인하도록 지시했는데, 블라디미르가 반란을 진압하고 나서 콘스탄티노플을 공격하겠다고 으름장을 놓은 뒤에야 황제가 약속을 지켜 결혼이 성사되었다는 내용도 있다. 이 이 야기는 훗날 키예프의 수도사들이 키예프 루스를 비잔티움의 제후 국이 아닌 대등한 국가로 묘사하려고 키예프 루스를 상징하는 블라 디미르 대공과 관련해 지어낸 완전한 허구일 수 있다. 블라디미르는 비잔틴 제국의 대리인으로서 봉기를 진압했고, 크림반도로 떠나기 전에 개종했을 가능성이 높다.[19] 블라디미르의 개종은 근대 러시아 와 우크라이나가 칭송하는 주체적인 자기 결정의 행위가 아니라, 키 예프 루스가 비잔틴 제국에 복속되었다는 선언이었을 수도 있다.

블라디미르의 개종 이후, 러시아는 비잔틴 제국의 문화적 궤도 에 편입되었다. 비단 국가의 영적인 삶뿐 아니라 예술, 건축, 문학, 철학, 국가의 상징 언어와 사상이 혁명적 변화를 맞았다.

비잔티움은 보편적인 문화였고, 동로마 제국 연구의 권위자인 러시아계 영국인 드미트리 오볼렌스키Dimitri Obolensky의 말을 빌리자 면 광범위한 "연방"이었다. 연방에 속한 민족들은 황제(그리스어로 바 실레우스basileus, 교회슬라브어로는 차르tsar)와 콘스탄티노플의 총대주교 ecumenical patriarch의 이중 상징 권력 아래 통합되었다.[20] 러시아 교회를 대표하는 키예프 대주교는 콘스탄티노플 총대주교가 임명했다. 따 라서 비잔티움의 역할은 서구에서 로마가 가지는 역할과 유사했다. 라틴족들이 로마를 문명의 중심으로 보았던 것처럼, 고대 러시아인 은 콘스탄티노플(러시아인들은 차르그라드Tsargrad[황제의 도시]라고 불렀다) 을 그들의 정신적 수도로 여겼다.

비잔티움을 통해 루스의 러시아인은 동방정교회라는 공동의 지붕 아래 그리스인, 불가르인, 세르비아인, 알바니아인, 루마니아인과 연계되었다. 더 광범위하게는 기독교 세계와 연결됨으로써 유럽과 긴밀해졌고, 종교 공동체로 묶이는 유럽인이라는 정체성을 가지게 되었다. 오볼렌스키가 표현한 대로 "비잔티움은 러시아와 서구 사이에 세워진 벽이 아니었다. 러시아를 유럽으로 이어주는 관문이었다."[21]

루스국을 기독교로 개종한 사람은 블라디미르였지만, 대부분의 대성당을 지은 이는 1019년부터 1054년까지 키예프 공국을 다스린 그의 아들 야로슬라프 1세Yaroslav I였다. 권좌를 두고 형제들과 대립했던 야로슬라프는 교회를 짓는 것이 키예프에서 자신의 위신을 높이고 권력 기반을 확보하는 데 유리하다고 판단했다. 가장 중요한 교회는 콘스탄티노플의 아야소피아 대성당을 모델로 한 성소피아St Sophia 성당이었다. 내부에 십자를 품은 단순한 사각 평면, 그리스어 비문, 기념비적인 프레스코화와 화려한 모자이크, 중앙 돔의 천장에서 '판토크라토르 그리스도Christ Pantokrator'(전능자 그리스도)의 거대하고 엄숙한 얼굴이 장엄하게 내려다보는 것 등 아야소피아의 특징을 그대로 본떠 만들었다. 천장의 그리스도상 아래에는 사도와 성모, 성체를 그린 모자이크화가 있는데, 이는 성령이 땅에 임한 세 갈래의 길을 가리키며, 곧 그리스도가 인간의 몸을 가지게 되었음('성육신') 을 상징한다.

다른 러시아 교회와 마찬가지로 성소피아 성당도 제단을 마주 보는 예배자의 시선 앞에 이콘icon화를 줄지어 벽을 세웠다. 이것들은 나중에 위로 이동해 상층을 에워싸는 성화벽iconostasis으로 바뀌었는데, 시각적으로 매우 아름다워 동방교회의 미적 정수로 꼽힌다. 정교에서는 보는 것이 곧 믿는 것이었다. 러시아인들은 예배 중에 눈을 감는 대신, 신의 영역으로 난 창인 이콘을 응시한다.[22] 이콘은 신자의 영적 정서에 구심점이 되는 동시에, 기적을 행하는 영물로 작용한다. 살아 흐느끼고 몰약을 내뿜기도 한다. 자취를 감추었다가 다시 나타나기도 하는데 이런저런 사건에 개입해 신자들을 성령의 길로 인도한다. 러시아에서 이콘은 그림에 국한되지 않는다. 나무로 만든 조각이나 모자이크화, 심지어 건물도 이콘이 될 수 있다.[23] 신은 오직 천국에 있다고 믿는 서방 기독교와 달리, 러시아에서는 신이 지상 존재에 내재한다고 여겨진다. 러시아 농민 종교의 핵심에 존재하는 유토피아 의식의 뿌리가 여기에 있다. '신성 러시아Holy Russia'에 관한 초기 기독교 신화에 따르면, 그것은 사람의 땅, 구체적으로 러시아 땅에 반드시 천국이 건설된다는 믿음이다. 구원의 새 땅인 신성 러시아에서 그리스도의 재림이 일어날 터였다.

이콘은 비잔티움을 통해 러시아에 전해졌다. 처음에 이콘을 그린 사람들은 그리스 작가들이었고, 그들은 엄격하게 그리스 방식을 고수했다. 러시아풍이라고 확연히 구분할 만한 양식은 13세기나 되어서야 등장한다. 러시아 양식은 간결하고 조화를 이루는 선과 색, 우아한 움직임, 기교 넘치는 역원근법(선들이 그림 앞의 한 점으로 수렴된다)이 특징이다. 이런 기교는 일상의 물리적 세계를 넘어서는 장소에서 어떻게 이콘의 신성한 행위가 일어나는지를 상징함으로써, 관람자를 그림으로 끌어당기고 기도에 몰입하게 한다.[24]

러시아 고유의 양식이 기존의 것을 대체하는 일은 문학에서도 일어났다. 교회슬라브어가 러시아 문학 언어의 근간이 된 것이다. 교회슬라브어는 키릴과 메토디우스 수도사가 살았던 테살로니키 Thessaloniki 근방에서 사용되던 남슬라브 방언에서 기원했고, 그리스어 구문론을 따랐는데, 그 영향이 러시아어로도 흘러 들어갔다. 하지만 그리스어의 영향력이 완전히 압도적인 것은 아니었다. 《원초연대기》에는 러시아만의 관념이 분명히 존재한다.

《원초연대기》의 핵심에는 러시아 정치의식에 중심적인 역할을 담당한 신화가 있다. 바로 '신성 러시아 영토'를 위해 순교한 공후의 신성함이다. 이런 관념의 기원은 러시아 정교회의 초기 성인인 보리스Boris와 글렙Gleb 숭배로 거슬러 올라간다. 두 형제는 1015년 아버지 블라디미르가 죽은 뒤 벌어진 왕조 전쟁 도중 사망했다. 하지만《원초연대기》의 네스토르를 필두로 성인 전기 작가들은 두 형제를 러시아 땅의 구원을 위해 기꺼이 생명을 바친 '열정으로 고통을 견딘자passion sufferer'(스트라스토테릅치strastoterptsy)로 묘사했다. 마치 팔레스타인을 위해 목숨을 희생한 그리스도처럼 말이다. 교회는 두 형제의 희생을 하느님과 새로 세례받은 루스 사이의 서약 행위로 숭배했고, 루스는 이로써 특별한 은총을 받은 새로운 '테라 상타Terra Sancta'(성지)가 되었다(이것이 '신성 러시아'와 '신성한 러시아 영토' 개념의 기원이다). 두 성인을 기리는 교회가 세워졌고, 두 사람은 이콘화로 제작되어 공경받았다. 보리스와 글렙의 이름을 딴 수도원과 도시들이 생겼다(나중에 차르의 용기병연대, 소련 공군 기지들과 여러 잠수함에도 두 형제의 이름이 붙었다). 신성한 공후와 통치자를 찾아 숭배하는 러시아 문화는 이런 '성인 공후' 숭배에서 발전한 것이다(1917년 '인민의 성인'으로 공경받은 혁명의 인민 영웅들도 마찬가지다).[25] 18세기까지 시성된 800명의 러시아 성인 중 100명 이상이 공후나 공후가의 부녀자였다.[26] 세계 어느 곳에서도 러시아처럼 통치자 중에서 그토록 많은 성인이 배출된 나라는 없다. 권력이 그토록 신성화된 나라는 오직 러시아뿐이다.

기독교가 키예프 루스를 장악하기까지는 오랜 시간이 걸렸다. 블라디미르 대공이 개종한 후에도 이교도는 시골과 많은 도시에 남아 있었다. 1071년, 성직자들이 노브고로드로 들이닥쳐 이교 우상들을 볼호프Volkhov강에 던져 넣자 민중 반란이 일어났다. 봉기는 진압되었고, 그곳에 성소피아 목조 성당이 들어섰다. 하지만 노브고로드 사람들이 악령을 물리치기 위해 몸에 지니던 부적이 마침내 십자가와 이콘으로 대체된 건 더 한참 후의 일이다.

이교 우상은 그리스적 의미의 신이 아니라 평범한 사람들이 일상에서 접하는 자연적 힘과 정령이었다. 번개와 천둥의 신 페룬Perun, 가축의 수호신 볼로스Volos, 풍요의 여신 로자니차Rozhanitsa, 땅의 여신 마코시Mokosh(훗날 '어머니 러시아' 개념으로 발전한다), 태양신들인 다즈보르크Dazhborg와 코르스Khors 등이 그들이다. 이 신들은 사라지지 않고 기독교의 도래와 함께 새로운 믿음과 의식 체계에 통합되었고, 성인과 자연신은 농민들의 기독교-이단 신앙에서 자주 결합되었다. 폴루드니차Poludnitsa는 고대 이교도의 여신으로, 사람들은 이콘 뒤에 호밀 한 다발을 배치하는 식으로 여신을 숭배했다. 볼로스는 블라시우스 성인St. Vlasius으로 변형되었고, 페룬은 엘리야 성인St. Elias이 되었다. 이교 신들을 기독교에 통합하는 일은 정교회가 직접 추진했다. 러시아 신앙의 중심에는 모성에 대한 독특한 강조가 있었다. 가톨릭 전통이 성모의 순결에 중점을 둔 반면, 러시아에서는 성모의 신성한 모성(보고로디차bogoroditsa)이 강조되었다. 이는 러시아 이콘에서 성모가 아기 예수의 머리에 얼굴을 꼭 붙여 기대며 어머니의 헌신을 보여주는 모습으로 표현되는 점에서도 드러난다. 교회는 로자니차와 마코시라는 이교 모신에 대한 숭배를 성모로 대체하려고 의식적으로 노력했을지도 모른다.[27]

이러한 '이중신앙'은 중세 러시아인들의 매장 의식에서 가장 확연히 드러난다. 일례로 고고학자들은 볼가강 상류 인근에서 13세기 이교도의 장례 방식인 구릉형 봉분을 발굴했는데, 무덤 속에는 이교 부적과 함께 십자가와 이콘 등의 기독교 유물이 있었다.[28] 이교 제례는 수세기 동안 러시아의 시골에서 지속되었다. 소련의 민족학자들이 1920년대에 발견한 증거들과 더불어, 오늘날에도 러시아 북부 일부 지역에서 그 흔적이 발견된다.

통치 초기부터 블라디미르 대공은 영토 안의 여러 영지를 아들들에게 나눠주고 다스리게 했다. 각 공후는 보야르라 불리는 전사 지도자들이 이끄는 수천 명 규모의 개인 기병대(드루지나druzhina)를 거느렸다. 보야르는 공후가 가진 영토의 일부를 하사받았고, 영주가 된 보야르들은 보야르 회의를 통해 지방 통치를 담당했다. 보야르 회의는 공후에게 자문을 제공했는데, 결국 주요 보야르 가문의 과두 체제 같은 형태로 발전했다. 그들은 세금을 걷고, 군사를 징집했으며, 지역 사법을 관장했다. 보야르는 전사였고, 전투에 참여하느라 자주 영지를 비웠다. 영지에는 별 관심이 없었는데, 영지는 소작농이 경작하고 그 대가로 부역이나 공납을 징수하면 그만이었다. 땅은 넘쳐났고 노동력은 부족했다. 이것이 영주 경제의 기본 전제였고, 농민이 땅을 얻고 이동의 자유도 확보할 수 있는 요소였다. 16세기 농노제가 시행될 때까지는 그랬다.

블라디미르 대공이나 그 아들 중 하나가 사망했을 무렵, 남은 친족들이 공국 소유를 재조정하는 일이 있었다. 보통 대공좌는 부자 계승이 아닌 형제간 서열 계승 원칙을 따랐다(대개 4남까지 방계 상속되었다). 다음 세대가 대공이 되는 일은 그 후에야 일어났다. 맏형이 키예프 대공이 되면 다른 형제들도 일제히 사다리의 한 칸을 올라 상위 공국의 영주가 되었다. 이런 방계 상속 제도는 유럽 다른 나라에서는 나타나지 않는다.[29]

장자 상속에 대한 명확한 원칙이 없었던 탓에, 공후들 사이에 분쟁이 일었고, 이는 11세기 불안정의 주원인이 됐다. 1097년 류베치(현재 우크라이나 체르니히우—옮긴이) 회의Liubech Conference가 열리고 나서야 원칙이 합의되었는데, 당시 폴롭치나 다른 부족들의 공격에 맞서 영토를 방어하자면 단합이 필수적이었기 때문이다. 회의에 참여한 공후들은 계승권을 가진 모든 형제 공후는 키예프 루스가 공격받으면 공동으로 방어할 책임이 있다는 데 합의했다. 하지만 이제 각 공후가 소유한 공국은 사유재산, 즉 방계 왕조 내부에서 상속되는 세습 영지(오치니otchiny)가 되었다. 키예프 대공의 자리만 서열에 따라 형으로부터 동생에게 계승되는 방계 상속이 유지되었다.

키예프 루스는 유럽적 의미의 왕국이 아니라 공국의 느슨한 연합이었다. 국가 체제의 구성 원리는 왕권이 아닌 친족관계였다. 대공은 왕이 아니라 '동등자 중 으뜸인 자primus inter pares'였다. 키예프를 벗어난 다른 공국에서 대공의 권위는 제한적이었다. 키예프 대공국은 기본적으로 다중심 국가polycentric state로, 일부 공국들이 상대적으로 더 번성해 위계가 생기기는 했지만, 모든 공후는 이론상 동등했다. 노브고로드는 발트해에 닿는 지리적 이점과 한자동맹 독일 도시들 및 유럽과의 활발한 무역 덕분에, 성장하는 경제 중심지이자 키예프의 잠재적인 맞수로 부상했다. 핵심 수로인 일멘Ilmen호에 면한 노브고로드는 동서 하천 무역을 잇는 주요 경유지였다. 북부 러시아에서 서방으로 나가는 모피와 노예에 대해서는 세금을 거두고, 서방에서 들어오는 옷감, 모직물, 소금, 금속 제품에는 관세를 물리면서 부유한 도시로 성장했다. 블라디미르, 수즈달Suzdal, 랴잔Riazan, 폴로츠크Polotsk, 스몰렌스크, 체르니고프(체르니히우)Chernigov, 갈리치Galich, 블라디미르-볼히니아Vladimir-Volhynia 공국이 11세기 동안 독립적인 경제 중심지로 부상했다.

이런 분리 경향을 두고 많은 논의가 있었다. 혹자는 그것이 키예프 루스의 분열을 가져왔고 13세기 초 몽골 침략으로 키예프 루스가 멸망하는 결과를 낳게 되었다고 비난했다. 반면 키예프는 몽골 침략 전에 이미 쇠퇴일로에 있었다고 주장하는 역사가도 많다. 그들이 주장하는 근거는 다음의 세 가지다. (a) 공국들 사이에 사소한 전쟁이 여러 차례 있었고 폴롭치인들이 주기적으로 침략해 왔다는 연대기 서술, (b) 드니프로강을 따라 비잔티움으로 이어지던 무역이 4차 십자군이 콘스탄티노플을 공격한 1204년 이후 쇠퇴해 무역 중심이 드니프로강으로부터 서방으로 이동했다는 설, (c) 키예프 루스 같은 유럽 국가가 내부로부터 곪아 있지 않았던들 아시아의 몽골족에게 멸망할 리 없다는 민족주의적 가정. 하지만 이런 역사가들의 주장은 앞뒤가 맞지 않는다. 노브고로드와 같은 핵심지들이 부상한 것은 키예프 루스가 약화됐다는 신호가 아니라 루스국 내의 지방이 번영했다는 신호다.[30] 지방 무역 도시들은 그렇게 벌어들인 부 덕분에 정치적 중심지로부터 더 독립적이 되었다. 키예프 루스는 성공의 희생양이 되었다.

모든 지표가 12세기 경제와 문화의 번영을 가리킨다. 주요 도시마다 교회와 성당이 목조가 아닌 석조로 지어졌다. 수도원들이 건립되었다. 고고학자들이 발굴한 엄청난 양의 유약 발린 도자기와 타일, 유리 공예품, 장신구, 금속으로 된 자물쇠와 베틀은 키예프에서 무역과 수공업이 번성했음을 보여준다. 자작나무 껍질 서신(나무껍질 안에 새겼다)들은 노브고로드 등의 도시들에서 활기찬 도시 일상이 이뤄졌으며 문맹률이 낮았다는 사실을 보여주는데, 특히 노브고로드는 지역 특유의 진흙 토양 덕분에 나무껍질 파편들이 가장 잘 보존된 채 발견되었다. 키예프 루스 도시 중 어느 곳도 몽골 침략 전에 쇠퇴하고 있었다는 징후를 찾을 수 없다. 13세기 초 키예프의 인구는 4만 명이었다. 런던보다 많고, 파리와 비등한 수준이었다.[31]

키예프 루스는 유럽과도 더 탄탄하게 연결되고 있었다. 무역을 통해 유럽과 깊이 엮인 노브고로드에서는 앵글로색슨 주화와 독일 주화가 12세기 들어 이제껏보다 훨씬 더 많이 발견되었다. 키예프는 혼인으로 유럽 왕조와 더 끈끈하게 연결되었다. 블라디미르 모노마흐Vladimir Monomakh는 1066년 헤이스팅스 전투에서 사망한 잉글랜드

해롤드Harold 왕의 딸과 결혼했다. 모노마흐의 아들은 스웨덴 왕의 딸과 결혼했고, 손자는 세르비아 공후의 딸과 결혼했다.

정치적으로 키예프 루스는 유럽 노선을 따르는 중이었다. 보야르 계급이 가진 토지 소유권은 보야르가 왕권을 견제하는 독립적인 귀족 계급으로 발전할 수 있는 잠재력이었다. 도시 의회 또는 베체veche는 민주주의의 핵심이었다. 이곳에서 자유민들은 시정직 임명, 내부 법규와 세금, 심지어 전쟁 여부 결정에 관해 발언하고 투표했다. 베체는 특히 노브고로드에서 힘이 셌는데, 1126년부터는 도시 시장인 포사드닉posadnik을 선출할 권리를 가지기도 했다(그전에는 공후가 지명했다). 포사드닉은 일단 선출되면 군주의 권력을 견제하는 역할을 했다. 10년 후 노브고로드에서는 베체가 주도해 공후를 선출하고 공후의 권리를 계약으로 규정하기까지 했다. 베네치아나 여타 도시 국가에서 나타나는, 군주가 선출되고 그의 권력은 귀족 회의가 견제하는 도시 국가의 모습이었다. 노브고로드의 민주주의적 잠재력은 러시아의 다음 세대들의 상상력을 자극했다. 19세기에 공화주의자와 민주주의자들은 빼앗긴 지 오래인 이 도시의 자유에서 영감을 얻었다.

키예프 루스 시기는 나머지 러시아 역사와 어떻게 연결될까? 푸틴이 블라디미르 대공의 동상 제막식에서 말한 대로, 현대 러시아가 키예프 루스에서 민족성의 토대를 찾고 주장할 합리적인 근거가 있을까? 러시아 역사학은 모스크바 대공국이 키예프 국가 체제의 후계자라는 것을 당연시했다. 이 가정은 15세기 후반 이래 모스크바의 성직자와 제국주의 사상가들이 저술한 내용에 뿌리를 두고 있다. 1453년 오스만 제국이 콘스탄티노플을 점령한 후, 모스크바가 키예프 루스의 모든 영토는 물론, 비잔틴 제국의 권위도 물려받았다고 주장했다. 하지만 그 주장의 근거는 모스크바 대공국의 차르를 제국주의적으로 분칠하는 일을 뒷받침하기 위한 계승 서사, 신화일 뿐이다. 사실상, 정치적으로 모스크바 대공국은 키예프 루스와는 달랐다. 몽골 제국이 250년간 그 땅을 통치하는 동안 둘은 근본적으로 단절되었다.

키예프 루스가 남긴 진짜 유산은, 비잔틴 제국이 러시아 문명에 영구적인 흔적을 남긴 종교와 문화 영역에 있다. 러시아 역사의 경로를 결정한 일부 근본적인 개념들('신성 러시아', 군주의 신성한 지위, 과두제 권력 원칙)은 비잔틴 제국의 유산에서 기원을 찾을 수 있다. 하지만 키예프 루스가 현대 러시아나 우크라이나 국가의 발상지였다고 주장하는 것은 터무니없다. 굳이 따지자면 키예프 루스는 국가 종교, 언어, 예술 형태의 원천으로서, 러시아의 '고대 역사' 일부로 볼 수 있을 것이다(앵글로색슨 웨식스가 영국 역사의 일부이거나 메로빙거 갈리아가 현대 프랑스와 연결되는 것처럼 말이다). 그밖에 키예프의 유산은 러시아에서 모두 사라지고 없다.

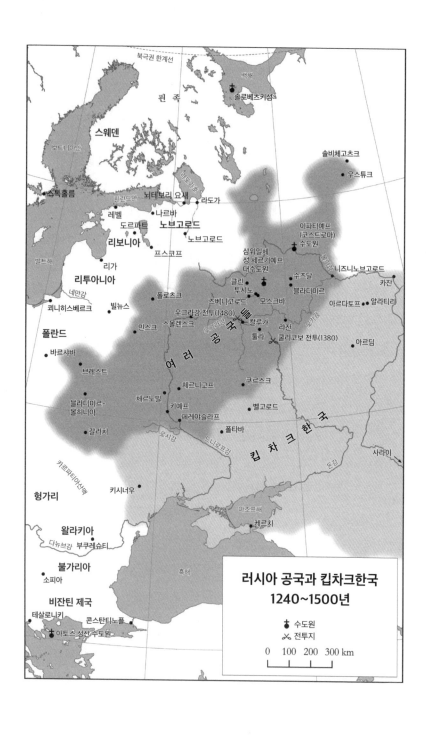

북극권 한계선

백해

솔로베츠키섬 ✚

핀 족

솔비체고츠크 •

우스튜크 •

스웨덴

보트니아만

라도가호

이파티예프
(코스트로마)
✚ 수도원

스톡홀름 •

뇌테보리 요새
핀란드만

라도가

나르바 •

레벨 •

도르파트
리보니아

노브고로드

삼위일체
성 세르기예프
대수도원 ✚

니즈니노브고로드 •

리가 •

프스코프 •

수즈달 •
블라디미르 •

카잔 •

리투아니아

폴로츠크 •

클린 •
투시노 •
즈베니고로드 • 모스크바 •

아르다토프 •
알라티리 •

네만강

쾨니히스베르크 •

빌뉴스 •

민스크 •

스몰렌스크 •

우그라강 전투(1480)
우그라강

칼루가 •
툴라 •

라잔 •
쿨리코보 전투(1380) ⚔

아르딤 •

폴란드

바르샤바 •

쿠르스크 •

브레스트 •

체르니고프 •

블라디미르-
볼히니아 •

체르노빌 •
키예프 •
페레야슬라프 •

벨고로드 •

갈리치 •

로시강

폴타바 •

드니에프르강

돈강

사라이 •

킵 차 크 한 국

헝가리

카르파티아산맥

키시너우 •

아조프해

왈라키아

다뉴브강
부쿠레슈티 •

켈르치 •

불가리아

소피아 •

흑해

비잔틴 제국

테살로니키 •
아토스 성산 ✚ 수도원

콘스탄티노플 •

러시아 공국과 킵차크한국
1240~1500년

✚ 수도원
⚔ 전투지

0 100 200 300 km

2

몽골의 영향

THE MONGOL IMPACT

1223년, 남쪽 스텝에 낯선 군대가 나타났다. 말 탄 군대는 금세 폴롭치의 땅을 장악하고 서쪽으로 향해 아조프(아조우)Azov해 북부의 칼카Kalka강 둑에서 루스 공후들의 연합 병력을 가뿐히 처리하고 조금도 꺾이지 않은 기세로 동쪽으로 물러갔다. 러시아인들은 눈 깜짝할 사이에 나타났다 폐허만 남기고 사라진 군대의 존재에 할 말을 잃었다. 연대기에는 이렇게 기록됐다. "그들이 어디에서 왔는지 어디로 사라졌는지 우리는 알지 못한다. 신께서 우리의 죄를 벌하기 위해 그들을 보내셨으니 오직 신만이 아시리라."[1]

정체불명의 약탈자는 몽골 부족의 통치자인 칭기즈 칸이 보낸 정찰부대였다. 몽골 군대는 그때 이미 중국, 중앙아시아, 캅카스를 장악했다. 1237년 몽골 군대는 러시아 땅에 다시 돌아왔는데 이번에는 10년 전에 사망한 칭기즈 칸의 손자인 바투 칸의 지휘 아래 몽골족

뿐 아니라 폴롭치인과 다른 튀르크 부족까지 흡수해 군사가 5만 명에 달했다. 그들이 원하는 바는 세계 제국 건설과 유라시아 무역로 통제권 그리고 전리품이었다. 기마대는 랴잔과 수즈달, 블라디미르, 다른 북부 러시아 도시들을 함락한 후, 남쪽으로 이동해 1240년 12월 6일 키예프를 점령함으로써 키예프 루스의 종말을 알렸고, 헝가리 평원을 향해 계속 서진했다. 헝가리 평원은 말을 먹일 수 있는 곳이어서 몽골 군대는 체력을 회복했고, 이들이 이제 유럽으로 쳐들어간다면 뿔뿔이 흩어진 서유럽 여러 국가가 살아남을 확률은 희박했다. 서구세계에 구원의 빛이 된 것은 1241년 12월 칭기즈 칸이 총애한 아들 오고타이Ögedei 칸의 사망 소식이었다. 이듬해 봄 삼촌의 사망 소식을 접한 바투는 서방 공세를 중지하고, 계승권을 행사하기 위해 제국 수도인 몽골 초원의 카라코룸Karakorum으로 향했다.[2]

몽골 침략에 관해 러시아 연대기들에는 하나같이 아시아 정복자의 수가 러시아 측을 압도했다고 강조되어 있다. 그렇게 쓰지 않고는 달리 러시아의 패배를 설명할 길이 없는 듯했다. 하지만 몽골의 승리는 수적 우위보다는(키예프 공후들이 동원한 전사의 수가 몽골군의 두 배였다) 몽골 기마대의 우월성과 연관이 깊다. 몽골 기마대는 세계 최고의 기마 부대였다. 몽골 기마대는 어릴 때부터 높은 등자 위에서 반직립 상태로 빠르게 말을 달리면서 반사활과 화살을 정확하게 쏘도록 훈련받았다. 그들의 기술은 유목 사회의 중요한 생계 수단인 사냥을 통해 완벽해졌는데, 소년들은 사냥하는 와중에 새로운 영토를 정찰하는 기법도 훈련하는 셈이었다. 몽골 부족은 계절에 따라 소 떼를 몰고 수천 킬로미터를 이동했고, 자연스레 말과 기수의 체력은 좋아졌다. 몽골인들은 음식이나 휴식 없이 더위와 서리(러시아의 겨울도 이들에게는 문제가 되지 않았다. 몽골의 말은 순록처럼 눈 덮인 땅을 파헤쳐 그 아래의 풀을 찾는 훈련이 되어 있었기 때문이다)에 개의치 않고 며칠이고 말을 탈 수 있었다. 실제로 몽골족은 동계 전투를 더 선호했다. 강과 습지가 얼어붙기 때문이다(이편이 말에게 진짜 장애물이었다). 몽골 기마대의 정교한 우회 전술을 보면 그들이 전장에서 그토록 성공적인 이유를 알 수 있다. 그들은 평생 동물을 사냥하며 연습해온 그대로, 적군을 포위한 후 칼과 창, 도끼, 올가미를 든 중장기병을 투입해 백병전으로 적군의 숨통을 끊었다. 몽골군은 원래 공성전을 해본 적이 없었다가, 송나라를 정복할 때 확보한 투석기와 충차(앞, 뒤, 옆, 위가 온통 쇠로 덮여 성벽이나 적진을 부딪쳐 공격할 때 사용하는 수레—옮긴이)를 본떠 만들어 사용했다. 화포와 화약 기술도 송나라로부터 배웠다.[3] 나무와 흙을 짓이겨 만든 러시아 요새는 몽골군 병기에 상대가 되지 않았다.

몽골군의 침략으로 곳곳이 엄청나게 파괴된 건 사실이지만, 후대 연대기 작가들이 쓴 수준까지는 아니었다. 몽골군의 잔혹 행위에 관한 서술은 '신성 러시아'가 그들이 저지른 죄 때문에 타타르(연대기 작가들은 'Tatar' 대신, 그리스어로 지옥을 뜻하는 타르타로스Tartaros를 연상시키려고 'r'을 추가해 'Tartars'라고 썼다) 이교도에게 응분의 벌을 받았다는 종교적 서사에는 필수적이었다. 《바투 칸의 랴잔 정복 이야기The Tale of the Destruction of Riazan by Batu》에는 최초로 희생된 도시 랴잔에서 몽골군이 저지른 만행이 이렇게 적혀 있다. 몽골군은 "성스러운 도시의 아름다움과 부를 모두 불태웠다. 교회들은 파괴되고 성스러운 제단에 온통 피가 흘러내렸다. 그 도시에서 누구도 목숨을 부지하지 못했다. 모두 죽었다. (…) 죽은 자들을 애도할 사람조차 남지 않았다.'[4]

　대략 키예프 루스 내 도시의 3분의 2가 폐허가 된 것으로 추정된다. 사람들은 죽거나, 노예로 끌려가거나, 몽골족이 들어가지 않는 숲 지대로 도주해 모두 사라졌다. 몽골족이 잡아간 장인의 수가 너무 많아 반쯤 버려진 도시에는 이후 50년 동안 석조나 조적식 건물이 세워지지 못했다.[5]

　바투 칸은 대ᄉ칸 오고타이의 자리를 물려받지는 못했다. 그는 자신의 왕조 골든 호드Golden Horde(킵차크한국)를 세우러 러시아 초원으로 돌아왔고, 우랄에서 불가리아까지 몽골 제국의 서쪽 구역을 다스렸다. 골든 호드의 주된 관심사는 러시아 삼림 지대(몽골족에게는 아무 쓸모가 없었다)가 아니라 남부 스텝의 초원 지대였으며, 중앙아시아와 페르시아 그리고 카스피해 인근의 볼가강 남부에 있는 수도 사라이를 잇는 무역로였다. 몽골 제국이 러시아의 하천을 통해 유럽과 무역을 하여 얻을 수 있는 수입은 사마르칸트Samarkand, 바그다드, 흑해를 잇는 실크로드에서 흘러들어오는 막대한 부에 비하면 미미했다. 즉, 유럽과의 교역 수입은 러시아를 직접 통치하는 비용을 감내할 정도는 아니었다. 그래서 몽골인들은 말과 소를 방목할 수 있는 스텝에 머물렀고, 삼림 지대는 수도 사라이에서 간접 통치하는 방식을 채택했다. 몽골 지배층은 러시아 영토에서 공물을 거두었다. 이를 위해 분견대와 통치관을 전략적 위치에 배치해 통치 네트워크를 만들었는데, 공납이 늦어지면 각 지역의 분견대로 하여금 가혹하게 응징하게 해 다른 영지에 경고하는 본보기로 삼았다. 거의 매년 적어도 하나 이상의 도시가 그런 처벌 대상이 되었다. 블라디미르와 수즈달은 13세기 마지막 25년 동안 각각 다섯 차례 분견대의 공격을 받았다.[6]

바투가 최초로 시행한 조치 중에는 러시아 공후들을 사라이로 불러들여 몽골 제국 칸에게 충성을 맹세하게 한 것이 있었다. 공후들은 칸의 윤허장(야를릭Ярлык)이 있어야만 영지를 통치할 권한이 생겼으므로, 이 방문은 정기 행사가 되었다. 공후들은 몽골 복식을 갖추고 불길 사이를 걸어가 주군의 발아래 무릎을 꿇고 책봉을 청해야 했다. 후보가 여러 명인 경우에는 가장 많은 공납금과 몽골군 군사 파견을 약속하고, 영지 내 치안을 확고히 유지해 몽골에 충성하겠다고 장담하는 공후가 그 자리를 꿰찰 수 있었다. 지역별로 적정한 공납과 징병 규모를 산정하기 위해 몽골은 송나라에서 배운 대로 인구조사를 시행했고, 지역 통치관과 몽골군이 조사를 직접 지휘했다. 1245년부터 이듬해까지 러시아를 통과해 카라코룸으로 향하던 로마 교황청 선교사가 남긴 바에 따르면, 몽골의 일반적인 관행은 '장정과 여자, 물건'을 막론하고 모든 것의 10분의 1을 징수하는 것이었다.[7]

러시아 공후와 보야르들은 인구조사와 세금 부과에 협조하며 몽골 체제를 따랐다. 저항은 곧 파멸을 의미했다. 러시아 지도층의 이런 협조는 공후들을 성인의 이미지로, 이교도의 무력한 희생자로 그렸던 러시아 연대기 작가들에게는 난제였다(몽골 군대의 손에 전사한 거의 모든 공후가 훗날 성인으로 시성되었다). 가장 난해한 사례가 노브고로드와 프스코프Pskov의 공후였던 알렉산드르 넵스키Alexander Nevsky였다.

넵스키는 1240년에 스웨덴과 맞붙은 네바강 전투(넵스키라는 이름이 여기에서 유래했다)를 승리로 이끈 러시아의 영웅이었다. 2년 후, 넵스키는 리보니아Livonia 인근 추디Chud호(현재 페이푸스호)의 빙판 위에서 독일 십자군인 튜턴 기사단을 물리쳤다. 이 승리가 러시아 민족의식에서 가지는 의미는 상당하다. 영화감독 세르게이 예이젠시테인Sergei Eisenstein은 애국 영화 「알렉산더 넵스키Alexander Nevsky」(1938)의 주 소재로 이 전투를 다루었고, 히틀러와의 전쟁이 한창이던 때에 소련인 수백만 명이 이 영화를 보았다.

1252년에 넵스키는 사라이로 갔고, 바투 칸은 넵스키를 키예프 몰락 이후 가장 서열이 높은 공후 자리였던 블라디미르 대공으로 임명했다. 넵스키 대공은 몽골 제국의 충실한 신하로서, 인구조사를 시행하는 관리들에게 반항하는 노브고로드와 다른 도시의 반란 무리를 진압했다. 넵스키가 몽골에 협력한 건 그가 가진 서구에 대한 불신 때문이었다. 일반적으로 종교에 관대했던 킵차크한국보다 서유럽이 정교 러시아에 더 큰 위협이라고 판단했을 것이다. 넵스키는 몽골 제국을 북부 러시아가 큰 이윤을 남기는 발트해 독일과 스웨덴과의 교역을 지켜주는 보호자로 여겼다. 하지만 넵스키의 현실 정치는 연대기 작가들에게는 난해한 문제였다. 1547년에 러시아 정교회가 그를 성인으로 시성한 이후 특히 문제가 되었는데, 종교적 시각으로는 그가 이교도와 결탁한 셈이었기 때문이다. 연대기 작가들은 해결책을 찾았다. 넵스키 대공이 협조한 것은 낮은 곳에 임한 그리스도를 본받아 러시아인의 죄를 벌하러 주님이 보낸 만방의 지배자 '동방 차르'로부터 신성 러시아를 구원하기 위해 너그러이 자신을 희생한 것이라고 서술했다.[8] '넵스키의 희생' 서사는 러시아가 기독교 세계의 구원자라는 신화에도 반영될 터였다. 넵스키가 몽골을 잠재워 그들이 서방으로 진격하는 것을 막았다는 식이었다.

교회도 킵차크한국에 협조했다. 칸은 교회에 세금을 면제해주었고, 사유재산도 허락했으며, 모든 기독교도에 대한 박해를 금지했다. 조건은 단 하나, 교회의 성직자들이 칸을 위해 기도를 올리는 것이었다. 즉 칸의 권위를 지지하라는 것이었다. 이런 특별 허가 덕에 교회는 번성했다. 러시아 정교회가 이단 신앙을 믿는 시골 지역에 최초로 실제로 침투한 것도 몽골 제국의 지배를 받던 때였다. 소농들은 공납과 군역을 피할 수 있는 교회 영지를 경작하러 모여들었다. 러시아어에서 농민을 가리키는 말로 가장 많이 사용된 단어가 '백성'을 총칭하는 'liudi(류디)'에서 기독교인을 의미하는 'khristianin(크리스티아닌)'에서 변형된 'krestianin(크레스티아닌)'으로 바뀐 것도 이때였다.[9] 신이 자신들을 구원해 이교도로부터 살아남기를 기도한 지주들은 수도원에 영지를 기부했고, 수도원은 그렇게 성장을 거듭했다. 몽골 지배가 시작된 첫 한 세기 동안 수도원 서른 곳이 세워졌다. 다음 한 세기 동안 새로 건립된 수도원은 그 수의 다섯 배였다.[10]

수도원 운동의 주요 부분은 신심 깊은 사람들이 이끌었다. 이들은 정교회의 세속적인 위계에 반대하고 황야로 나가 고독 속에서 기도하고 묵상하며, 경전을 공부하고 노동하는 금욕적인 삶을 산 수도사들이었다. 이들은 비잔티움의 '헤지카즘hesychasm'('고요함'이라는 뜻의 그리스어 'hesychia'에서 유래했다)에서 영적 가르침을 얻었다. 헤지카

즘은 성스러운 인물이나 장로의 지도에 따라 청빈하고 기도하는 삶을 통해 신에 이르는 길을 찾을 수 있다는 생각에 근거한 사색적인 신비주의였다. 수도원 운동의 본산은 초기 기독교 시대 이래로 기독교 수련원이었던 그리스 북부의 아토스Athos산이었는데, 많은 러시아인이 아토스 성산 수도원의 은둔 수도사들의 삶을 모범으로 삼았다. 그중 가장 중요한 인물은 모스크바 북동쪽의 세르기예프포사트Sergiev-Posad에 성삼위일체 교회를 세운 세르기 라도네시스키St. Sergius of Radonezh였다. 세르기의 제자들은 성삼위일체 교회에 모여 수도자 공동체를 형성했다(현재 러시아 정교회의 영적 중심지인 삼위일체 성 세르기예프 대수도원Trinity Lavra of St Sergius이다). 1392년 세르기가 사망할 무렵에는 수백 명에 가까웠던 제자들이 계속 수도원을 설립했고, 그중 많은 제자가 러시아 북동부의 외진 지역까지 진출했는데, 수도사들을 따라 함께 이동한 농민들이 그 지역에 정착해 거주지를 형성했다. 이런 개척 선교사 중 페름의 스테판Stephen of Perm은 애니미즘 신앙을 완강히 고집했던 코미Komi족(화가 칸딘스키가 1889년에 코미족이 사는 외딴 지역을 방문했을 때도 여전히 원시 신앙의 흔적이 남아 있었다고 한다)에게 기독교를 전파했고, 조시마 장로elder Zosima는 백해White Sea까지 진출해 솔로베츠키Solovetsky섬에 수도원을 세웠다(1917년 이후 교도소로 바뀌었다. 오늘날 스탈린의 노동수용소[굴라크]의 원형으로 더 익숙하다).

종교 예술, 특히 이콘화는 눈부시게 발전했다. 비잔티움으로부터 단절된 이 시기 동안 이콘 화가들은 독자적인 러시아 화풍을 발전시켰는데, 그리스풍을 따랐던 예전 작품들보다 생동감과 입체감이 더 향상되었고, 색은 더 따뜻해졌으며, 한결 단순한 선과 부드러운 색조가 두드러졌다. 15세기 초 안드레이 루블료프Andrei Rublev의 작품을 통해 러시아 이콘화는 최고 수준에 도달했다. 루블료프의 작품은 우아한 조화와 감각적인 움직임, 신성한 인물이 마치 광휘를 뿜어내는 것 같은 투명한 색채 사용 등 시적 예술성이 타의 추종을 불허했다. 대표작은 1408년부터 1425년까지 세르기예프포사트의 성삼위일체 교회에 그린 「삼위일체」이다.

루블료프 예술의 기적은 러시아가 2세기에 걸친 몽골 지배를 벗어나던 무렵에 일어났다. 훗날 사람들이 이 시기에 관한 서사를 구성할 때, 류블료프 이콘의 기적은 러시아의 정신적 일체성을 드러내는 표식이 되었다. 러시아인을 규정하는 것, 역사의 암울한 순간을 지나는 동안 러시아인의 인내력에 구심점을 제공한 것은 바로 기독교였다. 안드레이 타르콥스키Andrei Tarkovsky의 영화 「안드레이 류블료프Andrei Rublev」(1966)를 기억하는 독자라면 종을 제작하는 주물공이었던 아버지를 둔 고아 소년이 여러 장인과 함께 이미 여러 차례 몽골 제국의 약탈에 시달린 블라디미르에서 대형 종을 주조하던 거룩한 마지막 장면을 기억할 것이다. 블라디미르의 대공과 시민, 이탈리아 사절단이 보는 가운데 처음으로 종소리가 울리자, 순수한 환희가 그 순간을 가득 채웠다. 그것은 러시아인이 신심의 힘과 창의성을 통해 살아남았던 방식을 상징하는 것이었다.

몽골은 키예프 루스를 파괴했고, 루스의 공후들은 킵차크한국의 제후가 되었다. 키예프 공국이 가졌던 주도권은 블라디미르가 가져갔고, 칸은 그곳의 대공을 직접 지명했다. 대공 자리를 원한 경쟁자들은 공국 통치권 허가를 얻을 때처럼 사라이를 방문해 킵차크한국의 칸에 충성을 맹세하고 자신이 적임자임을 호소했다. 낙점된 공후는 블라디미르로 이동했는데, 칸이 파견한 대사가 그와 동행해 블라디미르에서 대관식을 관장했다.

몽골 침략 후 한 세기가 채 지나기 전에 한때 키예프 루스였던 영토는 이전과 판이하게 달라져, 현대 러시아, 우크라이나, 벨라루스를 막론하고 어느 나라든 보편적인 권리를 주장할 수 없다. 키예프 루스는 몽골 점령으로 두 영역으로 나뉘었고, 각각은 정치적으로 다른 모습으로 발전해갔다. 남서쪽 공국들(폴로츠크, 비텝스크Vitebsk, 민스크Minsk, 체르니고프, 키예프, 볼히니아, 갈리치)은 그들을 몽골로부터 지켜주고 서구와 교류를 지속했던 폴란드와 리투아니아 세력권으로 편입되었다. 이 지역들은 훗날 군주가 선출되고 지방 지주 귀족이 다스리는 의회가 있는 입헌군주제 체제인 폴란드-리투아니아 연방으로 발전했다. 폴란드-리투아니아 연방은 이 다민족 지역을 16세기부터 18세기까지 지배했다. 반면 키예프 루스의 북동쪽 절반(러시아)은 사뭇 다른 길을 걸었다. 몽골 점령지가 된 여섯 공국(모스크바, 트베리Tver, 블라디미르, 노브고로드, 로스토프-수즈달Rostov-Suzdal, 랴잔)은 하위 14개의 봉건 영지(봉토)로 분할되었고, 독자적인 조세 시스템과 군대를 보유했다. 각 봉토에는 공후가 있었고 해당 지역은 (내부의 토지와 주민을 모두 포함해) 공후에게 소속된 세습 사유재산으로 간주되었다. 이런 영지들이 몽골 지배를 거치며 가산제적 독재 정치를 지배원칙으로 삼게 된 모스크바 대공국의 중핵을 이루었다.

봉건 영지 체제는 키예프 루스 시절 시작되었지만 강력하게 자리 잡은 것은 몽골 지배기 때였다. 몽골 제국은 러시아를 작지만 안정적인 작은 공국으로 분할하고, 몽골에 충성하는 블라디미르 대공에게 힘을 집중해 지휘하게 만드는 것이 편리하다는 점을 깨달았다. 트베리와 모스크바의 역할이 중요해졌다. 트베리는 야로슬라프 야로슬라비치Iaroslav Iaroslavich의 후손이 대를 이어 다스리는 영지였다. 야로슬라비치는 알렉산더 넵스키의 동생이었는데, 1263년에 넵스키의 뒤를 이어 블라디미르 대공이 되었다. 한편 모스크바는 다닐 알렉산드로비치Daniil Alexandrovich의 후손(다닐로비치Daniilovichi라고 불린다)에게 속한 땅이었다. 다닐 알렉산드로비치는 넵스키의 막내아들이었고(넵스키 사망 당시 겨우 두 살이었다), 그때까지만 해도 가장 볼품없는 영지였던 모스크바를 상속받았다.

모스크바의 존재는 1147년 최초로 연대기에 등장한다. 로스토프-수즈달 공국의 서쪽 경계에 있는 소읍에 불과했던 모스크바는 몽골 침략 무렵 제법 덩치가 커졌고 방어용 성벽도 지어 올렸다. 하지만 모스크바가 러시아 공국들 사이에서 주요 세력으로 등장한 것은 13세기 후반에 이르러서였다. 성공 비결은 지리적 여건이었다. 볼가강과 오카Oka강으로 연결되는 모스크바강에 인접한 모스크바는 러시아 하천 교역망의 중심지였고, 따라서 부유한 상업 중심지로 성장할 수 있었다. 모스크바를 둘러싼 빽빽한 숲과 습지는 천혜의 방어망이 되었고, 동쪽과 남쪽에서 몽골을 피해 도망친 농민들에게는 매력적인 터전이었다. 인구가 늘고 군사력이 성장하자 모스크바는 인근 공국들을 합병해갔다. 14세기 중반에는 돈이 넘쳐나다 못해 모스크바 공후인 이반 다닐로비치Ivan Daniilovich('돈주머니'[칼리타Kalita]라는 별명으로 유명했다)는 더 먼 지역까지 진출해 영지를 사들이거나, 그곳에 돈을 빌려주고 제때 갚지 못하면 땅을 빼앗아 합병해버렸다. 그렇게 모스크바의 '러시아 영토 모으기'로 불리는 과정이 시작되었다.

모스크바에 대적할 유일한 경쟁자는 야로슬라비치laroslavichi(야로슬라비치의 후손들)의 공국, 트베리였다. 오직 트베리와 모스크바만이 블라디미르 대공국의 통제권을 두고 경쟁할 경제적 기반이 있었다. 모스크바와 마찬가지로 트베리도 입지가 좋았다. 볼가강 유역에 있어 러시아 삼림 지대의 가장 중요한 교역 중심지들과 하천 교통망으로 촘촘히 연결되었다. 비록 방어에 유리한 자연환경은 아니었지만, 몽골 세력으로부터 상대적으로 멀리 떨어져 있었던 데다 교통이 좋아 몽골 침략 이후 한 세기 동안 인구는 꾸준히 늘었다.

경쟁 구도가 시작된 14세기 초, 두 도시는 어금지금한 맞수였다. 하지만 14세기 말에 이르자 상황이 달라졌다. 의심할 여지 없이 최강자는 모스크바였다. 모스크바는 킵차크한국에 대적할 만한 유일한 공국이었다. 무엇이 모스크바를 그렇게 만들었을까?

대결을 판가름하는 칼자루는 분열 통치 정책을 고수한 킵차크한국이 쥐고 있었다. 몽골 지배자인 칸은 트베리든 모스크바든 누구도 지나치게 강력해지는 걸 원치 않았기 때문에, 항상 둘 중 기우는 도시의 편을 들어주었다. 따라서 사라이의 환심을 사려면 군사력보다 외교력이 좋아야 했다. 몽골 지배자를 상대하는 데 모스크바의 이반 칼리타는 더 기민했고 비굴할 정도로 완전히 복종했다. 반면 트베리의 미하일 공후는 1317년 반란을 시도하다 모스크바와 타타르 연합군을 상대로 완패했다. 칼리타는 1313년부터 1341년 사이 킵차크한국을 통치한 우즈베크Uzbek 칸과의 관계에 공을 들였다. 최소 다섯 번 이상 사라이를 방문했고, 유능하게 공납을 거두었으며, 어떤 공국이든 킵차크한국에 반항하는 기미를 보이면 군대를 이끌고 응징에 나섰다. 칼리타는 1327년 트베리의 두 번째 봉기를 진압하는 데 성공하여 키예프 루스의 옛 영토 중 가장 상위 영지인 블라디미르의 대공으로 승격됐다. 이어 1339년에는 스몰렌스크에서 발생한 봉기를 진압해 그 보상으로 모스크바 공국을 아들들에게 세습할 권리를 허가받았다.[11] 블라디미르 대공의 자리는 그렇게 다닐로비치에게 귀속되었고, 모스크바 대공국의 전全 러시아 지배권에 통합되었다.

모스크바가 승승장구한 데는 몽골 제국이 리투아니아를 점차 더 두려워하게 되었다는 점도 한몫했다. 14세기 초에 리투아니아는 키예프 루스의 옛 서부 영토로 지배권을 확장하고 있었다. 압력이나 설득으로도 합병이 여의치 않으면 종교를 내세웠는데, 정교 러시아를 믿는 다른 지역으로부터 서부 영토를 떼어내려고 별도의 대주교구도 세웠다. 1330년에 이르면 스몰렌스크, 노브고로드, 트베리는 거의 리투아니아 편으로 넘어가는 상황이 된다. 모스크바는 무력으로 공국들을 통제하려고 분투했다. 몽골 제국은 서쪽 변경에서 몽골 제국의 러시아 지배권을 훼손할지도 모를 강력한 신흥 국가와 마주한 셈이었다. 모스크바의 힘을 키워 리투아니아에 맞서게 하는 것이 칸에게는 최선의 선택이었다. 그리고 성공적이기도 했다. 노브고로드는 모스크바 진영으로 되돌아왔다. 트베리는 해체되어 보야르 봉토들로 쪼개졌고 서로 싸웠다. 스몰렌스크는 1352년 모스크바에 합병되었다.

모스크바가 세력을 키우자, 몽골 제국은 다시금 분열 통치로 고삐를 조이려고 했다. 서부에서는 폴란드와 리투아니아에 대항할 완충국으로서 모스크바의 성장을 지원했지만, 모스크바가 취약해야 통제가 가능한 북부와 동부에서는 반모스크바 세력을 후원했다. 하지만 13세기 후반에 이르자 모스크바의 부상을 통제하기에는 이미 늦은 상태가 됐다. 모스크바는 상당 부분 모스크바의 수로를 통해 국제무역을 장려하고 보호했던 몽골 덕분에 주요 교역 중심지로 성장했다. 노브고로드를 통과하는 대유럽 무역만으로도 모스크바 대공국에는 엄청난 부가 흘러들어왔다. 킵차크한국에 관세를 바치고도 넉넉히 떨어지는 몫이었다. 새로운 도시들이 등장했고, 거대한 석조 교회가 건설되었으며, 모스크바의 공예와 산업이 부활했다. 모스크바 크렘린궁 최초의 성벽과 교회들이 지어진 것도 이 무렵이다. 성벽은 드미트리 대공의 지시로 1366년부터 이듬해까지 건설되었다. 대규모 작업팀들이 먼 채석장에서 5만 제곱미터가 넘는 돌을 운반해왔는데, 당시 이런 프로젝트에서 유럽 통치자들이 동원할 수 있었던 노동력을 크게 상회하는 규모였다. 크렘린궁 건설은 모스크바의 힘을 보여주는 상징이었다.

크렘린궁은 또한 모스크바와 교회 사이에 새로 합의된 거래의 결과이기도 했다. 교회는 몽골 지배로부터 러시아정교를 해방하기 위해 국가 권력의 중심이라는 대의를 내세운 모스크바와 동맹을 맺기로 했다. 1325년 이반 칼리타의 요청으로 키예프와 전 러시아의 대주교인 표트르 2세Peter II가 블라디미르에서 모스크바로 대주교관을 옮긴 것이 동맹의 시작이었다. 대주교의 도착을 기념하고자 이반은 곧장 크렘린궁 안에 최초의 석조 교회인 성모영면성당을 건립하라고 지시했다. 이때부터 이반은 교회에 막대한 영지를 기부했다. 영지가 어찌나 방대했던지 통치 왕조에 대주교가 지는 의무를 규정하는 계약서가 작성되었다. 사실상 대주교가 대공의 가신에 해당하는 지위라는 것이 확인된 셈이었다.[12]

1380년 모스크바가 대규모 타타르 군대를 상대로 승리하며 교회와의 관계는 한층 강화되었다. 러시아 군대가 몽골 제국을 상대로 어떤 종류로든 승리를 거둔 것은 이때가 최초였다. 킵차크한국이 모스크바를 상대로 조공을 바치라고 요구한 것이 갈등의 시작이었다. 마마이Mamai 칸은 드미트리 대공이 역대 최고의 수입을 가져다주리라 기대하고 있었다. 하지만 이 시기에 노브고로드가 서구 교역국들과 무역 분쟁을 겪느라 모스크바는 수입이 좋지 않았다. 1378년, 마침내 상황이 폭발했다. 마마이 칸과 경쟁하던 다른 몽골 칸이 사라이를 덮쳤고, 그해 마침 흑사병이 창궐해 많은 병사가 죽어 마마이는 모스크바에 추가 공납을 요구했다. 몽골군 3만 병사가 모스크바에 들이닥쳤다. 드미트리는 비슷한 규모로 군대를 모아 남쪽으로 이동했고, 돈강 근처 쿨리코보에서 몽골군을 물리쳤다. 이 승리로 드미트리는 '돈스코이Donskoi'('돈강의'라는 뜻)라는 별명을 얻어 드미트리 돈스코이로 불리게 되었다.[13]

승리를 기념하기 위해 모스크바 교회는 대공의 수호성인을 기리는 '성 드미트리의 날'을 공휴일로 지정했다. 이때부터 쿨리코보는 타타르 이교도로부터 러시아가 해방된 시발점으로, 나중에는 '국가적 각성'의 순간으로 러시아 이야기에 자리매김했다. 쿨리코보는 러시아에서 여전히 기념된다. 푸틴은 그 사건을 러시아가 14세기에 이미 몽골 위협으로부터 유럽을 구한 강대국이었다는 증거로 자주 언급했다. 이 개념(러시아는 '아시아 패거리'로부터 유럽을 구하는 수호자)은 모스크바 대공국이 자국 정체성을 아시아 스텝 지대의 유럽 국가로 여기기 시작한 16세기부터 국가 신화의 일부가 되었다. 이런 생각은 20세기 초, '스키타이인' 시인들로 인해 극에 달했는데, 그들 중에는 알렉산드르 블로크Alexander Blok가 있었다. 그는 러시아가 아시아 민족들에게서 자신들을 방어했음을 인식하지 못하는 후안무치한 유럽을 비난했다.

> 복종하고 증오하는 노예처럼
>
> 우리는 종족 사이에 낀 방패였지
>
> 유럽 그리고 휘몰아치는 몽골 무리 사이에서.[14]

오늘날 쿨리코보의 승리는 민족주의 사상에서 러시아의 군사력이 서유럽을 '구한' 것으로 인식되는 1812~1815년(나폴레옹 전쟁)이나 1941~1945년(2차 세계대전) 같은 사건과 맥을 같이한다. 서구에 대한 러시아의 깊은 분노는 이 민족 신화에 뿌리를 두고 있다.

쿨리코보는 몽골군이 전장에서 패배할 수 있다는 것을 보여주었다. 하지만 그 패배가 몽골 통치의 끝을 의미하지는 않았다. 모스크바는 승리했지만, 전쟁으로 입은 손실도 컸다. 2년 후 새로운 칸 토크타미시Tokhtamysh가 보복을 위해 군대를 보냈을 때, 모스크바는 방어할 능력이 고갈된 상태였다. 사흘간의 전투 끝에 몽골군은 도시를 약탈하고 주민의 절반을 죽였다.[15] 모스크바의 지위는 격하되었다. 몽골에 맞서는 것이 불가능함을 인정한 러시아 공후들은 서둘러 사라이로 가서 킵차크한국에 충성을 맹세했다.

몽골은 모스크바를 응징할 당시, 중앙아시아 제국의 새로운 위협에도 직면했는데, 바로 티무르Timur 황제(타메를란Tamerlane으로 더 유명하다)가 이끄는 티무르 제국이었다. 티무르의 군대는 페르시아와 캅카스를 정복한 다음, 킵차크한국의 주요 무역 거점을 파괴했다. 킵차크한국은 이때를 시작으로 오래도록 쇠퇴하다 결국 멸망했다. 하지만 킵차크한국의 멸망에는 외부의 군사적 위협보다는 14세기 중반 중앙아시아 스텝 지대에서 시작된 흑사병이 더 주요한 원인으로 작용했다. 무역로는 전염병이 확산하는 길이 되었고, 경제는 황폐해지고 인구의 절반이 죽었다. 다음 세기에 걸쳐 킵차크한국은 카잔, 크림, 아스트라한의 세 한(칸)국으로 쪼개졌다. 세 한국 중 어느 곳도 킵차크한국이 그랬던 것과 같이 러시아를 위협할 강력한 세력이 되지 못했다.

모스크바 공국은 1502년까지 킵차크한국의 속국으로 남아 있었다. 하지만 오래전부터 이미 독립한 것처럼 행동하기 시작했다. 1480년 아흐메드Ahmed 칸은 군대를 이끌고 모스크바로 진격했다. 모스크바는 군대를 모아 모스크바 남쪽의 우그라강에서 몽골군과 마주쳤고, 그곳에서 양측은 2주 동안 화살 한 발 쏘지 않은 채, 모스크바 군대는 강의 서안에, 몽골 군대는 우안에 진을 치고 대치했다. 마침내 몽골 군대가 퇴각했다. 이후 러시아 연대기 작가들은 '우그라강의 대치'를 '몽골 멍에를 벗어던진 사건'이라는 서사로 만들고, 세계 역사에 중요한 의미가 있는 사건으로 묘사한다. 실제로 그것은 그 이전에 있었던 많은 대치와 유사한 작은 사건이었다. 다만 그것이 마지막이었다는 점은 달랐다.

몽골족은 러시아 땅에서 300년 이상 머물렀다. 이반 4세가 마침내 카잔과 아스트라한한국을 물리친 것은 1550년에 이르러서였다 (크림한국은 1783년까지 존속했다). 이 시기가 러시아 역사에 어떤 영향을 끼쳤을까?

러시아인들 사이에는 세 가지 주요 입장이 있다. 대다수는 몽골 영향을 순전히 부정적으로 설명한다. 그 시기는 고통과 희생, 수치와 억압의 시대일 뿐이고, 러시아는 '몽골 멍에'에 시달리느라 유럽 국가로 나아가지 못했다는 입장이다. 이 서사에서 몽골은 러시아의 모든 후진성에 대한 핑곗거리가 된다. 몽골족은 러시아를 유럽으로부터, 르네상스의 문화적 진보로부터 고립시켰다. 몽골이 러시아를 '암흑시대'로 몰아넣고, 러시아인의 삶의 모든 측면을 조악하게 만들었다는 식이다. 문학평론가 비사리온 벨린스키Vissarion Belinsky는 1841년에 다음과 같은 목록을 만들었다.

여성의 유폐, 자신의 부가 드러날까 두려워 돈을 땅에 묻고 누더기를 걸치는 습관, 고리대금업, 생활방식의 아시아주의, 정신의 게으름, 무지, 자기혐오. ― 한마디로 표트르 대제가 뿌리 뽑은 모든 것, 유럽주의에 반하는 모든 것, 우리 본연의 것이 아니라 타타르가 러시아에 '이식한' 것들이다.[16]

두 번째 입장은 러시아가 서구식 발전 모델을 따르는 것에 반대하는 19세기 민족주의 노선인 슬라브주의자Slavophile들이 발전시켰다. 이들은 몽골이 러시아에 파괴적인 영향을 끼쳤다는 점을 인정하면서도 몽골 점령 시기가 이후 러시아 국가의 토대가 되는 긍정적인 발전의 발판이 되었다고 판단했다. 특히 서구로부터 고립되었던 까닭에 러시아는 비잔틴으로부터 물려받은 유산, 고대 슬라브 문화와 정교 신앙을 유럽 르네상스 인문주의의 세속적이고 개인주의적인 흐름의 영향을 받지 않은 채 보존할 수 있었다고 보았다.

더 흔한 세 번째 시각은 몽골의 영향을 깡그리 무시하는 것이다. 몽골은 들이닥쳤고, 핍박하고 수탈했지만, 아무것도 남기지 않은 채 떠났다는 견해다. 일례로 카람진은 자신의 저서《러시아 국가의 역사》에서 몽골 통치가 남긴 문화적 유산에 관해서는 일언반구 언급하지 않았다. 카람진은 묻는다. "문명화된 민족이 그런 유목민으로부터 무엇을 배우겠는가?" 이런 시각이 러시아가 서구를 향해 있다고 생각한 유럽 성향의 인텔리겐치아(지식인)들이 가진 입장이었다. 존경받는 역사가 드미트리 리하체프Dmitry Likhachev는《러시아 문화 Russian Culture》(2000)에서 "우리는 아시아로부터는 거의 받은 것이 없다"고 썼다. 리하체프는 몽골이든 여타 동방 지역이든 러시아 문화사에 아무런 영향도 미치지 않았다는 입장이었다.[17]

몽골의 유산을 거부하는 바탕에는 러시아 같은 유럽 나라가 러시아의 눈에는 문화적으로 더 열등해 보이는 아시아 제국의 지배를 그토록 오랫동안 받아야 했다는 사실에 대한 민족적 굴욕감이 있다. 그 기원으로 거슬러 올라가면 몽골을 정복자가 아닌, 신이 러시아인의 죄를 벌하라고 보낸 약탈자로 표현한 중세 연대기를 만나게 된다.[18] 러시아의 초기 역사가들은 연대기의 내용에 대거 의존했다. 게다가 그들 자신도 계몽주의라는 유럽 중심적 시각을 가지고 있었으므로 몽골 제국이나 몽골과 러시아의 관계에 관심을 두지 않았고, 그들이 쓴 역사서에 그런 내용은 거의 등장하지 않는다. 위대한 역사가 세르게이 솔로비요프Sergei Solovyov는 《러시아 초기 역사History of Russia from the Earliest Times》(1851~1879년 총 29권으로 출간)에서 "러시아의 국내 행정체계에서 몽골의 흔적을 전혀 찾을 수 없으므로 몽골 제국이 어떤 식으로든 영향을 끼쳤을 리 없다"고 일축했다.[19] 솔로비요프의 제자였던 바실리 클류쳅스키Vasily Kliuchevsky는 5권에 달하는 《러시아 역사History of Russia》(1904~1911년 출간)에서 몽골족을 언급하지도 않은 채, 이 시기 러시아의 발전을 외부 영향이 아닌 오롯이 내부에서 일어난 변화로만 설명했다(18세기부터는 유럽의 영향을 받았다고 서술하면서 이 규칙을 깬다).[20]

러시아 고고학자, 민족학자, 동양학자들이 몽골의 영향을 진지하게 생각하기 시작한 것은 19세기 말에 이르러서였다. 고고학 발굴 결과로 사람들은 사라이가 러시아인들이 그때까지 상상했던 것처럼 유목 민족의 게르로 빼곡한 정착지가 아니라, 석조건물, 잘 닦인 도로, 유압 시스템, 공예품 작업장, 학교가 있는 7만 5,000명 인구의 대규모 중세 도시였음을 알게 되었다.[21] 언어학자들은 러시아의 행정 및 경제의 많은 기초 용어가 타타르에서 기원했다는 사실(뎅기 де́ньги[돈], 카즈나казна́[국고], 타모젠니таможенная[관세], 바리시барыш[이윤])을 밝혔다. 몽골족이 이 분야에 분명히 영향을 끼쳤다는 말이다.

러시아에는 타타르식 이름을 가진 가문이 많다. 일부 가문은 러시아에 머물다가 킵차크한국이 붕괴한 후 모스크바 궁정으로 들어간 몽골족의 후손이다. 한 추정치에 따르면 1680년대에 궁정에서 복무하던 915개의 귀족 가문 중 156개 가문이 타타르 또는 다른 아시아계 출신이었다. 귀족층을 절반 가까이 차지하던 리투아니아계와 서방 출신 가문보다는 적은 수였지만 수치가 실제로는 더 컸으리라 짐작되는데, 많은 타타르계 가문이 귀족층에 편입되면서 이름을 러시아식으로 바꾸었기 때문이다. 작가 카람진, 차다예프Chaadaev, 투르게네프Turgenev, 불가코프Bulgakov, 작곡가 림스키 코르사코프Rimsky-Korsakov, 차르 보리스 고두노프Boris Godunov, 혁명가 부하린Bukharin 등 러시아 역사에서 가장 유명한 이름들이 그런 예에 속한다.[22]

몽골이 러시아를 떠나며 남긴 것이 엘리트 지도층뿐만은 아니었다. 우리가 '몽골족의 침입'이라 부르는 것은 사실상 유목 부족들의 점진적인 이주이다. 그들은 몽골이 인구 과잉에 시달리자 새로운 초원을 찾아 이주한 사람들로, 우즈베키스탄과 카자흐스탄 인구가 주로 몽골 출신이다. 유목민들은 그곳에서 더 서쪽으로 진출해 정착하기도 했다. 그들 중 일부는 목축을 포기하고 러시아에서 농부가 되었다. 또 다른 이들은 가축과 관련된 무역업이나 수공업에 나섰는데, 그런 분야에 로샤디лошадь(말), 바자르базáр(시장), 바시마크башмáк(신발) 등 타타르어에서 기원한 용어의 흔적이 많이 남아 있다. 남부 러시아와 볼가 지역의 마을 중에는 아직도 타타르식 이름을 가진 곳이 많다. 펜자Penza/Пенза, 켐바르Chembar/Чембар, 아르딤Ardym/Ардым, 아니베이Anybei/Аныбей, 아르다토프Ardatov/Ардатов, 알라티리Alatyr/Алатырь 등이 그런 예다.

러시아 문화에 깊숙이 존재하는 이런 아시아적 요소가 1917년 이후 유럽과 미국으로 망명한 다양한 학자 집단인 유라시아주의자들의 주 관심사였다. 언어학자 니콜라이 트루베츠코이Nikolai Trubetskoi 공은 그의 첫 수필집《동방을 향한 탈출Exodus to the East》에서 러시아는 본질적으로 러시아 민족이 핀노-우그릭어족, 몽골족 그리고 튀르크어를 사용하는 다른 부족 집단과 형성한 유라시아 초원 문화 공동체라는 주장을 폈다. 러시아 정치 체제와 상류층 문화를 형성한 비잔틴과 유럽의 영향은 러시아의 민중 문화, 음악, 무용, 신앙 체계와 심리에는 거의 침투되지 않았고 그런 것들은 차라리 동방과의 접촉으로 더 발달했다는 것이다. 러시아 민속음악에 나타나는 5음계는 아시아에서 흔하다. 트루베츠코이에 따르면 민속춤 또한 동방과 유사한데, 특히 (짝을 지어 춤을 추는 유럽과 달리) 여럿이 줄지어 원을 만들며 춤을 추는 캅카스와 유사하다. 트루베츠코이는 이런 문화적 형태들이 추상적 대칭성, 사색과 운명론적 태도 그리고 개인보다 집단을 우선시하는 태도로 나타나는 '동방의 정신'을 표현하고 있으며, 그런 정신이 군주 권력의 신성성과 그것에 기꺼이 복종하려는 러시아인의 태도를 설명한다고 주장했다.[23]

유라시아주의 이론의 창시자 중에는 러시아에서 망명한 역사가 게오르기 베르나드스키George Vernadsky가 있는데, 그는 프라하에서 유라시아주의를 강의하다 미국으로 건너가 6권으로 된《러시아 역사A History of Russia》(1943~1969) 집필에 착수했다. 베르나드스키는 몽골 점령을 러시아 역사의 핵심 전환점으로 제시했다. 몽골 점령 때문에 러시아는 독재 정치와 농노제 그리고 아시아로 제국을 확장하는 길로 접어들었다는 것이다. 그 영향력은 그가 '지연된 작용을 통한 효과'라고 표현한 과정으로 인해 나중에야 명확해진다고 했다. 그의 주장에 따르면 몽골 제국을 물리치기 위해서 러시아인들은 몽골 통치에서 많은 것을 흡수해야 했다. 예를 들면 사회 전체가 국가를 위해 복무하게 하거나 영토를 정복하는 제국적 확장을 통해 초원 유목 부족의 고삐를 틀어쥐는 일 등이 여기에 해당한다. 그가 《몽골과 러시아 The Mongols and Russia》(1593)에서 썼듯이 '독재 정치와 농노제는 러시아 사람들이 국가로서 살아남기 위해 치러야 했던 비용'이었다.[24]

혹자는 베르나드스키의 지연 효과 이론에 의문을 품을 수도 있다. 러시아 통치자들이 무슨 수로 더 이상 존재하지 않는 제도를 배운다는 말인가? 몽골과 농노제 도입을 연관시킨 시도는 특히 미심쩍은데, 몽골 통치기에 농민 이주를 제한하는 조치가 최초로 발효되기는 했지만, 농노제를 공식화한 법은 1649년에야 통과되었기 때문이다. 지연으로 해석하기에 200년은 너무 길다. 하지만 베르나드스키의 분석은 '몽골 멍에'에 관한 해석을 늘어놓았던 다른 관점들보다 몽골 영향에 대해 미묘한 접근 방식을 장려했다.

실제로 몽골의 영향은 엄청났고, 그렇게 오래 지연되지도 않았다. 러시아는 이미 14세기 전반부터 몽골 정치 제도를 채택했다. 모스크바 대공국의 공후들은 자주 사라이를 예방해 당시 러시아보다 훨씬 발달했던 몽골 제국의 행정 관행을 직접 보고 배웠다. 모스크바 대공 이반 칼리타는 몽골의 세금 징수 관리인이었던 바스카키 baskaki를 자신이 직접 거느리는 단시키danshchiki로 대체해 세수를 직접 확보하는 등, 킵차크한국에서 사용되던 대부분의 수단을 채택했다.

몽골의 관세였던 탐가tamga는 모스크바 대공국의 상업세가 되었다.

러시아 세금 징수관이 사용한 제도 중에 연대 책임이라는 뜻을 가진 '크루고바야 포루카krugovaya poruka'가 있다. 이는 마을이나 공동체가 지불해야 하는 세금에 집단 책임을 부과한 제도였다. 키예프 루스 시절에도 존재했으나, 몽골 치하에서 대대적으로 강화되었다. 몽골 지배자들은 막대기로 정강이를 때리거나 세금을 모조리 낼 때까지 인질을 잡는 등 강압적인 수단을 썼다. 크루고바야 포루카는 이후 수세기 동안 차르의 하수인들이, 그리고 볼셰비키 관리들이(더 강압적이었다) 세금을 걷는 데 이용되었다. 단체에 부과되는 세금을 가구 구성원들에게 공평하게 분배하기 위해 공동체들은 자치 행정 체제(도시의 베체나 지방의 미르mir 또는 농촌공동체)를 발전시켰고, 이런 단체 때문에 집단 체제는 더 강화되었다.[25]

몽골 지배는 러시아를 긍정적인 방향으로 발전시킨 면도 있다. 러시아의 우편은 세계에서 가장 빨랐다. 역참 네트워크는 방대했고, 역참마다 기운 넘치는 파발마 무리가 대기하다 몽골 제국의 구석구석까지 가공할 속도로 전령을 실어 날랐다. 이는 모스크바 대공국 행정의 근간이 된 제도였고, 외국인들은 이에 깊은 감명을 받았다. 16세기 초 합스부르크Habsburg 왕가의 대사였던 지기스문트 폰 헤르베르슈타인Sigismund von Herberstein은 모스크바 대공국의 파발 속도에 입을 다물지 못했다. 모스크바에서 출발한 편지는 단 3일 만에 660킬로미터 떨어진 노브고로드에 닿았다. 당시 독일이라면 두 배는 더 걸릴 거리였다.[26]

모스크바 군대도 세계 최고의 기마대인 몽골군과 접촉하면서 발전했다. 러시아 군대는 몽골군에게서 우회 전술부터 자유자재로 움직이는 기병 대형, 갑옷, 무기까지 많은 것을 받아들였다. 1553년에 모스크바를 여행한 영국인 리처드 챈슬러Richard Chancellor는 러시아 기병들이 '튀르크의 것을 본떠 만든 낮은 등자' 위에 반쯤 선 채 올라타 있었다고 썼다. 또 몽골 궁수들처럼 러시아 병사들도 쇠미늘 갑옷과 함께 비단옷을 입었다고 덧붙였다. 그는 병사들이 부를 과시하기 위해 그랬다고 생각했지만 진짜 이유는 따로 있었다. 러시아인들은 화살촉이 비단은 통과하지 못한다는 사실을 몽골인에게 배워 알고 있었다. 비단옷을 입으면 상처를 악화하지 않고 화살촉을 빼낼 수 있다는 뜻이었다.[27]

경제적으로 몽골의 영향은 '몽골 멍에'를 논한 러시아 연대기 작가들이 생각했던 것만큼 해롭지 않았다. 킵차크한국은 러시아 도시들을 부유하게 만든 국제 무역로의 강력한 수호자였다. 교역과 관세로 벌어들인 돈이 도시로 흘러들어왔고 몽골 침략으로 황폐해진 도시들이 폐허를 딛고 도시를 재건하고 다시 활력을 찾는 데 요긴하게 쓰였다. 노브고로드와 모스크바는 부유한 대형 도시로 성장했고 유럽 여느 도시들과 견주어도 건축이나 예술적 풍요로움 측면에서 뒤지지 않았다.

몽골의 유산과 관련해 역사가들이 가장 첨예하게 논쟁을 벌이는 분야는 러시아 독재 정치에 몽골이 끼친 영향이다. 서구 지향적인 인텔리겐치아들이 보기에 러시아의 폭정은 당연히 아시아적 성격을 띠었다. 19세기 사회주의자 알렉산드르 게르첸Alexander Herzen은 탄압 정책을 쓰던 니콜라이 1세Nicholas I(재위 1825년~1855년)를 '전보를 칠 수 있는 칭기즈 칸'에 비유했다. 볼셰비키 혁명가 니콜라이 부하린 Nikolai Bukharin은 스탈린이 '전화를 가진 칭기즈 칸'과 같다고 말했다.

러시아의 독재 전통은 다양한 요소에 뿌리를 두고 있지만, 몽골이 남긴 유산은 러시아 독재 정치의 기본적 성격을 고착시키는 데 어떤 다른 요소보다 더 크게 기여했다. 16세기부터 모스크바 대공국의 초기 차르들은 몽골 제국의 전통을 가져다 제 구미에 맞게 변형해 썼다. 이반 4세(이반 뇌제)를 필두로 초기 차르들은 비잔틴 제국의 종교적 후계자일 뿐 아니라 칭기즈 칸으로부터 계승되는 제국 영토의 상속자로서 자신들이 황제의 지위를 가져야 한다고 정당화했다. 차르라는 호칭은 비잔틴 제국의 황제basileus와 킵차크한국의 칸을 모두 가리키는 말이었고, 따라서 혼용되었다. 러시아에서는 몽골 제국의 칸을 비잔틴 황제의 예복을 입은 모습으로 형상화했다. 차르와 칸을 가리키는 러시아 용어도 마찬가지로 섞여, 오랫동안 둘은 실질적으로 바꾸어 써도 문제가 없었다. 심지어 칭기즈 칸은 '칭기즈 차르'로 불리기도 했다.[28]

모스크바 대공국의 공후들은 러시아에서 몽골 제국의 칸을 몰아내고 그 뒤를 이어 차르가 되었을 때 그들이 하던 행동을 그대로 따라 했다. 몽골 지배자는 사회 전 계층이 자기 뜻에 완전히 복종하기를 요구했고 이를 무자비하게 강제했는데, 러시아 차르들도 그랬다. 칸이 가진 전제권력과 함께, '군주는 만방 영토의 주인이라는 개념'(몽골이 송나라로부터 받아들인 것)도 유입되었다. 14세기 말에 모스크바 대공국에도 영토 소유권 사상이 들어왔다. 그 사상은 키예프 루스에서 전승된 공후 권력의 가산제 원칙을 강화했다. 국가 권력은 그 땅의 영주 또는 주권자인 차르 개인에게 예전보다 더 집중되었다. 몽골의 칸들이 그랬던 것처럼 모스크바 대공도 자신이 다스리는 영토를 가문의 자산으로 간주했다. 군주는 내키는 대로 신하에게 영지(그 땅에 사는 농민들의 의무도 함께)를 하사할 수 있었고, 신하가 마음에 들지 않으면 다시 뺏을 수도 있었다. 즉, 보야르는 키예프 루스 시절에 공후와 주종 관계를 청산해도 자신의 영지를 사유재산으로 보유할 수 있었는데 이제는 공후에게 충성하는 조건으로만 영지를 보유할 수 있었다. 주군을 떠나면 땅도 잃었다. 러시아 귀족층의 근본적인 약점이 여기에 있었다. 최고위층 보야르 가문(혼맥이 있거나 차르의 총애를 입은 모스크바 궁정의 최측근)은 과두제 지배계층을 형성했고, 대공의 힘이 약할 때 차르의 정부를 지휘하기도 했다. 하지만 보야르의 부와 권력은 차르에게서 나오는 것이었기에 차르가 그들을 보호하는 동안만 허락됐다. 통치자에 의존적인 이러한 시스템은 오늘날까지 이어진다. 푸틴의 '올리가르히'(신흥 재벌)들은 전적으로 푸틴의 의지에 생사가 달려 있다.

가산제적 독재를 떠받치는 여러 구조도 몽골 통치기에 자리를 잡았다. 그중 하나는 메스트니체스트보('관등표')인데, 이는 여러 공후와 보야르 가문들에게 공직 경력과 상관없이 계보학적 왕가와의 거리로 공식적인 관등 서열을 매기는 제도였다. 부와 권력은 관등에 달려 있었기 때문에 보야르는 생활 전반에 영향을 미치는 이 서열표에서의 자신의 위치에 사활을 걸었다(심지어 이 서열표로 만찬장 착석 위치까지 결정됐는데, 보야르들에게는 중요한 문제여서 자기 계급보다 더 낮은 위치의 좌석을 권유받으면 큰 결례로 여겼다). 키예프 공국의 궁정 서열 체계에서는 보야르 가문들이 공공연히 직위와 권력을 두고 경쟁하다가 극심한 내분과 심지어 내전이 일어나기도 했는데, 그에 비하면 이 위계질서는 훨씬 안정적이었다. 몽골의 지배를 벗어난 모스크바 대공국에서는 오직 다닐로비치가家만이 대공이 될 수 있었고, 왕위 계승 원칙은 장자 상속으로 바뀌었으며, 왕조에 가장 가까운 보야르 가문이 정부와 군대에서 최고위 요직을 차지했다. 이는 아마도 몽골 제도를 모델로 삼은 듯한데, 몽골 제국에서도 칭기즈 칸의 직계 후손만이 대칸으로서 제국을 통치할 자격이 있었고, 몽골 부족의 관등 서열은 왕가와의 거리로 결정되었다.[29]

부상하는 독재 체제의 또 다른 요소는 관리들이 영지에서 '급여'를 능력껏 자의적으로 챙기게 한 제도(코르믈레니예kormlenie)였다. 이 관습은 키예프 루스에서 시작되었고, 몽골 치하에서 널리 퍼졌다. 영지를 통치하는 공후는 자신을 위해 일하는 관리들에게 급여로 줄 화폐가 부족했기 때문에, 영지 안의 백성들로부터 세금을 걷어 관리들이 스스로 보수를 받도록 했다. 이 제도는 보야르가 부를 쌓을 수 있는 손쉬운 수단이었고 그들은 어떻게든 더 많이 차지하려고 서로 경쟁했다. 그들의 직권 남용은 너무 만연해서, 주민들이 과잉 징수에 대해 영주에게 항의해 관리가 교체된다고 해도 새로운 관리가 더 나쁘지 않으리라는 법은 없었다. 코르믈레니예 제도는 1556년 공식적으로 폐지되었지만, 부패 관행은 뇌물 수수, 주민 갈취, 국고 착복 등 여러 다른 방식으로 오래도록 지속되었다. 수세기 동안 러시아 정치 체제를 괴롭힌 부패의 근원이 이것이다. 오늘날 작동하는 올리가르히 체제, 즉 부자가 되려면 고위 지배층의 폐쇄적인 사회의 일원이 되든가, 그들의 비호를 받는 수밖에 없는 과두체제의 기원이 실로 이것이다.

몽골 지배의 유산이 가장 오래 이어진 곳은 러시아의 북쪽과 동쪽인 모스크바 대공국 지역이다. 우크라이나와 벨라루스에 해당하는 남쪽과 서쪽에서는 몽골 지배력이 약화해 일찍 사라졌고, 14세기 초부터는 이 지역 대부분이 폴란드 또는 리투아니아로 편입되었다. 어느 정도는 몽골 영향력에서 더 자유로웠기에 키예프의 땅들은 모스크바와는 다른 역사적 궤도에 놓이게 되었다. 키예프의 토지는 서방으로 향했고, 가산제적 체제에도 덜 노출되었다. 하지만 그 차이는 오늘날 우크라이나 민족주의자들이 주장하는 바를 정당화할 정도로 크지는 않았다. 우크라이나 민족주의자들은 러시아는 '몽골 멍에'로 인해 독재적이고 아시아적이며, 러시아 사람들은 노예처럼 비굴하지만, 우크라이나인들은 항상 자유를 사랑했고 더 '유럽적'이라고 주장해왔다. 이런 구분은 민족주의적 신화를 창조하기 위한 선 긋기인데, 다른 많은 신화가 그렇듯 그 속에는 진실인 요소들도 포함되어 있다.

모스크바 대공국이 다스린 러시아 영토는 더 강력해졌고, 국민은 혹독한 몽골 통치를 겪으며 억세졌고, 그들을 기다리는 고난에서 살아남을 태세를 갖추었으며, 이전보다 민족적으로 더 단단히 통합되었다. 오직 모스크바만이 이제 몽골로부터 그들을 해방할 수 있었으며, 모든 러시아인을 단 하나의 국가 안에서 다스릴 수 있었다. 카람진이 말한 대로 "모스크바는 칸에게 위대함을 빚지고 있었다."[30]

3

차르와 신

TSAR AND GOD

1547년 1월 16일, 모스크바 대공
이반 4세는 최초의 전全 러시아 차르이자 전제군주가 되었다. 이반
뇌제라는 이름으로 더 익숙한 이반 4세가 러시아 정교회의 수장인
마카리Makary 모스크바 대주교가 머무는 성모영면 대성당에서 제위
에 올랐을 때 그의 나이는 고작 16세였다. 즉위식을 구성한 대부분
의 요소는 비잔틴 제국에서 가져와 그대로 모방하거나 개조한 것들
이었다. 그 요소들은 러시아를 제국으로, 러시아의 차르를 황제로
등극시키는 새로운 제국 신화를 보여주었다.

이반 4세가 촛불을 밝힌 성당에 들어서자 합창단이 부르는 '므노
골레티예mnogoletie'('만세'라는 뜻)가 울려 퍼졌고 최고위급 인사들이 그
를 맞았다. 이반은 12개의 계단을 밟고 제단 위로 올라섰다. 높은 성
화벽 아래 그와 마카리 대주교를 위한 두 자리가 마련되어 있었는
데, 두 개의 권좌는 교회와 하느님의 땅을 다스리는 국가의 '조화'라

는 비잔틴의 이상을 상징한다. 이반 4세는 그의 선조들, 모스크바와 전 러시아 대공들의 이름을 읊고, 자신이 '모든 고대의 칭호'로 불리기를 바란다고 선언했다. 마카리 대주교는 이반 4세에게 왕관을 씌우고 십자가로 축복한 후 권좌에 앉혔다. 이 시점에서 이반 4세는 '고대 관습에 따라' 자신이 차르가 되어도 되겠는지 묻는다. 마카리는 긍정으로 화답하며 외친다. "이제 그대는 '기름 부음'을 받았다. 그대에게 호칭을 내리니 이제 그대는 대공 이반 바실리예비치, 신이 내린 왕관을 쓴, 위대한 전 러시아의 차르이자 전제군주이다."[1] 성직자들이 때때로 성가를 곁들이는 가운데, 대주교는 이반 4세를 십자가로 축복하고, 그에게 성유를 발라 신성한 권위를 부여한 후, 그의 손에 왕홀을 쥐여 주고 머리에는 '모노마흐Monomakh의 모자'를 씌웠다. 모노마흐의 모자는 흑담비털을 두른 황금 모자로, 보석으로 장식되었고 꼭대기에는 십자가가 얹혔다. 전설에 따르면 그 모자는 비잔틴 황제 콘스탄티누스 9세 모노마코스Constantine IX Monomachos가 손자인 블라디미르의 키예프 대공 대관식에 맞추어 선물한 것이었다. 모노마흐의 모자는 비잔틴 제국의 칭호를 새 차르가 계승한다는 것을 상징했다. 하지만 실제로 블라디미르는 조부가 사망할 무렵 겨우 두 살이었고, 그가 키예프 대공으로 즉위한 것은 그로부터 거의 50년이 지나서였다. 그 모자 역시 비잔틴에서 만든 것이 아니라 중앙아시아로부터 온 것이 거의 확실한데, 14세기 초 우즈베크 칸이 다닐로비치 가문에 준 선물이라는 설이 유력하다.[2] 하지만 사실은 전혀 중요하지 않았다.

마카리 대주교는 차르는 "신에 대한 두려움으로 통치"함으로써 정교회를 수호할 신성한 의무가 있다고 설교했다. 연설 내용의 대부분은 《그리스 교부 총서Patrologia Graecae》에서 따왔는데, 이 책은 콘스탄티노플 아야소피아 대성당의 보제 아가페투스Agapetus가 527년 유스티니아누스Justinian 황제의 대관식 무렵에 황제에게 전한 금언 모음집이다. 마카리 대주교는 차르의 카리스마charisma(예언이나 기적 등의 종교적 초능력이나 절대적인 권위. '신의 은총'이라는 뜻의 그리스어에서 유래했다.—옮긴이)가 신성한 원천을 가지고 있음을 강조했다. 대관식에서 이것은 "하느님이 기름을 부으시어 이스라엘 백성의 왕으로 삼으셨다"는 다윗과 이반 4세를 연결하는 '기름 부음' 행위로 상징화되었다. 마카리 대주교가 수용한 신성한 왕권 사상('지혜신학Wisdom Theology')에서 차르는 그리스도와 마찬가지로 육체에 유한한 생명과 신성함을 지닌 존재였다. 차르는 신의 은총gift of grace(그리스어 'Khárisma'의 뜻이다.—옮긴이)인 카리스마를 지녀 그가 권력을 휘두를 때 신과 같은 존재처럼 보일 수 있었다. 마카리가 14세기 교회 슬라브어로 표현한 아가페투스의 금언처럼 "유한한 육체는 여느 인간과 같으나 권력 안에서 그는 전능하신 하나님과 같았다."[3] 말하고자 하는 바는 명확했다. 차르가 신이 지상에서 현현한 존재라면, 그를 거역하는 것은 이단 행위였다.

인간으로서 오류를 범하나 군주로서의 행위는 신성하다는 기독교 통치자의 이중성은 유럽에서 흔한 개념이었다.[4] 군주의 이미지와 관련해서 이런 이중적 개념이 빚는 긴장감을 서방 유럽은 유한한 인간과 군주라는 신성한 임무 그 자체를 구분함으로써 해결했다. 이 구분 때문에 서구에서는 왕권을 견제하는 국가라는 추상적인 개념이 발전할 수 있었다. 하지만 차르와 국가가 서로 분리되기는커녕, 인간이자 통치자로서 신의 도구인 유한한 한 인간의 몸에 합쳐진 채로 존재하는 러시아에서는 그런 일이 일어나지 않았다.

차르라는 칭호, 성유 의식, 비잔틴식 예복과 장식품, 설교를 포함한 모든 장치는 고대로부터 이어지는 이반 4세의 혈통과 황제 지위의 오라를 형성하기 위해 비잔틴 전통을 현대적으로 재창조한 것이었다. 모노마흐의 모자에 관한 전설은 16세기 초가 되어서야 전해지기 시작했다. 그 전설은 《블라디미르 대공의 전설The Tale of the Princes of Vladimir》에 등장하는데, 이 책에는 모스크바 공후들이 988년에 기독교로 개종한 블라디미르 대공으로부터 이어지는 비잔틴 황제의 후손이라는 거짓 주장이 실려 있다. 책에 등장하는 여러 삽화는 성모 영면 대성당 이반의 왕좌에도 부조로 조각되었다. 마카리 대주교의 지시로 제작된 책 《혈통서The Book of Pedigrees》는 모스크바의 과거를 창조하는 이 같은 작업과 관련해서 한술 더 떴다. 이 책은 류리크 왕가가 로마 황제 아우구스투스Augustus의 형제 프루스Prus의 후손이라고 터무니없이 주장함으로써, 이반 4세의 혈통을 로마 황제에까지 이어 붙였다. 프루스는 프로이센을 다스린 로마 통치자였다. 자연스레 이반 4세는 로마 황제들과 그들의 후예인 콘스탄티노플('새로운' 또는 '두 번째' 로마) 통치자들의 피를 이어받은 계승자로 칭송되었다. 이렇게 새로 '발명'한 제국의 유산 덕분에 모스크바 대공국은 콘스탄티노플 총대주교의 종교적 관할 범위였던 키예프 대공국 영토를 모두 통치할 권리를 주장할 수 있었다. 콘스탄티노플 멸망 이후 폴란드-리투아니아 연방으로 넘어간 영토(지금의 우크라이나와 벨라루스 땅이다)도 포함되었다.

이반 4세를 차르로 격상한 것은 국제적으로 러시아의 지위를 천명한 행위였다. 차르는 로마 황제를 가리키는 단어인 '시저_Caesar_'에서 파생한 용어인데, 러시아인들은 킵차크한국의 칸, 오스만튀르크의 술탄, 구약의 제왕들을 그렇게 불렀다. 이반 4세는 차르가 됨으로써 서방 기독교 세계의 세속 군주인 신성로마제국의 황제와 지위가 같아졌고, 동방정교회의 수장으로서 서로마 황제와 맞설 수 있게 되었다. 이반 4세가 공식적으로 차르라는 칭호를 사용한 최초의 대공이었지만 선대 이반 3세_Ivan III_(재위 1462~1505)와 그의 아들 바실리 3세 _Vasily III_(재위 1505~1533)의 이름 뒤에도 지위를 격상할 의도로 가끔 차르를 붙이기도 했다. 그들은 유럽의 인정을 갈구했고 그 목적을 달성하려면 비잔티움의 역할을 차지하는 수밖에 없었다. 이반 3세는 마지막 비잔틴 황제의 조카인 소피아 팔레올로그_Sophia Paleologue_와 결혼함으로써 팔레올로고스 가문의 몰락(비잔틴 제국 왕조였으나 소피아의 남동생 안드레아스를 마지막으로 대가 끊겼다.—옮긴이)으로 주인을 잃은 황제 역할에 대한 권리를 주장했다. 이반 3세는 비잔틴 제국처럼 쌍두독수리를 러시아 문장으로 채택했는데, 이는 비잔틴 제국을 모방했다기보다는 합스부르크 왕가에서 따온 것일 가능성이 크다.[5] 이반 4세는 황제 지위를 주장하는 일과 관련해 한술 더 떠 유럽의 군주들이 자신을 '차르'라고 불러야 한다고 주장했다. 과대망상이 심해지면서 차르라고 부르지 않으면 모욕으로 받아들였고 외교 관계도 끊어버렸다. 이반 4세는 영국 여왕 엘리자베스 1세와 같이 국민의 동의를 얻어 통치하는 군주들을 업신여겼다. 그에게는 그런 제한이 없었기 때문이다.

이반 4세를 차르로 추대하는 일은 오스만 제국이 콘스탄티노플을 점령한 이래로 모스크바를 비잔티움의 후계자, 기독교 세계 최후의 진정한 보루로 격상하려던 마카리 대주교의 목표에도 중요했다. 피렌체 공의회Council of Florence(1438~1439)에서 비잔틴 황제와 동방정교의 많은 원로가 무슬림 이교도에 대항할 가톨릭 세력의 지원을 확보하기 위해 서로마 교회와 재결합해야 한다고 주장했는데, 이후 러시아 정교회는 이 구상에 무게를 실었다. 1448년 러시아 교회는 콘스탄티노플의 영향력에서 벗어나기를 선언하고, 러시아 주교들은 원래 콘스탄티노플 총대주교가 임명하는 자리였던 대주교직에 랴잔의 이오나Iona of Riazan를 추대하기로 결정했다. 그로부터 5년이 채 되지 않아 비잔티움이 함락되었고 러시아인들은 독립적인 러시아 정교회를 만들기를 잘했다고 확신했다. 그 확신은 1458년 리투아니아 교구가 모스크바 정교회와 결별하고 정교 인구를 로마 우니아트 교회Uniate Church(정교회 인구를 확보하기 위해 만든 신생교회. '필리오케', 전례, 달력 등 정교회 전통을 유지하는 대신 로마 교황을 수장으로 받아들여야 했다. —옮긴이)의 관할로 넘겼을 때 재차 굳어졌다.

러시아 교회는 독립을 공고화하기 위해 모스크바가 콘스탄티노플을 대신해 정교회의 진정한 수도가 되었다는 생각을 발전시켰다. 교회 지도자들은 모스크바 대공국 대공들이야말로 기독교 신앙의 진정한 수호자, 신의 선택을 받은 인류의 구원자라고 추켜세웠다. 1530년대에 이르면 이 생각은 교회 소책자와 전설적인 이야기로 구체화되어 훗날 '제3의 로마 교리'로 알려진다. 이는 1523년경 필로페

이 Filofei라는 이름의 수도사가 프스코프에 머물던 바실리 3세의 사절
단에 보낸 서신에서 가장 잘 드러난다. 로마와 비잔티움 모두 배교
로 타락했으므로, 모스크바 대공이 '세계 기독교 신자의 유일한 차
르'였다. 필로페이는 '두 로마가 무너졌고, 세 번째는 살아남았으며,
네 번째는 존재하지 않을 것'이므로 모스크바가 진정한 신앙을 지키
는 최후의 수도가 되었다고 선언했다.[6]

러시아 교회 지도자들은 제3의 로마 교리를 즉시 채택했는데, 모
스크바를 제국으로 만들겠다는 야망의 투사였던 마카리 대주교가
단연 선두에 있었다. 마카리 대주교는 이반 4세의 대관식 연설에서
이 교리를 언급하며 차르는 외국과 국내 이단으로부터 러시아 정교
회의 순수성을 수호할 의무가 있다고 강조했다. 이반 4세가 실패해
서 러시아도 로마와 비잔티움처럼 배교에 빠지면 그 결과는 세계의
종말일 터였다. 필로페이가 경고했듯 네 번째 로마는 존재하지 않을
것이기 때문이었다. 이런 종말론적 경고는 이반 4세의 재위 동안 핵
심적인 역할을 했다. 이반 4세는 심판의 날이 다가왔고, 세상이 끝날
것이며, 그 종말에 대비해 러시아 땅의 죄를 씻는 것이 자신의 신성
한 의무라고 확고히 믿으며 공포 정치를 했다.

차르 승격은 권좌에 오른 이반 4세가 군주의 권위를 되찾도록 기
획된 면도 있었다. 지난 14년간 보야르들은 미성년이었던 이반에게
서 권좌를 빼앗으려고 싸움판을 벌였다. 아버지 바실리 3세가 1533
년 사망했을 때 이반은 겨우 세 살이었다. 어머니 옐레나 글린스카
야 Elena Glinskaya가 처음에 섭정을 했으나 1538년 사망했고(독살로 추정된

다), 그로부터 유력한 보야르였던 글린스키Glinsky, 벨스키Belsky, 슈이스키Shuisky 가문은 이반 4세가 성인이 되었던 1546년까지 14건의 살인, 대주교 2명의 해임, 3번의 집권 가문 교체 등 잔혹하고 혼란스러운 권력 다툼을 벌였다. 이반 4세가 남겼다는 말에 따르면 그는 보야르들, 그중에서도 특히 슈이스키 가문 공후들에게 무시와 학대를 당하며 비참한 어린 시절을 보냈다.[7] 열세 살이 되던 해 이반은 안드레이 슈이스키를 죽이라고 명령함으로써 복수했다. 그를 마지막으로 그 어떤 슈이스키도 차르 이반의 궁전에 얼씬하지 못했다. 이반은 성년이 되자마자 혼인했는데, 자신이 죽기 전에 성년이 될 수 있는 후계자를 낳아 왕조를 지킬 심산이었다. 정치 안정은 계승권을 주장할 경쟁자를 제거하는 일에 달려 있었다. 이반은 자신이 어릴 때 권력 다툼을 벌인 가문으로부터 동떨어져 있었던 한 보야르 가문의 공녀princess(공후나 대공, 차르의 딸—옮긴이) 아나스타샤 로마노바Anastasia Romanova를 부인으로 맞았다. 이반은 파벌에 소속되지 않은 중립적인 가문을 궁정에서 가장 높은 위치로 승격시킴으로써, 앞으로 태어날 자식이 분란 없이 후계자로 인정받고 보야르 가문들이 단결하기를 바랐다. 귀족 가문들이 내부적으로 얼마나 치고받든 간에 그들도 과두제적인 이익을 계속 누리려면 나라의 안정이 필요할 터였다.

성장하는 모스크바 제국을 통치할 중앙집권적인 정치 체제를 구축하기 위해서도 나라가 안정되어야 했다. 이 시기 다른 유럽 군주들과 마찬가지로 이반 4세는 공후와 보야르가 권력을 틀어쥔 공국들의 느슨한 연합(15세기에 모스크바가 영토를 확장하면서 덩치가 커졌다)을 단일한 왕국으로 탈바꿈하는 것을 목표로 삼았다. 이 왕국 건설 작업은 이반 4세의 조부인 이반 3세가 시작했고 아버지 바실리 3세 치세에도 지속되었다. 1462년에서 1533년 사이에 모스크바 대공국은 규모와 인구가 3배 이상 늘었다. 야로슬라블Iaroslavl(1471년), 페름(1472년), 로스토프-수즈달(1473년), 트베리(1485년), 뱌트카Viatka(1489년), 프스코프(1510년), 스몰렌스크(1514년), 랴잔(1521년) 등의 공국과 공화국을 합병하고 흡수한 결과였다.

가장 중요한 정복지는 북쪽의 광활한 영토를 보유한 노브고로드 공화국이었다. 노브고로드는 1456년에 모스크바의 통치권을 인정하는 조약에 서명했다. 하지만 노브고로드 지도층 중에는 리투아니아의 힘을 빌려 도시의 자유를 지키고 모스크바에 맞서기를 원했던 세력이 남아 있었다. 1470년 노브고로드 공화국이 리투아니아에 군사 지원을 요청하자 이반 3세는 선전포고해 노브고로드를 패배시켰고 1456년 협정을 갱신하게 했다. 노브고로드의 애국자들이 여전히 항복하지 않자 이반 3세는 1478년에 다시 한 번 군대를 보내 노브고로드를 합병하고 농토를 모조리 몰수했다. 도시 공화국의 종말을 강조하는 상징적 행위로, 크렘린 군대는 노브고로드에서 시민 의회인 베체를 소집할 때 울리곤 했던 종을 떼어가 버렸다.

모스크바는 이런 정복 사업으로 풍요로워졌고, 15세기 말에는 유럽에서 가장 부유한 무역도시 중 하나가 되었다. 값비싼 모피와 말을 구입하려는 상인들이 독일, 폴란드, 합스부르크 영토, 이탈리아에서 몰려왔다. 모피와 말은 중앙아시아 유목 민족들이 매년 수만 필 이상 모스크바로 실어 나르는 품목이었다. 16세기 초에 모스크바에만 십만 명의 인구가 살았다. 런던의 두 배에 달하는 수치였다. 가

옥은 모두 목조였지만, 이 시기에 두터운 석벽이 완공되었던 크렘린 궁 안에는 석조 교회도 많았다.

크렘린궁은 모스크바의 힘을 상징할 뿐 아니라 유럽 무대에 모스크바를 선보이는 위풍당당한 건축물이었다. 크렘린궁을 구성하는 복합적인 궁전과 교회들은 주로 이탈리아인들의 손에 완성되었다. 화려한 연회장이 압권인 차르의 궁전, '다면궁Palace of Facets'은 베네치아 건축가 마르코 루포Marco Ruffo와 피에트로 안토니오 솔라리Pietro Antonio Solari의 작품이었는데, 둘은 크렘린 성벽을 밀라노 스포르자Sforza 궁전 양식을 본떠 만들었다. 아리스토텔레 피오라반티Aristotele Fioravanti는 성모영면 대성당 개축(1475~1479)을 맡았고, 알레비제 노비Alevise Novi는 대천사성당Archangel Cathedral을 담당해 20년 후에 완공했다. 하지만 이후 수세기 동안 크렘린궁의 건축물들은 러시아풍으로 개조되어(러시아 건축 요소와 장식이 점차 추가되었다) 오늘날 방문객들은 이탈리아 건축 요소를 쉽게 알아보지 못할 것이다.

크렘린궁과 이탈리아 북부의 대형 르네상스 요새들 사이에는 아주 중요한 차이가 있다. 크렘린 성벽은 도시의 가장 중요한 교회를 감싸도록 지어진 반면, 북부 이탈리아 성당들은 성벽 밖에 세워졌다. 이러한 차이점은 매우 상징적이다. 라틴 유럽에서는 교회가 국가와 긴밀한 관계를 맺기는 했어도 분명히 독립적이었고, 심지어 가끔은 갈등을 빚기도 했다. 특히 16세기 절대왕정 이전, 교황에게 허용된 권한으로 왕을 폐위하거나 왕권을 제한하려고 할 때 갈등이 불거지곤 했다. 하지만 러시아에서 교회는 국가와 단일 존재로 통합된 채 나라를 다스렸다. 성모영면 대성당의 바로 옆에 자리 잡은 차르궁은 둘 사이의 조화를 상징적으로 드러내는 것일지 모른다. 신권 제국 안에서 종교와 국가는 하나가 되었다. 권좌에 앉은 차르는 그의 권력을 신으로부터 부여받았으므로 신성한 존재로 숭배되었다.

러시아의 전제정치는 유럽의 절대왕정과는 다르게 발전했다. 이론은 비잔티움에서 가져왔을지언정, 실제 실행 측면에서는 몽골 통치의 유산에 빚진 바가 더 많다. 물론 러시아와 서구 유럽은 국가 건설에 관해 특정 패턴을 공유하기는 했다. 다른 유럽 국가들과 마찬가지로 이반 3세 시대부터 모스크바의 목표는 제국 영토 구석구석까지 권력을 확장하고, 권력이 중앙으로 모이는 것을 방해하는 공후와 보야르의 권력을 흡수하는 것이었다. 유럽에서와 마찬가지로 중앙 집권화한 국가의 주요한 기능은 자금을 확보해 군대를 거느리는 것이었다. 근대 초 이동식 공성포와 화약 무기가 등장하며 중세의 마상창lance과 장창pike은 선사시대 무기로 전락했고, 이러한 '무기 혁명'으로 전쟁 비용은 엄청나게 증가했다. 군주들은 영토를 확장하기 위해 상비군의 규모를 키웠고, 전쟁을 더 많이 일으켰으며, 이렇게 잦아진 전쟁에 자금을 댈 세금을 거둘 더 크고 중앙집권적인 관료제를 필요로 했다. 이런 유럽의 추세에서 모스크바 대공국도 예외는 아니었다. 모스크바 대공국 역시 16세기 유럽에서 부상한 '재정-군사 국가fiscal—military state'(증세하고 국채를 발행하며 군사 활동을 적극적으로 추진하는 국가—옮긴이)의 전형적인 사례였다.

이반 4세는 차르가 된 직후부터 국가 권력 강화에 착수했다. 자기 지지자들을 보야르 평의회, 즉 보야르 두마Duma에 임명했고, 귀족, 성직자, 평민의 세 주요 사회 계층 대표들이 모여 정책을 협의하는 신분제 평의회Assembly of the Land, '젬스키 소보르Zemsky Sobor'를 만들었다. 세금 징수를 총괄하는 사무장이며 서기, 사무원들을 배치해 재무 부처의 기능을 강화했고, 보야르 총독들을 중앙에서 임명한 관리로 교체해 지방에 대한 모스크바의 통제를 강화했으며, 옛 공국들의 법을 대체할 표준화된 법률을 제정해 지방 통치자들이 중앙에 더 의존하도록 만들었다. 이런 모든 정책은 유럽 군주들이 저마다 법체계와 관습을 독립적으로 보유한 지방 영지에서 하나의 왕국을 만들어내기 위해 추진한 개혁과 맥락을 같이했다.

하지만 이반의 국가 건설 프로젝트의 다른 요소들은 몽골에서 왔다. 서구에서는 찾아볼 수 없는 것들이었다. 모스크바를 방문한 유럽 사람들은 차르가 귀족을 포함한 신민에 대해 가지는 권력의 범위에 아연실색했다. 신성로마제국 황제의 대사였던 헤르베르슈타인Herberstein 백작이 남긴 말을 보자. "사람들은 자신을 차르의 노예라고 생각했다. (…) 백성 장악 능력으로 말하자면 전 세계 군주 모두를 압도한다."[8] 이반 4세 역시 자기 신하들을 '노예'라는 뜻의 홀로피kholopy로 불렀다. 의전 원칙에 따르면 공후 가문의 일원인 상급 보야르들도 차르 앞에서 자신을 '폐하의 노예'라고 말해야 했는데, 이는 몽골족이 칸을 대하는 비굴함을 연상시키는 의례였다. 이런 굴종이 다른 유럽 군주국으로부터 러시아를 차별화하는 가산제 독재 정치의 근본 요소였다. 국가 개념은 전 러시아 영토의 주권자 혹은 주인으로서 차르 개인에게 구현되었다. 이 체제에서 차르는 신하들의 생사여탈을 좌지우지했다. 신하가 마음에 들지 않으면 차르는 그의 땅을 마음대로 몰수할 수 있었다. 누구든 군주로부터 자기 영토를 지킬 어떤 권리도 없었다.

1556년 이반 4세는 러시아의 모든 지주에게 강제 징집령을 내렸다. 수백 년 동안 대대로 땅을 거느렸던 대지주 보야르든, 차르에게 봉직 영지(포메스티예pomestie)를 하사받은 신규 봉직 귀족(포메시키pomeshchiki)이든 상관없이 소유한 영지 안의 경작지 100체트베르티четверть(55만 제곱미터)마다 완전 무장한 병사 한 명과 말 한 마리를 군대에 보내야 했고, 지주는 직접 복무하거나 가신을 대신 보내야했다. 다른 유럽 나라들에도 이런 법은 존재했지만, 러시아에는 유럽(마찬가지로 국가에 봉직하는 대가로 땅을 보유했던)과 달리 새로운 원칙이 있었다. 포메시키는 사유재산으로서 땅을 보유한 것이 아니었다. 즉, 영지를 가진 모든 귀족은 땅에 따라오는 봉직 의무 없이는 땅을 팔 수도 자식에게 물려줄 수도 없었다.

포메스티예 체제 덕분에 차르는 명령만 내리면 순식간에 2만 명의 군사를 소집할 수 있었다. 이 체제는 카잔한국의 제도와 비슷했고 아마도 그곳으로부터 들여온 것일지 모른다. 서양에서는 유례가 없는 제도였다. 서양 봉건주의는 사유 토지 소유가 가능했으며 개인의 권리도 보장되었다. 봉직 영지 제도는 이반 3세가 1478년에 노브고로드를 점령한 후 시작되었다. 노브고로드 도시 공화국에서 빼앗은 토지는 승리를 이끈 신하들에게 하사되었고, 대부분 낮은 계급 보야르 가문 출신이었던 그들이 이후 봉직 귀족층을 이루었다. 포메스티예 제도는 모스크바 대공국 전역에 널리 퍼졌다(외국의 위협이 없어 민병대가 필요하지 않았던 북부만 예외였다). 예전 형태의 소유 영지(보치니votchiny)는 매각이나 상속이 법으로 제한되면서 서서히 자취를 감추었다. 16세기 중엽에 이르면 포메시키는 2만 3,000명에 달했고 이후 100년 동안 그 수는 두 배로 늘었다.[9] 포메시키가 늘면서 국가는 더 많은 땅을 확보해야 한다는 압박을 느꼈고, 이는 러시아 영토 확장의 주요 동력으로 작용했다.

포메스티예 체제는 특정 지역사회와 유대가 약한 공직자 지주 계층을 낳았다. 러시아 봉직 귀족 포메시키는 국가가 만든 산물이었다. 이들은 명령에 따라 제국 이곳저곳으로 옮겨 다녔으므로 한 지역에 뿌리를 내릴 시간적 여유도 없었고 그럴 의향도 없었다. 땅은 수입이 나오는 원천이었고, 새로운 파견지에 오래 머물게 되면 원래 소유한 영지를 근무지 인근의 땅과 대수롭지 않게 바꾸기도 했다. 따라서 유럽 봉건 체제에서 귀족이 한 마을이나 구역에 연결되는 요소였던 자선과 후원 네트워크, 교구 신앙생활, 생산 주체들과 지방 정부 등, 말하자면 지역 정체성과 소속감을 키우는 모든 요소가 러시아에는 존재하지 않았다. 이런 지역 네트워크와 정체성은 19세기 중반에 이르러서야 발전하기 시작했고, 결과적으로 독립적인 시민 사회나 민주적인 정부 발전을 견인하기에는 너무 늦은 시점이었다.

러시아에서 독재 정치가 계속 되풀이되는 이유는 국가의 힘이 강해서라기보다는 국가를 견제할 사회의 힘이 약한 탓이 크다. 러시아에는 군주의 권력에 저항할 공적 기구가 없었다. 지주 계급은 차르에 지나치게 의존했다. 유럽의 독립적인 귀족 계층은 사유 영지에 대한 권리가 있었고, 지역사회의 지도자로서 입지가 굳건해 절대주의를 내세우는 국가의 침투에 반대하고 지역의 자율성을 지킬 수 있었는데, 러시아 지주 귀족들은 그런 역할을 담당하기에 너무 무기

력했고 쉽게 무너졌다. 보야르 회의(두마)와 젬스키 소보르는 유럽에서 국회로 진화해 결국 민주주의로 나아갔던 의회들과 삼부제 의회와 비교될 수 없었다. 보야르 두마는 선출직이 아니었으므로 국민의 대표가 아니었다. 차르가 보야르에게 자문을 구하고 싶으면 내키는 대로 회의를 소집했지만, 그들의 의견을 따르지 않아도 그만이었던 차르를 견제할 권력은 없었다. 압도적인 국가 권력과 약한 사회라는 이 불균형이 러시아 역사의 향방을 결정했다.

이반 뇌제(4세)의 치세는 러시아가 제국주의 강국으로 성장하는 이정표를 세웠다. 1500년에서 1917년 혁명까지, 제정 러시아는 엄청난 속도로 영토를 넓혔다. 평균하자면 매일 130제곱킬로미터씩 넓어진 셈이었다.[10] 모스크바라는 중심지로부터 뻗어나가 러시아는 세계 최대 영토를 자랑하는 제국이 되었다. 제정 러시아 역사학자 바실리 클류쳅스키의 표현대로, 러시아 역사는 "제 영토라는 식민지를 확장한 나라의 역사"였다.[11]

세계 역사상 다른 어떤 강대국과도 견줄 수 없는 이 놀라운 성장을 우리는 어떻게 설명할 수 있을까? 유럽 열강이 처음으로 러시아에 두려움을 느꼈던 19세기 초부터, 가장 일반적인 서구의 해석은 러시아가 본질적으로 확장주의 성향을 지닌 나라라는 것이었다. 이는 러시아에 관한 해묵은 견해로, 소련의 동유럽 확장을 19세기로 거슬러 올라가 '러시아 위협'이라는 러시아 혐오적인 고정관념으로 해석했던 냉전 시대에 재차 강화되었다. 하지만 야심 측면에서 폴란드-리투아니아 연방이나 합스부르크 왕가 같은 유럽 대륙의 다른 강대국들이나, 해외로 식민지를 넓힌 영국, 프랑스, 스페인 등 제국들과 비견될 만했던 16세기 러시아의 영토 확장은 그렇게 단편적인 시각만으로는 설명되지 않는다.

16세기 러시아의 확장은 러시아에 자연물로 이루어진 국경이 없고, 따라서 외부의 공격에도 취약하다는 사실에서 촉발된 측면이 크다. 가장 큰 위협은 서쪽의 폴란드-리투아니아 연방(1569년 합병)이었는데, 폴란드-리투아니아 연방은 러시아가 발트해로 나가는 길을 막았고 옛 키예프 루스의 서부 영토 대부분을 차지했다. 남쪽으로는 크림한국이 또 다른 중요한 위협이었는데, 크림한국이 오스만 제국과 긴밀한 동맹 관계를 맺고 있었기 때문이다. 크림한국은 러시아의 흑해 진출로를 가로막았고 그 너머 이슬람 세계로 나아가는 길도 막았다. 그들의 습격은 키예프 동쪽의 초원을 가로지르는 러시아 남부 국경 지대의 러시아인들에게 끊임없는 문젯거리였다. 크림한국을 견제하느라 러시아는 코사크로 구성된 새로운 국경 군대를 배치한 방어선을 만들고 요새를 지어야 했다.

코사크라는 이름은 스텝 지대에서 도적 무리처럼 자유롭게 살았던 '모험가' 또는 '떠돌아다니는 병사'라는 뜻의 튀르크어 단어인 카자키qazaqi에서 유래했다. 북쪽에서 점점 더 많은 러시아 사람들이 전쟁과 늘어나는 세금, 16세기 '소빙하기' 때문에 발생한 흉작으로 경제 위기에 시달리자 남쪽의 '야생의 땅'으로 이동했고 코사크에 합류했다. 코사크가 되는 데에 민족 장벽은 없었다. 코사크 집단은 동지애로 뭉친 병사 집단이었고, 처음에는 리투아니아에, 이후에는 크림반도 타타르나 노가이족Nogais, 그리고 다른 스텝 유목 부족의 침입으로부터 러시아 남쪽 국경을 방어해야 했던 러시아에 고용되었다.

그 대가로 코사크는 돈, 토지 생산물, 세금 면제와 그들이 정착 농경민을 보며 느끼던 우월함의 상징이자 자유의 상징으로 소중하게 지켜온 여타 권리와 특권을 제공받았다.

한편, 동쪽에는 카잔한국이 북쪽의 뱌트카(현재 키로프)와 남쪽의 사라토프Saratov 사이의 볼가 중부 지역을 차지하고 있었다. 카잔한국은 모스크바가 위협을 느낄 정도로 강력하지 않았지만, 카잔한국이 타타르의 한국汗國 중 가장 강력한 크림한국과 연맹을 맺는다면 모스크바 대공국을 공격할 전진 기지가 될 터였다. 이 사태를 막을 유일한 방법은 카잔한국을 먼저 제거하는 것이었다. 모스크바 대공국은 이중 전선을 유지할 정도로 강하지 않았기 때문에 이반 4세는 폴란드-리투아니아 연방과 충돌하기 전에 카잔한국을 정복해야겠다고 결론 내렸다. 폴란드-리투아니아 연방의 화약 무기가 카잔한국의 궁수 기병보다 확실히 더 버거웠기 때문이다.

이반 4세는 차르가 된 해인 1547년부터 이듬해까지 군대를 이끌고 카잔 정벌에 나섰다. 이때 러시아 궁수는 카잔한국의 기병대를 제압할 수 없었고 보급선마저 너무 늘어지자 결국 후퇴해야 했다. 1552년 2차 원정에서 러시아 군대는 전략을 바꾸었다. 화약 무기를 갖추고 카잔 근처 볼가강 유역 스비야시스크Sviazhsk에 전진 요새를 건설해 무기 보급선을 확보했다. 집중 사격에 용이하도록 대포를 고정식으로 바꾸고, 새로 결성된 러시아군 최초의 상비군인 머스킷 소총부대(스트렐치streltsy)를 배치했다. 네덜란드 기술자들을 시켜 카잔의 성벽 아래를 파서 화약을 채운 나무통 48개를 묻었다. 10월 2일 새벽 화약이 폭발하자 카잔의 방어벽에 거대한 구멍이 뚫렸다. 러시아 군대는 카잔으로 쳐들어가 눈에 보이는 사람은 모조리 죽였다.

카잔 정복은 콘스탄티노플이 함락된 지 거의 100년이 흐르고서야 정교가 이슬람 세력을 무찌르도록 신이 허락한 최초의 종교적 승리로 기념되었다. 러시아 교회는 카잔 함락을 십자군의 시작으로 묘사했다. 교회는 무슬림 이교도들을 무력으로 개종시킬 것을 촉구했다. 승리를 기념하는 거대한 이콘화 「성聖 차르가 이끄는 신의 군대 The Blessed Host of the Heavenly Tsar」가 성모영면 대성당 내부, 차르의 왕좌 맞은편 벽에 그려졌다. 「전사 교회The Church Militant」로도 불리는 이 성화에서 러시아 군대는 지옥불 같은 화염에 휩싸인 카잔을 뒤로하고 모스크바로 향하고 있었고, 행렬의 선두에서 말을 탄 이반 4세가 대천사 미카엘의 뒤를 따르고 있었다. 모스크바에서 성모와 아기 예수가 군대를 맞이하고 있어 예루살렘을 연상시킨다. 이 이콘 도상은 대천사 미카엘이 종말 전에 사탄을 물리친 요한계시록의 이야기를 차용했다. 이반 4세는 새 다윗 왕으로, 러시아인들은 신의 부름을 받은 새로운 이스라엘 민족으로 등장해, 제3의 로마라는 모스크바의 신비적 지위와 사명을 강화한다.[12]

4년 후인 1556년에 러시아군은 아스트라한한국도 무너뜨렸다. 차르는 모스크바의 '붉은 광장'(붉다는 뜻의 러시아 단어 크라스니красный가 아름다움을 뜻하는 크라시비красивый와 비슷했기 때문에 붙은 이름이다)에 승리를 기념하는 새 성당을 지으라고 명령했다. 오늘날 성바실리St. Basil 대성당으로 더 익숙한 '해자 위 성모중보 대성당The Cathedral of the Intercession on the Moat'은 이렇게 탄생했다. '성묘교회Church of the Holy Sepulchre'를 대강 본떠 만든 이 성당은 모스크바가 새로운 예루살렘이라는 개념을 강화하도록 기획되었다. 성당의 중앙 예배당은 종려주일Palm Sunday에 예루살렘에 입성하는 예수 그리스도에 봉헌되었다. 매해 열리는 종려주일 축일 행사의 절정은 차르가 성당으로 향하는 행렬의 선두에서 걷고(정교회 세계를 이끄는 지도자라는 차르의 성스러운 역할을 상징했다) 대주교가 예루살렘에 나귀를 타고 들어온 예수 그리스도처럼 말을 타고 그 뒤를 따르는 의식이었다.

1560년에 완공된 성바실리 대성당은 러시아가 타타르 한국들을 정복했음을 상징하는 것 이상의 의미가 있었다. 그것은 러시아가 13세기 이래로 러시아를 지배한 타타르 문화를 완전히 벗어던졌다는 승리의 선언이었다. 현란한 원색과 장난기 어린 장식, 시선을 압도하는 양파 모양 돔을 가진 성바실리 대성당에는 러시아가 되찾은 비잔틴 전통을 흥겹게 축하하는 의미가 담겼다(물론 비잔티움에 이렇게 화려하고 동양적인 양식의 교회는 없다).

성당을 바실리 성인에 봉헌한 것은 다소 이례적이었는데, 바실리 성인은 모스크바가 가장 사랑한 '성스러운 바보'(유로디비юродивый)였고, 이런 '바보 성인' 개념은 정교회 세계나 다른 기독교 전통에는 나타나지 않는다. 러시아 설화에서 '그리스도에 눈먼 자' 또는 성스러운 바보라 불린 이 사람들은 머리에는 철모나 마구를 얹고 겉옷 안에 쇠사슬을 걸치는 등 기괴하게 옷을 입고 미치광이나 광대처럼 행동해 흡사 아시아의 무당 같았을지언정, 성인으로 공경받았다. 이들은 빈털터리로 시골을 돌아다녔고, 수수께끼 같은 그들의 말에서 계시를 느끼고 그들에게 점치고 치유하는 초자연적인 능력이 있다고 믿은 사람들의 도움으로 먹고살았다. 부자와 권력자에게 입바른

말을 하는 데 거침이 없었고, 귀족가에도 자주 받아들여졌으며 궁중에서 흔한 존재가 되었다. 이반 4세는 성스러운 바보들과 함께 있는 것을 좋아했다.

카잔 정복의 상징성은 실로 대단했다. 차르는 카잔을 정복함으로써 새로운 지위를 확보했다. 몽골 칸의 합당한 후계자로서 스텝 유목 민족 사이에서 위신을 드높였고, 보편교회의 지도자인 비잔틴 황제의 후계자라는 제국적 지위 주장도 확인받았다. 1557년 이반 4세는 콘스탄티노플의 총대주교에게 자신의 '차르' 칭호를 공식화해 달라고 요청했다. 이슬람으로부터 정교회를 해방한 자로서 그런 인정을 받는 것이 당연하다고 주장했다. 1561년 총대주교는 그 요청을 승인했다. 이반 4세는 더 나아가 총대주교에게 조상과 일가의 이름이 적힌 긴 명단을 주고 그들도 차르로 시성해달라고 요청했다. 고대까지 거슬러 올라가는 비잔틴 황제의 계보에 왕조를 연결함으로써 지위를 확보한 것이었다.

카잔한국을 손에 넣자, 동쪽의 스텝 지대로 나가는 문도 열린 셈이었다. 러시아 군대는 동쪽으로 전진해 시베리아라는 노다지와 중앙아시아와 중국을 연결하는 무역로를 확보할 수 있었다. 하지만 새로 정복한 타타르인들은 통제하기 쉽지 않았다. 모스크바 대공국은 오스만 제국과 크림한국이 함께 이슬람교를 믿는 동지들을 지키겠다고 개입할까 봐 두려웠다. 따라서 피정복민을 강제로 개종하는 일은 포기하고 한발 뒤로 물러나, 카잔과 아르자마스Arzamas 사이에 요새 수비대와 수도원의 방어선을 구축하고는 오래도록 평화를 유지했다.

동부에서 거둔 성공에 고무된 이반 4세는 이제 서쪽으로 눈을 돌렸다. 발트해로 나가는 길이 스웨덴과 리투아니아, 리보니아 기사단국(튜턴 기사단 지부)에 막혀 있는 곳이었다. 리보니아(오늘날 에스토니아 전역과 라트비아 북부 지역이다)를 점령하면 발트해로 나가는 서유럽 교역로를 확보할 수 있었다. 볼가강 하천 교역로를 통제하던 카잔과 아스트라한을 제거했으므로 이제 리보니아 영토만 얻는다면 발트해에서 카스피해를 연결하는 하천 교역망이 완성되고 아시아와 유럽 사이의 실크로드로부터 막대한 수익이 생길 터였다.

1558년, 러시아군은 핀란드만의 주요 항구도시인 나르바Narva를 점령했고, 리보니아 내륙 깊숙이 위치한 도르파트Dorpat(현재 에스토니아 타르투)를 점령했다. 발트해의 다른 강대국들도 러시아군의 진격을 저지하고, 또 리보니아 땅을 일부라도 차지하려고 개입했다. 이렇게 러시아, 폴란드-리투아니아 연방, 스웨덴, 덴마크, 리보니아 기사단이 발트해 동안에서 뒤엉킨 리보니아 전쟁(1558~1583)이 시작되었다. 러시아에 카잔한국을 뺏기고 지능적으로 움직이기로 한 크림한국은 폴란드-리투아니아 연방을 지원함으로써 러시아가 양쪽 전선에서 싸우도록 했다. 크림한국은 두 차례 러시아를 침략했다. 1571년에는 목재가 주재료였던 도시 모스크바를 거의 잿더미로 만들었지만, 이듬해에는 러시아 군대에 패배했다. 하지만 1570년대 내내 크림한국은 러시아 영토로 쳐들어가는 일을 멈추지 않았다. 상황이 이렇다 보니 모스크바 대공국이 리보니아 전쟁의 초기 승리를 유지하기란 사실상 불가능했다. 발트해 함대 없이는 점령한 나르바(1579년에 스웨덴에 함락되었다)를 지킬 수도, 리가Riga나 레벨Revel(현재 에

스토니아 탈린)을 점령할 수도 없었는데, 아무리 육지에서 포위한다 한들 지상 공격만으로는 바다를 통해 보급하고 군사를 충원하는 상대편을 무찌를 수 없었기 때문이다. 지루하게 이어지던 전쟁은 1583년 마침내 폴란드가 리보니아에서 러시아를 축출하고 리보니아를 스웨덴과 나누어 가지며 끝났다. 러시아가 감당해야 했던 경제적 비용은 이루 말할 수 없었다. 전국의 거의 모든 지역에서 농민들이 땅을 버리고 '야생의 땅'이 있는 남쪽으로 도망쳤다.

리보니아 전쟁은 러시아에 한 가지 교훈을 남겼다. 서구의 이웃들이 러시아보다 더 강력한 유럽 본토보다, 러시아가 유럽 강국의 지위를 가진 아시아에서 영토를 확장하는 것이 더 쉽다는 사실이었다.

러시아의 기나긴 시베리아 정복 역사는 카잔 합병으로 시작되었다. 카잔한국이 멸망한 후, 우드무르트Udmurt와 바시키리아Bashkiria를 포함한 카잔한국의 여러 속국은 이반 4세를 자신들의 새로운 칸으로 인정했다. 투라강 인근 튜멘Tyumen의 시비르한국Siberian khanate도 모스크바에 매년 공물을 바쳤다. 이반 4세는 이 땅들을 무력으로 점령할 필요를 느끼지 못했다. 그 대신 차르는 사업을 목적으로 하는 개인들에게 허가증을 발급해주어 그 땅에 정착하고 경제 활동을 하기 위해 보통 코사크였던 용병을 고용할 수 있게 허용했다.

스트로가노프Stroganov 가문이 이 식민지 정책의 최초 수혜자였다. 부유한 상인 가문으로, 제염과 광산업에 관심이 있었던 스트로가노프가는 1558년에 카마Kama강을 낀 카잔과 페름 사이의 땅을 대규모로 임대했다. 국가에 지는 유일한 의무는 구리, 금, 은을 발견하면 보고하는 것이었다. 스트로가노프가는 이후 10년 동안 더 넓은 토지를 임대했고, 거의 잉글랜드 면적에 육박하는 영지의 주인이 되었다. 1570년대 초 그들이 시비르한국과 맞닿은 국경 지대를 탐사하고 정착하자 시비르한국의 군대가 그들을 공격했다. 공격은 여러 차례 이어졌는데 첫 습격으로만 백 명에 가까운 러시아 정착민이 죽었다. 타타르 군대는 습격할 때마다 병사의 수가 늘었다.

스트로가노프가는 차르에게 계속 방어만 할 것이 아니라 시비르한국을 쳐들어갈 수 있도록 허락해달라고 읍소했다. 마침 자신이 보낸 사절단 중 한 명을 죽인 데 분개한 터라 이반 4세는 시비르한국에 대한 공격을 승인했다. 하지만 다른 한편으로 크림한국이 종교를 공유하는 형제 국가인 시비르한국을 도와 참전한다면 그들과의 전면전에 휘말릴 위험도 있었다. 이반 4세는 그런 두려움 때문에 결정을 번복했으나, 스트로가노프가는 차르의 번복 명령을 무시하고 예르마크Ermak가 이끄는 코사크 군대를 고용해 시비르한국을 습격했다.

우리가 예르마크에 관해 알고 있는 대부분의 사실은 러시아 민담과 전설에 나오는 내용이다. 예르마크는 러시아의 콜럼버스처럼 시베리아를 '발견'한 위대한 영웅으로 칭송받았다. 우리가 아는 것은 그가 리보니아 전쟁에서 싸웠고, 스트로가노프가에 고용되기 전에 볼가강을 오르내리는 도적단으로 살았다는 것뿐이다. 예르마크가 이끄는 540명의 코사크 용병대는 1582년 페름에서 출발했다. 그들은 강을 따라 두 달 동안 이동한 후, 지금의 토볼스크Tobolsk 인근에서 시비르한국의 수도 카쉴릭Qashliq에 도달했다. 모피, 명주, 금으로 가득한 이 도시는 쉽사리 함락되었다. 타타르 기마병은 예르마크 부대의 머스킷총을 상대하기에는 역부족이었다. 예르마크는 카쉴릭에 기지를 건설했고, 인근 부족들을 정벌해 그들로부터 공물을 받았다. 예르마크는 1585년 이르티시Irtysh강에 매복하고 있던 시비르한국 추종 병사들에 의해 살해되었다. 시비르한국이 멸망하기까지는 그로부터 15년이 더 걸렸고, 러시아인들이 태평양으로 눈을 돌릴 때까지는 한 세기가 더 걸릴 터였다. 하지만 예르마크의 대담한 모험은 러시아의 이야기에서 '시베리아 정복기'로 길이 남게 되었다.[13]

우리는 한 인간으로서 이반 4세를 알지 못한다. 직접 쓴 서신이나 칙령이 남아 있지 않기 때문에 이반 4세가 글을 읽고 쓸 줄 알았는지도 확실하지 않다. 일곱 명의 부인이며 자식들과 어떤 인간적인 관계를 맺었는지도 기록이 남아 있지 않다. 이반 4세의 궁정에 관한 묘사도, 실물 초상화도 없다. 이반 4세 생애와 관련된 이미지들은 전부 상징적인 것들이고 상상의 산물이다. 1963년에 크렘린궁 대천사 성당에 안치되었던 이반 4세의 석관에서 그의 뼈를 발굴해 가상의 '흉상'을 만들었는데, 훤칠한 이마에 키가 크고 강인해 보이는, 오늘날 이반 4세를 묘사하는 '성난 전사' 같은 모습이 확인되었다.[14]

이반 4세가 우리가 익히 아는 '뇌제the Terrible'의 이미지를 가지게 된 것은 18세기에 일어난 일이다. 그로즈니grozny/Грозный라는 별칭은 17세기 초 이반 4세에 관한 민간 설화가 한창 발굴되면서 처음으로 생겼다. 당시에 그 단어는 잔인하거나 가혹하다는 의미보다는 경외감을 불러일으킨다거나 가공할 만하다는 의미에 더 가깝게 쓰였으므로 기본적으로 긍정적인 표현이었다. 민간 설화에서 이반 4세는 죄를 지은 보야르를 처단해 백성을 지켜주는 강력한 군주, 정의의 수호자로 묘사되었다. 불과 한 세기 후에 역사학자들은 이반 4세가 저지른 잔혹 행위를 자세히 들여다보았고, 그제야 '이반 뇌제'라는 표현은 처형, 고문, 섬뜩한 학살과 이성적으로 납득하기 어려운 광기와 괴물 같은 폭정과 동의어가 되었다. 모든 것을 꿰뚫을 듯 강렬한 눈으로 쏘아보는, 무시무시하고 사나운 모습이 바로 1897년 빅토르 바스네초프Viktor Vasnetsov가 그림 「차르 이반 4세 '뇌제'Tsar Ivan IV the Terrible」에 영원히 박제된 이반 4세의 이미지였다.

이반 4세의 폭력성은 성격에서 기인한 것일 가능성이 크다. 질풍노도 같은 이반의 성격을 잠재울 수 있었던 부인 아나스타샤가 1560년 사망하자 그는 광기에 고삐가 풀린 듯 보이기도 한다. 이반 4세는 보야르가 아내를 독살했다고 의심했는데, 아나스타샤의 죽음이 1553년 보야르 음모 사건의 연장선에 있다고 생각했다. 그것은 이반 4세가 중병을 앓았던 그때, 보야르 가문들이 그가 사망할 경우 갓 태어난 왕자 드미트리에게 충성 서약을 하지는 않겠다고 거부했던 사건이었다(드미트리도 생후 8개월을 넘기지 못하고 죽었다). 1563년 마카리 대주교가 죽고, 그가 애정을 드러냈던 동생 유리Yuri(농아였다)마저 죽자 이반 4세는 더욱 고립되었다. 하지만 이반 4세가 폭주하게 된 결정적인 도화선은 오랜 친구이자 리보니아 전쟁의 러시아 사령관이었던 안드레이 쿠릅스키Andrei Kurbsky 공후가 리보니아 전쟁 중이던 1564년 변절해 폴란드-리투아니아 연방에 합류한 일이었다. 이반에게는 이제 사방이 온통 반역자 소굴로 보였다.

이반 4세가 오프리치니나oprichnina를 만든 것이 이때였다. 오프리치니나는 공후들과 보야르에게서 몰수한 땅으로 만든 차르 직속령이었다. 이반 4세는 이 땅을 황제에게 충성하는 새로운 신하 집단인 오프리치니키oprichniki에게 하사했고, 5,000명 정도였던 오프리치니키는 차르의 개인 경찰이 되어 국내 반란을 감시하고 처단하는 역할을 담당했다. 여전히 귀족들이 소유한 영지에는 젬시나zemshchina라는 새로운 이름이 붙었는데, 차르를 향한 충성심을 바탕으로 결성된 오프리치니키는 젬시나의 귀족과 접촉하는 것이 금지되었다. 오프리치니키는 수도사 특유의 길고 검은 망토를 걸치고, 고삐에 개의 머리통과 빗자루를 붙인 검은 말을 타고 나라 전역을 돌아다녔다. 이런 외양은 차르의 적을 사냥하고 러시아 땅에서 쓸어내는 그들의 임무를 상징했다.[15]

유혈 사태는 가문의 수장이 폴란드-리투아니아 연방으로 망명한 벨스키, 쿠릅스키, 테테린Teterin 가문 사람들과 알렉세이 아다셰프Aleksei Adashev와 실베스테르Silvester 수도사처럼 차르의 총애를 잃은 참모의 친척들을 학살하는 것으로 시작되었다. 이반 4세는 반역자 일가를 몰살하는 행위를 정당화하려고 집단 책임 체제를 도입했다. 1569년부터는 탄압의 규모가 지역 집단학살 수준으로 커졌다. 트베리, 클린Klin, 노브고로드, 프스코프와 같이 지나치게 독립적이고 자유를 애호하는 듯 보이는 도시들이 탄압의 대상이 되었는데, 아마도 이반 4세는 그런 곳들이 리투아니아나 폴란드와 내통한다고 의심했던 듯하다. 교회는 약탈당했고, 집은 불탔으며, 3만 명의 사람들이 칼에 찔려 죽거나 또는 약탈자들이 떠난 후 마을을 덮친 기아와 질병으로 사망했다.

'보야르 반역자'를 처단하는 최후의 장면은 1570년 7월 25일 모스크바 포가나야 초원Poganaya Meadow에서 펼쳐졌다. 검은 옷을 입고 말에 올라탄 이반 4세가 머스킷총을 든 스트렐치 기마대 1,500명과 함께 등장했다. 고문에 시달려 참혹해진 귀족 300명(고문 강도에 따라 상태도 달랐다)이 차르의 앞으로 끌려 나왔다. 이반 4세는 자비를 베풀어 그중 184명을 풀어준 뒤, 나머지를 살육하는 일을 직접 지휘했다. 일부는 말뚝에 묶어 온몸을 절단했고, 살가죽을 벗기거나, 끓는 물에 던져 넣기도 했다. 이반 4세는 걸음을 간신히 옮기던 노인을 창으로 꿰고 난도질한 후 참수했다. 몇 시간 동안 이어진 살육 후에 이반 4세는 그만하면 됐다고 생각했는지 궁으로 돌아갔다.[16]

쿠릅스키 공후와 주고받은 서신에서 이반 4세는 자신이 신에 의해 임명된 자라는 이유로 공포 정치를 정당화했다. 자신을 배반하는 어떤 행위든 신의 이름으로 처벌할 수 있다는 것이었다. 이반은 로마서 13장 3~4절*을 인용하면서, 차르는 "공연히 칼을 들지 않고 악행을 저지르는 자들에게 복수하고 옳은 일을 하는 자들을 칭찬한다"고 주장했다.[17] 그에게 오프리치니키는 최후의 심판에 대비하여, 죄인을 처벌하고 '신성한 러시아 땅'을 청소하는 종교적 도구였다. 이반 4세가 휘두른 잔인한 살인 방식은 그가 생각하는 '신의 벌'을 반영한 것이었다. 대부분의 희생자는 순식간에 죽었으므로(참수가 자주 사용되었다) 임종 의식을 하고 영혼을 구원받을 겨를이 없었다. 그가

---

* "통치자는 선행하는 자의 두려움이 아니요, 악행하는 자의 두려움이라. 권세 가진 이를 두려워하지 않겠느냐? 그러면 선을 행하라. 그의 인정을 받으리라. 그는 너의 선행을 살피는 하나님의 종이기 때문이다. 그러나 네가 악을 행한다면 두려워하라. 그는 공연히 손에 칼을 쥐지 않았음이라. 통치자는 하나님의 종, 악을 행하는 자에게 하나님이 내리는 분노를 전달하는 복수자이니라."

즐겨 사용한 처벌 방식(산 채로 불태우거나, 짐승에게 잡아먹히게 하는 것 등)은 지옥의 고문을 모방한 것들이었다.[18] 이반 4세는 자신을 칼을 든 대천사, 세상의 종말이 다가오기 전에 이교도와 죄인들을 쓸어 없애고 정교회를 보고하기 위해 신이 보낸 대리인으로 여겼다. 그의 신화 세계에서 정의로운 기독교의 왕이라는 자신의 지위와, 신의 분노를 담아 벌을 집행하는 자신의 잔혹한 폭력 사이에는 아무런 모순이 없었다.[19]

공포 정치가 종종 그렇듯 이반 4세의 공포 정치도 갑자기 막을 내렸다. 1570년 그가 오프리치니키 수뇌부였던 알렉세이 바스마노프Alexei Basmanov를 처형했을 때였다. 이반 4세는 바스마노프가 폴란드와 리투아니아와 내통한다고 의심했다. 오프리치니키 지도자들에 대한 대대적인 숙청이 뒤따랐다. 오프리치니나 제도는 폐지되었고, 차르의 면전에서 그 누구도 이를 다시 입에 올리지 않았다. 배신당할까 늘 전전긍긍했던 이반 4세는 미심쩍은 보야르 가문들을 줄기차게 숙청했다. 하지만 이반 4세가 위험에 대응하는 주요한 수단은 사저로 들어가 호위병에 둘러싸이는 것이었다. 1575년에는 심지어 차르 자리도 내려놓았다. 그는 칭기즈 칸의 후손인 충신 시메온 벡불라토비치Semen Bekbulatovich를 차르로 임명했다.

이반 4세는 말년에 자신의 행동을 후회했을까? 그가 자신이 끼친 피해를 보상하고, 명예를 실추한 이들을 사면하는가 하면, 수도원을 지어 기증하고, 죽은 자들을 추도했다는 증거가 있다. 1579년 심하게 앓아누웠을 때 받아쓰게 한 것으로 추정되는 유언장의 초안에서, 이반 4세는 자신을 '이성은 부패하고 정신은 짐승과 같은, 하늘 아래 가장 나쁜 죄인'으로 묘사했다. 하지만 이 표현은 종교적 수사였을 수도 있다. 통치 기간 내내 그의 기분은 광기에 찬 불벼락과 회한에 사무치는 기도 사이를 오갔다. 가끔 공무를 접고 수도원에 칩거하기도 했고, 수도사가 되고 싶다고 말하기도 했다.

이반 4세는 1581년 아들이자 후계자였던 27세의 동명의 황태자 이반을 죽였다. 이것이 그의 마지막 살인이었다. 전하는 이야기에 따르면 이반 4세가 황태자비의 내궁에서 우연히 속살이 비치는 옷만 입은 며느리와 마주쳤고, 그 행동이 점잖지 못하다고 생각해 지팡이로 황태자비를 때리기 시작했다. 황태자가 아버지를 말리려다가 결국 이반 4세가 휘두른 지팡이에 맞아 죽었다는 것이다. 이 장면의 공포는 화가 일리야 레핀Ilya Repin이 1885년에 그린 「1581년 11월 16일의 이반 뇌제와 그의 아들 이반Ivan the Terrible and his Son Ivan on 16 November 1581」에 담겼다. 그림에서 이반 4세는 회한으로 정신이 나간 표정을 하고 있다.

경솔한 한 번의 실수는 왕조에 재앙을 가져왔다. 다음 계승자는 첫째 부인 아나스타샤의 유일하게 생존한 아들 표도르였는데, 그는 정신박약이었다. 마지막 부인이었던 마리야 나가야Maria Nagaya에게서 얻은 다른 아들은 이반 4세가 1584년에 사망했을 때 겨우 한 살이었다. 누가 다음 통치자가 되어야 하는지를 두고 벌어진 분쟁이 이후 30년 동안 러시아를 집어삼킨 내전으로 발전했다.

이반 4세는 정말 그렇게 끔찍terrible했던가? 유사 사례를 들자면, 그가 이탈리아의 체사레 보르자Cesare Borgia, 영국의 헨리 8세Henry VIII

또는 '두려운 교황il Papa terribile' 율리우스 2세보다 더 악질이었을까? 서양인들에게 '이반 뇌제'라는 이름은 '야만적'이고, '독재적'인 본성을 가진 러시아와 동의어로 받아들여진다. 그러나 이반 4세의 방식이 피렌체의 르네상스 사상가 마키아벨리가 《군주론The Prince》에서 설파한 내용과 조금이라도 다른가?

> 사람은 사랑받도록 행동하는 사람보다 공포를 느끼게 하는 사람을 공격하는 일을 더 꺼린다. 사랑은 인간이 이기적인 탓에 다른 목적이 생기면 언제든 끊어질 수 있는 의무감의 사슬로 묶여 있지만, 공포는 반드시 찾아오는 처벌에 대한 두려움으로 유지되기 때문이다.[20]

이반 4세는 마키아벨리에 대해 들어본 적이 없을지 모르지만, 인간 본성과 군주의 길에 관해 마키아벨리와 비슷한 생각을 갖고 있었고, 그것을 러시아에 적용한 것만은 분명하다.

이반 4세에 대해 오늘날 사람들이 가지는 이미지는 카람진의 《러시아 국가의 역사》로 거슬러 올라가는데, 카람진은 그 책에서 이반 4세를 비극적으로 분열된 인격, 통치자로서 자신이 집행했던 폭력에 대해 비통해하고 후회하는 인물로 그렸다. 이것이 러시아 출신 영화감독 세르게이 예이젠시테인의 「폭군 이반 1」(1944), 「폭군 이반 2」(1946) 시리즈의 극적인 개념이었다. 그 영화들은 감독이 스탈린에게 도덕적 교훈을 주고자 만든, 독재의 인적 비용에 관한 영화적 해설이었다. 「폭군 이반 1」에서 예이젠시테인은 이반 4세의 영웅적 면모를 그렸다. 모스크바 대공국의 날개 아래 통일된 러시아를 만들겠다는 비전, 국가 건설, 음모를 꾸미는 보야르와의 거침없는 싸움, 카잔과의 전투에서 보인 강력한 카리스마와 리더십, 발트해 연안 영토를 확보하려는 야망이 영화를 채웠다. 이 모든 덕목은 스탈린이 1930년대 초부터 장려해온 이반 뇌제에 대한 소비에트식 숭배에서 강조한 것들이었다.

「폭군 이반 2」에서 무대는 공공 영역에서 이반의 내면세계로 전환된다. 차르는 고립되고, 편집적 기질이 있으며, 자신이 저지른 폭력의 결과에 시달리는, 고통받는 인물로 등장한다. 차르의 후회는 완성되지 못한 세 번째 시리즈의 중심 주제였다. 세 번째 영화의 마지막은 한 수도사가 차르가 처형한 사람들의 긴 명단을 낭독하는 가운데 이반 4세가 성모영면 대성당의 마지막 심판 프레스코화 아래 무릎을 꿇고 악행을 참회하는 장면으로 끝날 예정이었다. 차르는 제단석에 이마를 들이받고, 눈과 귀는 온통 피로 얼룩진다. 예이젠시테인은 출연 배우 미하일 쿠즈네초프Mikhail Kuznetsov에게 다음과 같이 말했다. "스탈린은 [이반]보다 더 많은 사람을 죽였지만, 여전히 회개하지 않죠. 스탈린에게 이 영화를 보게 합시다. 그러면 회개할 겁니다."[21]

스탈린은 1편을 매우 좋아했고, 덕분에 영화는 '스탈린 영화상'도 수상했다. 하지만 1946년 3월, 스탈린은 2편을 보고 격분했다. "이건 영화도 아닙니다. 차라리 악몽입니다!" 특히 스탈린을 화나게 만든 부분은 오프리치니키를 묘사한 방식이었다. 스탈린은 그들이 '최악으로 불결하고 타락한, 마치 케이케이케이KKK(쿠클럭스클랜)단처럼' 표현되었다고 말했는데, 아마도 사람들이 그들에게서 스탈린 자신의 정치 경찰을 가리키는 내용을 보게 될 것이 두려웠으리라. 2편은 상영이 금지되었고 감독이 사망한 후 10년이 지난 1958년에야 비로소 공개적으로 상영되었다.

1947년에 스탈린은 야심한 밤에 예이젠시테인 감독을 크렘린궁으로 불러 러시아 역사의 진실을 알려주는 강연을 펼쳤다. 스탈린은 예이젠시테인이 그린 이반 4세는 햄릿처럼 의지박약에 신경증적이라고 지적했다. 스탈린에 따르면 진짜 이반은 위대하고 현명했다. 이반 4세가 '매우 잔인'한 것은 사실이었으니, 감독이 그런 면을 드러내도 괜찮았다. 하지만 '감독은 이반 4세가 왜 그렇게 잔인해야만 했는지를 보여주어야' 했다.

> "이반 4세의 실수는 5대 핵심 봉건 가문을 잘라내는 일을 마무리 짓지 않은 것입니다. 그들을 완전히 뿌리 뽑았다면 러시아에 '동란 시대'(이반 4세 사후 벌어진 러시아의 내전)는 없었을 것입니다. 이반 4세는 누군가를 처형하면 회개와 기도로 많은 시간을 보냈습니다. 이 점에서 신은 그에게 방해가 되었습니다. 이반 4세는 더 무자비했어야 합니다."[22]

동란 시대

TIMES OF TROUBLE

이반이 사망하고 4년이 지난 1588
년, 모스크바 궁정에 외교 사절로 파견된 영국 극작가이자 시인 자
일스 플레처Giles Fletcher는 이런 글을 남겼다. 고인이 된 이반 4세의 폭
정은 "온 나라를 극심한 고난 속에 밀어 넣었고, 그 이후로 줄곧 원
한과 치명적인 증오가 가득 차올라 다시 시민의 불길로 타오를 때까
지 (지금 상태 그대로) 진정되지 않을 것"[1]이라고.

'동란 시대Time of Troubles'라 불리는 그 이후 25년간 러시아는 내전
과 외국의 침략으로 갈기갈기 찢겼고, 1613년 미하일 로마노프가 차
르로 '선출'되고 로마노프 왕조가 시작되면서야 혼란은 잦아들었다.
하지만 모든 문제가 말끔히 해결되지는 않았다. 이 장에서 다루겠지
만 이후 백 년 동안 일어난 일련의 반란으로 국가의 권위는 크게 흔
들렸다. 그 반란들은 국민이 자신들이 가진 유토피아적 이상에 군주
가 반드시 부합해야 한다고 믿는다면, 그들에게 차르의 권위를 확립

하는 일이 얼마나 어려울 수 있는지를 보여주었다.

이반 4세의 사망 후 두 아들 표도르와 드미트리 중 누가 왕좌에 오를 것인지를 두고 대립이 일어났다. 장남인 표도르가 차르가 되기는 했지만 정신박약으로 국정을 운영할 능력이 없었으므로, 표도르의 손위 처남인 보리스 고두노프Boris Godunov가 실제 통치를 맡았다. 타타르 귀족의 후예였던 고두노프는 이반 4세의 오프리치니키로 이반 4세의 궁정에서 고위직 보야르가 된 인물이었다. 차르 표도르에게는 4명의 섭정이 있었는데, 고두노프는 그중 한 명이었고 출중한 통치 능력도 입증됐다. 하지만 또 다른 섭정이자 류리크 왕조의 후손이었던 바실리 슈이스키 공후(조부는 이반 4세에게 처형되었다)는 고두노프를 벼락출세한 인물이라고 업신여겼고, 처음부터 고두노프와 대립했다. 1591년 여덟 살의 드미트리 왕자가 사고로 죽자 보리스 고두노프가 그 배후에 있었다는 루머가 나돌았다. 표도르마저 죽은 후, 젬스키 소보르가 고두노프를 차르로 추대하자 이 소문은 더 무성해졌다.

고두노프는 결코 차르로서 정통성을 확립할 수 없었다. 리보니아 전쟁으로 경제가 악화하자 차르 고두노프의 권위도 흔들렸다. 전 인구의 3분의 1이 기근과 질병으로 사망했다. 살아남은 사람들은 기근이 닿지 않은 남쪽의 '야생지'로 대거 도망쳤다. 따라서 세금을 낼 인구가 줄었고, 장교 집단 포메시키는 영지(포메스티예)를 경작할 농민을 잃었다. 농민의 탈주를 막는 것이 모두에게 이익이었기에, 고두노프는 기존의 농민 이주 금지법을 강화하고, 지주들에게 도망친 농민을 되찾을 수 있는 권한을 확대해주었다. 농노제가 확립하는 방향으로 한 걸음 더 나아간 셈이었다.

러시아 국민의 눈에 기근은 신이 러시아와 사악한 차르 보리스 고두노프에게 내린 벌로 보였다. 대중 사이에 '진정한 차르 드미트리'가 다시 등장하리라는 전설적인 이야기가 번졌다. 어떤 이야기는 드미트리가 죽지 않고 도망치는 데 성공했다고 하고, 또 다른 버전에서는 예수 그리스도처럼 부활했고 이제 가짜 차르 고두노프를 처단함으로써 러시아를 구하고 농노제에 허덕이는 민중을 해방할 거라 했다. 1604년에는 자신이 바로 그 드미트리라고 주장하는 남자가 나타났는데, 카리스마 있는 22세의 이 남성은 성직을 박탈당한 그리고리 오트레포프Grigory Otrepov 수도사였을 가능성이 크다. 오트레포프는 대중 반란을 선동해 러시아를 집어삼킬 계획이었던 폴란드를 등에 업었고, 보리스 고두노프에 반대하던 보야르 가문들의 (조종과 더불어) 후원도 받았다. 가짜 드미트리는 4천 명가량의 군사를 대동하고 키예프(이때는 폴란드 왕국 영토였다)에서 출발해 모스크바로 진군했다. 러시아 도시들을 차례차례 지날 때마다 그의 권위는 혁명적 유토피아의 두 기본 개념이었던 자유(볼랴воля)와 정의(프라브다правда)를 향한 사람들의 희망을 표현하는 것으로 받아들여졌다. 도적 떼가 날뛰는 자유의 '야생지'인 남부 국경을 지나는 동안, 코사크, 소작농, 도시 사람들이 진정한 차르가 지휘하는 '성전holy war'에 참여하겠다고 몰려들어 군대는 점점 커졌다.

여기에 러시아 군주제의 근본적인 불안정성이 있었다. '제3의 로마' 이념에서 '신성 러시아'는 진정한 정교회 신앙의 마지막 보루였고, 차르의 권위는 신의 대리인으로서 '신성 러시아'를 통치한다는 개념에 뿌리를 두고 있다. 러시아에서 대중의 종교적 의식은 언제나 정치사상의 매개로 작용했고, 러시아는 구원의 땅, 성 차르가 국민에게 자유, 진리, 정의를 안겨주는 새 이스라엘 땅이었다. 19세기 혁명가 미하일 바쿠닌Mikhail Bakunin은 "차르는 러시아 국민의 이상이며 일종의 러시아 그리스도"라고 썼다.[2] 러시아 설화에서 차르는 '아버지 차르' 또는 '차르 바튜시카batiushka/батюшка'로 불리며 보야르가 저지르는 악행을 대신 처벌하는 인민의 수호자로 칭송받았다. 이 신념체계의 논리에 따르면, 차르가 '박해자 차르(차르 무치텔muchitel/мучитель)'가 되면 정교회는 그를 '거짓 차르', 즉 신성 러시아를 다스리는 신의 통치를 끝내고 나아가 세상을 멸망하게 하려고 사탄이 보낸 적그리스도라고 선언하고 반대할 수도 있었다.[3] 이렇게 성 차르 신화를 통해 신과 같은 존재가 된 차르야말로 러시아에서 차르가 가지는 권위의 결정적인 요소였는데, 이는 군주의 행동이 그를 성스러운 존재로 숭배하는 사람들의 기대에 부응하지 못하면 민중이 등을 돌리는 요소로도 작용했다.

러시아 역사상 등장하는 '차르로 행세하는 자'(사모즈바네츠самозванцы)는 수십 명이다. 이들은 자신이 신의 정의를 전달하는 매개자인 진짜 차르라고 주장하며 민중 반란을 이끌었다. 기록으로 확인되는 것만 1700년 전에 23명, 18세기에는 40명 이상이다.[4] 민중 봉기는 필연적으로 군주제 틀을 유지했다. 러시아에서는 진짜 차르를 추대한다는 목표를 내걸지 않고는 반란을 정당화할 길이 전혀 없었다. 군주제가 아닌 다른 어떤 국가 개념(공공선이라거나 공화정 같은)도 농민의 머릿속에 들어설 자리가 없었다. 이는 국가가 차르라는 개인으로 구현되는 가산제 독재 정치의 결과였다.

1605년 4월, 가짜 드미트리의 군대는 모스크바 인근에 진을 쳤고, 고두노프는 사망했다. 차르의 군대는 곧 반란군에 합류했다. 보야르 가문들의 도움으로 가짜 드미트리는 모스크바에 입성해 차르로 즉위했다. 그는 민중 봉기로 차르가 된 유일한 군주였다. 하지만 시민들이 차르 드미트리에게 걸었던 기대는 곧 곤두박질쳤다. 새 차르가 폭음하고 방탕하다는 소문이 파다했다. 궁정에는 폴란드 귀족이 버글거렸다. 그가 가톨릭 신자인 폴란드 여성과 결혼하겠다고 선언하자(그녀가 아직 러시아 정교로 개종하지도 않았는데) 그 역시 가톨릭 신자라는 의혹마저 불거졌다. 1606년 5월, 슈이스키 공후가 이끄는 보야르 군대가 크렘린궁으로 쳐들어가 가짜 드미트리를 죽였다. 슈이스키 공후는 차르 바실리 4세Vasily IV로 즉위했다.

진짜 드미트리가 살아 있다는 소문이 재차 고개를 들었다. 금세 새로운 드미트리들이 등장했고(역사학자들이 발견하기로는 12명이다), 저마다 제가 진짜 차르라고 주장했다.[4] 그중 대다수는 코사크 무리가 자신들의 약탈 행위를 정당화하려고 추대한 인물이었다. 가장 위협적인 인물은 이반 볼로트니코프Ivan Bolotnikov였는데, 소련 역사학자들이 최초의 농민 혁명가로 칭송한 인물이다. 사실 볼로트니코프는 소지주이자 군인이었는데 당시 그런 부류의 다수가 그랬던 것처럼 처지가 궁핍해지자 야생지로 달아나 코사크에 합류했고 스텝 지대에서 도적질하며 살았다. 1606년 7월에 볼로트니코프는 코사크, 소작농, 소규모 지주 귀족들과 남쪽 국경 지대 사람들로 구성된 반란군과 함께 모습을 드러냈다. 반란군은 모스크바로 이동하는 과정에서 진짜 차르 드미트리를 복권하기 위해 싸운다고 주장함으로써 더 많은 지지자를 모을 수 있었고, 결국 군대는 6만 명에 달하는 대부대가 되었다. 볼로트니코프의 반란은 마르크스주의의 꼬리표를 달고 선전된 신화였다. 하지만 그것은 농민 전쟁이나 계급 전쟁이 아니었다. 모스크바를 향한 남부 국경 '야생지'의 반란이었다.[5]

볼로트니코프는 패배했고, 1608년에 살해되었다. 반란군의 귀족 지휘관들은 차르 슈이스키의 편으로 돌아섰는데, 자신들의 요구(더 나은 보수와 세금 면제)가 반란군에 합류한 '어중이떠중이'보다 보야르 귀족 정부를 통해 관철될 가능성이 더 높다고 판단했기 때문이다. 이 무렵 또 다른 가짜 드미트리가 나타났다. 슈이스키 정부가 '보르Vor'(도적이라는 뜻)라 부른 이 남자는 폴란드 귀족과 연계되어 있었고, 역사가들 사이에 논쟁이 있지만 폴란드 왕실의 꼭두각시였을 가능성이 있다. 확실히 그의 군대에는 폴란드 병사가 많았다. 모스크바로 향하던 도중 볼로트니코프 반란군의 잔당도 합류했다. 1608년 여름, 반란군은 모스크바 바로 북쪽의 투시노Tushino에 거점을 구축했고 그곳에서 슈이스키의 숙적인 살티코프Saltykov와 로마노프 가문이 주도하는 자체 궁정과 보야르 회의를 한 해 동안 운영했다.

러시아가 내전으로 분열되자 이웃 열강이 자국 이익을 위해 개입했다. 특히 스웨덴과 폴란드가 신속히 움직였다. 슈이스키는 투시노 반란군을 물리치기 위해 스웨덴의 도움이 절박했기에, 카렐리야Karelia와 인그리아Ingria 해안 지대를 양도하고 용병을 지원받기로 스웨덴과 협정을 체결했다. 협정에는 스웨덴과 폴란드 사이에 오랫동안 이어진 전쟁에서 러시아가 스웨덴을 지원하기로 하는 내용도 포함되었다. 폴란드 왕 지그문트 3세Sigismund III는 이것을 폴란드 군대가 러시아로 쳐들어갈 구실로 삼았다. 스웨덴 지원군이 모스크바에 들어와 투시노 반란군과 싸우는 동안, 폴란드 군대는 러시아 국경을 넘어 스몰렌스크를 포위했다.

폴란드의 침입에 놀란 모스크바의 유력 보야르 가문들은 지그문트 3세와 타협해 지그문트의 아들 브와디스와프Władysław 왕자가 러시아 정교로 개종하는 조건으로 그를 러시아 차르로 추대하겠다는 협정을 체결했다. 폴란드인 차르의 권력은 제한될 수 있을 터였고, 보야르 집단은 자신들의 권력을 안정적으로 확보하기 위해 폴란드인을 차르로 맞이하는 정도의 대가는 치를 준비가 되어 있었다. 모스크바의 보야르 지도부는 쿠데타를 일으켜 슈이스키를 폐위하고 브와디스와프 왕자에게 충성을 맹세했으며, 진격 중에 투시노 반란군까지 물리치고 모스크바로 입성한 폴란드 군대를 환영했다. 하지만 지그문트 3세는 브와디스와프 왕자를 러시아에 안착시키는 대신에 자신이 왕좌를 차지할 생각이었고, 폴란드와 러시아를 묶어 하나의 가톨릭 왕국으로 통치할 의도였음이 드러났다. 보야르들은 뒤통수를 맞았다.

1612년에 모스크바 대공국 민중이 폴란드에 맞서 일어났다. 정교회를 수호하자며 한마음으로 뭉친 러시아인들의 애국적인 대의가 '국가적' 봉기로 변모했다. 니즈니노브고로드Nizhny Novgorod와 다른 볼가강 유역 도시들에서 변변찮은 신분으로 살던 국민들이 게르모겐Hermogen 모스크바 총대주교의 부름에 화답해, 모스크바로 진격해 이교도들을 몰아낼 '조국 민병대'를 조직했다. 니즈니노브고로드에서는 평범한 육류 거래상이었던 쿠지마 미닌Kuzma Minin이 민병대 운영비 모금 운동을 주도했다. 그는 다른 도시도 똑같이 하도록 독려했다. 고대 공후 가문의 후손인 드미트리 포자르스키Dmitri Pozharsky 공후가 지휘하고 코사크까지 합류한 민병대는 폴란드를 물리치고 모스크바를 해방했다. 이 승리로 미닌과 포자르스키는 러시아 역사에서 영원한 영웅으로 자리매김했다.

이 사건이 있은 지 200주년이 되던 1812년, 러시아가 나폴레옹과 그의 '대육군'(그랑다르메Grande Armée)에 맞서 또 다른 조국 수호 전쟁을 벌이던 그때, 니즈니노브고로드에서는 미닌과 포자르스키의 기념비를 세우는 공공 모금이 한창 진행 중이었다. 그로부터 6년 후, 완성된 동상이 공개되었다. 위치는 원래 계획했던 니즈니노브고로드가 아닌 붉은 광장 한가운데였다(1931년에 군대 퍼레이드를 위한 자리를 마련하는 문제로 현재 위치인 성바실리 대성당 앞으로 옮겨졌다). 이때부터 미닌과 포자르스키에 대한 숭배가 국가 차원에서 장려됐는데, 평범한 러시아인들은 종교와 조국에 대한 헌신을 구심점으로 단합해 애국적인 희생을 감내한다는 상징이 필요했기 때문이다. 미닌과 포자르스키는 동전과 메달, 우표의 모델이 되었다. 그들의 업적을 다룬 책들이 다양한 층위의 독자를 대상으로 출간되었다. 여러 영화도 제작되었는데 그중에는 러시아의 거장 프세볼로트 푸돕킨Vsevolod Pudovkin이 만든 「미닌과 포자르스키Minin and Pozharsky」(1939)가 있다. 이 영화는 붉은 군대가 폴란드를 침공하던 시기에 상영되어 수백만 명이 관람했다. 당시는 소련 선전선동가들이 폴란드 침공을 정당화할 목적으로 폴란드를 침략자, 히틀러의 잠재적 조력자로 그리느라 1612년의 사건을 끊임없이 언급하던 때였다. 푸틴은 이런 반反폴란드 주제를 그대로 이어받아 히틀러와 스탈린 사이의 연합과 이후 이어진 폴란드 침공을 자위행위로 정당화하고, 미닌과 포자르스키에 대한 신화를 동원해 자신의 거짓 주장에 애국적 정서를 불어넣었다. 2005년에 푸틴은 1612년에 모스크바에서 폴란드를 축출한 날인 11월 4일을 '국가 통일의 날'로 지정했고, 공식 기념행사는 외국의 침략에 맞서 국민이 단결한 상징으로서 미닌과 포자르스키 공후의 업적에 초점이 맞춰졌다. 이 책 서두에 등장한 사건인 2016년 국경일, 블라디미르 대공 동상 제막식에서 동상의 휘장을 걷으러 가는 도중에 푸틴이 미닌과 포자르스키 동상 앞에 발을 멈추고 군인들과 함께 자세를 취해 사진기자들이 찍도록 했던 일은 분명히 상징적인 목적이 있는 행위였다.

포자르스키가 군대를 이끌고 모스크바로 향하자, 군사 위원회는 러시아 전 도시에 젬스키 소보르 의회에서 차르를 선출하려고 하니 대표를 파견하라고 요청했다. 1613년 2월 7일, 공후, 보야르, 봉직 귀족부터 성직자, 시민, 코사크, 심지어 몇몇 소농에 이르기까지, 사회 계층 피라미드의 단면을 보여주는 듯한 수백 명의 대표가 모스크바에 모여 투표했다. 그들이 선택한 후보는 미하일 로마노프였다.

미하일 로마노프는 이후 300년 동안 러시아를 지배한 왕조에 자기 이름을 붙였지만 딱히 대단한 인물은 아니었다. 스무 살이 채 되지 않았던 젊은 차르는 허약하고, 덤덤한 성격에, 교육을 제대로 받지 못했으며, 그의 많은 자손과 마찬가지로 영민함이 없었다. 하지만 모스크바 총대주교였던 아버지 필라레트는 코사크들에게 인기가 있었다. 필라레트는 투시노에서 러시아 정교회를 이끈 주교였고, 차르 드미트리 지지자였으며, 이반 4세와 인척 관계였다. 미하일 로마노프는 류리크 왕조의 마지막 차르인 표도르의 조카였다. 그러니 내전 이전의 성스러운 체제의 형태와 내용물을 복원하고, 왕좌에 앉은 러시아인 차르를 구심점으로 나라를 재통합하는 것이 최우선 과제였던 사람들에게 그는 자연스러운 선택지였다.

보야르들은 차르의 권력을 제한하려고 시도했다. 전통적으로 차르는 보야르 평의회의 고위 귀족들과 협의하여 통치했다. 이 전통은 이반 4세가 폭정으로 치닫는 동안에만 깨졌다. 상급 보야르들은 원칙을 되찾기를 원했다. 19세기 역사가 클류쳅스키에 따르면, 보야르들은 미하일이 보야르 두마나 젬스키 소보르의 동의 없이 법을 제정하거나 전쟁을 선포하지 않겠다고 약속하게 했다. 이때가 정말로 제한군주제limited monarchy나 과두 군주제oligarchic monarchy의 기회였다면, 보야르들은 결과적으로 그 기회를 놓친 셈이었다. 신분제 평의회인 젬스키 소보르는 새 차르가 자신의 권위를 확립하느라 애를 먹었던, 질서를 회복하고 단결을 촉구하고 세금을 인상하는 데 의회의 도움이 필요했던 미하일의 통치 초기(1613~1645)에는 자주 열렸다. 하지만 이후 왕조가 안정되자 활동은 잦아들었고, 모임은 뜸해졌으며, 차르가 자신이 제정한 법에 공식적인 동의 절차가 필요할 때만 소집하는 식으로 바뀌었다. 러시아의 젬스키 소보르는 국가 질서의 토대를 이루는 상설 기구로서 유럽 여러 나라의 의회들에서 다양한 모습으로 나타나는 국민 의회로 발전하지 못했다. 러시아는 여전히 전제정치의 길을 걷고 있었다.

새 왕조는 산적한 문제들을 해결해야 했다. 국토의 큰 부분은 여전히 스웨덴과 폴란드가 점령하고 있었다. 스웨덴은 노브고로드와 프스코프를 포함한 북서쪽 영토를 확보하는 데 혈안이었고, 폴란드는 러시아의 왕위를 노렸다. 전투가 계속 이어지다 러시아가 값비싼 조약 조건을 제시하고서야 두 나라는 마침내 물러났다. 1617년 체결한 러시아-스웨덴 조약으로 스웨덴은 핀란드에서 리보니아에 이르는 발트해 연안을 완전히 장악했고, 1618년 조약으로 폴란드는 스몰렌스크와 30개의 다른 도시들을 포함한 러시아 서부 국경을 넘겨받았다. 크림한국의 타타르가 줄기차게 러시아 국경 도시들을 습격해 위협을 가했던 남부의 상황도 나아지지 않았다. 크림한국이나 튀르크 영토를 약탈하지 말라는 차르의 호소를 무시했던 돈Don 코사크 때문에 크림한국의 칸이나 그 보호자 격인 오스만 제국을 설득해 무력행사를 멈추게 할 차르의 협상력도 줄어들었다. 급기야 1637년에 코사크는 아조프 요새를 점령했는데, 오스만 제국이 북방 수비대가 습격당할 때 크렘린궁이 이를 지원했다고 의심하면서 러시아가 오스만 제국과의 전쟁에 휘말릴 뻔한 일촉즉발의 상황도 있었다. 차르 미하일이 아조프 요새를 오스만 제국에 넘겨주라고 코사크에 명령함으로써 간신히 위기를 모면했다. 하지만 타타르가 습격하고 코사크가 되받아쳐 다시 습격하는 일이 끊이지 않았으므로, 모스크바 대공국은 결국 남부에 더 많은 기지를 지어 수비를 강화해야 했다.

미하일 로마노프처럼 선출된 차르가 전제군주의 칭호를 정당화하고 권위를 확립하는 것은 쉽지 않았다. 계승권을 가졌다고 거짓 주장하는 사람들은 계속 등장했는데, 특히 코사크 사이에서 많이 나왔다. 그들은 '반란군 차르'를 직접 선출하기도 했다. 세금 징수는 가장 어려운 과업이었다. 러시아는 1613년과 1682년 사이 30년 동안 전쟁을 했다. 이 기간에 러시아는 상비군을 확대하고 유럽 열강들과 어깨를 겨루느라 선진 기술에 더 큰 비용을 지불해야 했으므로 군비는 거의 세 배로 증가했다. 러시아는 세수를 더 확보하기 위해 관료국가로서 덩치를 키웠고 지방 구석구석까지 힘을 뻗었다. 하지만 농업 경제 침체로 국가는 사회와의 관계에서 가중되는 압박을 느꼈다. 이 압박은 러시아만의 문제는 아니었다. 돈을 잡아먹는 전쟁을 계속하느라 국가가 이미 흉작과 질병, 그리고 다른 불행에 허덕이고 있던 납세자들과 갈등을 빚는 일은 유럽 전역에 만연했다.[7] 민중의 생계를 침해하면 할수록, 국가는 세금과 중앙집권화에 저항하는 민중의 반란에 더 심하게 부딪혀야 했다.

최초의 큰 반란의 물결은 1646년 소금세가 크게 인상되면서 일어났다. 소금은 집집이 식재료를 보관하는 데 사용하는 필수품이었다. 민중의 반발에 부딪혀 소금세는 금세 폐지되었지만, 미하일의 아들 알렉세이Alexei(재위 1645~1676)가 차르가 된 후 도입한 다른 과중한 세금으로 대체되었을 뿐이다. 외국 상인과 궁정의 지도층 인사들만 세금을 면제받는 데 분개한 군중이 모스크바에서 가장 큰 시위를 일으켰다. 1648년 6월 1일, 연례 순례를 마치고 삼위일체 성 세르기예프 대수도원으로 돌아오던 알렉세이는 모스크바 외곽에서 청원서를 들고 그를 기다리는 시민 무리와 마주쳤다. 그들의 불만은 '권력자들'이 끼치는 악영향이었다. 그 권력자들이 "행동이 해롭고 욕

심이 지나쳐 차르이신 주군과 전 러시아 사이에 문제를 일으키고 있다"는 것이었다.[8]

차르에게 청원하는 일은 러시아에서 전통이 깊다. 그 전통은 소련 시대에도 살아남아 수백만 명이 스탈린에게 관리들의 부패를 고발하는 편지를 쓰며 도움을 호소했다. 오늘날에는 푸틴이 매년 TV 프로그램인 「다이렉트 라인Direct Line」을 진행하며 시청자들의 전화를 직접 받고 있다. 국가가 곧 차르인 가산제 독재 정치에서 이는 국민이 악행과 부정을 바로잡기를 요구할 수 있는 가장 확실한 방법이었다. 차르를 정의롭고 부성애를 가진 인민의 보호자로 보는 '아버지 차르' 신화에서 차르에게 직접 호소할 권리는 기본적인 것이었다. "차르는 선하고 보야르가 나쁘다"라는 러시아 속담이 있다. 이 속담이 뜻하는 바는 차르는 신하들이 저지르는 부정을 알지 못하나 그 사실을 들어서 알게 되면 부정을 바로잡고 신하들에게 벌을 내린다는 의미다. 이것이 그날 알렉세이가 마주친 청원자들이 가진 생각이었다. 그들이 믿고 있었던 알렉세이는 대관식 날에 십자가에 입을 맞추고 가난한 이들을 보호하겠다고 서약한 차르였다.

그러니 젊은 차르가 청원을 무시하고 청원자들을 체포하라고 명령했을 때 모스크바의 시위대가 느꼈을 분노를 상상해보라. 이튿날 그가 성바실리 대성당에서 열리는 예배에 참석차 크렘린궁 바깥으로 모습을 드러내자 붉은 광장에 모인 군중들은 야유를 퍼부었다. 그들을 해산하라는 명령을 받은 소총병 중 많은 수가 반란군 편으로 돌아섰다. 군중은 크렘린 성벽을 뚫고 들어가 차르궁 앞에 운집했고, 일부는 크렘린 성벽 안에, 나머지는 인근 부촌에 모여 있던 고위 귀족들의 저택으로 몰려가 공격을 퍼부었으며, 결국 목조 건축물로 가득했던 모스크바를 화염으로 불태웠다. 폭도는 소금세와 관련해 문제를 일으켰던 관리들을 공격했다. 한 사람은 사지가 갈가리 찢겨 똥 더미 위에 던져졌다. 차르는 어떻게든 반란을 잠재우려고 포병청장을 처형하라고 명령했다. 머스킷 총병들을 진정시킬 희생양이 었다. 하지만 정작 민중 봉기의 진짜 원인 제공자였던, 차르의 어린 시절 스승이자 정부 고위 관료였던 보야르인 보리스 모로조프Boris Morozov는 잠시 수도원에 은거하는 정도로 별 탈 없이 빠져나갔다.

남부의 코즐로프Kozlov, 쿠르스크Kursk, 보로네시Voronezh, 북부의 솔비체고츠크Solvychegodsk, 우스튜크Ustiug, 그리고 시베리아 여러 곳에서도 반란이 일어났다. 당시 크롬웰이 영국에서 주도한 것과 같은 전면적인 혁명이 일어날까 두려웠던 차르는 젬스키 소보르를 소집해 개혁안을 만들라고 지시했다. 그 결과로 1649년에 새로운 법전('울로제니예Ulozhenie')이 만들어졌다. 기존 러시아 법('수데브니크')에 리투아니아와 비잔틴 제국 법령을 짜기워 만든 새 법전이 러시아에서 최초로 출판되었다. 수천 부에 달하는 법전이 지방으로 급히 전달되었고, 지방 관리들은 모든 신민이 똑같이 법의 보호를 받도록 정부가 새로 제도를 만들었음을 홍보했다. 새 법은 주제별로 총 29개의 장으로 구성되어 사회 전 분야를 포괄했으며 1833년까지 러시아의 기본법으로 유지되었다. '울로제니예'(젬스키 소보르가 만든 법이어서 '소보르노예 울로제니예'로 부르기도 한다.—옮긴이)가 200년에 가까운 긴 시간 동안 유지된 것을 두고 클류쳅스키는 이렇게 꼬집었다. "그것은 그 법전이 훌륭했음을 증명한다기보다는, 우리 러시아인들이 만족스러운 법 없이 얼마나 오래 버틸 수 있는지를 보여준다."[9]

울로제니예는 법치국가로의 전환을 알리는 신호탄이기도 했다. 사실상 모든 사안이 공식 법률로 규제되었다. 더 이상 차르의 재량으로 해결되지 않는 관료제적 통치의 초기 형태가 드러난 것이다. 하지만 반란을 일으킨 자들이 원한 결과는 아니었다. 그들은 차르가 더 '선의 뜻에 맞는 판관'을 지명하고 구체제가 더 잘 작동하도록 기능을 회복하기를 원했다. 구체제에서 자비롭고 경건한 차르는 판관 중 가장 높은 곳에 앉은 이였다. 그런데 법전은 이런 관습적 규범을 모조리 없애버렸다. 일례로 차르에게 청원서를 쓰는 대신 문제 사안을 담당하는 소관 부처에 호소해야 한다고 명시되었다. 차르에 직접 청원하는 누구든 이제부터는 태형을 선고받아 발바닥을 맞아야 했다.[10]

법전은 관료국가의 거대한 확장을 떠받치는 지지대가 되었다. 1613년에 전체 관료 수는 수백 명에 불과했는데, 1680년에 이르면 모스크바의 다양한 부처에 상근직인 부처장과 서기의 숫자가 2,000명에 가까울 정도가 된다.[11] 관리들은 점점 더 문해력, 수리 능력, 조직적 능력과 전문 분야별 기술에 근거해 임명되었고, 새로운 계층을 이루었다. 그런 능력은 궁정의 대다수 귀족이 가지지 못한 자질이었다. 관료 집단이 점점 더 많은 책임을 떠안게 되면서, 그들이 확장한 관료제 국가는 사람들의 삶에서 거의 모든 면에 영향을 미쳤다. 1649년 전에 평범한 러시아인이 국가의 영향을 느낄 일은 거의 없었을 것이다. 하지만 이제 새 법으로 신성모독부터 도박, 양조, 외국 여행, 부랑자, 방랑 음유시인과 악사에 이르기까지 모든 사안을 규제했으므로, 누구든 삶에 침투하는 국가의 간섭을 느끼지 않을 수 없었다.

러시아는 정부의 힘이 구석구석 닿기에 너무 큰 나라였다. 지방에서는 임명된 지방관(보예보다voevoda)과 재판관이, 농촌 지역에서는 지주들이 사법권을 행사했다. 더 아래인 마을 단위로 내려가면 지주의 관리인이 감독하는 가운데, 농민들의 공동체가 기본 질서를 유지하고 마을 전체에 부과된 세금을 거두었다. 앞서 살펴본 집단 책임 체제('크루고바야 포루카')에서 농민은 독재 국가의 세금 징수와 사법 기능에 협력했다. 이제 새 법전으로 이들의 집단 의무는 상호 감시와 반체제적 선동 행위를 고발하는 데까지로 확대됐다. 차르의 모든 신민은 '차르에 반하는 모의나 집회, 또는 다른 어떤 사악한 음모'에 대해 알게 되면 관공서에 알린 의무가 있었고 이를 어길 시에는 사형에 처해질 수 있었다.[12] '반역자'의 가족들은 심지어 아이일지라도 선동 행위를 한 친족을 고발하지 않았다면 처형될 수 있다고 명시된 조항은 스탈린 체제에나 어울릴 법하다. 그런 범죄에는 차르에 대한 반란 의도를 표현하거나 차르에 반대하는 발언을 공개적으로 하는 것도 포함되었다. 고발 관행은 사회에 깊이 뿌리 내렸다. 19세기 후반에 이르면 이는 정치 경찰의 효과적인 도구가 된다.

새 법에는 인구를 나눈 계급도 정의되었다. 이 신분 계급(소슬로비야sosloviia)은 국가에 대한 의무에 따라 엄밀히 서열화됐는데, 각 계급은 폐쇄적이었고 자족적이었다. 봉직 귀족, 시민, 성직자, 농민은 속한 계급을 떠날 수 없었고 자식의 처지가 달라지기를 바랄 수도 없었다. 이는 러시아의 발전에 심오하고 장기적인 악영향을 초래했다. 근대 초, 서유럽 사회를 몹시 역동적으로 만들었던 사회적 이동성은 러시아에서 원천적으로 찾아볼 수 없었다. 러시아에서 도시 인구는 붙박이로 도시에 머물렀다. 도시 밖으로 이주하거나 외지인이 이주해오는 일은 범법 행위로서 처벌되었다. 도시 납세자들은 과세용 인구조사에 등록한 곳에 계속 살아야 할 의무가 있었다. 오직 도시 납세자로 등록된 사람들만 도시 안에서 직업을 가지고 재산을 소유할 법적 권리가 있었다. 당시 유럽 도시들에서는 이민자가 기업가적 활력을 몰고 왔으나, 사회적 제약으로 러시아의 무역과 산업은 이러한 이점을 누리지 못했다. 러시아 도시들은 상대적으로 폐쇄적이었다. 예를 들어 모스크바에서 외국인들은 법적으로 집을 소유하는 것이 금지되었고, 자신들만의 교회를 만들 수도 없었다. 이는 외국인들이 생계와 신앙 측면에서 위협이 된다고 불평한 1648년의 시민 청원에 따른 조치였다.[13]

새 법의 주요 수혜자는 국방을 책임지는 봉직 군인들이었다. 포메시키에게는 문제가 있었다. 영지를 아들들과 나누는 관습 때문에 그들이 가진 평균적인 토지 보유량이 감소했다. 1640년대에는 대부분 소작농 여섯 가구를 간신히 거느릴 만한 영지를 보유했다. 그들에게는 소작농이 영지를 버리고 남쪽의 더 나은 땅이나 더 좋은 조건을 찾아가는 것을 막을 방법이 없었다. 다수는 무기 일습을 갖출 돈도 없었다. 포메시키는 더 부유한 봉직 귀족에게 돈을 받고 자신을 팔았다. 그들 대신 전쟁터에 나가는 것이었다. 고충을 겪던 포메시키는 차르에게 청원했다. 그들은 소작농을 영지에 묶어둘 더 엄격한 법을 원했다. 그 호소의 결과가 새 법의 조항으로 명시된 농노제의 도입이었다.

15세기 말까지 농민들은 자유롭게 이동할 수 있었다. 지주에게 의무를 다하거나, 또는 만약 지주가 없는 소위 흑토에 살고 있다면 해당 공국에 세금을 지불하기만 하면 됐다. "땅은 많고 노동력은 귀하다." 이것이 러시아의 기본 조건이었고 이 말인즉 농민은 돌아다니며 최고의 지주를 찾거나 남쪽 '야생지'에 정착해도 그만이라는 뜻이었다. 소작농의 도주로 포메시키는 필요한 노동력을, 국가는 납세자를 잃었다. 결국 농민의 이주를 제한하는 법이 통과되었다. 보리스 고두노프의 치세부터 농민들은 성 게오르기 축일St. George's Day(11월 25일)을 전후해 2주간만 집을 떠날 수 있었고, 그것도 자신들이 사용하는 집을 유지하는 명목으로 외출 요금을 내는 조건이 붙었다. 하지만 이런 조치들도 근본적 문제인 농민 빈곤을 해결하지는 못했다.[14]

정착 소농들의 빚은 점점 불어났다. 농업 경제가 전체적으로 침체했기 때문이기도 하고, 이웃이 도망가 노동력과 납세자가 줄어든 탓도 있었다. 세금은 공동체에 할당되었기 때문에 마을 인구의 감소는 남은 농민들의 부담을 가중했다. 많은 농민이 지주에게 돈을 빌렸는데, 영지에서 노동력을 제공함으로써 채무를 상환하는, 이른바 '카발라kabala' 계약(몽골 어원을 가진 또 다른 단어이다)을 맺었다. 계약서에는 지주를 위해 매주 며칠씩 노동하고 몇 년 동안 고용 관계를 유지할지 세세히 규정했는데, 거의 모든 농민이 원금은 고사하고 이자도 갚지 못했다. 사실상 자신을 계약 노예로 팔아넘기는 것이었다.

카발라 계약은 농노제로 가는 결정적인 법적 단계였다. 국가는 농민 도주의 위험으로부터 봉직 군인 영주들을 보호하기 위해 농민

이주 제한을 강화할 수밖에 없었다. 카발라 계약에서 벗어나고 싶다면 도망치는 것이 가장 간단한 방법이었기 때문이다. 1580년대부터 법이 강화되었고, 지주가 도망친 소작농을 잡아올 수 있는 재량권이 확대되었다. 사실상 농민 노동력이 지주에 속한 재산으로 인정되었다. 이것이 1649년 새 법전에 명시된 것이다. 새 법은 농민을 이주의 자유 없이 지주의 영지에 예속시켰고, 국가가 도망자(이제 범죄자로 규정되었다)를 체포해 기존 거주지로 돌려보낼 책임을 진다고 명시했다.

농노제 법은 1861년까지 존속했다. 러시아 인구의 대다수인 농민의 90퍼센트가 소작농이었다. 이주의 자유를 잃은 농노에게는 자신의 이익을 보호할 어떤 수단도 남지 않았다. 이제 지주들은 그들을 더 가혹하게 착취했는데, 매주 평균 3~4일 동안 장원에서 부역(바르시나barshchina)을 하게 하고, 농지를 임대하는 대가로 내는 소작료(오브로크obrok)를 장원 수공업장에서 번 돈으로 지불하게 했다. 지주들에게는 이 돈이 개인적인 욕구와 필요를 채우는 데 필요한 수입(나라에서 받는 급여는 너무 적었다)이었기에, 이들은 갖은 수단으로 농노를 착취해 수입을 늘렸다. 지주에 대한 의무 외에 농민들은 국가에도 부역을 제공하고 세금을 내야 했다. 경제적인 면만 보자면 국세를 내지 않았던 노예보다 소작농의 형편이 더 나빴다.

그렇다고 다른 면에서 노예보다 나았던 것도 아니다. 일부 지주는 농노를 대할 때 부성애와 비슷한 태도를 보이기도 했지만, 행동에 아무런 통제를 받지 않았으므로 지주는 자신이 적절하다고 판단하는 대로 농노를 처벌할 수 있었다. 어떻게 하든 처벌을 받지 않는다는 점은 악용되기 마련이다. 지주들은 농노를 내키는 대로 구타하고 채찍질했으며, 여성 농노를 강간하고 가족을 분리하겠다고 협박하기도 했다. 19세기 작가 이반 투르게네프Ivan Turgenev의 어머니인 바르바라 페트로브나 루토비노바Varvara Petrovna Lutovinova는 구시대적 자비로움과 자의적인 잔혹함을 모두 가진 러시아 지주의 전형이었다. 그녀는 모스크바 남부 여러 영지에 걸쳐 5,000명의 농노를 거느렸는데, 한번은 모자를 벗고 예의를 갖춰 인사를 하지 않았다는 이유로 가내 농노 두 명을 시베리아로 추방해버렸다.[15] 폭력은 말할 것도 없고 이렇게 자의적인 처벌이 지주를 향한 농노의 증오를 증폭시킨 원인이 되었고, 그 증오는 결국 1917년 농민 폭동으로 터져 나왔다.

농노제가 시작되자 소작농들은 주로 도망쳤다. 점점 더 많은 소작농이 남동부 볼가강과 돈강 하류 지대로 도망쳤는데, 그곳이 모스크바 남쪽 스텝의 요새화된 국경 지대보다 국가의 영향력이 덜 미쳤기 때문이다. 코사크들도 스텝 지대에서 도적질로 생계를 유지하는 것이 점점 어려워졌기 때문에 동쪽으로 이동했다. 볼가강과 돈강 유역에서 마침내 17세기 최대의 민중 봉기인 라진Razin 반란이 태동했다.

스테판(스텐카) 라진Stepan Razin은 도망친 농민들이 버글거리던 돈강 지역 출신의 코사크였다. 이민자들은 영주도 세금도 없는 자유로운 삶을 위해 기꺼이 '코사크'가 될 의향이 있었다. 카리스마가 있었고, 튀르크와 페르시아를 상대로 한 습격으로 이미 유명했던 라진은 농민들에게 자신과 함께 코사크가 되어 보야르와 지주에 맞서 전쟁을 하자고 선동했다. 전쟁의 목표는 '민중의 자유를 얻고 합당한 (코사크인) 차르를 권좌에 앉히는 것'이었다. 소련 역사학자들은 라진의 반란을 농민 전쟁으로 서술했지만, 사실 라진 군대는 코사크, 농민, 시민, 궁핍한 성직자, 타타르, 모르도바족Mordvinian과 추바시족Chuvash 등 다양한 출신들로 이루어져 있었다. 그들의 공통점은 러시아에 경작지를 빼앗겼다는 것이었다. 라진 반란은 '가지지 못한 자'와 '가진 자' 사이의 전쟁이었다.

1년간 라진 반란은 큰 혼란을 일으켰다. 볼가강 상·하류에 걸쳐 아스트라한, 차리친Tsaritsyn(현재 볼고그라드), 사라토프, 사마라Samara 등 라진 군대가 닿는 도시마다 차례차례 반란이 일어났고, 시골에서는 농노가 지주의 장원을 불태웠다. 하지만 차르의 군대가 심비르스크 Simbirsk에서 오랜 포위 끝에 반란군을 저지했다. 그때부터 시작된 무자비한 진압 작전으로 거의 10만 명의 반란군이 목숨을 잃었다. 반란군 규모는 크게 축소되어 소규모로 이리저리 흩어졌다.[16] 붙잡힌 반란군 지도자들은 널빤지에 못 박혀 말뚝에 매달리고, 목을 매단 후 내장을 꺼내고 토막 내는 형을 당했다. 일반 민중에게 본보기를 보일 요량으로 형 집행은 시민 광장에서 진행되었다. 라진도 붙잡혔다. 라진은 평평한 수레 위에 얹은 지지대에 사슬로 묶인 채로 모스크바로 끌려갔고, 잔인하게 고문당한 뒤 1671년 6월 6일 붉은 광장에서 처형되었다. 수년간 라진이 죽지 않았다는 전설이 농민들과 코사크 사이에서 회자됐다. 그들은 라진이 광야에 숨어 때를 기다리다가 억압받는 민중을 해방하기 위해 검은 까마귀의 모습으로 다시 나타날 거라고 말했다. 20세기 초에 사람들은 볼가강 일대에서 농민의 혁명적 유토피아가 도래했음을 알리는 '라진의 까마귀'를 줄기차게

목격했다.[17]

　러시아는 17세기 동안 두 배로 커졌다. 그럴만한 능력이 있었다. 몽골의 정복을 겪으면서 러시아는 타타르족으로부터 자국을 방어하는 최고의 방법은 공격해 올지도 모를 어느 땅이든 점령해서 유라시아 스텝 지대를 최대한 넓게 확보하는 일이라는 것을 깨달았다. 몽골 제국과 몽골 제국을 계승한 나라들이 몰락하자 시베리아 초원을 정복하고 식민지로 삼을 수 있는 기회의 문이 열렸다. 러시아의 동진을 막을 자연적 경계도, (멀리 떨어진 중국을 제외하면) 다른 강대국도 없었다. 시베리아 부족, 한티Khanty족, 사모예드Samoyed족, 퉁구스Tungus족, 야쿠트Yakut족, 부랴트Buriat족, 추크치Chukchi족, 다우르Daur족 등 소규모 부족뿐이었는데, 그들의 사냥용 활과 창은 러시아의 소총과 대포의 상대가 되지 않았다.

　러시아인들은 1680년대 모피 무역이 한창일 때 제국 금고의 3분의 1을 채웠던 '부드러운 금'인 모피 때문에 동쪽으로 진출했다. 코사크 용병들이 모피 사냥꾼들의 뒤를 바싹 따라가 그곳에 목조 요새를 세우고 부녀자와 아이들, 부족 원로나 무당(샤먼)을 인질로 잡아 원주민 부족에게 모피 조공을 요구했다. 원주민들이 검고, 노랗고, 흰 각종 담비 모피와 여우 모피를 바치면 요새 안에 유폐된 인질들을 보여주었다. 조공을 바치는 부족들은 러시아가 이웃의 다른 부족을 토벌하는 일을 돕는 역할도 했다. 원주민들은 경쟁자를 없애는 일이라면 안내자, 통역사, 마차꾼, 병사 등 어떤 것이든 기꺼이 하려고 했다.

모든 부족이 쉽게 복속한 것은 아니었다. 다른 부족보다 금속공예가 발달했고 더 고도화된 사회 조직을 갖추었던 퉁구스족과 부랴트족은 거세게 저항했다. 러시아인들은 마을 전체를 불태우고, 사람들을 죽이고, 여성들을 집단 강간하고 노예로 삼는 등 끔찍한 만행을 저질렀다. 일부 부족은 러시아에 굴복하기보다 탈주하거나 집단으로 자살하는 편을 선택하기도 했다.

러시아 역사서들은 시베리아 정복을 원주민 부족들이 러시아 문화 및 사회와 동화되면서 '문명화'를 이룬 평화로운 식민 과정으로 제시할 뿐, 이런 폭력은 제대로 다루지 않는다. 이 신화에서 제정 러시아는 제 영토를 식민화하거나 제 안에서 덩치를 키운 나라, 조화를 이루는 여러 민족이 점차 소비에트 연방이 찬양하는 소위 '민족들의 형제애'를 형성한 나라였다. 러시아인들이 배우며 자란 이 서사는 해외 영토를 정복하고 탄압한 유럽 열강의 폭력적인 제국 건설과 극명하게 대비된다. 또한 마찬가지로 영토 '제국'인 미국과도 다른데, 러시아의 시베리아 정복과 달리 미 대륙 정복에는 아메리카 원주민 부족의 대량 학살이 있었기 때문이다. 시베리아 정복의 전설은 자신들이 유럽 국가이므로 '자연스럽게naturally'(서구 위주의 오리엔탈리즘에서 주로 등장하는 표현이다.—옮긴이) 아시아를 지배할 수 있지만 러시아의 제국주의는 자애롭다는 자화상에 힘을 싣는다.

시베리아의 광대한 크기야말로 가장 극복하기 어려운 장애물이었다. 정복자들이 동쪽으로 진출할수록 모스크바 지도부가 그들을 통제하고 지원하기는 더 어려웠다. 전령이 모스크바를 떠나 시베리아 동부 주요 도시인 야쿠츠크Yakutsk에 도달하는 데 거의 1년이 걸렸고, 거기에서 러시아의 태평양 기지인 오호츠크Okhotsk까지 가려면 족히 1년은 더 걸렸으니 결국 한 차례 의사 교환에 4년이 걸리는 셈이었다. 군대에 식량과 군수품을 보내는 일은 악몽이었다. 야쿠츠크와 오호츠크 사이 툰드라와 험준한 산악 지역에서는 자급자족도 어려웠으므로 러시아 군대는 1640년대부터는 아무르강(헤이룽강) 계곡으로 방향을 틀었다. 그곳의 비옥한 들판과 물고기가 우글거리는 강줄기들이 매년 2만 명의 러시아 군사를 먹여 살릴 수 있지 않을까 하는 기대 때문이었다. 하바로프Khabarov 장군(현재 러시아 극동의 최대 도시 하바롭스크Khabarovsk가 그의 이름을 땄다)의 지휘 아래 러시아 군대는 10년에 걸쳐 다우르족을 탄압하고 약탈하고 몰살했다. 1652년에 다우르족은 아무르강 일대를 장악한 러시아에 대항할 수 있는 유일한 강국이었던 청나라에 도움을 청했다. 러시아와 청나라 사이에 산발적인 전투가 이어졌고, 결국 패배한 러시아는 1689년 청나라와 네르친스크 조약을 맺고 아무르 영토에 대한 모든 권리를 포기했다. 증기선과 철도의 시대가 오기 전까지 러시아는 그 땅을 되찾지 못했다.

한편 러시아는 서쪽에서 자포로치 코사크Zaporozhian Host가 만든 신생 코사크 수장국(헤트마네이트)과 연합해 확장을 도모했다. 코사크 수장국은 1648년 폴란드로부터 독립하기 위해 러시아의 도움을 요청했었다. 17세기 초 수십 년 동안 코사크는 폴란드를 상대로 여러 차례 봉기를 일으켰다. 주된 원인은 폴란드 봉직 귀족들이 코사크가 장악하고 있던 스텝 지대에 정착한 것, 그리고 폴란드가 우크라이나에서 정교 영향력을 약화시키기 위해 로마 교황을 수장으로 받드는 그리스 가톨릭 또는 우니아트 교회를 대대적으로 지지한 것이었다.

1637~1638년에 일어난 대규모 봉기는 폴란드 군대에 처참하게 짓밟혔다. 폴란드는 반항을 일으킨 우크라이나와 코사크 땅을 탄압했다. 폴란드 관리들이 그곳에 투입되었다. 그들은 코사크의 자율권을 짓밟고, 선출 대표를 함부로 다루었다. 충분히 예측할 수 있지만 이 종속화 작전은 반란 세력의 기세에 기름을 부었다. 폴란드 관료와 손잡을 수도 있었을 코사크 엘리트층도 적으로 돌아섰다. 보흐단 흐멜니츠키Bohdan Khmelnytsky가 그런 예였다. 부유한 지주이자 코사크 관료였던 그는 반란군에 가담할 생각이 전혀 없었으나, 1647년 폴란드 경찰 서장의 명령으로 영지가 몰수되고 장원이 불탄 데다 부인은 납치되고 아들마저 심하게 구타당하자 마음을 바꾸었다. 이듬해 흐멜니츠키는 자포로치 코사크의 헤트만(코사크의 수장首長―옮긴이)으로 선출되었다.

그가 이끈 코사크 반란군은 키예프를 향해 진군했다. 진군하는 내내 그들은 폴란드 군대를 손쉽게 물리쳤다. 그들이 가는 곳마다 코사크와 농민 병사들이 합류해 규모가 커졌다. 많은 반란군에게 이는 동방정교회를 불법화하고 종교 시설을 압류한 폴란드 왕에 맞서 정교회를 수호하는 성전聖戰이었다. 흐멜니츠키의 군대는 키예프로 진격하는 동안 폴란드인과 유대인을 학살했다. 1648년에만 6만 명의 유대인이 학살되었다. 이 숫자는 러시아 내전 때 있었던 포그롬(유대인 집단학살)이 일어날 때까지 깨지지 않은, 가공할 기록이었다.[18]

흐멜니츠키는 러시아 차르에게 폴란드에 대항할 군사를 지원해 달라고 요청했다. 차르 알렉세이는 처음에 폴란드와의 전쟁에 연루되는 것이 탐탁지 않았다. 폴란드에 넘긴 서부 국경 지역(스몰렌스크, 세베르스크Seversk, 체르니고프)을 되찾고 싶기는 했지만, 러시아 남부 국경을 위협하는 크림반도의 이슬람 세력을 저지하기 위해 폴란드와의 연대가 중요했기 때문이다. 차르는 5년 동안 결단을 내리지 못한 채 질질 끌다가 니콘 총대주교의 권유로 참전을 결심한다. 니콘 총대주교는 그 전쟁이 폴란드가 지배하는 우크라이나가 아닌 당시 오스만 제국의 지배 아래 있었던 몰다비아Moldavia와 왈라키아Wallachia(두 곳은 현재 루마니아 지역이다.—옮긴이) 공국 영토에서 벌어진 이교도로부터 정교를 수호하는 종교전쟁이라고 주장했다. 러시아가 신의 이름을 걸고 싸움으로써 서쪽에서 실리도 취할 수 있는 절호의 기회였다.

모스크바는 흐멜니츠키의 전쟁을 지원하기로 했고, 1654년 양측은 우크라이나 페레야슬라우Pereyaslav에서 조약을 체결했다. 조약 조건의 일부로, 코사크 헤트만은 차르에게 일방적 충성 맹세를 했고, 차르는 수장국의 자율성을 보장하기로 약속했다. 이것이 러시아 제국과 우크라이나에 각각 무엇을 의미했는지를 두고 논란이 벌어진다. 우크라이나인들은 이 조약으로 독립 '수장국'이 건설되었다고 간주하는데, 그 독립 수장국은 많은 우크라이나인이 근대 국가의 시초로 생각하는 것이다. 반면 러시아인들에게 이 조약은 같은 민족의 두 집단(대러시아인과 소러시아인)을 한 민족, 한 국가로 만드는 러시아와 우크라이나의 연합을 의미한다. 두 시각 모두 문제가 있다. 우선 헤트만의 수장국은 우크라이나 국가가 아닌 코사크 국가였다. 코사크는 우크라이나 농민이나 다른 사회 계층과의 연결성이 극도로 약해 민족 국가가 될 잠재력이 없었다. 러시아의 관점에도 문제가 있는데, 러시아와 우크라이나의 연합이 그렇게 필연적인 것은 아니었다. 사실 그것은 폴란드에 대항하는 코사크 전쟁의 여러 가능한 결과 중 하나에 불과했다. 우크라이나는 폴란드 일부가 되었을 수도 있고, 튀르크에 남서쪽 귀퉁이를 뺏겼을 수도 있다.

흐멜니츠키와 차르의 약속으로, 러시아, 폴란드, 스웨덴, 세 나라는 13년 동안의 값비싼 전쟁에 돌입했다. 1654년과 1656년 사이에 러시아군은 폴란드군을 상대로 승리를 거두었지만(스몰렌스크, 빌뉴스 Vilnius, 리가를 수복했다), 그 성공은 스웨덴과의 협공에 힘입은 바가 컸다. 스웨덴은 바르샤바를 장악한 후 리투아니아로 진군했는데 이로써 러시아를 전쟁으로 끌어들였고, 양국은 1656년부터 1661년까지 서로 싸웠다. 폴란드는 이때를 기회로 삼아 러시아에 빼앗긴 많은 영토를 되찾기 위해 노력했다. 1667년에 이르면 북방의 세 강대국은 모두 전쟁에 지쳐 나가떨어졌다. 결국 그해 우크라이나를 분할하는 안드루소보 Andrusovo 조약을 체결했고, 우크라이나는 러시아와 폴란드로 쪼개졌다. 러시아는 키예프(키이우)와 동쪽(드니프로강 동안) 우크라이나를 얻었고, 폴란드는 서쪽(서안) 우크라이나를 가졌다.

이 조약으로 러시아의 외교 정책은 근본적으로 바뀌었다. 이 무렵 오스만 제국이 자포로치 지역 코사크의 수장인 페트로 도로셴코 Petro Doroshenko가 지휘하는 코사크 군대의 도움을 받아 서부 우크라이나로 진군하고 있었으므로, 공동의 적인 튀르크를 상대하기 위해 러시아와 폴란드는 협력관계로 돌아섰다. 얼마간 폴란드는 서우크라이나에 대한 오스만 제국의 공격을 막을 수 있었다. 하지만 러시아와의 오랜 전쟁으로 폴란드의 방어력은 바닥나 있었기에, 1670년대에는 더 이상 튀르크군이 우크라이나를 공격하는 것을 막을 수 없었다. 1681년에 10만 명의 러시아 군대가 투입되고서야 튀르크 군대는 격퇴되었다.

러시아는 유럽 대륙에서 주요 강국으로 대우받은 적이 없었는데, 이 승리로 마침내 서구 나라들이 주목하는 나라가 되었다. 이제 유럽 국가들은 튀르크의 공격으로부터 자신들을 보호하려면 러시아가 필요했다. 1683년 유럽은 튀르크 군대를 합스부르크 제국 수도인 빈Vienna 성벽에서 간신히 막아낸 바 있었다. 러시아가 우크라이나에서 튀르크 군대를 상대로 승리를 거두자 유럽 강대국들은 튀르크가 유럽으로 진출하는 것을 막으려면 러시아를 제 편으로 확보해야겠다고 생각하게 되었다. 1686년에 러시아는 폴란드-리투아니아 연방과 영구평화협정Treaty of Eternal Peace을 맺었다. 그와 더불어 신성연맹Holy League에도 참가했다. 이는 폴란드-리투아니아 연방, 신성로마제국(합스부르크 오스트리아가 수장이다.—옮긴이), 베네치아 공화국의 네 나라가 결성한 반튀르크 연합이었다. 4자는 각각 튀르크와 전선을 구축해 싸우기로 했다. 러시아는 크림반도, 폴란드는 몰도바, 오스트리아는 트란실바니아, 베네치아는 달마시아에서 각각 튀르크 군대와 전투를 벌였다. 역사상 최초로 러시아는 유럽 나라들과 대등한 국가로서 연맹에 참여했다. 러시아의 유럽 무대 데뷔였다.

1680년대와 1690년대에 스웨덴, 네덜란드, 폴란드, 덴마크, 신성로마제국은 저마다 러시아로 초대 대사를 파견했다. 당시 러시아는 후진적이고 야만적인 나라라는 이미지가 있었는데, 유럽식 '문명화'

가 일어나지 않았다는 이유였다. 교회의 지배적인 지위 때문에 세속 문화는 거의 발전하지 못했다. 러시아에는 대학이나 과학 아카데미, 예술 아카데미, 독립적인 전문 직종이 없었다. 예술은 중세의 정신세계에 갇혀 있었다. 이콘화가 유일한 회화 형태였고, 세속 초상화는 이 무렵 막 시작되었다(실물과 닮은 초상화를 남긴 것도 차르 알렉세이부터였다). 파르수니parsuny라 불리는 러시아 초상화들은 이콘화처럼 평면 양식으로 그려졌다. 풍경화, 역사화, 풍속화는 전무했다. 이곳저곳 돌아다니는 민담가요 악사나 방랑 음유시인 덕에 지역별로 유행했던 기악곡(성가의 대척점으로서)은 교회의 탄압 대상이었다. 교회는 출판물도 통제했다. 당시 유럽에서 민간 출판사가 없고, 뉴스 소식지와 잡지, 희곡이나 시가 출판되지 않는 나라는 러시아뿐이었다. 1560년대에 모스크바 출판사가 설립된 후 표트르 대제가 즉위한 1682년에 이르기까지, 출판된 책 중 비종교적 주제를 가진 책은 고작 3종에 불과했다.[19]

차르 알렉세이의 치세에는 점점 커지는 유럽의 영향력이 피부로 다가왔다. 알렉세이는 로마노프 왕조의 창립자인 아버지 미하일보다 더 역동적이고 지적이었다. 보리스 모로조프는 어린 알렉세이의 교육을 맡아 그에게 유럽 사상과 과학, 언어를 가르쳤다. 이 시기 서구 사상과 기술, 예술, 연회문화는 폴란드와 우크라이나를 통해 러시아에 유입되었다. 폴란드와의 전쟁이 전환점이었다. 알렉세이와 그의 군대는 빌뉴스와 비텝스크 같은 도시에 들어섰고, 그곳에서 고딕, 르네상스, 바로크 양식의 건축을 처음 접했다. 알렉세이의 영국인 의사 새뮤얼 콜린스Samuel Collins는 이런 글을 남겼다. "폐하께서 폴란드에 머물며 그곳 공후들의 저택 양식을 본 후로 생각이 크게 열려 궁정과 건물을 더 위엄 있는 모습으로 만들게 하셨고, 태피스트리로 방을 장식하셨으며, 유흥용 별궁을 마련하셨다."[20]

시계며 망원경에서부터 뮤직박스, 명금조鳴禽鳥, 마차에 이르기까지 유럽의 각종 사치품이 알렉세이의 궁정에 들어왔다. 차르의 유년 시절 친구이자 최측근 참모였던 아르타몬 마트베예프Artamon Matveev는 러시아 최초로 궁정 극장을 도입했고, 그곳에서 독일 바로크 연극을 공연했다. 마트베예프는 완전히 서구 양식으로 꾸민 자신의 모스크바 저택에서 리셉션 행사를 개최했는데, 보야르 스타일의 파티와 달리 손님들이 진탕 술에 취하지 않고 예의를 갖춰 행동하는 사교 연회였다. 러시아 역사상 최초로 여성이 초대되었으며, 여성이 심지어 행사를 이끄는 역할을 맡기도 했다. 그전까지 여성들은 궁정 연회나 보야르 연회에 참석하지 않았고, 이슬람의 하렘과 유사한 여성 전용 구역인 테렘terem에 갇혀 살았다. 결혼하기 전까지 다른 사람의 시선에 노출되지 않도록 베일을 쓰고 지내야 했다.

하지만 유럽의 영향으로 인한 변화는 그저 피상적인 수준에 머물렀다. 사회 관행이나 사치품을 '문명화'의 표식으로 차용했을 뿐, 러시아의 감수성이나 태도가 달라지지는 않았다. 알렉세이는 뼛속 깊이 신실했고, 따라서 서구 방식을 이렇게 제한적으로 받아들이는 편을 선호했다. 알렉세이는 러시아가 유럽에서 필요한 것(다른 무엇보다 군사 무기와 기술이었다)을 수입하기만 한다면, 그것을 창조한 과학을 배우거나 정교회 신념을 포기할 필요는 없다고 생각했다. 클류쳅스키가 표현한 대로, 알렉세이는 "독일 군복을 입고 심지어 외국 연극을 관람하면서도, 하늘에 첫 별이 뜰 때까지 크리스마스 전야 금식을 깨서는 안 된다는 경건한 두려움 같은 종교적 정서와 사고를 온전히 유지"할 수 있기를 바랐다.'[21]

하지만 교회도 변하고 있었다. 우크라이나를 합병하자 우크라이나의 사상과 신앙 방식이 러시아에 유입되었다. 예수회 모델에서 파생한 새로운 형태의 종교 교육이 전해졌고, 키예프 아카데미에서 성직자들이 라틴어와 교회슬라브어로 교육을 받게 되었다. 차르 알렉세이는 러시아 정교회 개혁을 강력하게 지지했다. 1649년 알렉세이는 최초로 우크라이나 수도사 한 무리를 모스크바로 초빙해 러시아 전례서가 유럽에서 출판된 근대 그리스어 및 우크라이나어 판본과 일치하게 개정하라고 지시했다. 3년 후 구 총대주교인 이오시프Iosif가 사망하자, 차르는 개혁 의지와 실행력이 충분했던 니콘Nikon을 총대주교로 강력히 추천했다. 차르는 니콘이 총대주교가 되는 것이 모스크바에서 자신이 통치하는, 비잔틴 제국 정교회와 같은 보편교회를 다시 만드는 첫걸음이라고 생각했다.

니콘의 교회 전례서와 전례 개혁에는 고대 러시아 방식(두 손가락을 사용: 그리스도의 이중 속성을 상징)이 아닌 그리스 방식(세 손가락을 사용: 삼위일체를 상징)으로 성호를 긋도록 변경하는 내용이 있었다. 이 개혁이 러시아 정교를 둘로 나누고, 나아가 나라도 둘로 쪼개는 결과를 낳았다. 종교 의례는 러시아인의 신앙과 민족의식의 정수였다. 예배는 신앙의 내용 그 자체였다. 따라서 그것을 바꾸는 행위는 옛 방식의 신앙이 처음부터 잘못되었다고 선언하는 것이었다. 한때 니콘의 개혁을 지지했던 사제장 아바쿰은 그를 따르는 다수의 신자와 함께 전례 개혁을 거부했다. 이들 '구교도Old Believers'는 러시아의 전례가 가톨릭교회와 야합하여 이단에 빠졌고, 그런 죄로 오스만튀르크에 콘스탄티노플을 빼앗기는 신의 벌을 받은 그리스인들의 전례보다 러시아의 것이 훨씬 신성하다고 주장했다. 그들은 니콘의 개혁은 러시아 정교회에 서구의 전례서와 의식을 접목해 비슷한 재앙을 초래할 거라며 두려움에 떨었다. 현대 독자들에게는 이런 쟁점이 종교개혁 시기에 발발한 거대한 교리 분쟁에 비하면 별것 아닌 것처럼 느껴질지 모른다. 하지만 신앙과 전례가 서로 긴밀히 연관된 러시아에서 그 분열은 종말론적 무게를 지녔다. 구교도들이 보기에 그 개혁은 적그리스도의 짓, 세계의 종말이 임박했음을 알리는 지표였다.

수십 개의 구교도 공동체가 봉기했다. 1668년 솔로베츠키 수도원에서 수도사들은 차르의 권위를 인정하지 않겠다고 선언했고, 수도원에 자진해서 틀어박힌 채 지역 농민들의 도움으로 연명하며 차르의 군대가 그들을 모조리 붙잡아 처형하기 전까지 자그마치 8년간의 포위를 견뎠다. 차르의 병사들이 들이닥치자 구교도들이 목조교회에 들어가 문을 잠그고, 적그리스도에게 굴복하느니 죽음을 선택하겠다며 불을 질러 집단 자살하는 일도 있었다. 어떤 이들은 볼가강 유역의 북쪽 외딴 호수나 숲으로, 남쪽으로는 돈 코사크 정주지로, 혹은 시베리아의 숲으로 뿔뿔이 도망쳤다. 아바쿰 사제장은 직위를 박탈당하고 푸스토제르스크Pustozersk 북극 요새에 유폐되었다가 1680년 그곳에서 말뚝에 묶여 화형당했다. 사람들은 아바쿰 사제의 가르침을 계속 받들었다.

구교도의 투쟁은 전례에 관한 것 이상이었다. 구교도들은 커져

가는 교회와 국가의 권력에 저항했고, 그런 기관들이 대중의 일상 생활을 통제하려 들면서 그들이 느꼈던 심한 소외감 때문에 폭발했다. 즉, 종교의 모습을 한 사회 저항적 시위였다. 구교는 정부의 통제력이 약하고 저항정신이 강한 지역에서 가장 쉽게 번졌다. 구교는 1670년대부터 1770년대까지 민중 항거를 하나로 묶는 구심점이었고, 종교 대분열은 사회의 상층부터 바닥까지 아우르는 거대한 단층선이었다. 사람들은 둘로 나뉘었다. 한편에는 옛 러시아와 자신을 동일시하는 사람들이 있었고, 다른 편에는 새롭고, 더 유럽적인 러시아를 원하는 사람들이 있었다.

이 갈등에 마침표를 찍은 인물이 표트르 대제였다. 1676년 아버지 알렉세이가 죽고 알렉세이의 첫 번째 부인 마리야 밀로슬랍스카야Maria Miloslavskaya가 낳은 표도르가 그 뒤를 이었으나, 그마저 얼마 지나지 않은 1682년 사망하자 당시 열 살에 불과했던 표트르가 차르가 되었다. 표트르는 알렉세이의 두 번째 부인 나탈리야 나리시키나Nataliya Naryshkina가 낳았는데, 보야르들은 밀로슬랍스카야가 낳은 표트르의 이복형 이반이 아닌 표트르를 차르로 선택했다. 이반은 표트르보다 다섯 살 많았지만 차르가 되기에는 너무 우둔하다는 평가가 대세였다. 그 대신 이반의 누이 소피야Sophia가 표트르의 섭정을 맡기로 했다. 이반을 차르로 옹립하려는 지지 세력은 상관에게 불만이 많았던 모스크바의 스트렐치를 부추겨 반란을 일으켰다. 그들은 진짜 차르인 이반이 표트르의 외가인 나리시키나 사람들에 교살되었다는 소문을 퍼트렸다. 보리스 고두노프 시절에 파란을 일으킨 음모론의 재현이었다.

스트렐치는 크렘린궁에 난입했다. 그곳에서 그들은 살상부에 제지휘관들의 이름을 추가하며 국왕 시해에 가담했다고 추정되는 모든 보야르를 죽였다. 반란군 다수는 정교회 구교 신봉자들이었다. 그들은 니콘의 개혁을 원점으로 되돌리고 싶었다. 또한 표트르가 보야르의 꼭두각시라고 확신했으며, 라진과 볼로트니코프를 뒤따랐던 반란군과 마찬가지로 진짜 차르는 따로 있다고 믿었다. 모스크바의 빈민도 합류해 며칠 동안 폭동이 이어졌다. 폭력 사태를 끝내려는 노력 끝에 양측은 타협에 이르렀다. 소피야가 섭정을 맡고 이반과 표트르는 공동 차르가 되기로 했다.

이 결말이 구교도 사단에게는 전혀 만족스럽지 않았다. 구교도 부대는 사령관 이반 호반스키Ivan Khovansky를 우두머리로 삼아 결집했고, 소피야가 받아들이지 않는다면 호반스키 공후를 차르로 즉위시키겠다고 위협하면서 옛 전례서와 의례의 복원을 계속 요구했다. 소피야는 돌보던 두 아이를 데리고 즈베니고로드Zvenigorod로 도망쳤고, 모스크바의 통제권을 되찾을 충분한 병력을 모았다. 소피야는 협상을 제안하며 호반스키 공후를 불러들였고, 그곳으로 찾아온 그를 붙잡아 반역과 이단의 죄목으로 처형했다. 그것이 무소륵스키Musorgsky의 동명의 오페라로 잘 알려진 '호반시나Khovanshchina'(호반스키 사건이라는 뜻—옮긴이)의 최후였다.

무대 위에 오른 역사는 제 나름의 규칙이 있다. 무소륵스키는 「호반시나」를 세 개의 다른 봉기로 구성했다. 1682년의 이 사건과 이후 스트렐치가 연루된 두 번의 반란이다. 1689년을 배경으로 하는, 둘 중 첫 번째 사건에서 소피야는 스트렐치를 모아 표트르 대제를 폐위하고 자신이 차르가 되려고 했지만 성공하지 못한다. 두 번째는 이반이 죽어 표트르가 단독 차르가 된 후 2년이 흐른 1698년의 사건이다. 이때 스트렐치는 표트르 대제가 '대사절단Grand Embassy'을 꾸려 시찰 여행을 떠난 유럽에서 죽었고, '독일인'이 그를 대신해 왕좌를 차지할 것이라는 잘못된 믿음으로 모스크바로 진격한다. 그들이 올린 청원 중 한 대목은 이렇게 끝났다. "우리는 독일인들이 곧 모스크바로 들이닥쳐서는 턱수염을 깎고 담배(그때까지 흡연은 종교적으로 금기시되었다.—옮긴이)를 피우는 그들의 관습으로 우리 신앙을 완전히 전복할 거라는 소식을 들었습니다."[22]

유럽 시찰 여행 중이었던 표트르 대제는 봉기를 진압하기 위해 일정을 멈추고 서둘러 모스크바로 돌아왔다. 표트르는 서구식 의복을 입고 당당히 콧수염을 드러낸 채 등장했다. 러시아에서 신성함을 상징하며 이전 차르들이 모두 길렀던 턱수염은 온데간데없었다. 고대 러시아 의례를 타파하는 전쟁을 선포한 표트르 대제는 그를 환영하기 위해 모인 모든 보야르에게 턱수염을 깎으라고 명령했다. 스트렐치 반란 부대 2,000명이 투옥되었다. 혹독한 고문을 견디다 못해 일부는 표트르를 하야시키고 소피야를 차르로 옹립할 계획이었다고 자백했다. 그에 따라 천 명에 가까운 스트렐치가 교수형과 참수형을 당했다. 소피야는 모스크바 변두리에 위치한 노보데비치 수도원Novodevichy Convent에 감금되었다. 표트르는 소피야를 괴롭히려고 반란군 시신 100구를 소피야의 창밖으로 보이는 벽에 매달았고, 시체가 썩도록 내버려두었다. 그때 26세였던 젊은 차르 표트르는 그렇게 권력을 거머쥐었다.

서구와 마주한 러시아

RUSSIA FACES WEST

18세기까지 러시아는 첫해가 시작되는 세상의 창조일을 예수 그리스도가 태어나기 5,508년 전으로 간주하는 비잔틴 달력을 사용했다. 하지만 1699년 12월, 표트르 대제는 칙령을 내려 달력을 바꾸었다. 그때부터 러시아에서 '유럽 기독교 국가들의 방식과 같이' 그리스도의 탄생을 시작점으로 삼았고, 1700년(옛 방식으로는 7209년) 1월 1일부터 새로운 제도가 시행되었다. 새로운 세기의 시작을 축하하려고 표트르는 성모영면 대성당 앞 크렘린 광장에서 불꽃놀이와 200발의 축포, 화염포를 발사하는 성대한 축하 행사를 개최했다. 차르는 모스크바 대공국 국민에게 기념일에 맞춰 집의 외관을 장식하고, 턱수염을 자르고, 전통 카프탄 대신 도시 광장에 시범용으로 마네킹에 입혀 전시한 서구식('독일식' 또는 '헝가리식') 복장을 입고 축제에 참여하라고 칙령을 내렸다.[1]

이는 달력 개혁 이상의 의미로, 시간의 개념 자체가 달라지는 문화 혁명의 시작이었다. 이때부터 러시아는 유럽의 시간 척도를 기준으로 진보를 가늠했다. 러시아의 임무는 서구 따라잡기, 즉 러시아의 낡고 '후진적인' 문화를 버리고 이웃한 유럽 선진국의 선례를 따라 발전을 가속하는 것이었다. 이 '따라잡기'가 이후 300년간 러시아 정부들의 목표였다. 하지만 서구를 모방하는 일은 만만치 않은 저항에 부딪혔다.

표트르는 성미가 급했다. 210센티미터의 장신에 보폭이 크고 걸음도 빨라, 그가 바닥나지 않는 에너지로 직접 국사의 모든 영역을 지휘하는 동안 고문들은 그를 뒤따르기도 바빴다(화가 발렌틴 세로프 Valentin Serov가 1907년 그림 「표트르 1세, 대제Peter I, the Great」에 탁월하게 구현한 이미지이다). 무궁무진한 호기심이 표트르 대제의 원동력이었다. 푸시킨이 쓴 다음 시는 한때 러시아의 모든 학생이 알고 있었다.

> 이제는 학자, 이제는 영웅,
> 이제는 항해사, 이제는 목수,
> 모든 것을 아우르는 자,
> 왕좌에 앉은 그는 영원한 일꾼이라네.[2]

표트르 대제는 젊은 시절부터 '중세적'인 머스코비(모스크바 대공국)를 경멸했다. 그는 러시아의 고대적이고 편협한 문화, 미신에 기반을 둔 서구에 대한 두려움과 불신을 혐오했다. 그는 타고나길 혁명가였다. 정교회 전통을 거부한 그는 서구식 복장을 하고 턱수염을 깎았으며, 교회의 탄압을 받아 모스크바의 외국인들이 따로 모여 살아야 했던 '게르만' 지구에서 많은 시간을 보냈다. 광대와 거인, 난쟁이, 매춘부를 불러 모아 밤새 진창 술을 마셨는데, 교회를 조롱하느라 이런 방탕한 모임에 '전술 주정뱅이 종무원'이라는 이름을 붙였다. 가끔은 수백 명의 놀이꾼이 표트르 대제의 최고위 정치인 역할을 맡았고, '바쿠스 총대주교', '삽입왕 부주교' 같은 직함을 붙이곤 했다.[3]

술친구 중에서도 표트르 대제가 가장 신임한 고위 장교가 둘 있었다. 1670년대부터 러시아에서 복무한 스위스 용병 프란츠 레포르트Franz Lefort와 러시아가 유럽 나라들을 따라잡으려면 육군을 신식화해야 한다고 주장한 스코틀랜드 출신 패트릭 고든Partick Gordon 육군 병참감이다. 러시아 역사에서 자주 그랬듯이 표트르 대제가 유럽의 신식 기술을 수입해야겠다고 결심한 이유는 군사적 필요였다.

표트르 대제는 1696년부터 신분을 숨기고 북유럽을 여행했다. 러시아를 유럽 대륙의 군사적 강자로 만들려면 무엇이 필요한지 직접 파악하기 위해서였다. 표트르 대제는 외국 땅에 발을 디딘 최초의 러시아 군주였다. '표트르 미하일로프Peter Mikhailov'(그가 직접 만든 가명이다)는 네덜란드에서 조선공으로 일했고, 런던에서는 그리니치 천문대Greenwich observatory, 울위치 무기고Woolwich arsenal, 왕립 조폐국Royal Mint, 왕립협회Royal Society를 방문했으며, 쾨니히스베르크Königsberg에서는 포병술을 배웠다.

표트르 대제는 1698년에 러시아로 돌아와 해군과 군사학교, 군수산업을 새로 만들고, 기존의 육군을 완전히 뒤엎고 새로 재건했다. 그는 전례 없던 새로운 징병제도를 도입했는데, 20개의 농가가 한 조가 되어 조별로 매년 한 사람을 종신 군인으로 파병할 책임을

지고, 전시에는 심지어 더 많은 수를 군대에 보내야 하는 제도였다. 이렇게 대대적으로 사회를 군사화한 덕분에 러시아 상비군은 세계 최대의 규모를 자랑하게 됐다. 표트르 대제가 사망하던 1725년에는 병력이 30만 명, 1801년경에는 자그마치 200만 명에 달했다.[4] 유럽의 어떤 나라도 이러한 규모의 상비군을 거느리지는 못했다. 하지만 규모가 군사적 효율성을 담보하는 것은 아니었다. 질적으로 뒤처지기 때문에 양으로 밀어붙인다는 러시아 역사의 고질적 패턴이 곧 드러났다. 러시아가 군사 부문에서 서구 열강을 따라잡을 수 있는 유일한 방법은 병력의 수였다. 이때 이후로 러시아는 기술적으로 더 우월한 적을 더 많은 병사의 목숨으로 상대하는 전략으로 전쟁을 벌였는데, 이것이 20세기에 벌어진 두 번의 큰 전쟁에서 러시아가 그토록 많은 병사를 잃은 이유였다.

대규모 군대를 유지하는 비용은 국가 경제에 큰 부담이 되었다. 표트르 대제 치세 동안 대략 총지출의 4분의 3이 군비로 지출되었다. 일부 비용은 군인들의 노동력으로 충당했다. 모든 연대는 군화와 군복을 직접 제작해 사용했다. 군인들은 연대 유지비를 벌기 위해 아르텔artel(조합)을 구성해 인근의 지주 밑에서 일했다. 하지만 대부분의 군비는 간접적으로는 농민 가계에 두 가지 생필품이었던 소금과 보드카 판매 소비세로, 직접적으로는 1718년부터 인구조사에 의거해 시행된 인두세로 충당되었다.

러시아가 유럽의 강국으로 우뚝 서려면 발트해 진출로를 확보해야 했다. 핀란드에서 리보니아를 연결하는 발트해 연안은 1617년에 스웨덴으로 넘어갔다. 표트르는 이 땅을 되찾기로 했다. 발트해 항구를 통해 러시아가 풍부한 자원(목재, 타르, 곡물, 삼베, 가죽, 모피, 보석)을 수출해야만 서구 군사 기술을 들여오는 비용을 감당할 수 있었다. 발트해안 영토는 러시아에 자연 국경도 제공할 터였다.

폴란드, 덴마크와 동맹을 맺은 표트르 대제는 1700년에 스웨덴에 선전포고하고 4만 명의 병력을 이끌고 나르바 요새를 공격했다. 결과는 러시아의 대패였다. 스웨덴 왕 칼 12세Charles XII가 이끄는 군대는 9,000여 명에 불과했지만, 더 잘 훈련되었고, 병참과 포병은 러시아 군대보다 훨씬 탁월했다. 러시아 병력의 4분의 1이 전사했고, 그보다 더 많은 수가 포로로 붙잡혔다.[5] 표트르 대제는 이 패배로 두 가지 교훈을 얻고, 이 부분의 개혁에 박차를 가했다. 첫째는 해안 영토를 확보하려면 신식 해군이 필요하다는 것, 둘째는 군대의 규모가 아무리 크더라도 스웨덴 군대와 비등한 수준으로 장비를 갖추고 조직을 가다듬지 않는 한 당시 유럽에서 최강으로 꼽히던 스웨덴군을 이길 가능성이 거의 없다는 사실이었다.

러시아는 1701년에 새 작전에 착수했다. 그해 스웨덴은 폴란드와 전쟁을 벌이는 데 정신이 팔렸었다. 러시아군은 라도가 호수로 흘러 들어가는 네바강 하류의 전략적 요충지인 뇌테보리Nöteborg 요새를 점령했다(러시아에서는 실리셀부르크Shlisselburg라는 독일식 이름으로 불렀다). 러시아군은 실리셀부르크와 함께 코틀린Kotlin섬(마찬가지로 독일식 이름인 크론시타트Kronstadt로 개명했다)도 차지해 표트르 대제가 네바강 하류가 발트해와 만나는 곳에 세운 상트페테르부르크(독일식 이름을 붙인 또 다른 사례다)의 방어를 확고히 했다. 러시아 군대는 나르바와 도르파트도 점령했는데, 표트르 대제는 칼 12세에게 상트페테르부르크를 공격하지 않고 내버려둔다면 두 곳을 되돌려주겠다고 제안했다. 표트르 대제에게는 발트해 항구 도시 중에서 상트페테르부르크가 가장 중요했다. 네바강에 배를 띄우면 볼가강과 카스피해까지 닿을 수 있었으므로, 그 경로를 확보하면 러시아는 아시아와 유럽의 주요 통항로로 자리매김할 수 있었다. 칼 12세는 표트르 대제의 타협안을 거부했다. 스웨덴은 발트해안 영토에 곡물 생산을 의존하고 있었고, 스웨덴 왕은 그곳에서 러시아를 완전히 몰아내고 싶어 했다. 칼 12세는 폴란드를 상대로 승리를 거둔 후, 리투아니아에 있던 러시아 군대와 싸우기 위해 이동했다.

칼 12세의 계획은 모스크바를 치고, 차르를 폐위시킨 후, 러시아를 보야르들이 다스리는 자잘한 제후 영토로 분할하는 것이었다. 그런데 그는 동진하여 모스크바로 바로 쳐들어가는 대신, 군대를 남쪽으로 이동시켜 우크라이나로 진격했다. 우크라이나에서 이반 마제파Ivan Mazepa 헤트만이 이끄는, 바라건대 2만 명의 코사크 부대를 합류시킬 예정이었다. 이반 마제파는 수장국의 독립을 지켜주겠다던 러시아의 서약을 더는 신뢰하지 않았고 스웨덴의 힘을 이용해 러시아에서 벗어날 계획을 세웠다(결과적으로 3,000명의 코사크만 스웨덴 군대에 합류했다). 스웨덴 군대가 남쪽으로 우회한 까닭에는 극심한 식량난도 있었다. 러시아는 리투아니아를 거쳐 퇴각하면서, 적군에게 식량이 될 만한 모든 농작물과 동물을 없애버렸다. 칼 12세는 우크라이나에서는 상황이 나으리라 기대했지만, 그곳도 이미 초토화된 상태였다. 1709년 6월 27일, 스웨덴 군대는 마침내 폴타바Poltava에 도착해 그동안 체력을 회복한 러시아군과의 전투를 눈앞에 두었을 때 지칠

대로 지쳐 있었다. 결국 스웨덴 군대는 결정적인 패배를 당했고, 칼 12세는 상처를 입은 채 드니프로강의 반대편인 튀르크 영토로 도망쳤다. 러시아는 이 기회를 놓치지 않았다. 북서쪽으로 방향을 틀어 리가를 점령했고, 스웨덴의 나머지 발트해 영토를 집어삼킬 기세로 계속 진군했다. 훗날 '대북방전쟁Great Northern War'으로 불린 이 전쟁은 12년이나 지속되었다. 러시아는 핀란드에서 스웨덴을 공격했고, 일련 해군을 습격했으며, 스웨덴 해안을 따라 난 도시들을 불태우는가 하면, 심장부인 스톡홀름까지 위협했다. 스웨덴은 어쩔 수 없이 화평을 요청했고, '니스타드Nystad 평화조약'(1721)을 체결해 발트해 영토 전부를 러시아에 양도했다.

러시아는 대북방전쟁의 승리로 유럽 군주들이 모두 인정하는 핵심 유럽 강국의 반열에 올랐다. 표트르 대제는 아들 알렉세이에게 보낸 서신에 이렇게 썼다. "우리는 어둠을 헤치고 빛으로 나왔다. 예전에는 아무도 우리를 몰랐지만, 이제 그들은 우리를 존중해야 한다."⁶ 그러나 서부 국경에 대한 러시아의 두려움은 여전했다. 특히 우크라이나가 문제였는데, 유럽 군대를 위한 활짝 열린 문이 될 수 있었기 때문이다. 우크라이나를 통한 스웨덴의 침공을 허락한 마제파의 배신행위로 우크라이나는 독립적인 수장국으로서의 운명을 내려놓아야 했다. 이후 수십 년 동안 러시아는 1654년 획득한 우크라이나 영토에 대한 통제를 강화했다.

상트페테르부르크는 유럽풍으로 기획된 수도, 시인 푸시킨이 표트르 대제에 관한 시 「청동기사The Bronze Horseman」에서 쓴 대로 '유럽으로 향하는 창'이었다. 도로와 운하, 광장들이 고전주의 양식으로 통일감 있게 조화를 이루는 건물들 사이사이를 이었다. 이 도시는 유럽 방문객의 눈에 강한 인상을 남겨, 그들이 러시아를 강대국이자 문명국가로 존중하도록 기획되었다.

표트르 대제는 도시 건설 초기에 모든 세부 사항을 관리 감독했다. 그는 유럽 다른 나라들의 수도에서 마음에 들었던 요소를 새 도시에 반영했다. 운하와 제방을 따라 궁전이 늘어선 방식은 암스테르담(직접 방문했다)과 베네치아(그림으로만 접했다)에서 영감을 받았다. 고전주의 바로크 양식으로 지어진 상트페테르부르크의 교회들은 런던의 성 바오로 성당, 로마의 성 베드로 성당, 리가의 외첨탑 교회를 멋들어지게 혼합한 결과물이었다. 표트르 대제는 유럽에서 건축가, 엔지니어, 장인, 예술가, 가구 제작자, 조경사를 초빙했다. 새 수도는 스코틀랜드인, 독일인, 프랑스인, 이탈리아인들의 거주지가 되었다. 표트르 대제는 자신의 시범 수도에 비용을 아끼지 않았다. '여름 정원Summer Gardens'을 '베르사유보다 훌륭하게' 만들겠다며 페르시아산 모란과 감귤나무, 중동산 관상용 물고기, 인도산 명금조를 수입했다.[7]

상트페테르부르크는 러시아 동화에 나오는 마법 도시처럼 눈 깜짝할 사이에 지어졌고, 도시의 모든 것이 너무나 눈부시고 새로워 곧 러시아 신화의 한자리를 차지했다. 도시 건설에 관한 전설은 이렇게 전개된다. 표트르 대제가 12명의 기병과 함께 말을 타고 네바강이 발트해와 만나는 질펀한 습지를 지나던 중, 갑자기 말에서 내려 총검으로 길쭉한 토탄을 쪼개 십자 모양으로 교차한 후 선언한다. "이곳에 도시가 있을지어다."**8** 그의 선언은 신성한 명령 "빛이 있으라!" 와 조응하며, 상트페테르부르크가 천지창조와 마찬가지로 '무에서ex nihilo' 창조되었음을 암시한다. 18세기, 찬양 위주의 관변 작가들은 표트르 1세를 권능에 있어서 신과 동등한, 창조자 차르로 격상했다. 대중 신화, 삽화 서정가요집, 구전되는 이야기와 전설에서 도시가 바다에서 기적과 같이 출현한 일은 시작부터 그곳에 초자연적인 지위를 부여하는 것이었다. 이 이야기에서 표트르 대제는 천상에서 도시를 만든 후 거대한 모형을 내리듯 그것을 땅으로 내렸다. 이렇게 러시아 땅에 뿌리를 두지 않은 제국의 새로운 수도가 등장했다.

표트르 대제는 자신이 고대 로마 황제들을 연상시키는 존재가 되려고 노력했다. 자신에게 황제를 가리키는 '임페라토르Imperator'라는 라틴어 칭호를 붙였고, 새로 주조한 루블화 동전에는 로마 황제 시저와 똑같은 월계관과 갑옷 차림을 한 자기 모습을 넣었다. 이는 차르가 신의 대리인이자, 신앙의 수호자로 그려지던 비잔틴 신화에 기반을 둔 모스크바 대공국과의 단절을 상징했다. 이제 그는 서구식 왕관과 망토를 걸친 갑옷 차림의 황제의 예복을 갖춘 모습으로 표현되었다. 이 모습은 '대사절단' 외교 여행을 떠나며 표트르 대제의 모습을 유럽 군주들에게 배포할 목적으로 화가 고드프리 넬러 경Sir. Godfrey Kneller이 그렸던 여러 초상화에서 나타났다.

폴타바에서의 승리는 이런 군국적이고 제국적인 군주의 모습이 확고하게 자리 잡은 계기였다. 알렉세이 주보프Alexei Zubov의 유명한 판화 「폴타바 전투 승전 후 1709년 12월 21일 모스크바로 공식 귀환하는 러시아 군대The Ceremonial Entry of the Russian Troops to Moscow on December 21,

1709 after their Victory in the Battle of Poltava」에서, 차르는 선두에서 승전군을 이 끌고 화가가 고대 로마의 모습으로 재창조한 모스크바에 입성한다. 그림 속 개선문은 단 하나도 실제로 존재하지 않았다. 모스크바 교회들의 수많은 양파 돔은 모조리 지워졌다. 군대는 연대기旗를 높이 들었지만, 그들의 승리에 신이 개입했음을 상징하는 성직자나 이콘의 모습은 그 어디에서도 찾아볼 수 없었다. 철저히 세속적인 제국의 군사력만 표현되었다. 이반 뇌제의 카잔 정복을 그린 「전사 교회 The Church Militant」가 그 승리를 신의 위업으로 설명한 것과 극명하게 대조된다.

표트르 대제가 '임페라토르'라는 칭호를 채택하자, 러시아를 부르는 이름 자체에 변화가 생겼다. 그때까지 러시아는 '루스'로 알려져 있었다. 이는 러시아인(루스키예russkie)의 민족적 조국을 의미하는 일반적인 이름이었다. 표트르 대제는 그리스어 '로시야Rossiia'를 새로 도입했고, 이는 다음 세기에 걸쳐 루스를 대체하고 러시아 국가를 부르는 새 이름이 되었다. '로시야'는 인종과 국적에 상관없이 전체 제정 러시아의 신민을 아우르는 제국적 정체성을 강조했다. 비록 제국의 핵심 권력에 가장 가까운 인종(발트 독일인, 러시아인 등)에 특권을 부여하는 인종적 위계질서가 존재하기는 했지만, 이는 분명한 변화였다. 제정 러시아 명칭의 앞머리에 로시스카야Rossiiskaya(로시야에서 파생된 형용사) 또는 프세로시스카야Vserossiiskaya('전 러시아의'라는 뜻)가 붙을지언정, 루스카야Russkaya('루스의')가 쓰이지는 않았다. 이 형용사가 러시아인(루스키 나로트russkii narod), 러시아어(루스키 야지크russkii yazyk), 러시아 교회(루스카야 체르코비russkaya tserkov)를 가리킬 때는 여전히 사용되었지만, 러시아 국가 기관의 명칭에서는 자취를 감추었다. 톨스토이가 《전쟁과 평화》에서 쓴 대로, 모스크바가 '모든 러시아인의 어머니'인 루스의 고대 수도였다면, 페테르부르크는 발트해에서 태평양에 이르는 다민족 제국의 행정 중심지, 로시야의 수도였다.

이 제국 정부의 중심에는 러시아 국가에 대한 새로운 개념이 존재했다. 1649년 법전 창제 전까지 러시아 국가는 곧 가산제적 세습 지위를 가진 차르 개인이었다. 국가(고수다르스트보gosudarstvo)의 개념은 러시아를 자신의 땅으로 통치했던 군주(고수다리gosudar) 개인과 불가분의 관계였다. 법전은 러시아가 이런 개인적 개념에서 벗어나 법치국가의 영역으로 전환하고 있음을 보여주었다. 표트르 대제는 국가를 공공선이나 공동체를 위해 봉사하는 비개인적 조직으로 생각한 최초의 차르였다. 그는 이 개념을 독일 관방학파(17~18세기 독일에서 발달한 중상주의적 사회·경제정책 체계—옮긴이) 사상가, 법학자, 관료로부터 얻었는데, 그들은 국가가 국민에게 질서를 부과함으로써, 또 합리적 회계와 사회에 관한 세세한 이해를 바탕으로 만든 정책으로 경제를 자극함으로써 공공선을 달성하는 적극적이고 진보적인 역할을 해야 한다고 주장했다. 표트르 대제는 그들의 철학에 매료되었다. 추정컨대 국익에 관한 그들의 공공선 방정식이 자신이 개혁을 추진하는 데 사용한 강압적 방식을 정당화했기 때문일 것이다. 사회의 안녕을 달성하기 위해서는 질서가 확립된 경찰국가가 필요했다.

다른 절대주의 국가와 마찬가지로 표트르 대제는 사회의 모든 측면을 규제했다. 외교, 전쟁, 해군, 법무, 상업, 공업 등 주요 정책 분야를 담당하는 정부 부처가 신설되었다. 1718년 기준, 9개의 부처,

'참사회(콜레기야)'가 신설되었다. 1721년에는 독립적 지위를 보유한 총대주교를 대체하기 위해 차르가 통제하는 성직자 조직인 종무원(성 시노드Holy Synod)을 신설해 교회 사안에 대한 국가 통제권을 강화했다. 이로써 키예프 루스와 모스크바 대공국 정치 철학의 근간이 되었던 교회와 국가의 화합이라는 비잔틴 관념은 완전히 사라졌다. 이제 차르만이 유일한 권위자였다.

표트르 대제는 지방을 더 확대된 행정구역인 성省(구베르니야 guberniia)(총 8개의 성이 신설되었고 20세기 초에 주州 체제로 바뀌었다.—옮긴이)으로 개편하고, 임명된 총독들에게 더 큰 권한을 부여해 지방에 대한 중앙의 통제를 강화했다. 귀족의 군 복무는 의무화됐고, 귀족들의 지위는 출생보다 직위의 높고 낮음에 따라 규정되었다. 1722년 '관등표'를 도입해 귀족을 14개의 계급으로 나누었다. 세습 귀족들은 상위 8개 계급의 직위를 부여받았다. 평민들은 하위 계급으로 시작해서 경력을 쌓은 후 8계급이 되면 귀족 칭호를 얻을 수 있었다(정부의 참사회 감독, 육군 소령, 해군 3급 함장에 해당했다). 국가에 대한 복무를 기준으로 귀족의 서열을 정하는 관등 제도는 1917년까지 지속되었다. 이 제도는 귀족들의 삶의 방식에 큰 영향을 미쳤고, 이들의 토지에 대한 애착은 약해졌다. 승진은 일반적으로 연공서열을 기준으로 삼았으므로 오래 근무할수록 유리했고, 관료주의적 평범성이 장려되는 면이 있었다. 여러모로 표트르의 관등표는 소비에트 공산당 국가와 노멘클라투라nomenklatura, 즉 조직에 충성하고 가장 오래 몸담은 관료를 당 최고위직에 임명하는 제도의 전신이라 할 만하다.

표트르 정부는 적극적인 경제 정책을 폈다. 국영 공장과 광산을 운영했고, 도로와 운하를 건설했으며, 건설 현장에서 노동자로 일할 국영 농민state peasant(표트르 대제가 만든 부류로, 왕실 국유지에 거주하는 농노를 의미한다)을 차출했다. 이 시기 유럽 다른 나라들과 마찬가지로, 러시아도 국가가 나라의 주요 생산자이자 공산품의 주요 소비 주체였는데, 이러한 독점은 독립적인 생산자 계층의 출현을 방해했다. 민간 기업가들이 등장하더라도 그들이 자본 투자와 노동자를 확보하려면 정부의 도움이 필요했다. 일례로 18세기 초 모스크바에서 상인과 장인, 심지어 기업 활동을 하는 국영 농민들이 양모 공장과 리넨(아마포) 공장을 설립했지만 투자 은행이나 노동 시장이 없어 결국 국가 원조에 기대게 되었다. 정부는 군복 제작에 이런 제조업자들이 필요했다. 따라서 정부는 제조업자들의 편의를 위해 공장 농노라는 새로운 계급을 만들었고, 산업가들에게 농노를 포함한 마을 전체를 사들이는 것을 허락했다. 그 땅에 소속된 농노들을 공장의 계약 노동자로 활용할 수 있게 허용한 조치였다. 표트르 대제의 의도는 역동적인 기업가 사회를 건설하는 것이었다. 하지만 그의 국가통제주의적 수단은 농노제 문화에 뿌리를 둔 러시아의 후진성을 강화하는 결과를 낳았다.[9]

산업 정책과 더불어 표트르 정부는 교육과 과학 확산을 장려했다. 특히 군사 경제를 위한 기술 습득에 역점을 두었다. 통치 초기의 수십 년 동안 표트르 대제는 청년 장학생을 선발하고 유럽으로 파견해 조선, 금속 세공, 건축, 항해, 상업 등 여러 분야를 배우게 했다. 상트페테르부르크 과학 아카데미St Petersburg Academy of Sciences가 설립된 후에는 국내에서 청년 인력을 훈련해 전문가로 키우는 것이 가능해졌다. 표트르 대제는 1717년에 방문한 프랑스 과학 아카데미와 1716년 고트프리트 라이프니츠Gottfried Leibniz와의 만남에서 영감을 얻어 과학 아카데미를 설립했다. 특히 라이프니츠의 사상은 러시아 아카데미가 지리학을 중점적으로 연구하는 데 영향을 주었다. 러시아가 아시아 탐험에 주도적 역할을 해야 한다고 표트르 대제를 설득한 사람이 바로 라이프니츠였다.

지리학은 러시아가 국제적으로 명성을 떨친 최초의 학문이다. 1725년에서 1743년 사이에 비투스 베링Vitus Bering이 이끈 두 차례의 캄차카Kamchatka 원정으로 유럽인들은 아시아와 미 대륙이 육지로 연결되지 않는다는 사실을 알게 되었다. 두 지역 사이에는 베링 해협Bering Straits뿐이었다. 과학 아카데미 소속 학자 16명은 게르하르트 뮐러Gerhard Müller의 지도를 받으며 시베리아의 민족, 동물상, 야생 동식물, 지질학에 관한 세부 연구를 위해 두 번째 원정길에 올랐다. 뮐러는 시베리아에서 10년을 보낸 후, 시베리아 토착 부족의 역사, 언어, 관습에 관한 방대한 자료를 들고 돌아왔고, 이 자료들은 이후 민족지학民族誌學(한 사회의 문화에 관한 기술적記述的 연구의 과정 혹은 그 산물. 주로 현장 연구를 뜻한다.—옮긴이) 분야의 선구적 저작인《시베리아 왕국에 관한 설명Description of the Siberian Kingdom》(1750)에 담겨 출간되었다.

상트페테르부르크는 도시 이상의 의미가 있었다. 상트페테르부르크는 러시아의 유럽 학교, 다시 말하면 러시아인을 유럽 시민으로 개조하기 위한 문화공학적 문명화 프로젝트였다. 도시 내부의 모든 것이 서구적 생활방식을 장려하는 데 목적을 두고 있었다. 표트르 대제는 교양 있는 사회에서 귀족들의 거주지와 저택 건축 양식,

자녀 교육 방법, 복식과 행동거지, 식문화와 유흥이 어때야 하는지 가르쳤다. 서양 서적에서 발췌해 만든 예절 지침서인 《젊음의 명예로운 거울The Honourable Mirror of Youth》(1717)은 이후 50년 동안 많은 판본으로 출간되었다. 일부만 예로 들면 "침 뱉듯 음식을 뱉지 말고", "이를 칼로 쑤셔서도 안 되고", "나팔 불 듯 코를 풀지 말아야 한다"는 가르침이 있었다.[10] 이 강압적인 도시는 어떤 부분도 등한시하지 않았다. 표트르 대제는 프랑스의 경찰대장lieutenants-généraux(루이 14세가 만든 도시 치안을 총괄하는 직책이다.—옮긴이) 제도를 모범으로 삼아 경찰을 만들어 도시를 관리했다. 경찰은 공안, 공공 위생, 주거는 물론 범죄 예방을 관장했다.

표트르 대제의 문화공학에서 가장 논쟁적인 부분은 언어 개혁이었다. 표트르 대제는 교회슬라브어 대신 인쇄용으로 사용할, 라틴어와 유사한 민간 문자를 만들었다. 그의 개혁으로 기본 관념어가 러시아어에 없던 정부, 군사, 법률 영역에 광범위한 외래어가 유입되었다. 프랑스어를 사용하는 것은 문명화된 행동의 표식이었다. 재차 문제가 된 것은 사교 연회에서 오가는 대화에 나올 법한 여러 생각과 감정을 표현하는 러시아어 단어가 없다는 것이었다. '제스처', '공감', '프라이버시', '충동', '상상력' 같은 단어는 프랑스어가 아니고서는 표현할 길이 없었다. 이런 '살롱 스타일'의 문학 러시아어는 갈리아어식 구문과 어구에서 다소 세련미를 얻기는 했지만, 진부한 표현을 반복하는 것에 불과했던 프랑스어의 남용으로 어색하고 너저분해졌다. 이것이 톨스토이가 《전쟁과 평화》의 첫 구절에서 풍자한 러시아 사교계의 가식적 언어 사용이다. "안나 파블로브나는 며칠째

기침을 했다. 그녀의 표현에 따르면 안나는 'la grippe'('감기'를 뜻하는 프랑스어―옮긴이)에 시달리고 있었다. 'la grippe'은 당시 상트페테르부르크에 새로 등장한, 오직 '엘리트'들만 사용하는 단어였다."[11]

문화 개혁은 반발에 부딪히기도 했다. 저항 세력 일부는 문화 개혁이 자신들의 오랜 '러시아적' 생활방식을 위협한다고 느낀 지방 귀족이었고, 일부는 다수가 구교도였던 상인들과 코사크였는데, 이들은 표트르 대제가 적그리스도라고 생각했다. 1708년에 아스트라한에서 코사크 주도로 반란이 일어났지만 쉽사리 진압되었다. 하지만 서구식 관습과 습관, 사상에 대한 대중적 혐오는 이후로도 오랫동안 지속되었다. 혐오의 정서는 설화에, 여러 풍자곡과 이야기에 담겨 목판화(러시아 민속판화 '루복lubok/лубок')로 재생산되었다. 가장 유명한 루복 판화인 「고양이를 묻는 쥐들The Mice Are Burying the Cat」은 여러 판본으로 제작되었고, 18세기에 러시아 전역에 퍼졌다. 그림에서 사람들('쥐')은 차르 표트르('고양이')의 죽음을 축하한다. 그의 무신론적 통치가 자신의 장례식에서 면도, 흡연, 음주, 춤, 심지어 음악이 소개되는 풍경을 연출하게 한 것이었다.[12]

18세기 중반부터 반서구 이념에 새로운 종류의 민족의식이 표현되기 시작한다. 이 민족의식은 서구의 해로운 영향으로부터 러시아의 관습과 도덕을 방어하는 데 기반을 두었는데, 이것이 훗날 슬라브주의로 발전했다. 1780년대에 역사가 이반 볼틴Ivan Boltin은 "우리가 젊은이들을 외국에 보내 그들의 교육을 외국인에게 맡겼을 때 우리의 가치관은 완전히 변했다"고 썼다.

우리 마음속에 선조들은 몰랐던 새 편견, 새 열정, 나약함, 욕망이 들어섰다. 이것들은 조국을 사랑하는 마음을 없애고, 조상들이 가진 신념과 방식에 대해 우리가 가졌던 애착을 파괴했다. 우리는 새로운 것을 내재화하기 전에 옛것을 잊어버렸고, 정체성을 잃으면서도 우리가 소망했던 것이 되지 못했다. 이 모든 것이 급하고 참지 못한 데서 비롯되었다. 우리는 수백 년이 걸릴 일을 단 몇 년 동안 이루려고 했으며, 탄탄한 토대 없이 모래 위에 계몽이라는 집을 짓기 시작했다.[13]

이와 같은 지식층의 글과 더불어, 똑같은 메시지를 보다 광범위한 독자층에 전달하는 풍자만화 산업이 번창했다. 프랑스풍에 집착하는, 이른바 '페테르부르크 댄디Petersburg dandy'가 대표적인 조롱감이었다. 만화는 페테르부르크 댄디의 퇴폐적이고 인위적인 태도를 농민의 단순하고 자연스러운 미덕과, 유럽적 도시의 물욕을 러시아 시골의 정신적인 가치와 대비했다. 전달하고자 하는 도덕적 교훈은 명확했다. 표트르 시대 엘리트는 노예처럼 서구를 모방하다가 민족정신의 감각을 완전히 잃었다는 것이었다. 그들은 외국인과 친해지려고 노력하다가 외국인이 되었다.

러시아 역사에서 표트르 대제처럼 러시아인을 둘로 분열시킨 인물은 없다. 슬라브주의자들은 표트르 대제가 러시아를 잘못된 길로 이끌었다고 주장한다. 그들에 따르면 서양을 따르고 서양의 문물을 들이는 일은 러시아를 유럽과 구분하는 정신적 가치와 전통, 즉 민족성을 희생하지 않고는 이룰 수 없었다. 하지만 가치와 이상을 유럽에 두었던 서구주의 인텔리겐치아들에게 표트르 대제는 자신들이 신봉하는 새로운 모국, 표트르 대제표 러시아를 건설한 인물이었다. 이런 입장은 19세기 철학자 블라디미르 솔로비요프Vladimir Solovyov가 표트르 대제는 러시아가 '순수 아시아적' 성격을 가지지 않도록 구원했다고 표현한 데서 잘 드러난다. 솔로비요프는 이렇게 썼다. "사상과 창의성 측면에서 우리가 가진 모든 우수하고 독창적인 요소들은 표트르 대제가 추진한 개혁의 결과이다. 그런 개혁이 없었다면 우리에게는 푸시킨도, 글린카Glinka도, 고골도, 도스토옙스키도, 투르게네프도, 톨스토이도 없었을 것이다."[14]

한 가지는 확실하다. 표트르의 개혁 때문에, 서구화한 엘리트의 도회적 문명과 농노제와 오래된 공동체 전통에 매달리고 우주를 이교적 미신과 정교회 신념을 통해 해석하는 교육받지 못하고 예속된 (가난에 시달려 피폐한) 농민들의 농촌 세계 사이에 깊은 문화적 균열이 생겼다는 점이다. 이 균열은 1917년까지 메워지지 않았다. 그것이 1917년 러시아 혁명의 전선을 이룬 단층선이다.

볼셰비키는 표트르 대제에게서 영감을 얻었다(시인 막스 볼로신Max Voloshin은 그를 '최초의 볼셰비키'라고 불렀다). 낙후된 조국을 휘어잡아 서구를 따라잡도록 강제로 밀어붙인 표트르는 볼셰비키의 초근대화 프로그램에 모범을 제시했다. 하지만 표트르 대제의 강압적인 정책은 많은 면에서 그가 의도한 것과 정반대의 결과를 낳았다. 개혁은 러시아를 근대화하는 대신, 정부 독재와 농노제의 비굴한 관습을 더 강화했고, 이로 인해 러시아는 사회에 더 많은 자유가 허용되었던 서구에 비해 상대적으로 후진적인 상태에 머물렀다. 표트르 대제뿐 아니라 이후 서구화를 추진한 러시아 정부의 모든 개혁이 부딪힌 역설이 이것이었다. 자유로운 사회와 (기업이 그 안에서 활동하는) 제대로 작동하는 공공 영역이 구축되지 않고는, 개혁을 추진하는 유일한 동력은 국가였다. 상부에서 강제로 주도하는 개혁은 국가와 국민 간 균열에 쐐기를 더 깊이 박아 넣고, 개혁의 원동력인 국가의 강제를 더 강화하는 결과를 낳았다.

1722년, 사망을 3년 앞둔 시점에 표트르 대제는 새로운 계승 원칙을 발표했다. 표트르 대제에게는 제위를 물려줄 아들이 없었다. 장남 알렉세이는 아버지와 불화를 겪다 빈으로 피신한 후, 표트르 대제의 명령으로 1718년 처형되었고, 차남은 1719년에 사망했다. 표트르 대제는 후계자 지정을 자신의 권한으로 못 박았다(표트르 대제가 법 위에 군림했다는 증거이다). 표트르 대제는 폴란드 하층민 출신이었던 두 번째 부인을 차기 차르로 지목했고, 1724년 성모영면 대성당에서 직접 예카테리나 1세Catherine I에게 왕관을 씌웠다. 대관식에서 표트르 대제는 성유로 축복하는 신의 대행자 역할을 총대주교 대신 자신이 맡았는데, 이것 또한 이전 대관식에서 동등한 파트너로 그려졌던 교회와 국가의 오랜 비잔틴식 화합이 더는 존재하지 않음을 드러내는 상징적인 변화였다. 이제 차르의 뜻은 러시아의 운명을 결정하고 후계자에게 신성한 지위를 부여하기에 모자람이 없었다.

표트르 대제의 통치가 얼마나 분열적이었는지를 생각할 때 그의 사후에 이반 뇌제가 죽은 뒤 일어난 것 같은 내전이 일어나지 않았다는 사실은 놀랍다.[15] 18세기의 남은 기간 중 거의 전 기간에 걸쳐 여성 통치자가 러시아를 다스렸다는 사실이 어쩌면 한 해답일지도

모르겠다. 표트르 대제의 죽음 이후 1796년 파벨 1세Pavel I가 즉위할 때까지 남성이 차르였던 3년을 제외하면, 여성 차르인 예카테리나 1세(1725~1727), 안나Anna(1730~1740), 엘리자베타 1세Elizabeth I(1741~1762), 예카테리나 대제(1762~796)가 통치했다. 여성 통치자들은 체제를 안정시키느라 궁정 정치를 대폭 허용한 고압적인 표트르 대제보다 더 '인간미' 있고, '현명'하며, 온화하고, 수용적이라는 평을 얻었다. 궁정의 주요 가문들은 분파를 형성했고, 이 덕분에 여성 차르들은 분할 통치를 통해 지배력을 공고히 할 수 있었다. 이 전략은 엘리자베타 1세와 예카테리나 대제 시대에 이르러 완벽한 수준에 이르렀다.[16]

군주권을 확립하는 데는 성별보다 국적이 문제가 되었다. 표트르의 딸이었던 엘리자베타 1세를 제외하고 표트르 대제 사후의 18세기 러시아 군주들은 모두 외국 태생이거나(예카테리나 1세, 표트르 3세, 예카테리나 대제), 부모가 독일인이거나(표트르 2세, 이반 6세), 독일 가문 배우자와 혼인(안나, 파벨 1세) 관계로 이어져 있었다. 제위를 찬탈한 궁정 쿠데타가 두 번 있었는데, 외국인 통치자에 대한 적대감이나 러시아의 국익을 희생해 외세의 이익을 챙기는 데 대한 적대감이 동기가 됐다.

첫 번째 쿠데타는 1740년 10월 차르 안나가 죽은 후 벌어졌다. 안나는 표트르 대제의 이복형제인 이반의 딸이었다. 차르가 되기 전에 그녀는 오늘날 라트비아의 일부인 쿠를란트Courland의 공작부인이었다. 안나는 러시아에 와서 내각과 엘리트 연대를 독일인들(오스터만Ostermann, 뮈니히Münnich, 리벤Lieven 가문)로 채웠는데, 이들이 러시아인에 대한 혐오를 숨기려고 하지도 않아 민족주의적 반감이 들끓었다. 증오의 대상 중에서도 핵심 인물은 안나의 연인이었던 쿠를란트 출신 독일인 에른스트 요한 폰 뷔렌Ernst-Johann von Bühren(러시아에서는 비론으로 불렸다)으로, 그는 공식 직위 없이 엄청난 권력을 행사했다. 비론에 대한 불만은 처음에는 러시아 정부에 욕심이 있었던 소수의 장교에 국한되었다. 하지만 비론이 러시아의 이전 통치자들이 무효화한 체납세를 다시 강제로 징수하자 반감은 대중에게까지 확산됐다. 안나가 죽고 브라운슈바이크-메클렌부르크Braunschweig-Mecklenburg 공작의 핏덩이 아들이 이반 6세로서 제위에 오르고 비론이 섭정을 맡자, 러시아 반대 세력은 프레오브라젠스키 연대Preobrazhensky Regiment와 힘을 합해 권력을 장악하고 비론을 체포한 후 엘리자베타를 제위에 올렸다. 비론과 그의 독일인 무리는 시베리아 유배형을 받았고, 독일인 장교들은 러시아 병사들에게 사살되었다.

두 번째 반외세 쿠데타는 1762년에 예카테리나 대제(본인도 외국인이다)가 남편인 표트르 3세Peter III를 상대로 일으킨 것이었다. 독일의 작은 공국 안할트-제르프스트Anhalt-Zerbst의 공녀(조피Sophie)였던 예카테리나는 17세가 되던 해 표트르 대제의 손자이자 엘리자베타의 후계자였던 육촌, 슐레스비히홀슈타인고토르프Schleswig-Holstein-Gottorp의 카를 페터 울리히Charles Peter Ulrich(표트르 3세가 독일에서 태어났을 때 얻은 독일 이름이다.―옮긴이)와 결혼하기 위해 러시아에 왔다. 그녀는 1745년 혼인하면서 루터교에서 정교로 개종했고, 차르 엘리자베타는 자기 어머니의 이름을 따 새신부에게 예카테리나라는 이름을 직접 하사했다. 하지만 결혼은 재앙이었다. 예카테리나는 남편이 싫었다. 그녀는 회고록에서 남편을 멍청하고, 잔인하고, 비열하다고 표현했고

(역사가들 사이에서 논쟁이 있는 시각이다), 남편이 발기 불능이라고 주장했다. 불행한 부부는 곧 각자의 삶을 살았다. 예카테리나는 준수한 외모의 궁정 시종 세르게이 살티코프Sergei Saltykov와 내연 관계를 맺었고, 차기 황제인 아들 파벨을 1754년에 낳기 전에 두 차례 유산하기도 했다. 살티코프가 파벨의 친부인지는 확실치 않다. 하지만 예카테리나는 회고록에 그것이 사실임을 암시했고, 경악한 19세기 후손들은 살티코프의 이름을 철저히 검열했다.

표트르 3세는 프로이센의 프리드리히 대왕Frederick the Great을 숭배했다. 표트르 3세는 프리드리히 대왕에게 러시아 황제보다 차라리 프로이센 군대의 장군이 되고 싶다고 말하기도 했다. 1761년 12월, 제위에 오른 표트르 3세는 독일인들을 최고위직에 임명했다. 또 7년 전쟁이 시작된 이래로 러시아의 동맹국이었던 오스트리아, 프랑스를 배신하고 프로이센 측으로 돌아섰다. 교회 영지를 몰수하고, 성직자의 아들을 징집 대상에 포함하고, 구세주와 성모 이콘을 제외한 모든 이콘를 제거하도록 하는 등 표트르 3세의 국내 정치는 러시아의 민족적 정서를 크게 위협했다. 이런 정책들은 황제가 정교 신앙을 못마땅해한다는 사실을 드러냈고, 사람들은 차르가 러시아 정교를 버리고 루터파 개신교를 채택할지도 모른다는 두려움을 가졌다. 예카테리나는 '전통의 파괴'로부터 정교를 보호한다는 명분으로 쿠데타를 정당화했다.[17] 그녀는 외국인의 지배에 대항해 러시아인을 하나로 단결시키는 종교의 힘을 깨달을 정도로 러시아 역사를 잘 이해하고 있었다.

6월 28일 예카테리나는 당시 새 연인이었던 오를로프Orlov 백작이 결집한 정예 근위병들을 거느리고, 초록색 프레오브라젠스키 연대 제복을 입은 채 말을 타고 상트페테르부르크에서 오라니엔바움 Oranienbaum 궁전으로 이동해 그곳에 있던 표트르 3세를 체포했다. 표트르 3세는 순순히 항복했다(전복 소식을 들은 프리드리히 대왕은 표트르 3세가 "잠잘 시간이라는 얘기를 들은 어린아이처럼, 시키는 대로 자리를 내려놓았다"고 말했다). 표트르 3세는 상트페테르부르크 인근의 개인 영지에 유폐되었고, 3주 후에 오를로프에게 살해되었다. 공식 발표된 표트르 3세의 사인은 '치질성 장경련haemorrhoidal colic'이었다. 한 프랑스 재담가는 치질이 러시아에서는 위험하기 짝이 없다고 꼬집었다.[18]

새 황제는 정통성을 확립해야 하는 어려운 과제에 직면했다. 여성인 데다 외국인인 악조건에서, 예카테리나 2세가 아무리 러시아 관습을 익히고, 러시아 역사와 설화를 배우고, 빈틈없이 정교회 의식을 연마한다 해도 이는 쉽지 않은 과제였다. 아들 파벨이 아직 여덟 살임에도 그를 합당한 후계자로 생각하는 사람이 많았고, 1741년에 엘리자베타가 퇴위시킨 후 계속 감금되어 있던 당시 22세인 이반 6세 역시 강력한 계승권자였다. 이반 6세는 실리셀부르크 요새에 비밀리에 감금된 채 '무명 죄수 1호'라 불리며 교육도 거의 받지 못했지만, 자신이 황제였다는 사실을 인식하고 있었다. 1764년 죄수의 신분을 알게 된 간수들이 이반 6세를 탈출시켜 황제로 옹립하려는 계획을 세웠다. 그 계획은 금세 틀어졌고 예카테리나의 명령으로 이반 6세는 침대에서 살해되었다. 이반 6세의 살해 소식은 널리 퍼졌고, 으레 그렇듯 그가 아직 살아 있다는 소문도 퍼졌다. 대부분은 코사크 기회주의자들과 자신이 이반 6세라고 주장하는 가짜들이 만들어낸 소문이었다.

치세 초기부터 예카테리나 2세는 자신을 표트르 대제의 후계자로, 그의 개혁을 이어가는 통치자로 묘사했다. 이를 위해 예카테리나는 프랑스 조각가 에티엔 모리스 팔코네Étienne-Maurice Falconet에게 제작을 지시해 1782년 상트페테르부르크에 표트르 대제의 기마상(훗날 '청동 기마상'으로 불린다)을 세웠다. 육중한 화강암 지지대에는 '표트르 1세를 위해, 예카테리나 2세 헌정'이라는 문구가 새겨졌다. 표트르가 죽은 뒤 시간이 흐르면서 표트르 대제의 개혁은 초기의 논쟁적 성격이 희석되었고 심지어 국민적 합의의 원천으로 부상했기에, 예카테리나는 그 개혁 노선을 자신의 통치를 정당화하는 수단으로 사용할 수 있었다. 표트르 대제와 마찬가지로 예카테리나도 공공의 이익을 위해 봉사하겠다고 선언했다. 예카테리나 취임 기념주화에는 지혜의 여신인 미네르바의 모습을 한 여제가 과학과 학문을 통해 평화와 진보를 이루는 통치를 약속하는 메시지가 담겼다. 하지만 표트르 대제와 달리 예카테리나는 국가 주도로 개혁을 강제하는 방식을 채택하지 않았다. 계몽사상의 신봉자였던 예카테리나는 계몽 정부를 구현할 대리인으로서 귀족을 교육할 필요가 있다고 강조했다. 강요 때문이 아니라 사회에 대한 의무감(노블레스 오블리주noblesse oblige)으로 공익을 위해 봉사하는 귀족계급을 만들고자 했다.

이러한 생각으로 그녀는 취임 초기에 귀족의 봉직 의무 폐지를 시행했다. 봉직 의무를 폐지하는 법령은 1762년 표트르 3세 때 발표되었다. 지주 귀족층에 한발 양보한 조치였는데 수년간 그들이 공들여 로비한 결과였다. 지주들은 봉직 의무 때문에 영지를 제대로 관리할 수 없다고 불평했다. 하지만 그 이유만으로 귀족의 의무를 없애준 것은 아니었다. 사실은 국가가 더 이상 그렇게 많은 군인이 필요하지 않았던 이유가 컸다. 표트르 대제가 의무 복무 제도를 도입한 후 새로운 직업 장교 계급이 형성되었다. 예카테리나의 개혁은 국가에 대한 의무로부터 귀족을 해방시켜준 것만큼이나, 귀족을 고용해야 하는 의무로부터 국가를 자유롭게 만든 것이기도 했다. 개혁안의 골자는 군 복무를 원하는 귀족은 군대에 남게 하고, 자기 영지에서 경제활동에 집중하기를 원하는 귀족은 그렇게 하도록 허락하는 것이었다. 예카테리나는 영국의 젠트리gentry나 프로이센의 융커Junker처럼 귀족이 지역 공동체에서, 기업체와 지방 정부에서 주도적인 역할을 하기를 바랐다. 봉직 의무로부터 해방된 귀족들이 정부에 필요한 지역 기관들을 만들어 낼 터였다.

이 개념은 실현되지 않았다. 고위 귀족층은 지위의 표식이 되는 국가 복무에 사활을 걸었다. 러시아의 청년 귀족들은 상트페테르부르크의 화려한 생활과 연대 생활의 동지애를 좋아했고, 군대를 떠나 영지로 물러나는 일을 중년 혹은 은퇴 시기까지 미루었는데, 이미 그때는 농경 개선이나 지방 정부 업무에는 별로 관심이 없었다. 그들은 영지를 지방 별장, 즉 향락과 문화를 즐기는 저택으로 여겼고, 그곳을 유럽산 예술품으로 채우고 외국인들이 와서 보면 입이 떡 벌어질 정도로 많은 수의 가내 농노(정복 집사, 하녀, 요리사, 웨이터, 정원사, 마부, 심지어 악사와 예술가)를 두었다. 사회적 지위가 더 낮은 소지주 중에는 의무 해방을 반기고 영지에 정착한 이들이 있었지만, 그들은 지방 행정에서 역할을 맡기를 꺼리거나 그렇게 할 경제적 여유가 없었다.

약한 지방 정부의 문제는 17세기 초 이래로 줄기차게 나라를 뒤흔들었던 코사크 주도 반란 중에서도 최후의 그리고 가장 대규모였던 '푸가초프 반란Pugachov revolt'(1773~1774)으로 분명해졌다. 여느 코사크 반란들과 마찬가지로 푸가초프 반란도 신이 보낸 진정하고 신성한 차르의 이름으로 지주로부터 인민을 해방하겠다는 기치를 내걸었다. 돈 코사크이자 탈영병이었던 에멜리얀 푸가초프Emelyan Pugachov는 남부 우랄산맥과 카스피해 사이 초원인 야이크Yaik 코사크 지역에서 등장했다. 그는 자신이 표트르 3세이고, 매춘부 같은 예카테리나의 암살 시도에서 살아남아 탈출했으며, 인민을 구원하기 위해 다시 나타났다고 주장했다. 야이크 코사크는 1768년 오스만 제국과의 전쟁(제7차 러시아-튀르크 전쟁) 때 러시아 정부가 발령한 징집령 때문에 불만이 많았다. 징집령은 그들을 정규 러시아 군대로 편입시켰고, 효과적으로 일반 농노의 처지로 묶어두었다. 전통의식파 구교도들이었던 야이크 코사크는 턱수염을 자르라는 군대의 명령도 참을 수 없었다. 반란은 순식간에 볼가 지역으로 확산해 러시아 지배에 반대하는 튀르크계 토착 민족 바시키르Bashkir와, '암페라토르 표트르Amperator Peter'('신이 보낸' 차르 표트르를 부르는 이름이었다)가 농노제를 없애고 지주에게서 땅을 빼앗아 자신들에게 나누어주리라 믿은 도시 빈민과 농민의 지지를 받았다. '해방자 차르'에 대한 대중적 믿음은 반란군 지휘관들이 국가의 고위 직함과 칭호를 사용하면서(코사크 '파닌 백작', '포툠킨 공후' 등) 더 강화됐다. 정의와 자유를 구현할 '신성한 수호자 차르'의 신화가 가지는 힘은 그토록 강했다. 동란 시대에 최초로 가짜 차르가 등장한 후 150년이 흐른 이때까지 반란에 대중적 지지를 얻는 유일한 방법은 상상의 차르를 내세우는 것이었다.

대규모 군대가 동원되고서야 반란군이 제압되었고, 붙잡힌 푸가초프는 모스크바로 이송돼 처형되었다(예카테리나는 '인류애'의 발로로 배를 갈라 내장을 꺼내기 전에 참수하라고 일렀다. 보통은 순서가 반대였다).[19] 푸가초프에 대한 기억은 대중의 상상 속에 오래도록 남아 이후 혁명가들에게 영감을 제공했다. 유산 계급에게 푸가촙시나Pugachovshchina라는 용어는 농민 주도의 무정부주의와 폭력, 푸시킨이 역사서 《푸가초프의 역사The History of Pugachov》(1833)에서 사용한 대로 '잔인하고 무자비함'이라는 뜻과 동의어로 쓰였다.

사건에 대한 진상 규명이 진행되었고, 결국 반란이 확산하는 데도 전혀 제압하지 못한 지역 관료의 무능으로 결론이 났다. 반란군 토벌을 이끈 표트르 이바노비치 파닌P. I. Panin 장군은 반란군에게 점령되었던 카잔과 니즈니노브고로드의 오렌부르크Orenburg 총독에게 다음과 같이 지방 정부를 비난하는 서한을 보냈다. "행정 당국이 임무의 대부분을 제대로 알기나 하는지 혹은 신경이나 쓰는지 의심스럽습니다. (…) 그들은 불필요한 행정 업무를 불평하고, 뇌물을 받고, 서로 싸우는 데 정신이 팔려 무엇을 해야 하는지 모르는 채 황제 폐하의 일을 하고 있습니다."[20]

문제는 그곳의 광대한 영토에 비해 행정 부서의 밀도가 너무 낮았다는 점이다. 이는 러시아 전역에 걸친 문제이기도 했다. 1775년 예카테리나 대제는 푸가초프 반란의 후속 조치로, 이전보다 규모는 작고 숫자는 더 많은 지방 구역을 인구 비례에 따라 신설하고, 주로 지주와 유산 시민이 투표로 선출하는 관료의 수를 늘려 상황을 타개

해보려고 했다. 18세기 마지막 25년 동안 약 1만 5,000명의 새로운 관료(3분의 2가 선출된 인원이었다)가 지방 정부에 합류했다. 첫발을 내디딘 셈이다. 하지만 러시아의 행정 부족이라는 근본적인 문제는 진정한 자치 정부의 등장으로만 해결할 수 있었으며, 그 기획은 농노제가 폐지될 때까지 긴 시간을 기다려야 했다.

"러시아는 유럽 국가다." 예카테리나 대제는 자신이 남긴 가장 중요한 글인 《나카즈Nakaz》를 이렇게 시작했다. 이 문건은 예카테리나 대제가 1767년 근대적인 새 법을 만들기 위해 발족한 '입법위원회'를 위한 지침서였다.[21] 이 단순한 문장이 의미하는 바는 러시아는 유럽의 성격을 지녔으므로 아시아의 모든 민족에 대한 자연적인 지배권이 있다는 것이었다.

러시아의 정체성을 아시아를 문명화할 임무를 가진 유럽 제국으로 구상한 최초의 인물은 표트르 대제였다. 이전에 러시아 제국은 이익을 좇아 움직였다. 러시아인들은 모피와 다른 값진 천연자원을 찾아 동쪽으로 이동했다. 그들은 시베리아 부족들을 약탈했다. 하지만 그곳의 부족들을 정교로 개종시키거나 그들을 차르의 신민으로 통합하려는 생각은 하지 않았다. 상업적 이윤을 목적으로 하는 이와 같은 정복에 '러시아'와 '아시아'의 구분은 중요하지 않았다. 하지만 러시아가 아시아에서 자국을 유럽 제국으로 의식하기 시작하면서, 종주국과 식민지를 구분하는 더 명확한 이념적, 문화적 경계가 필요해졌다.[22]

제정 러시아 최초의 상세한 지도는 1720년대에 주로 상트페테르부르크 과학 아카데미의 지리 부서에 의해 제작되었다. 과학 아카데미는 1745년에 종합 지도책을 출간했다. 이때부터 유럽과 아시아를 나누는 선은 우랄산맥으로 표기되었다. 이전 지도에서 나타난 것보다 훨씬 동쪽으로 이동한 것으로, 우랄산맥의 서쪽은 '유럽 러시아'로, 동쪽은 '아시아' 제국으로 표시되었다. 러시아가 스스로 가지는 유럽 정체성에 우랄산맥은 여전히 중요하다('대서양에서 우랄까지' 뻗은 유럽이라는, 이제는 유토피아적 개념이 된 고르바초프Gorbachev의 슬로건을 떠올려보라). 하지만 앞서 보았듯 우랄산맥은 유럽과 아시아를 나누는 진짜 장벽이 아니다. 우랄산맥은 영국, 스페인, 프랑스가 대양을 사이에 두고 해외 식민지와 분리되는 것 같은 경계가 아니다. 러시아 제국은 인접한, 단일한 영토 공간이다. 우랄산맥은 유럽과 아시아를 물리적으로 가르는 분기점이라기보다는 문화적이고 개념적인 경계에 가깝다. 러시아는 지리학에 이 경계를 뿌리내리기 위해 우랄산맥의 아시아 쪽에 있는 식물군, 동물군, 부족들이 유럽 쪽에 있는 식물군과 다르다는 것을 증명하는, 결과적으로는 무의미한 전방위적 과학 연구에 착수했다. 그들은 제정 러시아가 유럽의 해외 식민제국과 동등하다는 것을 강조하려고 시베리아를 '러시아의 인도' 또는 '러시아의 페루'라고 불렀다.[23]

18세기에 러시아의 유럽 부분 영토는 커졌다. 동쪽으로는 우랄산맥까지 뻗었고, 서쪽에서는 폴란드 영토를 합병하면서 확장됐다. 러시아는 동맹을 맺은 합스부르크 제국과 프로이센과 함께 세 차례(1772년, 1793년, 1795년) 폴란드 영토를 분할했다. 예카테리나의 목표는 병든 폴란드-리투아니아 연방을 정복하는 것이 아니라, 그 나라를 약하게, 조각난 채 유지하고 자신이 통제할 수 있는 완충국으로 이용하는 것이었다. 1763년 폴란드 왕 아우구스트 3세August III가 사망하자, 예카테리나는 왕위에 자기 사람을 앉혔다. 옛 연인이었던 스타니스와프 포니아토프스키Stanisław Poniatowski였다. 포니아토프스키는 아담 카지미에시 차르토리스키Adam Kazimierz Czartoryski 공후가 이끄는 친러시아파의 지지를 받아 폴란드 세임Sejm(의회)에 주류인 가톨릭이 소수인 정교회와 개신교를 박해하지 못하게 하는 입법을 강요했다. 폴란드의 가톨릭 유력인사들이 군대를 소집하고 러시아에 선전포고하자, 연방은 친러시아와 반러시아파로 나뉘어 내전에 돌입했다. 이 내전으로 러시아, 오스트리아, 프로이센은 폴란드 국경지대를 점령했고, 사전에 조율된 대로 폴란드 영토를 다시 분할했다. 연방의 거의 3분의 2가 1772년에서 1795년 사이에 러시아에 편입되었다.

예카테리나가 폴란드 분할로 기대한 것 중 하나는 폴란드-리투아니아 연방의 국민이었던 새로 편입된 신민들(폴란드인, 발트 독일인, 우니아트교 우크라이나인 등)로부터 러시아에 긍정적인 영향력이 유입되는 것이었다. 유일하게 유대인들만 환영받지 못했다. 약 10만 명의 유대인이 폴란드 1차 분할로 제정 러시아로 들어왔는데,[24] 숙련된 유대인 장인과 상인의 유입은 경쟁자들의 원성을 자아냈다. 그들은 각종 유대인 관행을 사악한 범죄로 몰아 그들을 고발했고, 심지어 예카테리나 집권 초기 10년 동안 매년 모스크바에서 만 명 이상을 죽인 전염병이 유대인 때문이라고 비난했다. 예카테리나는 포그롬을 막기 위해 모스크바에서 유대인을 추방하고 여러 권리를 박탈했다. 1791년에는 제국 서부에 유대인 지정거주지Pale of Settlement를 별도로 만들어 유대인들을 그곳으로 강제 이주시켰다. 하지만 유대인을 제외하면, 예카테리나 대제는 유럽 이민자의 진보적인 영향력을 확고히 신뢰했다. 7년 전쟁으로 타격을 입은 농부와 상인이 많았던 중부 유럽 사람들은 러시아 이민을 독려받았다. 독일 이민자들에게는 볼가 지역 영토를 넉넉히 내주었는데, 1917년 이후 볼가 독일인 자치공화국Volga German Autonomous Republic이 그곳에서 생겨났다.

한편 남부에서는 유럽 러시아가 오스만 제국 영토를 잠식하며 확장하고 있었다. 예카테리나 대제는 새 영토에 그리스와 다른 나라 출신 이민자들을 정착시켰다. 러시아는 7차 러시아-튀르크 전쟁(1768~1774)에서 승리를 거두고 쿠츠크 카이나르지Kuchuk Kainarji/Küçük Kaynarca 조약을 체결함으로써 아조프해에 면한 크림반도의 케르치Kerch 항과 최초의 흑해 항구인 헤르손Kherson 항을 확보했다. 이 조약으로 러시아는 오스만 제국 치하의 정교 인구인 그리스인, 세르비아인, 불가리아인, 몰다비아인, 왈라키아인들을 보호한다는 명목으로 오스만 제국의 사안에 관여할 실질적인 권리를 얻었다(적어도 러시아는 그렇게 생각했다). 예카테리나 대제는 유럽에서 오스만 제국이 소멸할 것으로 예상했고, 러시아가 정교회를 위해 투쟁함으로써 오스만 제국 멸망의 수혜자가 될 수 있고, 또 그래야 한다고 믿었다. 예카테리나는 러시아 군사학교에서 그리스인 장교들을 훈련시켰고, 그리스 이민자를 흑해 연안의 새로운 도시에 정착시켰으며, 그리스인들에게 러시아가 튀르크인들로부터 그리스가 독립하는 것을 도와주리라는 믿음을 심어주었다. 황제의 가장 원대한 꿈은 오스만 제국으로부터 콘스탄티노플을 되찾아 러시아가 수호하는 새 비잔틴 제국을 건설하는 것이었다. 황제와 편지를 주고받던 프랑스 철학자 볼테르는 예카테리나에게 '그리스 교회의 황제 폐하'라는 칭호를 썼고, 예카테리나가 가장 즐겨 편지를 쓴 상대인 독일 프리드리히 그림 남작은 그녀를 '그리스인의 황제 폐하'라고 불렀다.[25]

이와 같은 '그리스 프로젝트'에 예카테리나가 얼마나 진지했는지는 확실치 않다. 유럽에서 오스만 제국을 몰아낼 구체적 계획에 착수한 정황은 없다. 하지만 예카테리나의 측근들이 러시아를 예루살렘을 포함한 동지중해의 정교회 세계와 무역과 종교로 연결되는 흑해의 주요 강국으로 만들고 싶어 했다는 것만은 분명하다.[26]

예카테리나는 러시아가 강대국이 되려면 남쪽으로 방향을 틀어야 한다고 생각했다. 모스크바 대공국 시절에 그랬던 것처럼 발트해 항구로 모피와 목재를 수출하기만 해서 될 일이 아니었다. 유럽 열강과 경쟁하려면 남부 영토에서 생산되는 농산물을 수출할 출구를 개발하고, 흑해에 해군력을 증강해 군사적으로 또 무역을 목적으로 지중해로 나가는 안전한 진출로를 확보할 필요가 있었다. 흑해는 이슬람 세계와 각축을 벌이는 남부의 열린 국경에서 러시아 방어에도, 유럽 대륙에서 러시아가 강대국으로 생존하는 데도 핵심적이었다. 흑해가 없다면 러시아는 발트해를 제외하고 유럽으로 나가는 출구가 전무했고, 발트해의 진출로는 유럽에서 전쟁이 벌어지면 다른 북부 강대국에 의해 언제든 차단될 수 있었다.

러시아를 남부의 강대국으로 발전시키려는 계획은 1760년대 중반에 시작되었다. 그때는 한때 코사크 수장국이 다스렸던 우크라이나의 독립 영토가 러시아 총독이 다스리는 제정 러시아의 지방 행정

구역으로 편입된 시기였다. 하지만 남부 프로젝트가 본격적으로 시작된 것은 그로부터 10년이 지난 1770년대 중반에 이르러 예카테리나 대제가 옛 연인이자 최측근이었던 그리고리 포툠킨Grigori Potyomkin 공후를 남부 '노보로시야Novorossiya'(신러시아New Russia)의 책임자로 임명했을 때부터였다. 노보로시야는 오스만 제국으로부터 빼앗은 흑해 북부 해안 지역이었는데, 포툠킨은 인구가 희박했던 그 지역을 식민화하는 임무를 맡았다. 독일인, 폴란드인, 이탈리아인, 그리스인, 불가리아인, 세르비아인들이 이 영토에 정착했다. 예카테리노슬라프Ekaterinoslav(현재 우크라이나 드니프로), 헤르손, 니콜라예프Nikolaev(현재 우크라이나 미콜라이우), 오데사Odessa 등 새 도시들이 이때 건설되었는데, 그 중 많은 도시가 프랑스와 이탈리아 로코코 양식으로 지어졌다. 포툠킨은 예카테리노슬라프('예카테리나의 영광'이라는 뜻이다) 건설을 직접 감독했고, 그리스 프로젝트의 지지자들이 지향한 러시아의 이미지인 고전주의 유산을 상징하기 위해 그리스 로마풍으로 도시를 구현했다. 상점들은 아테네 아크로폴리스 입구의 문 '프로필라이온Propylaeon'과 같이 반원형으로 늘어섰고, 총독 관저는 그리스 신전을, 법정은 고대 로마 법정을 모방해 웅장한 바실리카 양식으로 지었다.[27]

러시아의 흑해 정책은 1783년 크림반도를 합병하며 절정에 이르렀다. 일찍이 쿠츠크 카이나르지 조약으로 크림한국은 오스만 제국으로부터 독립했다. 그로부터 3년 후, 크림한국에서 러시아의 후원을 받은 새로운 칸 샤힌 기라이Şahin Giray가 선출되었다. 크림반도 인구의 상당수를 차지했던 기독교인들은 그를 지지했지만, 오스만 제국은 반대하고 나섰다. 튀르크는 크림 타타르Crimean Tatar인들을 선동해 '이교도' 샤힌에 반대하는 봉기를 일으키게 했고, 그를 대신할 새 칸을 태운 함대를 파견했다. 기독교인과 타타르인으로 나뉜 양측은 다시 종교 전쟁에 휘말렸다. 양측 모두 끔찍한 만행을 저질렀고, 러시아는 크림반도에 거주하는 자그마치 3만 명의 기독교인들을 흑해 연안 도시로 대피시켰다. 기독교 인구의 이탈로 크림반도의 경제는 크게 약화됐다. 샤힌은 러시아에 의존하게 되었는데, 러시아는 그에게 퇴위할 것을 종용했고, 이후 러시아는 튀르크의 침략을 견제하기 위해 재빨리 습격을 감행해 크림반도를 장악했다. 러시아는 크림 타타르인들에게 자신의 통치를 받아들이기를 강요했고, 그들은 율법학자와 함께 이슬람 사원에 모여 2,500킬로미터 떨어진 곳에 있는 새 황제에게 충성할 것을 코란에 대고 맹세했다.

에카테리나 대제는 10대 시절부터 계몽사상에 매료되었다. 그녀는 즉위 이후 철학자 군주의 역할을 했다. 볼테르, 디드로Diderot, 그림 남작은 에카테리나와 오랫동안 서신을 주고받은 지적 안내자였다. 에카테리나는 《나카즈》를 집필하면서 애덤 스미스Adam Smith, 디드로, 체사레 베카리아Cesare Beccaria, 윌리엄 블랙스톤William Blackstone의 저작 내용을 대거 활용했고, 몽테스키외Montesquieu의 《법의 정신The Spirit of the Laws》의 거의 모든 부분을 글자 그대로 옮기는 수준으로 차용했다. 비록 몽테스키외가 러시아를 동양의 전제국가로 쓴 것에는 반대했지만, 에카테리나는 법이 그 나라의 분위기와 지형에 따라 형성된 국가 정신과 조화를 이루어야 한다는 그의 생각을 받아들였다. 에카테리나는 그 원칙을 제국에 적용했고, 모든 속주 민족의 관습과 결국에는 법률마저도 러시아의 관습과 법과 일치시킬 법전을 구상했다. 예카테리나는 제국의 크기와 다양성 때문에라도 '전제 통치'는 반드시 필요하지만, 법치주의가 사회의 안녕을 지킬 수 있다고 주장했다.

계몽주의에 대한 예카테리나의 관심은 정치사상보다는 교육과 과학에 중점을 두었다. 예카테리나는 교육과 과학이 러시아를 진보시킬 힘으로 보았다. 황제는 예술을 후원하고, 민간 언론을 허용했으며, 농업 개량을 장려하고, 학교 교육을 확대했다. 상트페테르부르크에 최초의 여성 학교인 귀족 영애를 위한 스몰니 학원Smolny Institute도 설립했다(1917년에 소비에트 본부로 사용된 곳이다). 예카테리나는 정치 철학에 관해서는 그다지 진보적이지 않았다. 겨울 궁전의 예르미타시 박물관에 채울 황실 소장 예술품을 고르는 데 디드로에게 조언을 구하기는 했어도, 디드로가 여러 다른 사상가와 함께 주창한 인민주권설을 받아들이지도 않았고 국정에 그의 조언을 구할 생각도 없었다. 자유사상에 관해서도 허울 좋게 언급했을 뿐, 만인이 자유를 가져야 한다고 믿지 않았다.

예카테리나는 수백만 명의 농노에게 자유를 허용할 생각이 없었다. 자유의지로 고용된 노동력이 속박된 노동력보다 낫다고 생각하고, 농노들이 자유를 얻을 가치가 있는 인간이라고 인식했을지는 몰라도, 귀족을 자극할지도 모른다는 두려움 때문에 농노제 철폐는 물론이고 일체의 개혁안을 모두 배제했다. 푸가초프 반란의 여파로 예카테리나는 자기 관할 내의 농노를 착취할 수 있는 지주의 권리를 더 강화해 국가와 공무원의 법적 영역을 넘어서는 권한을 허용했다. 악질 지주들은 농노를 다루는 데 제약이 없어지자, 고강도의 노동과 현금 납부를 강요했고, 노예마냥 공장 농노로 팔아넘기기도 했으며, 사소한 범법과 규칙 위반에도 채찍을 휘두르거나 시베리아로 추방해버렸다(황실은 시베리아 인구 확대를 위해 시베리아 유형을 권장했다). 젊은 여성 농노들은 주인의 변덕과 취향에 운명이 좌우되었고, 많은 이가 농노 하렘으로 끌려 들어갔다. 예카테리나가 통치할 무렵 '튀르크리Turquerie'(튀르크풍 문물이나 취향을 의미한다. —옮긴이)가 유럽 전역에서 대유행이었는데, 러시아도 상황이 비슷했다. 요약하자면 예카테리나가 디드로에게 설명한 것처럼, 지주들은 "사형으로 농노를 죽이는 것을 제외하면, 자신들에게 가장 유리한 무엇이든 영지 내에서 마음대로 할 수 있는 자율권을 누렸다."[28]

예카테리나가 자신이 몰두했던 계몽사상을 완전히 버리게 된 계기는 1789년 프랑스 혁명이었다. 1794년 자코뱅의 공포 정치가 한창일 때 황제는 그림 남작에게 다음과 같은 편지를 썼다. "귀공이 철학자의 대열에 포함되기를 마다한 것은 옳았습니다. 경험으로 아는 바, 그 모든 것이 결국 쓰레기가 됩니다. 철학자들이 무슨 말을 하고 어떻게 하든 세상은 권력을 반드시 필요로 할 것입니다. 한 사람의 폭정을 견디는 것이 다수의 광기를 견디는 것보다 낫기 때문입니다."[29]

황제는 '프랑스의 광기'가 러시아에 퍼지는 것을 막기 위해 검열을 강화했다. 프랑스 서적의 출판을 금지하고(볼테르의 책들은 불태워졌다), 민간 출판사는 폐쇄했으며, 러시아의 급진 계몽주의자들을 투옥했다. 그중에는 프리메이슨Freemason(18세기 영국에서 본격화한 세계시민 주의, 박애주의 비밀결사단체. 중세 석공mason 길드에서 시작됐다는 설이 있다.— 옮긴이)의 인본주의 이상에 영감을 받은 귀족 알렉산드르 라디셰프 Alexander Radishchev도 있었다. 그는 저서《상트페테르부르크에서 모스 크바로 향하는 여행Journey from St Petersburg to Moscow》(1790)에서 러시아의 사회악을 폭로했는데, 예카테리나는 "상급자와 정부에 대한 국민의 공분을 불러일으키려는 시도"라고 비난했다.[30] 라디셰프는 시베리 아로 유배되어 중노동형 10년을 선고받았고, 사전 판매된 30권을 제 외한 모든 책은 소각되었다. 라디셰프의 책은 1905년까지 쭉 금서 였다.

유럽에 대한 러시아의 이상화는 프랑스에서 일어난 폭력 사태로 크게 흔들렸다. 한때 '프랑스 애호가'였던 귀족들은 '프랑스 혐오자' 가 되었다. '프랑스적'이라는 단어는 변덕과 비도덕을 가리키는 말 이 되었다. 귀족들이 프랑스 문화에 푹 젖어 있던 상트페테르부르크 에서는 그런 반응이 혁명 프랑스에 계속 동조하던 진보 귀족들(《전쟁 과 평화》의 피에르 베주호프Pierre Bezukhov 같은 인물)에게 몇 가지 문제를 제 기했다. 하지만 그런 상트페테르부르크에서도 프랑스라는 지적 제 국에서 벗어나기 위해 사람들이 의식적으로 노력하기도 했다. 상트 페테르부르크의 살롱에서는 프랑스어 어구를 사용하는 것이 눈살 찌푸릴 행동이 되었다(길거리에서 사용하다가는 위험에 처할 수도 있었다). 귀족들은 이제 클리코Clicquot와 라피트Lafite 대신 크바스kvas와 보드카 vodka를 마셨고, 오트 쿠진haute cuisine 대신 양배추 수프를 먹었다. 러시 아 아카데미 회장 예카테리나 다시코바Dashkova 공비는 이런 말을 남

겼다. "우리 프랑스인을 흉내 내지 말고 러시아인이 됩시다. 애국자
가 되어, 우리 선조들의 개성을 간직합시다."[31]

하지만 '러시아인'이 된다는 것이 무슨 뜻인가? 러시아인이 유럽
인을 흉내 내지 않으면서 유럽인이 되는 방법은 무엇인가? 유럽인
이면서 동시에 러시아인이 될 수 있는가? 이것이 조국이 나폴레옹
과 전쟁을 치르는 동안, 많은 러시아인을 맴돈 질문들이었다.

6

나폴레옹의 그림자

THE SHADOW OF NAPOLEON

예카테리나 대제는 1796년 사망했다. 소문과 달리, 예카테리나는 말과 성교하다 죽지 않고(20세기까지 회자되던 전설 같은 이야기다), 단순 뇌졸중으로 사망했다. 궁정 안의 적들은 '님포마니아(여성 색정증) 여제'에 관한 터무니없는 거짓 신화를 퍼트렸다. 예카테리나가 성생활을 즐겼더라도 18세기 제왕들의 문란한 기준으로는 전혀 특별하지 않았음에도, 여성이라는 이유로 더 가혹한 평가를 받았다.

파벨 1세는 제위를 이어받은 후 남성 중심의 가부장적 세습 원칙을 복원해, 다시 여성 황제가 나올 가능성을 효과적으로 차단했다. 예카테리나의 개혁을 되돌리기로 마음먹은 파벨 1세는 예카테리나가 허용한 여러 귀족의 자율권을 철회하고, 지방 정부의 선출제적인 요소를 축소하고, 사회에 군사적 질서를 부여했다. 도덕적 해이를 일으킬 모든 징후를 원천 봉쇄하는 여러 법령도 만들었다. 프랑스 서적, 음악, 패션이 축출되었고, 밤 10시 이후에 사교 모임도 금지됐다. 상트페테르부르크에는 통행금지가 시행되기도 했다. 파벨 1세의 폭정에 경악한 소규모 장교 무리가 1801년 3월 23일부터 이튿날로 이어지는 새벽에 술에 취한 채 미하일롭스키 궁전Mikhailovsky Palace에 침입해 파벨 1세를 교살했다. 그 장교들은 파벨 1세의 아들이자 황태자였던 알렉산드르와 긴밀히 연계된 궁정 음모 세력에 의해 움직였고, 황태자가 직접 거사일을 골랐다. "러시아에서 통치 체제란 암살로 길들이는 독재다." 프랑스 비평가 마담 드 스탈Madame de Staël은 이렇게 말했다.[1]

서글서글한 외모에 키가 크고 품행이 우아했던 알렉산드르 1세Alexander I는 프랑스 계몽주의 정신에서 조모 예카테리나 대제의 보살핌을 받으며 성장했다. 그의 개인교사였던 스위스인 프레데릭 라아르프Frédéric Laharpe는 확고한 공화주의자이자 자코뱅당 지지자였다. 훗날 정부 요직을 담당했던 알렉산드르의 유년 시절 친구인 폴란드 출신 아담 예르지 차르토리스키Adam Kazimierz Czartoryski(아담 카지미에시 차르토리스키의 아들이다)에 따르면, 알렉산드르 1세는 "프랑스 혁명에 누구보다도 열정적으로 관심을 보였고, 공화국의 그 끔찍한 권력 남용에 동의하지는 않았지만 공화국이 성공하기를 바랐다."[2]

알렉산드르 1세는 치세 초기에 일련의 정치적 개혁을 감행한다. 자유주의로 숨통을 틔운 새로운 검열 법안이 1804년 발표되었다. 러시아 최고 법원인 상원의 사법권을 강화해 차르의 권위에 대한 균형추 구실을 하도록 했다. 기존 행정부(참사회)를 폐지하고 8개의 현대식 정부 부처(장관 체제)를 신설했으며, 나폴레옹의 프랑스 국참사원Conseil d'Etat(행정부행정자문기관 및 최고행정재판소—옮긴이)을 모델로 한 최고회의, 국무원State Council도 만들었다. 1809년에 황제는 장관 미하일 스페란스키Mikhail Speransky에게 《나폴레옹법전Code Napoléon》(1804년 나폴레옹 1세 당시 제정된 프랑스 법전—옮긴이)을 참고해, 신분별로 차등 투표권을 주고 선출된 국회에서 헌법을 제정하는 계획안을 만들어보라고 지시했다. 스페란스키는 자유주의자였는데, 러시아 행정 체제에 대한 그의 분석이 너무나 파격적이어서(그는 '사회를 노예로 삼은 학정'이라고 묘사했다), 개혁안은 1961년까지 공식적으로 발표되지 못했다. 스페란스키가 원하는 것을 이루었다면 러시아는 입헌군주제 국가가 되었을지도 모른다. 하지만 알렉산드르 1세는 장관의 개혁안을 실행하기를 주저했고, 러시아가 프랑스와 전쟁에 돌입하자 보수파 귀족들은 그 개혁안이 '프랑스적'이라고 비난했다. 정적에 의해 반역죄로 고발당한 스페란스키는 직위에서 해임되었고 1812년 망명길에 올랐다.

그로부터 3개월 후, 프랑스 제국의 육군, 그랑다르메Grande Armée가 러시아로 쳐들어왔다. 나폴레옹의 목적은 단순했다. 러시아가 합의한 의무를 이행하게 하는 것이었다. 1807년 프리틀란트 전투Battle of Friedland에서 프랑스 군대가 러시아를 이긴 후 양국은 틸지트조약Treaty of Tilsit을 체결했다. 알렉산드르 1세는 나폴레옹이 영국의 무역을 고사시키는 대륙봉쇄령 체제에 참여하겠다고 합의했으나, 줄곧 무시로 일관했다. 영국은 러시아 수출의 절반 이상을 차지하는 교역국이었는데, 특히 러시아의 일차 원재료(목재, 삼베, 리넨, 밀, 비료용 칼륨, 양초용 왁스)가 주요 품목이었다. 따라서 봉쇄령을 완전히 이행한다면 러시아는 경제적, 재정적 위기에 봉착할 터였다. 그러나 프랑스와 전쟁에 돌입할 정도의 명분은 아니었고, 황제는 한발 물러서 갈등을 봉합할 수도 있었다. 하지만 알렉산드르 1세는 그러는 대신 전쟁을 선택했다. 알렉산드르는 오래전부터 나폴레옹과의 결전이 불가피하다고 내심 여기고 있었는데, 그에게는 그것이 마치 이념적 투쟁과 같았다. 입헌군주제에 기반을 둔 국제법 질서로 유럽이 재건되려면 나폴레옹은 반드시 패배해야 했다. 혹자는 유럽이 입헌체제화하는 것을 지지하면서도 러시아에서는 상대적으로 미온적이었던 황제의 태도가 일관성이 없다고 생각할 수도 있다. 하지만 황제 자신에게는 아무런 모순이 없다. 유럽에는 그런 자유가 타당하나 러시아는 아직 그렇게 성숙하지 않았을 뿐이다.[3]

나폴레옹의 그랑다르메는 6월 24일 침공을 개시했다. 군대는 나폴레옹이 1807년 새로 만든 폴란드 속국인 바르샤바 공국_{Duchy of} _{Warsaw}에서 네만_{Neman}강을 건너 러시아의 폴란드 영토로 들어섰다. 그랑다르메는 역사상 유례없는 대규모 부대로, 프랑스 병사가 대부분이기는 했지만, 독일인, 폴란드인과 다른 유럽 국적 병사들로 이루어진 60만 명 이상의 군대였다. 8월 중순, 군대는 스몰렌스크에 도달했다. 나폴레옹은 1805년 아우스터리츠_{Austerlitz}(현재 슬로바키아 슬라프코프) 전투에서 러시아와 오스트리아 연합군을 일거에 물리쳤던 것처럼, 이번에도 러시아를 손쉽게 무릎 꿇릴 수 있으리라 자신만만했다. 하지만 알렉산드르는 패배를 통해 배운 바가 있었다. 러시아를 구할 유일한 길은 전면전을 하는 대신, 그들을 러시아 땅으로 끌어들여 그들이 겨울 서리와 보급 문제(초토화 작전을 쓰면 가능할)에 시달리게 하는 것이었다. 나폴레옹은 러시아 군대와 맞붙을 작정으로 모스크바까지 밀고 들어왔다. 양측은 9월 7일 보로디노에서 유혈 낭자한 전투를 벌였고(1812 보로디노 전투Battle of Borodino) 러시아는 많은 병력을 잃었다. 이후 총지휘관 쿠투조프 장군은 러시아 군대를 모스크바에서 철수시켰다. 나폴레옹이 9월 14일 모스크바에 입성했을 때 모스크바에는 빈 집들뿐이었다. 모스크바 시민들이 제 손으로 불을 질러 잔해만 남은 집이 많았다. 프랑스 군대로부터 따뜻한 숙소를 빼앗고 보급의 씨를 말릴 의도였다. 탈진하고 사기도 꺾인 나폴레옹 군대는 모스크바를 점령했을 때 마침내 승리했다고 생각했다. 하지만 막상 모스크바에 도착하고 보니 적은 자취조차 없었다.

나폴레옹이 이때라도 퇴각했다면, 러시아의 겨울에 혹독한 비용을 치르기 전에 폴란드 기지에 도달할 수 있었을지도 모른다. 하지만 나폴레옹은 알렉산드르 1세가 자신이 제시한 평화 조약 조건에 응답하기를 기다리며 모스크바에서 한 달이라는 시간을 흘려보냈다. 답은 절대 오지 않았다. 프랑스 군대는 모스크바 남쪽의 칼루가Kaluga를 습격했다. 그곳 창고에서 보급품을 얻으려는 절박한 시도였다. 하지만 러시아 군대가 그들을 가로막았다. 8월 중순이 되어서야 프랑스 군대는 폴란드로 돌아가기로 했다. 퇴로라고 해도 왔던 길 그대로 되밟는 수밖에 없었는데, 온 들과 마을에 이제 식량은 흔적조차 남아 있지 않았다. 나폴레옹 군대가 퇴각하는 동안 내리는 눈의 양도 점점 많아졌다. 12월 초가 되자 기온은 영하 30도에 육박했다. 수천 명이 추위와 굶주림, 질병으로 사망했다. 퇴각하는 프랑스군 행렬은 코사크 기병대와 농민 민병대의 줄기찬 습격을 받았다.

농민 민병대는 성직자들에 의해 자주 고무되었는데, 그들은 나폴레옹은 적그리스도이고 알렉산드르 1세는 그들을 구원할 신성 차르라는 사제의 가르침을 믿었다. 침략군 병사의 10퍼센트 남짓이 살아서 귀환했다.

알렉산드르 1세는 나폴레옹이 도망치고 패전의 상처를 곱씹도록 내버려둘 수도 있었지만, 나폴레옹의 꽁무니를 따라 프랑스까지 쫓아갔다. 황제는 대규모 병력을 투입해 1813년 라이프치히에서 격전(라이프치히 전투Battle of Leipzig)을 벌인 끝에 프랑스를 상대로 결정적 승리를 거두었고, 만신창이가 된 그랑다르메는 느릿느릿 라인강을 건넜다. 알렉산드르 1세는 자신이 대륙의 해방자라고 생각했다. 당시 이미 그렇게 불리기 시작했던 소위 '조국 전쟁'은 유럽을 '구원'한 군사 강국이라는 러시아의 영광을 보여주었다. 1814년 유럽협조체제Concert of Europe를 통해 장기 평화를 모색할 목적으로 개최된 빈 회의Congress of Vienna에서 알렉산드르 1세는 자신이 대륙의 새로운 권력 균형을 결정할 수 있다고 생각했다. 알렉산드르의 50만 대군이 유럽 땅을 밟고 있었고, 코사크 기병대는 파리의 점령자였다.

알렉산드르는 폴란드를 자유주의 헌법에 기반을 둔 나라로 덩치를 키워 러시아가 차지하겠다고 요구했다. 러시아가 전쟁에서 희생한 것에 대한 마땅한 보상이었다. 알렉산드르는 완충국가로서 폴란드를 원했는데, 폴란드를 러시아 세력권에 포함해 다시는 프랑스는 물론이고 러시아를 침략하려는 그 어떤 나라에도 폴란드가 협조하지 못하게 할 작정이었다. 황제가 판단하기에 나폴레옹과 폴란드의 동맹은 1612년 폴란드인들이 러시아를 침공한 것과 관련이 있었다.

알렉산드르는 그 사건 해결의 주역인 미닌과 포자르스키에 대한 국가적 추모 분위기를 조성했는데, 러시아 국민에게 서부 국경을 수호하는 애국적 의무를 상기시키기 위해서였다. 폴란드를 '친러시아' 노선으로 확보하는 일은 장기적으로 이로운 면도 있었다. 폴란드는 러시아와 유럽 사이에서 문화적, 경제적 중개 역할을 할 수 있었다. 황제가 판단하기에 폴란드가 없다면 나폴레옹이 폴란드를 독립시키며 의도했던 대로 러시아는 유럽 대륙 소속이 아닌 아시아 강대국이 될 터였다. 하지만 러시아가 유럽 대륙으로 확장할까 봐 두려웠던 영국과 오스트리아는 알렉산드르의 요구를 수용하지 않았다. 그래도 포즈난Poznań을 프로이센에, 갈리치아Galicia를 오스트리아에 양도하는 타협 끝에, 러시아는 폴란드 영토의 3분의 2 정도를 확보하게 되었다.

알렉산드르는 하느님이 러시아 제국을 구했다고 믿었다. '신성 러시아가 신의 섭리가 가리키는 인류의 구원자'라는 러시아 신화에 대한 그의 믿음은 애국 전쟁의 승리로 더 굳건해졌다. 1815년부터 황제는 경건주의자였던 발트 독일인 크뤼드너 남작 부인Baroness de Krüdener의 영향을 받아 점점 종교에 파묻혔고, 한 걸음 더 나아가 신비주의적 세계관에 심취했다. 크뤼드너 남작 부인은 알렉산드르 황제가 신성동맹Holy Alliance의 조약문을 작성하는 일을 돕기도 했다. 신성동맹은 성경의 원칙에 따르며 평화를 도모하는 기독교 국가 사이의 동맹이었는데, 황제는 프로이센과 오스트리아를 설득하는 데는 성공했지만, '황당한 신비주의와 비상식의 산물'이라는 평으로 응수한 영국의 실용주의를 넘어서지는 못했다.[4] 신성동맹이 결성될 무렵에 그것은 알렉산드르의 자유주의 원칙과 완전히 배치되지는 않왔다. 그때 신성동맹은 자코뱅파의 세속적 유물론에 대항해 전통적인 기독교 가치관을 수호하는 데 초점이 있었다. 하지만 곧 종교의 이름으로 정치적 탄압을 자행하는 원동력, 즉 혁명의 위협으로부터 신성하게 선택된 '합법적'(군주제적이라는 말이다) 권력을 지키는 이념으로 변모했다.

치세 말기 10년 동안, 종교가 알렉산드르 1세의 반동 정치를 뒷받침했다. 유럽에서 세속적 민주주의와 민족주의 운동에 대항하는 기독교 원칙의 옹호자로서 러시아가 최초로 존재감을 드러낸 것이 바로 이때부터였다(이후 1917년까지 러시아는 빈번히 그 역할을 자처한다). 황제가 정치적 반동 노선으로 전환한 것은, 전후에 유럽 전역에서 부상해 1820년과 그다음 해에 이탈리아와 스페인에서 반란을 일으킨 카르보나리carbonari(19세기 이탈리아의 자유주의, 애국을 표방한 비밀 결사―옮긴이)와 다른 혁명 조직에 대한 공포에 가까운 반응이었다. 알렉산드르 1세는 이런 혁명 조직들이 모두 국제 비밀 결사인 보나파르트주의Bonapartist 운동 단체와 연계되어 있다고 확신했다. 알렉산드르는 그런 세력이 폴란드와 러시아로 번지기 전에 신성동맹이 그들을 발본색원해야 한다고 했다. 황제는 러시아 국내에서 입헌 개혁에 관한 모든 추가 논의를 중단했고, 검열을 강화했으며, 보수주의자들로만 자문단을 꾸렸다. 자문단의 주요 인사였던 카람진이 쓴《고대 및 근대 러시아에 관하여Memorandum on Ancient and Modern Russia》(1811)를 통해 황제는 러시아에는 '전통적' 정부 형태인 전제정치가 가장 적합하다고 믿게 되었다. 스페란스키가 러시아에 가져온 자유주의적 영향력은 한때 전쟁 장관이었던 장군 알렉세이 아락체예프Aleksei Arakcheyev가 도입한 가혹한 규율주의로 대체되었다. 아락체예프는 러시아에 둔전제(屯田制)를 도입해 마을 전체를 제복 차림의 농민이 경작하는 군용 경작지로 만들었고, 농민들은 농사를 짓다 병사가 되어 강제로 복무해야 했다. 황제는 둔전이 농민에게 규율과 자급자족을 가르치는 장이 되기를 바랐지만, 실상은 강제 노동수용소(굴라크)의 원형이 된 측면이 크다.

황제가 반동 정치로 돌아서자, 자유주의 개혁에 대한 희망을 품고 전쟁에서 귀환한 장교들은 몹시 실망했다. 그들은 군대에서 농민 출신 병사들(전쟁터에서 그들이 보여준 애국적 투혼이 귀족 계급을 부끄럽게 했다)과 접촉하며 농노제와 전제정치의 대척점인 민주주의자들이 되었다. 그 장교들은 러시아가 모든 농민이 시민권을 향유하는 헌법을 가진 근대 유럽 국가가 될 것이라는 희망으로 파리로 진군했다. 하지만 돌아온 조국에서 농민은 여전히 노예 취급을 받았다. 한 장교는 파리에서 러시아로 돌아오는 일이 "선사시대 과거로 회귀하는 것 같았다"고 회상했다.[5]

장교들은 스페인과 이탈리아에서처럼 비밀 결사를 조직하기 시작했고, 그중 대다수는 1822년 알렉산드르가 금지한 단체인 프리메이슨 조직과 네트워크를 구축하기도 했다. 자유주의 헌법과 농노제 폐지에는 이견이 없었지만, 그 목적을 달성하는 방법에 관해서는 의견이 엇갈렸다. 일부는 알렉산드르가 사망할 때까지 기다렸다가 다음 대에도 개혁이 관철되지 않으면 후계자에게 충성 맹세를 하지 말자고 주장했고, 일부는 그렇게 오래 기다릴 수 없다고 했다. 알렉산드르는 40세에 불과했고 건강했다. 그들은 혁명에 바로 착수하길

원했다.

1825년에 이르면 파벨 페스텔Pavel Pestel 대령이 군대 반란 조직의 가장 대담한 지도자로 부상한다. 페스텔 대령은 나폴레옹과의 전쟁에서 카리스마를 떨친 영웅이었다. 남부 결사에서 그를 헌신적으로 따르던 소규모 추종자 집단이 1826년 키예프 부대를 시찰하러 오는 황제를 납치할 계획을 세웠다. 그들은 황제를 사로잡은 후 모스크바로 진군해 북부 결사 및 폴란드 독립을 조건으로 음모에 가담하기로 합의한 폴란드 민족주의자 지원군과 합류하고 상트페테르부르크에서 권력을 탈취할 예정이었다. 페스텔의 선언문 〈러시아의 진실Russian Truth〉(1824)은 자코뱅 사상과 러시아 정교의 광신이 기묘하게 혼합된 내용이다. 선언문에서 페스텔은 황제 시해, 혁명 공화국 수립(필요하다면 일시적인 독재까지도 허용했다), 농노제 폐지를 촉구했다. 하지만 동시에 '대러시아' 민족의 영달을 위해 통치하는 민족 국가를 창건해야 하고, 다른 민족 집단(핀족, 우크라이나인 등)은 강압적으로 '러시아인으로 동화'해야 한다고 주장했다. 오직 유대인만이 동화 대상이 아니었는데, 페스텔에 따르면 유대인은 추방되어야 했다.

페스텔의 계획은 황제가 1825년 11월 19일 발진 티푸스로 급사하자 허겁지겁 추진되었다. 알렉산드르에게 아들이 없었기 때문에, 바로 손아래 동생인 콘스탄틴 대공이 차기 계승자였다. 그런데 콘스탄틴 대공은 왕실 혈통이 아닌 폴란드 여성과 결혼했으므로 계승권을 포기하겠다고 선언했다. 막내 니콜라이에게 차례가 돌아갔는데, 그는 12월 12일까지 계승 결정을 공표하지 않았다. 페스텔은 그 기회를 틈타 거사를 실행하기로 결심하고, 훗날 데카브리스트(12월 당원)로 불리는 동료 장교들과 반란을 조직하려고 서둘러 상트페테르부르크로 향했다. 그들은 막연히 장교의 명령으로 촉발되는 군사 쿠데타를 머릿속에 그렸고, 병사들(무장봉기에 열망을 보이지도 않았다)이 자신들의 명령을 따를지 미리 생각해보지도 않았다. 결국 데카브리스트 지도자들은 페테르부르크에서 겨우 3,000명의 지원 병력을 확보했다. 기대치인 2만 명에는 훨씬 못 미치는 숫자였지만 결의를 가지고 조직적으로 행동한다면 정부를 전복하기에 부족한 수도 아니었다. 하지만 그들은 그렇게 조직적이지 않았다.

12월 14일, 수도 전역의 경비대가 새 차르인 니콜라이 1세에게 충성을 맹세하기 위해 모였다. 3,000명의 반란군은 선서를 거부하고 원로원 광장으로 행진했고, 그곳에서 청동 기사 동상 앞에 모여 '콘스탄틴과 헌법'을 외쳤다. 군인 출신인 콘스탄틴 대공은 군대에서 인기가 있었기에, 니콜라이가 콘스탄틴 대공의 자리를 빼앗았다는 장교들의 얘기만으로도 병사들은 반란에 가담할 충분한 대의를 느꼈을 것이다. 하지만 그들 중에 헌법이 무엇인지 아는 병사는 거의 없었다(어떤 이들은 헌법constitution이 콘스탄틴Konstantin의 부인이라고 생각했다). 몇 시간 동안 군대는 혹독한 추위 속에 광장에서 대치했고 마침내 니콜라이 1세는 친위 군대에 반란군을 향해 발포하라고 명령했다. 병사 60명이 총에 맞아 쓰러졌고, 나머지는 도망쳤다. 몇 시간 안에 봉기 지도자들은 체포되어 페트로파블롭스크 요새Peter and Paul Fortress에 수감되었다. 러시아 역사상 최초의 여론 조작용 공개재판이었던 반란군 재판에서 121명의 공모자가 반역죄로 유죄 판결을 받고, 귀족 직함을 박탈당했으며, 시베리아 죄수 노동형을 받고 유배되었다.

당시 러시아에서 사형은 폐지되었지만 페스텔과 다른 4명은 요새의 중정에서 교수형을 당했다. 교수대에 매달리고 바닥 판이 열렸을 때, 다섯 중 셋은 줄이 몸무게를 버티지 못해 살아 있는 채로 구덩이로 떨어졌다. 떨어진 장교 하나가 소리를 질렀다. "엉망진창인 나라! 목매다는 일 하나도 제대로 못 하는구나."[6]

니콜라이 1세는 29세에 제위에 올랐다. 큰 키에 풍채 좋은 몸집, 머리가 벗겨진 큰 두상에 긴 구레나룻과 장교 특유의 콧수염을 가진, 어디로 보나 전형적인 군인의 모습이었다. 니콜라이 1세는 어린 시절은 물론이고 자라는 동안 죽 군대라면 사족을 못 썼다. 선대 황제 휘하 장군들의 이름을 줄줄 외고, 군복을 디자인했으며, 군대의 행진과 기동을 어린아이같이 흥분하며 즐겼다. 나폴레옹과 맞서 싸우겠다는 소년 시절의 꿈을 이루지 못하자, 군인이 되는 훈련을 시작해 1817년 공병감으로 첫 직책을 받았다. 그는 군대 생활의 반복적인 일과를 좋아했다. 그런 단조로운 반복은 군인정신을 숭상하는 그의 취향만큼이나, 융통성 없고 시시콜콜 따지는 황제의 성격과도 맞아떨어졌다(그는 평생 야전침대에서 잠을 잤다). 니콜라이 1세는 군대야말로 국가의 이상향이라고 생각했다. 질서정연하고, 기강이 있으며, 전제군주가 정한 단 하나의 목표에 마땅히 복종하고 순종하는 모습이 바로 국가가 지향해야 할 모습이었다. 황제는 정부를 군인으로 채웠고(한 명을 제외하고 모두 장군이었다), 관리들을 군인처럼 대했다. 국무를 담당하는 귀족은 모두 제복을 입으라는 명령을 받았다.

잘 모르는 사람들은 니콜라이 1세를 냉혹하고 엄격한 전제권력의 화신으로 생각했지만, 황후 알렉산드라Alexandra와 황제의 측근인 궁정 인사들은 그가 그렇게 완강하고 강력한 조치를 고집하는 이유가 자신만만해서가 아니라 불안해서라는 사실을 알았다. 통치 기간 내내 니콜라이 1세는 러시아에서 혁명이 일어날지도 모른다는 공포 속에 살았다. 데카브리스트 봉기의 여파는 오랫동안 황제를 괴롭혔다. 그토록 숭배했던 군대에서 반란이 일어나는 상황을 겪자, 황제는 사회에 대한 믿음을 잃었다. 특히 유럽에서 유입된 요소에 대한 불신이 심했다. 얼마나 많은 데카브리스트 결사단이 봉기를 준비하고 있을지 알 수 없었으므로 경찰 감시의 고삐를 늦출 수도 없었다. 여러 해 동안 황제는 시베리아로 유배된 데카브리스트의 동태에 관해 정기적으로 보고를 받았다. 데카브리스트의 친인척들은 감시 대상이었고, 항상 새로운 반란의 징후가 없는지 촉각을 기울였다. 황제에게는 전제정치에 문제를 제기하는 누구든 반역자였다.

니콜라이 1세는 잠재적인 혁명가를 색출하기 위해 정치 경찰 조직을 신설했다. 흔히 '제3부Third Department'(공식 명칭은 '황제직속 관방 3부 Third Department of His Imperial Majesty's Own Chancellery'였다)로 불린 새로운 비밀 경찰은 1826년 출범했는데, 발트 독일인 출신 장군으로 데카브리스트 반란 진압을 주도한 알렉산드르 벤켄도르프Alexander Benkendorf 백작이 수장을 맡았다. 제3부는 중앙에 소규모 인원을 가진 부서였으나, 헌병대Corps of Gendarmes 내의 2,000명에 달하는 조사 인력을 지휘할 권한을 가졌는데, 이들에게는 사람들의 일상생활을 샅샅이 감시할 권한(우편물 검열, 미행, 정보원이 신고한 내용을 조사할 권한 등)이 있었다. 이것이 러시아의 오랜 공안 경찰 전통의 시작이었다.

자신이 거느린 관료 조직도 신뢰할 수 없었던 니콜라이 1세는 직속 요원에 둘러싸였다. 그들은 주로 청년 귀족층이었는데, 외국 혁명가들과 연계되어 있던 러시아 내부의 자코뱅 단체와 비밀 결사에 관한 보고서를 제출하며 황제의 불안감을 키웠다. 파리와 페테르부르크 세력을 연결하는 중개 역할로 자주 폴란드가 지목되었다.[7]

그러니 니콜라이 1세가 파리와 벨기에, 바르샤바에서 일어난 1830년 혁명에 그렇게 발작적으로 반응한 것도 무리가 아니다. 황제는 혁명이 러시아로 번질까 봐 전전긍긍했고 공안 감시에 더 의존했다. 네덜란드에 저항하는 벨기에 혁명이 발발하자, 니콜라이 1세는 러시아 군대를 집결시켰다. 마침 동시에 폴란드에서 봉기가 일어나 우선순위에서 밀리지만 않았어도 영국의 반대를 무릅쓰고 파병을 감행해 네덜란드 왕을 다시 권좌에 복귀시켰을 것이다.

폴란드 봉기는 그해 11월 폴란드 총독이었던 콘스탄틴 대공이 벨기에 혁명을 진압하기 위해 폴란드 군대에 징집령을 내린 후 시작되었다. 일군의 폴란드 장교가 명령에 불복하고 벨베데르Belvedere 궁을 점령하자 폴란드 병사들과 민간인까지 가세했다. 그들은 러시아 군대에게 바르샤바에서 철수하라고 요구했다. 1831년 1월 황제의 반동 정치에 저항하는 반란을 주도했던 차르토리스키 공후가 임시정부의 수장을 맡았고, 국회 소집에 이어 폴란드 독립이 선언되었다. 며칠이 채 지나지 않아 러시아군은 폴란드 국경을 넘어 바르샤바로 진격했다. 그로부터 8개월 동안 이어진 격렬한 전투 끝에 바르샤바는 결국 함락되었다. 러시아인들은 폴란드 민간인을 상대로 수많은 잔혹 행위를 저질렀다. 폴란드가 나폴레옹의 러시아 침략을 도운 데 대한 보복이었다.

니콜라이 1세는 폴란드를 줄기차게 응징했다. 그가 판단하기에 폴란드인이야말로 자신의 정권에 혁명적 위협을 가하는 핵심 세력이었다. 폴란드 입헌왕국의 기틀을 닦은 1815년의 자유주의적 헌법은 폐지되었고, 1832년 병합법Organic Statute 시행으로 폴란드는 러시아와 '불가분의 영토'가 되었다. 이 법으로 시민의 자유, 법체계 분리, 별도 정부, 폴란드어 사용이 허용되었지만, 바르샤바 전투를 이끈 육군 원수였으며 폴란드 신임 총독으로 부임한 이반 파스케비치는 그런 권리를 존중하지 않았다. 그는 대학을 폐쇄하고, 반란군의 영지를 몰수했으며, 학교와 관공서에서 러시아어만 사용하라고 강요하는 등 철권통치를 이어갔다. 니콜라이 1세는 해외로 달아난 폴란드 반란군의 존재에 집착했다. 1833년 러시아는 오스트리아 및 프로이센과 '보나파르트주의자'(벤켄도르프 백작은 오스트리아 수상 메테르니히Metternich 백작과 향후 15년에 걸쳐 빈번하게 주고받은 서신에서 폴란드 반란군을 이렇게 표현했다)들에 대항하는 정보 교환 및 경찰력 공조를 약속하는 뮌헨그래츠Münchengrätz 합의를 체결했다.[8]

이 봉기로 제정 러시아에 서구의 혁명적이고 민족주의적인 사상의 체제 전복 물결에 맞설 대응 이념이 필요하다는 사실이 분명해 보였다. 1833년에 교육부 장관 세르게이 우바로프Sergei Uvarov는 교육 기관이 회람하는 통지문에 사람들을 '정교, 전제정치, 국민정신'으로 교육하라고 안내함으로써 그 이념이 무엇인지 규정했다.[9] 이 국가 원칙의 세 기둥은 '자유, 평등, 박애'에 대항하는 우바로프의 해답인 셈이었는데, 우바로프는 이 원칙들이 민주주의적 도전이 군주권을 위협하고 세속적 사상들이 기독교 가치를 훼손하는 서방의 '위기'로부터 러시아를 구할 것이라고 주장했다. '관제 민족주의official nationality'로 알려진 이 새로운 이데올로기는 러시아인이 교회와 차르에 헌신하는 힘, 숭고한 애국적 목표를 위해 희생하는 능력 면에서 유럽인보다 더 탁월하다는 러시아의 오랜 신화에 기반을 두었다.

이 시기 모스크바의 지식인 모임으로 시작된 슬라브주의자들도 세계 속 러시아인의 특성과 사명에 관한 비슷한 개념을 발전시켰다. 우바로프의 민족 이념이 교회와 국가에 기반을 두었다면, 슬라브주의자들은 러시아의 정체성을 농민 민속 문화에서 찾았다. 슬라브주의자들은 농촌공동체가 국가에 최상의 도덕 원칙을 제시하는 러시아의 고유한 제도라며 이를 낭만적으로 개념화했다. 슬라브주의파 핵심 인물이었던 콘스탄틴 악사코프Konstantin Aksakov는 이렇게 말했다. "공동체commune는 이기심과 개인주의를 내려놓고 공동의 합의를 표현하는 사람들의 연합이다. 이것이 사랑의 행위, 숭고한 기독교적 행위이다."[10]

슬라브주의자들은 공동체적 조화의 핵심에는 개인이 도덕적 목적을 집단 속에서 찾는 영적 공동체, 즉 소보르노스트sobornost(소보르는 러시아어로 '교회'와 '집회'라는 뜻이다) 원칙이 있다고 주장했다. 이는 개인주의가 대세인 서유럽에서는 낯선 개념이다. 소보르노스트는 자발적인 친교여야 했으므로 농민들은 자유로운 상태에서 참다운 정신으로 참여해야만 했고, 이런 이론적 근거에 따라 슬라브주의자들은 농노제 폐지에 전념했다.

슬라브주의자들은 표트르 대제가 시작한 서구화 개혁에 반발했다. 그들은 국가가 농민에게 '낯선' 것들을 강압적으로 밀어붙이는 그 개혁이 결국 러시아의 국가 성격과 고유한 관습, 전통을 모두 잃게 만드는 결과를 초래할까 봐 우려했다. 특히 슬라브주의자들은 러시아의 관습과 전통이 표트르 대제 이전 모스크바 대공국 사회에 생명력을 불어넣었던 기독교적 융합, 겸손, 자발적인 희생정신과 같은, 더 수준 높은 원칙에 기반을 두고 있다고 믿었다. 슬라브주의자들은 러시아가 서구의 세속적 유물론에 맞서 기독교 원칙을 수호하는 나라라는 신화를 쌓아 올렸는데, '관제 민족주의'가 만든 신화와 다를 바 없었다. 그들에 따르면 러시아가 물질적 발전에서 서구보다 뒤처졌을지언정, 정신적 원칙 측면에서는 서구보다 훨씬 우월했다. 순박한 농민들이 가진 '러시아의 혼'은 서구 부르주아 시민의 이기적인 정신보다 진정한 의미로 한결 더 기독교적이었다.

니콜라이 고골Nikolai Gogol(이후 도스토옙스키 또한)의 소설에서 슬라브주의 사상은 러시아의 영혼에 관한 신비적 관념을 낳았다. 오직 러시아인에게만 내재된 보편적인 기독교적 사랑과 형제애 정신이 있고, 러시아인이 신에게서 받은 소명은 이기주의, 탐욕 그리고 다른 모든 서구의 죄악으로부터 세상을 구원하는 것이라는 관념이었다. '러시아의 혼' 신화에서 우리는 국경의 한계가 없는 정교 제국, 제3의 로마인 모스크바를 콘스탄티노플과 예루살렘과 연결하는 종교적 제국이라는 구세주 러시아 관념을 다시 만나게 된다. 외교관이자 시인이었던 표도르 튜체프Fedor Tiutchev와 같은 슬라브주의자에게 러시아를 서구와 차별화하는 것은 서구의 잣대로는 이해할 수 없는 러시아의 혼이었다. 그런 표현을 담은 다음의 넉 줄짜리 시는 러시아 국민이라면 모르는 사람이 없을 정도로 유명하다.

러시아는 머리로 이해할 수 없고, 아무 척도로도 잴 수 없지.
유일무이하고 특별한 이 나라
러시아에서는 오직 믿어야 하지.

고골은 소설 《죽은 혼Dead Souls》 3부작에서—러시아에 신이 부여
한 그 계획이 마침내 모습을 드러내는 작품을 집필함으로써—이 개
념을 발전시키려고 애썼다. 1842년에 첫 책이자 유일하게 완성된 1
권에서 러시아 지방은 불완전하게 그려지는데(모험가 '치치코프Chichikov'
는 시골을 여행하며 죽을 날이 얼마 남지 않은 쇠약한 대지주들을 표적으로 삼아 그
들의 죽은 농노의 법적 지위를 갈취하는 사기를 친다), 이는 2, 3부에서 고골
이 의도한 대로 기독교적 형제애로 가득한 삶을 사는, 러시아의 혼
을 가진 드높은 초상을 그림으로써 해결될 터였다. 문제는 고골이
이렇게 이상적인 러시아를 살아 있는 인간의 형상으로 그릴 수 없었
다는 데 있었다. 모든 러시아 작가를 통틀어 가장 회화적인 작가였
던 고골은 그의 슬라브주의적 이상에 부합하는 실제 러시아의 이미
지를 불러낼 수 없었다. 현실에 대한 그의 관찰은 모든 등장인물에
게 그들이 태어난 땅에서 파생한 결함과 불완전함이라는 짐을 지우
고 말았다. 고골은 절망적으로 이렇게 썼다. "한낱 꿈, 러시아의 삶
이 무엇인지 이 땅의 현실로 생각을 옮기는 순간 사라져버리는 꿈
이다."[11] 고골은 소설로 구현하려는 자신의 노력이 실패했음을 깨
닫고, 《친구와의 서신교환선Selected Passages from Correspondence with Friends》

에 쓴 대로, '구원은 모든 개인이 영적인 개혁을 통해 얻을 수 있다' 는 러시아의 신성에 대한 도덕적 설교를 전달하는 데 집중하고자 했다. 고골은 농노제 개혁이나 전제정치는 기독교 원칙과 결합하기만 한다면 도덕적으로 문제될 것이 없다는 입장을 견지하며 이에 대해 더 이상 언급하지 않았다. 지식계급(인텔리겐치아)은 격분했다.

'인텔리겐치아'는 원래 러시아 단어로, 특정 원칙(독재 정치에 반대하고, '인민의 대의'에 헌신한다는 원칙)을 공유하는 교육받은 사회 계층을 가리킨다. 러시아 인텔리겐치아는 18세기 귀족 사회의 제도와 사상 속에서 태동했다. 하지만 인텔리겐치아 정치는 1825년 일어난 봉기에 뿌리를 두고 있다. 데카브리스트의 난이 좌절된 후, 데카브리스트의 민주적 원칙에 공감했던 귀족 자제들에게 군인이 되거나 관직에 앉는 건 상상할 수 없는 일이 되었다. 아버지 세대가 국가에 봉사하는 정체성을 가졌던 것처럼, 그들은 사회에 봉사하는 집단이 될 터였다. 자신들이 가진 부와 특권이 아버지 세대가 농노를 착취한 결과였다는 사실을 예민하게 의식한 인텔리겐치아들은 의사, 교사, 통계학자나 농업학자가 되어 사람들의 삶을 개선하거나, 작가, 언론인, 비평가가 되어 러시아 사회의 병폐에 대한 인식 수준을 높이는 일을 하며 잘못을 보상하려고 노력했다. 문학의 역할은 오락이 아니었다. 러시아를 최대한 사실적으로 그려 독자들이 러시아를 바꿀 수 있도록 해야 했다. 리얼리즘은 1840년대 문학계에 등장한 도스토옙스키와 투르게네프(평론가 파벨 안넨코프Pavel Annenkov는 1840년대를 '경이로운 10년'이라고 표현했다)를 포함한 모든 작가를 하나로 묶은 신조였다.[12]

러시아 문학의 도덕적 원칙을 정의하는 데 누구보다 크게 기여한 문학비평가 비사리온 벨린스키Vissarion Belinsky는 인텔리겐치아의 지적 안내자이자 영감이었다. 그가 고골의 '서신교환선'을 강하게 비판하며 쓴 《고골에게 보내는 편지Letter to Gogol》(1847)는 서구주의 인텔리겐치아의 선언문과 같았다. 벨린스키는 의회가 없는 러시아에서 대중은 독재정치에 대항하는 도덕적 리더십을 작가들에게서 찾고 그런 원칙을 기준으로 작품을 평가한다며 다음과 같이 썼다. "그것이 우수하지 않더라도 소위 자유주의적 성향을 지닌 모든 작품이 보편적으로 주목받는 이유이며, 아무리 뛰어나더라도 진지하게든 건성으로든 정교와 전제정치, 국민주의에 이바지하는 작품은 금세 대중에게 외면받는 이유입니다." 고골은 개혁을 반대하는 교회와 국가 쪽으로 입장을 선회하며 작가의 도덕적 의무를 저버렸고, 그 점이 그의 문학적 실패를 설명한다는 것이었다.

고골, 당신은 러시아가 신비주의나 금욕주의 또는 경건주의를 통해서가 아니라, 문명화, 계몽, 인간성을 획득함으로써 구원되기를 원한다는 사실을 깨닫지 못했습니다. 러시아에 필요한 것은 설교(들을 만큼 들었습니다!)도 기도(지겹도록 되풀이되었지요!)도 아니요, 사람들에게 수세기가 지나도록 진창에서 구르며 박탈되었던 자신들의 존엄성을 각성하게 하는 일입니다. 러시아는 교회의 가르침에 부합하는 권리와 법이 아니라, 상식과 정의 그리고 그것들이 최대한 엄격하게 준수되도록 하는 권리와 법이 필요합니다. 이 나라에 펼쳐지는 참담한 광경, 미국 농장주처럼 흑인이 사람이 아니라고 교활하게 변명할 필요조차도 없이 사람이 사람을 사고팔고, 사람들이 자신을 이름이 아닌 반카Vanka, 바시카Vaska, 스테시카Steshka, 팔라시카Palashka와 같은 별칭(본명은 이반, 바실리 등—옮긴이)으로 부르며, 개성과 명예, 재산이 보장되지 않을 뿐만 아니라 경찰력도 없어 나라가 관직을 차지한 각양각색의 도둑과 강도로 이루어진 거대한 영리 단체에 불과한 이 지독한 광경을 바꿔놓을 것이 필요합니다.[13]

오늘날에도 여전히 의미심장한 말이다.

혁명에 대한 황제의 두려움은 또 한 번 혁명의 물결이 유럽을 휩쓴 1848년에 절정에 올랐다. 그해 2월 혁명으로 제2공화국을 맞이한 파리에서 반란이 시작되어, 빈, 베를린, 드레스덴, 라이프치히, 밀라노, 베네치아, 프라하, 부다페스트, 부쿠레슈티Bucharest에도 일어났다. 유럽 전역에서 군중이 시민의 자유, 민주적 의회, 제국으로부터의 국가 독립을 요구했다.

프랑스 공화국은 빈 회의에서 합의되고 신성동맹이 지지한 합법적 원칙에 정면으로 배치되는 것이었다. 공화정의 주요 지도자들은 즉시 폴란드 독립과 합스부르크 체제로부터 이탈리아 해방을 지지하고 나섰다. 니콜라이 1세는 1789년의 혁명의 불씨가 다 꺼진 줄 알았던 '잿더미 속에서 일어났으며'(프로이센 왕에게 보낸 서신에 이렇게 썼다), 동쪽으로 혁명이 확산되는 것을 막으려면 군사적 조치가 필요하다고 믿어 의심치 않았다.[14] 파리에서 혁명이 일어났다는 소식을 들은 지 2주 만에, 니콜라이 1세는 40만 명의 군사를 동원했다. 군대는 혁명에 가장 취약한 서부 국경 지대에 포진됐고, 계엄령이 곧 선포되었다. 군대와 더불어 제3부의 헌병대는 국내를 샅샅이 뒤져 무기,

불온 문학을 비롯해 혁명 활동의 징후는 무엇이든 색출하려고 눈에 불을 켰다.[15]

니콜라이 1세는 군대를 프랑스나 이탈리아로 보낼 생각은 없었다. 하지만 오스트리아와 프로이센과 국경을 접하고 있었으므로, 그곳 군주들이 혁명 진압을 위해 파병을 요청한다면 언제든지 협조할 준비가 되어 있었다. 정작 가장 먼저 개입하게 된 곳은 니콜라이 1세가 오스만 제국의 지배권을 거의 인정하지 않았던 몰다비아와 왈라키아였다. 해당 공국들은 1829년에 자치권을 얻자마자 러시아의 지배 아래 놓였고, 1848년 러시아에 대항하는 봉기를 일으켰다. 부쿠레슈티에서 혁명 정부는 왈라키아 공화국Wallachian republic을 선포했고, 혁명 정부 지도자들은 공국들이 연합하여 독립 민족 국가(루마니아)를 세우자고 촉구했다. 사태가 번지는 데 위기감을 느낀 니콜라이 1세는 1만 4,000명의 군대를 보내 몰다비아를 점령했고, 3만 명의 추가 병력을 부쿠레슈티에 보내 혁명군을 굴복시켰다. 부쿠레슈티 주재 영국 영사는 이렇게 보고했다. "첩보 체제가 구축되었다. 정치에 관한 대화는 일절 허용되지 않는다. 독일과 프랑스 신문 유포는 금지되었다."[16]

니콜라이 1세는 루마니아에서 성공을 거두자 헝가리에서도 똑같이 대응하면 되겠다는 자신감을 얻었다. 헝가리 혁명은 1848년 3월 부다페스트에서 시작되었다. 혁명 지도자들은 프랑스와 독일 사례에서 영감을 받아 민주적 의회와 정부를 구성하고, 오스트리아로부터 독립을 선언했으며, 농노제를 폐지하고 언론 자유를 확립하는 일련의 개혁을 추진했다. 헝가리 군인들은 합스부르크 군대에서 별도의 지휘권을 갖기를 요구하고 나섰다. 오스트리아 제국 정부는 헝가리를 대상으로 전쟁을 선포했는데, 슬로바키아인, 루테니아인은 물론이고 합스부르크 왕가의 통치에 반대하는 다른 소수민족도 연합하면서 반란군의 규모가 커져 오스트리아 군대로만 맞서기에는 역부족이었다. 당시 18세로 갓 즉위한 오스트리아 황제 프란츠 요제프 1세Franz Joseph I는 니콜라이 1세에게 도움을 요청했다.

'합법적 권위'를 수호하는 일은 신성동맹의 원칙상 개입하기에 이미 충분한 명분이었다. 하지만 니콜라이 1세에게 이는 한층 더 심각한 의미가 있는 사안이었다. 중부 유럽으로 혁명 운동이 확산되면 폴란드에서 새로운 봉기가 일어날지도 모르는데 그 상황을 수수방관할 수는 없었다. 헝가리군에는 폴란드 망명자들이 대거 포함되어 있었다. 최고위 장성 중에는 1830년 반폴란드 봉기의 핵심 지도자였으며, 1848년부터 이듬해까지 트란실바니아에서 헝가리군의 승리를 이끌었던 요제프 벰Jozef Bem 장군도 있었다. 헝가리 혁명을 꺾지 못하면 오스트리아가 다스리는 폴란드 영토인 갈리치아로 혁명이 번져, 러시아에서 폴란드 문제가 재점화될 가능성이 컸다. 갈리치아에는 오스트리아에서 '루테니아인'이라 불리던 상당한 규모의 우크라이나 소수민족이 거주했고 수도 렘베르크Lemberg(우크라이나인들은 '리비우Lviv'라고 불렀다)에는 우크라이나 문화 중심지도 번성했으므로, 갈리치아에서 혁명이 일어나면 러시아 직할 우크라이나령에서 민족주의 운동이 대대적으로 확산하는 발판이 마련되리라는 니콜라이 1세의 우려도 무리는 아니었다. 1849년 6월, 자그마치 19만 명의 러시아 군대가 헝가리 국경을 넘었다. 지휘관은 1831년 폴란드

토벌 작전의 지도자 파스케비치Paskevich 장군이었다. 러시아 병력이 압도적으로 많았으므로 두 달이 채 지나지 않은 8월에 대부분의 헝가리 군대가 항복했다. 그런데 그중 약 5,000명의 병사가 오스만튀르크로 도망쳤고, 영국과 프랑스의 압력으로 술탄은 그들에게 피난처를 제공했다. 런던과 파리에서 헝가리 반군은 러시아의 폭정에 대항하는 자유 투사로 환영받았다. 그 투사 중 한 명이 런던으로 망명한 카를 마르크스Karl Marx였고, 그는 일련의 기사를 써 러시아를 자유의 적으로 공격했다.

한편 니콜라이 1세는 국내에서 잠재적 반대 세력에 대한 전면전을 개시했다. 실체가 있든 없든, 망상에 불과하든, 조금이라도 의심스러운 정황이 있다면 간과하지 않았다. 경찰은 외국 시민권자를 감시했고, 대학에서는 철학이나 헌법을 가르치는 것이 금지되었다. 언론이 해외 사건을 보도하는 것이 전면 금지된 건 아니지만, 집안에서도 그 사안들에 관해 이야기하는 사람들은 체포 대상이었다. 니콜라이 1세가 페테르부르크 귀족들에게 설명한 대로 그런 대화가 하인들에게 잘못된 생각을 심어줄 수 있기 때문이었다. 제3부의 헌병대는 엄청나게 규모가 커졌다. 요원들은 혁명단체로 의심되는 조직에 침투하기 위해 하늘색 제복 대신 사복 차림으로 돌아다녔다.

그들이 적발한 한 '음모'는 상트페테르부르크의 젊은 외무부 직원 미하일 페트라솁스키Mikhail Petrashevsky가 주도한 금요회였다. 페트라솁스키는 학생, 교사, 하급 공무원들과 함께 매주 금요일 저녁에 모임을 가졌다. 1846년부터 시작된 이 금요회에 작가 도스토옙스키와 살티코프 셰드린Saltykov-Shchedrin이 정기적으로 참여했으며, 이곳에서 그들은 외국 사회주의자들의 저작과 여러 혁명 사상에 관해 열렬히 토론했다. 1849년 4월, 금요회 인사들은 제국 전역에서 혁명을 꾀하고 있다는 거짓 혐의로 체포되었고, 페트로파블롭스크 형무소에 수감되었다. 페트라셉스키와 도스토옙스키를 포함한 21명은 사형을 선고받았고, 나머지 50명은 추방되거나 사병으로 군대에 징집되었다. 사형 선고를 받은 이들은 세묘놉스키Semenevsky 연병장에서 처형되기 직전에 니콜라이 1세의 명으로 사형이 중지되었는데, 이 살 떨리는 고문도 황제의 기획이었다. 일부는 투옥되었고, 다른 이들은 시베리아 유형 관결을 받았다. 도스토옙스키는 옴스크Omsk 수용소에서 4년을 보냈는데, 그곳에서 흉악범들과 부대끼며 살았다. 수용소 생활은 도스토옙스키의 소설 형식의 회고록《죽음의 집의 기록The House of the Dead》(1862)에서 인간의 정신세계를 바라보는 그의 관점을 형성했다.

도스토옙스키의 죄목은 그 무렵 명성이 자자했던(금서로 지정되며 더 유명해진 면도 있었다) 벨린스키의《고골에게 보내는 편지》를 낭독한 것이었다. 유럽에서 일어난 혁명 때문에 검열법은 한층 더 강화되었다. 제3부는 매달 금서 목록을 발표했는데, 이전에는 150권에 불과했던 것이 1848년에 600권으로 늘었다. 황제는 새 검열 위원회인 부투를린Buturlin 위원회에 광범위한 사전 검열권을 허용했다. 위원회의 수많은 검열관은 승인받기 위해 위원회에 제출된 모든 원고를 샅샅이 조사했다. 검열단은 작가의 의도가 그렇지 않았더라도 잠재적으로 반체제적으로 볼 만한 어떤 작품이든 솎아내라는 지시를 받았다. 결과는 때때로 우스꽝스러웠다. 한 검열관은 셰익스피어의《리처드 3세》의 새 판본을 금서 조치했는데, '도덕적으로 위험한' 주제를 다룬다는 이유였다. 다른 검열관은 예카테리나 대제가 볼테르에게 보낸 서신집을 추가 인쇄하는 것을 승인하지 않았다. 이런 식이면 한 검열관이 언급한 대로, "주기도문조차 자코뱅파 연설로 해석될 수 있었다."[17]

그때 한 책이 검열을 빠져나가 당대 가장 중요하고 폭발력을 가진 사안이었던 농노제에 관한 사회적 태도를 바꾸는 데 강력한 영향력을 발휘하게 된다. 1852년 출판된 투르게네프의 단편집《사냥꾼의 수기Sketches from a Hunter's Album》가 그것이다. 수록된 대부분의 단편이 이미 문학잡지〈현대인The Contemporary〉에 기고된 바 있었으므로 검열관은 책을 통과시켜도 문제가 없을 거라고 생각했음이 틀림없다. 책 전반에 걸쳐 차르 체제나 농노제에 대한 비판 정서가 스며 있기는 했어도, 수록된 어느 작품에도 그 둘을 대놓고 공격한다고 볼 만한 문장은 없었다. 하지만 그 책에서 농민들은 단순한 '농민 유형'이 아니라, 생각하고 감정을 느끼는 복잡한 개인으로 묘사되었다. 전례 없는 일이었다. 농노제가 농민들의 삶을 어떻게 만들고 있는지 담담히 관찰한 내용만으로 투르게네프는 어떤 사회주의 선언이 이룬 것보다 더 효과적으로 독자의 마음에 도덕적 분노를 불러일으켰다. 《사냥꾼의 수기》는 같은 해에 출간된 해리엇 비처 스토Harriet Beecher Stowe의《톰 아저씨의 오두막Uncle Tom's Cabin》이 미국에서 노예제 반대운동에 영향을 미친 것과 같이 러시아인의 농노제를 향한 관점에 파란을 일으켰다. 《사냥꾼의 수기》의 출판에 격분한 니콜라이 1세는 투르게네프를 체포하라고 지시했고, 작가는 그 책 때문이 아니라 〈모스크바 헤럴드Moscow Herald〉에 고골의 부고를 낸 죄로 잡혀 들어갔다. 투르게네프는 형무소에 갇혔고 나중에 가택 연금형을 받았다. 옥중에 있던 어느 날 밤 소문이 자자한 작가를 만나보고 싶었던 경찰 서장이 그를 방문했다. 서장은 샴페인을 들고 왔다. 몇 잔을 나누어 마시고 화기애애한 대화가 오간 후, 경찰 서장은 건배를 제안했다. "로베스피에르Robespierre(프랑스 혁명의 급진 자코뱅파 지도자. 왕정을 폐지하고 헌법 제정을 이끌었다. 나중에는 공포 정치로 치달았다. -옮긴이)를 위하여!" 18

1848년 12월 나폴레옹의 조카 루이 나폴레옹이 프랑스의 대통령으로 선출되며 나폴레옹의 그림자가 다시 유럽에 드리워졌다. 그로부터 4년 후, 국민투표의 결과로 루이 나폴레옹은 프랑스 황제 나폴레옹 3세Napoleon III가 되었다. 니콜라이 1세는 유럽에서 유일하게 나폴레옹 3세를 인정하기를 거부한 군주였다. 그는 황제는 신이 만들 뿐, 국민투표로 선출되지 않는다고 일축했다. 니콜라이 1세는 나폴레옹 3세에 대한 경멸의 표현으로 그를 다른 군주를 부르는 통상적 호칭인 '몬프레레mon frère(나의 형제)' 대신, '몬아미mon ami(나의 친구)'라고 불렀다. 니콜라이 1세의 일부 참모진은 프랑스 황제가 모욕을 느끼고 러시아와 단교하기를 원했으나, 나폴레옹은 다음과 같은 말로 일축했다. "신은 우리에게 형제를 주고, 우리는 친구를 선택한다." 19

나폴레옹 3세는 1815년 합의를 수정하고, 나폴레옹 1세가 구상한 대로 유럽을 자유주의 국가들의 연대로 재편함으로써 프랑스를 나폴레옹 1세 시대의 영광까지는 아니더라도 존중받고 영향력 있는 지위로 회복하는 것을 목표로 삼았다. 러시아가 이 야망에 가장 큰 장애물이었다. 러시아를 굴복시키는 것은 1812년의 설욕이 될 터였다.

성지를 둘러싼 해묵은 분쟁이 이 갈등 상황을 절정으로 밀어붙였다. 성지 분쟁은 당시 오스만 제국령에 위치한 베들레헴 예수탄생 교회Church of the Nativity와 예루살렘 성모교회Church of the Holy Sepulchre와 연관이 있었는데, 러시아가 후원하는 정교와 프랑스의 보호를 받는 가톨릭 중 어느 쪽이 두 교회를 통제해야 하는가가 문제의 핵심이었다. 어느 쪽이든 상관없었던 오스만 제국은 프랑스나 러시아가 못살게 구는 대로 이리저리 휘둘리는 모양새였다. 러시아는 1774년 쿠츠크 카이나르지 조약 체결로 유리한 고지를 선점했다. 러시아의 주장에 따르면 그 조약으로 러시아는 오스만 제국 내 정교회 신자의 이익을 대변할 권리를 보장받았기 때문이었다. 하지만 1851년, 가톨릭교회의 환심을 사느라 혈안이었던 나폴레옹 3세가 열렬한 가톨릭 신자였던 라 발레트La Valette 후작을 콘스탄티노플 대사로 임명하면서 판도가 확 바뀌었다. 라 발레트는 성지 교회들이 라틴 제국 소속임이 '분명히 확인되었다'고 주장하며 만약 그렇게 시행하기를 거부한다면 프랑스는 튀르크인들을 상대로 전쟁을 선포하겠다고 위협했다.[20] 오스만 제국은 1852년 11월, 프랑스의 요구에 굴복했다.

니콜라이 1세는 격분했다. 그는 근래 어느 차르보다도 정교 수호를 외교 정책의 중심에 두고 있었고, 러시아 교회에 헌신했다. 러시아 교회는 어느 곳과 비교해도 뒤지지 않는 규모로 성지 순례단을 보냈고 성지에 관해서라면 누구보다도 더 열성적이었다. 많은 러시아인이 그랬듯 니콜라이 1세도 성지를 신성 러시아(이 신비주의적 개념은 지상의 국경으로 정의되는 것이 아니었다)의 연장이라고 생각했고, 정교의 영달을 위해서라면 그것이 전 유럽과 싸우는 일이 될지라도 기꺼이 전쟁에 나설 준비가 되어 있었다. 니콜라이 1세는 오스만 제국의 가톨릭 친화적 정책을 되돌리기 위해 군대를 소집했고, 대對 프랑스 전쟁에서 활약한 장군 멘시코프 공후를 선봉장으로 세워 오스만 술탄에게 조약을 들이밀었다. 러시아의 확장을 우려했던 영국이 뒤에서 손을 썼고, 오스만 제국은 군대를 등에 업은 멘시코프의 으름장에도 물러서지 않고 버텼다. 오스만 제국 수도에서는 러시아에 대항해 성전을 치르자는 성난 대규모 군중의 요구가 빗발쳤다.

멘시코프 장군에게 맡긴 임무가 실패하자 니콜라이 1세는 오스만 제국령 몰다비아와 왈라키아로 다시 한 번 군대를 파병하기로 결심했다. 1853년 6월, 침공이 시작되었다. 황제는 오스만 제국 치하의 슬라브인들이 러시아 군대의 진출에 맞춰 반란을 일으키리라 기대하고 있었다. 러시아는 같은 종교를 믿는 형제였으니, 슬라브인들이 튀르크로부터 자신들을 구하는 해방군으로 러시아 군대를 환영할 거로 생각했다. 차르는 한 서신에 "해방을 요구하는 봉기가 대대적으로 광범위한 영역에 걸쳐 일어나지 않고서는 적진으로 나아갈 방법이 없다"고 썼다.[21]

니콜라이 1세의 생각은 '합법적 권위'를 수호한다는 명분에서 한참 벗어나 있었다. 그는 튀르크 세력에 대항한다는 자신의 목표를 위해 발칸 혁명을 촉구하고 나섰다. 그 전쟁이 본질적으로 종교전쟁이었으므로 그런 요구는 정당하다고 여겼다. 정교회 신자들을 무슬림 지배로부터 해방하는 것은 그의 신성한 의무였고, 술탄은 기독교인이 아니었으므로 정당한 통치자가 아니었다. 범슬라브주의 사상도 니콜라이 1세의 생각에 영향을 미쳤다. 특히 선도적인 범슬라브주의 사상가였던 미하일 포고딘Mikhail Pogodin이 1853년 12월 남긴 비망록이 니콜라이 1세의 심금을 울렸다. 정교회의 수호자라는 러시아의 역할을 프랑스나 영국은 인정하지 않고, 이해하지도 못하며, 러시아는 서구로부터 부당한 대우를 받고 있다는 내용은 니콜라이 1세의 생각과 정확히 일치했다. 니콜라이 1세는 비망록 가운데 서구 열강이 저희는 멀리 떨어진 식민지를 정복하면서, 러시아가 인접한 나라에 개입해 같은 종교를 믿는 신자들을 보호하는 것을 반대하는 이중 잣대를 비판한 단락에 크게 공감했다. 지금 소개할 그 단락은 서방에 대한 러시아의 반감에 관해 시사하는 바가 크므로 길지만 인용할 가치가 있다.

프랑스는 튀르키예로부터 알제리를 빼앗았고, 영국은 거의 매년 새로운 인도 공국을 합병한다. 이런 것들은 전혀 힘의 균형을 위협하지 않는다. 하지만 러시아가, 그것도 일시적으로 몰다비아와 왈라키아를 점령하자 힘의 균형이 위협받았다고 한다. (…) 영국은 청나라가 심기를 건드리자(그렇게 보인다) 선전포고[아편전쟁]했지만, 아무도 개입할 권리가 없다. 하지만 러시아는 이웃 나라와 분쟁이 일어날 때 유럽에 허락을 구해야 한다. 영국은 절박한 유대인의 거짓 주장을 편드느라 그리스를 협박하고 함대를 불태운다[돈 파시피코Don Pacifico 사건을 가리킨다]. 합법적인 조치라고 말한다. 하지만 러시아가 수백만 명의 기독교인을 보호하려고 조약 체결을 요구한 것을 두고는 러시아가 힘의 균형을 깨트리며 동양에서 입지를 강화하려는 시도라 말한다. (러시아의 역할을) 이해하지 못하고 이해하고 싶어 하지도 않는 서구로부터 우리가 기대할 수 있는 것이라고는 맹목적인 증오와 악의뿐이다. [니콜라이 1세는 여백에 '이게 핵심이다'라고 썼다.]

유럽에서 우리의 동맹은 누구인가? [니콜라이 1세는 '없다. 하지만 우리에게 동맹 따위는 필요 없다. 하나님을 어떤 역경 속에서도, 기꺼이 믿는 마음이 있다면'이라고 메모했다.] 유럽에서 유일한 진짜 동맹은 러시아와 피와 언어, 역사와 믿음을 나눈 형제, 슬라브 민족뿐이다. (…)

만약 우리가 슬라브 민족을 해방하지 않고 보호하지 않는다면 우리의 적인 영국과 프랑스가 (…) 그렇게 할 것이며, [니콜라이 1세는 '지당한 말이다'라고 메모했다.] (…) 그러면 우리는 정신 나간 폴란드가 하나가 아닌 열로 변하는 광경을 보게 될 것이다. [니콜라이 1세는 '옳다'라고 썼다.][22]

러시아군이 콘스탄티노플을 향해 진격할 때 발칸 슬라브의 봉기는 일어나지 않았다. 그들이 러시아를 사랑하리라는 믿음은 범슬라브주의 신화에 지나지 않았다. 하지만 러시아의 침략은 영국이 개입할 명분을 제공했다. 적극적인 무력 사용으로 러시아를 꺾어야 한다고 주장한 강성주의자 내무장관 팔머스턴 경Lord Palmerston을 필두로 무력 개입안이 추진력을 얻었고, 러시아 혐오 일색이었던 영국 언론이 대대적으로 그를 지지했다. 수년간 영국 언론은 러시아를 자유, 자유무역, 문명화라는 '대영제국의 원칙'을 위협하는 나라, 인도에서 대영제국의 국익을 위협하는 나라로 그려왔다. 영국이 전쟁을 결정하자 나폴레옹 3세는 전리품 분배에서 소외되지 않으려면 영국과 한편이 되는 것이 제일 나은 방법이라고 결론 내렸다.

이것이 크림전쟁의 시작이었다. 연합국들은 세바스토폴에 있는 러시아 해군 기지를 파괴하여 제정 러시아가 몰다비아와 왈라키아 공국에서 철수하게 만들 계획이었으나, 팔머스턴은 지난 150년간 러시아가 정복한 영토들을 독립시켜 제정 러시아를 해체하려는 더 큰 야심에 찬 계획을 가졌다. 연합군은 1854년 9월 8일 크림반도에 상륙했다. 연합군은 알마 전투에서 러시아 군대에 압승을 거둔 후 세바스토폴을 포위했다. 세바스토폴 공방전은 거의 1년 동안 이어졌는데, 도시를 함락하기 위해 연합군이 얼마나 많은 포탄을 퍼부었는지 1차 세계대전 이전에 일어난 역사상 어느 전투와도 비교할 수 없을 정도였다. 1855년 9월, 연합군은 도시 방어의 핵심이었던 말라호프 요새Malakhov Redoubt를 무너뜨렸다. 기진맥진한 러시아 군대는 세바스토폴에서 철수했고 평화 협상을 요구했다. 팔머스턴은 전쟁을 계속해 발트해와 캅카스 일대에서 러시아를 몰아내자고 주장했다. 하지만 프랑스도 지루한 공방전에 지칠 대로 지친 터였다.

1856년 파리 강화 조약이 체결되었다. 러시아는 몰다비아와 왈라키아에 대해 영유권을 완전히 포기했고, 이 지역은 유럽 국가들의 관할지가 되었다. 조약에 따라 러시아는 흑해 함대를 해체해야 했는데, 러시아에는 치욕스러운 일이었다. 아무리 패전국이라 해도 어느 강대국도 강제 군축을 강요받은 전례는 없었다. 나폴레옹 전쟁 이후의 프랑스조차 무장 해제되지 않았다. 유럽 열강끼리는 수모를 주지 않고 존중한다는 원칙이 있었는데, 그러한 유럽협조체제에서 러시아가 당한 일은 유례가 없었다. 연합군은 러시아를 유럽 열강으로 대하지 않았다. 러시아를 1차 아편전쟁 패전 후 굴욕적인 조건으로 강화했던 청나라와 동등하게 취급했다.[23]

그 굴욕은 서양에 대한 깊고 지워지지 않는 원한을 남겼다. 그 정서는 오늘날까지 이어진다. 푸틴의 수사에 등장하는 서구의 '이중 잣대'와 '위선', '러시아 혐오', '무시' 같은 표현의 뿌리가 여기에 있다. 이런 불만은 1860년대에 표도르 튜체프Tyutchev, 니콜라이 다닐렙스키Danilevsky, 콘스탄틴 레온티예프Leontiev와 같은 작가들이 러시아의 역할은 서구 유물론에 대항해 기독교 원칙을 수호하는 것이라고 했던 초기 슬라브주의자들의 관점을 완전히 뒤집어, 서구 유물론은 러시아에 대한 실존적 위협이라고 주장하며 증폭되었다. 다닐렙스키는《러시아와 유럽Russia and Europe》에서 "유럽은 우리에게 낯설 뿐 아니라 심지어 적대적이다. 유럽의 이익은 우리와 같을 수 없고 대부분의 경우 우리와 반대다"라고 썼다.[24] 푸틴은 크림전쟁 이후 서방 자유주의 진영과의 갈등에 관해 이런 논조의 개념들을 더 발전시킨다.

세바스토폴을 방어한 러시아 군대는 끈질기게 싸웠다. 육군 장교로 참전했던 톨스토이는 그런 면면을《세바스토폴 이야기》에 녹여냈고, 그 소설은 톨스토이를 유명 작가의 반열에 올려놓았다. 25만 명의 러시아인이 죽었고, 그들의 시신은 세바스토폴 전역에 집단 매장되었다. 군인들의 영웅적 면모 덕분에 러시아 민족주의자들은 크림반도에서 도덕적 승리를 거둔 것은 러시아라고 주장할 수 있었다. 그들은 세바스토폴 전투를 정교 신앙을 수호하는 러시아가 전 유럽에 대항해 홀로 맞서 싸운 이야기로 재조명했다. 세바스토폴의 저항 정신은 러시아가 서구의 유물론에 맞서는 진정한 기독교 가치의 마지막 수호자라는 신화의 심장부를 차지했다.

크림전쟁은 지휘부의 부패와 무능, 육·해군의 기술적 후진성, 열악한 도로와 철로 부재로 인한 만성적 부실 보급, 헐벗은 육군 농노 징집병, 산업 강대국을 상대로 전쟁을 지속할 수 없는 무능한 경제력, 취약한 국가 재정, 결과적으로 전제정치의 실패 등 러시아의 산재한 약점을 만천하에 드러냈다. 논평가들은 차르에 초점을 맞추어, 지금 상황이 증명하는 대로, 황제의 오만한 요지부동의 정책이 러시아를 패배로 이끌고 수많은 생명을 희생했다고 분석했다. 심지어 엘리트 지배계급 내부에서도 니콜라이 체제의 파국이 감지되고 있었다. 황실 직속 검열관 알렉산드르 니키텐코Alexander Nikitenko는 일기에 이렇게 썼다. "맙소사, 이 수많은 희생자, (…) 절대 권력에 취한 광기 어린 의지의 명령에 따라 (…) 우리는 2년이 아니라 지난 30년 동안 수백만 명의 군대를 이끌고 끊임없이 유럽을 위협하며 전쟁의 한가운데 있었다. 도대체 그게 다 무슨 소용이란 말인가?"[25]

니콜라이 1세는 1855년 3월 2일 사망했다. 독감에 걸려 와병 중이었지만, 혹한의 날씨에 외투도 입지 않고 군대를 사열하러 나갔다. 결국 폐렴으로 사망했다. 차르가 자살했다는 소문이 돌았다. 헛소문일 가능성이 높지만, 니콜라이 1세의 반대편에 있던 사람들은 차르가 자기 죄를 깨달았다고 생각하며 소문이 사실일 거라고 믿었다. 진실이 무엇이든 간에 니콜라이 1세가 자신이 초래한 군사적 재앙에 대한 회한으로, 정신적으로 무너진 것만은 확실하다. 통치 기간 내내 그는 나폴레옹의 그림자와 싸웠고, 자신이 온 마음으로 사랑한 신성 러시아를 위협하는 자유주의 서방과 전쟁을 벌였지만, 결국 그 전쟁에서 이길 수 없다는 사실을 깨달았을 뿐이었다. 신성 러시아는 신화였다.

새로운 차르 알렉산드르 2세Alexander II 역시 누구 못지않게 독재 정치를 고수했다. 하지만 아버지 니콜라이 1세와 달리 그는 전제정치 체제를 유지하려면 개혁이 필요하다는 사실을 이해했다. 크림전쟁의 패배로 알렉산드르 2세는 러시아가 농노제를 폐지하지 않고는 서방 강대국과 경쟁할 수 없다고 확신하게 되었다. 그것은 경제적으로 반박할 수 없는 현실이었다. 지주들은 영지로 수익을 내는 법을 배운 적이 없었다. 그들은 국고를 금고 삼아 큰 빚을 지고 있었는데, 나라는 전쟁으로 파산했다. 농노제 폐지만이 시장 기반의 농업 경제를 이끌 수 있는 길이었다. 농노제 폐지는 도덕적으로도 논쟁거리가 아니었다. 아무도 더는 농노제를 옹호할 의지가 없었다. 유럽의 문화적 도덕적 가치에 젖어든 귀족 관료 계급은 두말할 나위도 없었다.

사실 모든 논쟁을 차치하고, 또 다른 '푸가춉시나', 즉 국가를 상대로 농노가 전쟁을 벌이는 일을 막는 것이 가장 시급했다. 크림전쟁에 참전한 군인들은 자유를 얻으리라 기대했지만, 그 기대가 현실로 이뤄지지 않자 농노 병사들은 반란을 도모했다. 알렉산드르 2세가 통치한 첫 5년 동안에만 500건에 달했다.[26] 파리 조약을 체결하고 얼마 지나지 않은 1856년 3월, 새 차르는 모스크바 귀족들에게 경고했다. "그대들은 살아 있는 영혼 위에 군림하는 현재 질서가 변치 않고 유지될 수 없다는 사실을 알고 있다. 농노제가 아래로부터 무너지는 날을 기다리느니 위에서 폐지하는 편이 낫다."[27] 그러나 농노제를 폐지하기만 하면 농민의 문제가 해결될 것인가?

7

위기의 제국

AN EMPIRE IN CRISIS

농노해방령은 1861년 2월 19일 선
포되었다. 하지만 사순절 첫날인 3월 7일까지 농노들에게 낭독되지
않았는데, 엄숙하고 순종적인 분위기에서 의사소통을 전담하는 성
직자들을 통해 법령을 전해 듣도록 날짜를 조율한 것이었다. 해방령
소식에 기대감은 고조돼 있었다. 농노들은 마침내 지주로부터 자유
를 얻게 되리라 믿었다. 이제 자기 몫의 땅을 가지면 더 이상 지주를
위해 일하거나 공납을 바치지 않아도 될 터였다. 하지만 당국이 잘
알듯이, 그 법령은 그런 유토피아적 환상에 전혀 부합하지 않았다.
지주 계급은 1859년 편찬위원회가 꾸려져 1861년 1월 국무원State
Council에서 최종안이 확정되기까지 모든 단계에서 개혁의 범위를 제
한하려고 애썼다. 그 결과 아무도 만족하지 못하는 타협안이 나왔고
농노는 더 말할 것도 없었다.

이 법령으로 농민은 지주의 속박에서 벗어났지만, 지주의 영지

는 농민공동체에 공동소유 형태로 분배되었고, 농민은 공동체에 법적으로 예속되었다. 농노들의 기대와 달리 영지는 무상으로 분배되지 않았고, 국가에 대금을 빚진 공동체는 그 금액을 분할 상환해야 했다. 공동체 소속 가구들은 대금 상환에 연대 책임을 졌다. 그 외 다른 모든 세금도 마찬가지였다. 이후 9년 동안 공동체에 분배될 토지는 지방 귀족 위원회가 결정했는데, 그 상황은 변하지 않았다.

성직자들이 법령을 읽자 농노들은 믿을 수 없어 머리만 긁적였다. 땅과 자유에 대한 언급은 어디에도 없었다. 다른 많은 마을에서 그랬듯, 카잔 인근 마을 베즈드나Bezdna에서 농노들은 사제가 그 내용을 언급하지 않은 이유가 정확하게 읽지 않았거나 지주들이 그런 조항을 빼라고 지시했으리라 추측했다. 농노들은 더 믿을 만한 해독자를 찾아 나섰다. 마침내 그들은 글을 조금이나마 읽을 줄 알았던 구교도 신자 안드레이 페트로프Andrei Petrov를 찾았다. 사흘 동안 포고령을 연구한 끝에, 페트로프는 농민들이 줄곧 듣고 싶었던 내용으로 법령을 해석해냈다. 그의 발견에 관한 소식이 들불처럼 번졌다. 농민들은 그토록 오랫동안 고대하던, '아버지 차르'가 땅과 자유를 농노에게 하사한다는 '황금 헌장'을 들으려고 사방에서 몰려들었다. 대중의 상상 속에서 '아버지 차르'는 여전히 신성하고 자애로운 존재, 과거 코사크 반란 지도자들이 들먹이고 사칭한 대로 이상적인 정의가 육신으로 현현한 존재였다. 지주들은 바짝 긴장했다. 베즈드나에 군대가 파견되었고, 마을 인구의 여섯 배인 5,000여 명의 농민들이 페트로프가 체포되는 것을 막으려고 집을 에워싸고 진을 쳤다. 농민들은 페트로프를 내보내라는 군대 지휘관의 요구를 거절했다. 그들은 '볼리아volia(자유라는 뜻), 볼리아'를 연호하며 차라리 죽음을 달라고 외쳤다. 몇 차례 경고가 이어진 후 군대는 군중을 향해 발포했다. 61 명이 사망하고 수백 명이 다쳤다. 결국 페트로프는 항복했다.[1]

다른 지방 성省에서도 비슷한 소요가 있었다. 3월에서 5월 사이, 718개 마을에 군대가 출동해 농민 시위대를 진압했다.[2] 혁명의 위협 은 빠르게 지나갔다. 하지만 '아버지 차르 신화'는 농민들의 실망으 로 치명적인 타격을 입었고, 이 장에서 다룰 이후 50년 역사에서 서 서히 숨을 거두고 만다. 게다가 해방령 이후 농민들은 결코 지주의 토지 재산권을 완전히 인정하지 않았다. 농민들의 토지 대금 상환 수준은 터무니없었다. 이는 그들의 가난을 보여주는 지표이자, 정부 조치에 대한 거부의 표시였다. 그 부채는 1905년 혁명으로 정부에 의해 말소되었다.

농촌공동체는 농노 해방 이후 농촌의 기본 행정 단위로 부상했 다. '세계', '우주'라는 뜻의 '미르mir'라고 불린 이 공동체는 돌려짓기 할 농작물 결정(공동 경작지를 쪼개어 재배하는 개방 농경 체제는 통일성이 필 수였다), 숲과 목초지 관리 및 도로와 교각 수선, 과부와 빈민을 위한 복지 제도 운영, 토지 상환금과 세금 납부, 징병 인력 관리, 공공질서 유지, 관습법에 따른 사법 조치 등 농민 생활의 거의 모든 면을 규제 했다.

공동체는 인구 과밀이었던 중부 농업 지대에서 몇 년에 한 번씩 소속 가구의 규모(보통은 식구수가 기준이었지만, 가끔은 성인 남성 노동자의 수를 셌다)에 맞추어 경작지를 재조정해 균등하게 분배하려고 애썼 다. 이런 평등주의적 관행의 기원은 아마도 집단 세금 납부와 관련이 있을 텐데, 특히 1718년 도입된 인두세와 더불어 시작되었을 가능성이 높다.[3] 공동체 입장에서는 공동 세금 부담이 가장 크고, 먹이고 입힐 부양가족이 더 많은 가구에 더 넓은 땅을 배분하는 것이 이치에 맞았다. 시간이 흘러 가구의 규모가 달라지면 토지도 재분배해 마을의 세금 납부와 식량 공급 능력을 최적화할 필요가 있었다. 토지 배분이 실용적인 목적으로 시작되었다면, 토지 재분배는 원시 사회주의의 한 형태인 농민 이데올로기를 반영했는데, 이것이 1905년과 1907년 농업혁명을 이끌었다.

농민 이데올로기의 중심에는 세 가지 개념이 있었다. 이는 1861년 이후 법학자들이 성문화한 관습법에서 드러난다. 첫째는 가족 소유 관념으로, 모든 가계 자산(여성에 대한 지참금을 제외한 가축, 연장, 농작물, 건물 일체)은 모든 아들이 공동으로 소유하는 방식으로 부자 세습되었다(미혼인 딸과 과부를 위한 별도 조항이 달렸다). 농가의 구성원은 혈연이나 친족 관계보다 경제생활('한솥밥을 먹는 관계')에 대한 참여 여부로 결정되었다. 두 번째는 노동 원칙이었는데, 기본적으로 노동가치론을 농민에 대입한 것이었다. 농민들은 땅에 노동권을 결부시켰다. 그들은 노동과 땅 사이의 신성한 연결고리를 믿었다. 땅은 하느님에게 속한 것이었고, 사람이 가질 수 있는 것이 아니었다. 하지만 모든 농민 가족은 땅에서 자신이 일군 것을 먹을 권리가 있었다. 이 원칙에 따르면 지주는 정당하게 땅을 소유하지 않았고, 굶주린 농민은 땅을 경작할 권리를 떳떳하게 주장할 수 있었다. 따라서 토지소유권을 보호하는 방향으로 짜인 국가의 성문법과 지주의 땅을 침범할 권리를 보호하는 농민의 관습법은 줄기차게 대립했다.

세 번째 개념은 농민들이 관습법을 적용하는 방식에서 구체화되었다. 그들은 사건의 옳고 그름을 당사자가 어떤 위치에 있는지에 따라 판단했다. 그들의 사고방식에서 부자가 가진 것을 훔치는 일은, 가족을 간신히 부양하는 사람의 것을 도둑질하는 일보다 덜 나빴다. 이웃에게 사기 치면 비도덕적이었지만, 지주나 관료를 속이는 일은 관습법에서는 도덕적 비난의 대상이 아니었다. 농민들은 국가와 국가가 만든 법을 거부했다. 수세기에 걸친 농노제는 자신들의 미르를 제외한 모든 공권력에 대해 깊은 불신을 갖게 했다.[4]

농노 해방은 근본적인 문제를 해결하지 못했다. 경작지를 요구하는 농민의 목소리는 커져만 가는데 이것을 지주의 재산권과 어떻게 양립시킬 것인가? 이 문제는 역사적으로 지주 영지가 대대적으로 자리 잡은 중부 농업지대에서 가장 심각했다. 공동체의 경작지 재분배 관행은 농민들에게 대가족을 이루도록 장려했다. 더 큰 토지를 할당받을 수 있는 중요한 기준이었기 때문이다. 19세기 후반에 러시아의 출산율은 유럽 평균치의 거의 두 배에 달했다. 농촌 인구의 급격한 성장(1861년에 5,000만 명이던 것이 1897년에 7,900만 명으로 늘었다) 때문에 토지 부족 현상은 심화됐다. 19세기 말 20세기 초에 이르면 중부 농업지대의 농가 중 7퍼센트는 경작지를 전혀 가지지 못했고, 20퍼센트는 경작지가 1헥타르(1만 제곱미터, 약 3천 평) 미만이었다. 1900년에 러시아 농민이 가진 경작지가 평균 2.9헥타르였는데, 이 크기는 프랑스나 독일의 전형적인 소농과 비슷한 규모였지만, 러시아의 농업은 훨씬 덜 집약적이었고 곡물 수확량은 유럽의 절반 정도에 불과했다. 러시아 농민들이 말 한 필이나 소 두 마리로 끌었던 나

무 쟁기는 서유럽에서 말 네 마리 혹은 여섯 마리에 매단 무거운 쇠 쟁기의 능률에 한참 못 미쳤다.[5]

농장을 근대화할 자본이 없었으므로, 농민들의 가장 간단한 자구책은 휴경지와 다른 목초지를 개간해 더 많은 땅을 경작하는 것이었다. 하지만 이는 상황을 더 악화했다. 가축(비료의 주요 공급원)이 줄고 땅은 척박해진다는 뜻이었기 때문이다. 1900년까지, 전체 가구 셋 중 하나는 소유한 말이 한 마리도 없었다.[6] 밭을 갈기 위해 농부들은 쟁기를 직접 끌어야 했다.

경작지가 이렇게 간절하다 보니 많은 농부가 지주에게 과도한 비용을 지불하고서라도 땅을 임대하려고 했다. 1861년부터 1900년까지 토지 임대료는 7배 상승했다.[7] 지주 귀족은 토지를 임대하면 쉽게 수익을 얻을 수 있었으므로 직접 농사를 짓는 데 더더욱 관심이 없어졌다. 어차피 국제적으로 곡물 가격도 바닥이었다. 하지만 1890년대 곡물 가격이 치솟자 상황이 바뀌어 지주들은 임대했던 토지를 거둬들이고 직접 농업에 뛰어들었다. 철도와 증기선이 생겨 흑해를 통해 수출길이 열린 남부의 비옥한 스텝 지대에 농민 노동력 대신 새로 개발된 농기계를 사용하는 대규모 기업형 농장이 등장하기 시작했다. 농민에게는 재앙에 가까운 충격이었다. 인구가 과밀한 중부와 기업형 농장이 들어서는 남부 사이에 위치한, 사라토프에서 보로네시Voronezh, 쿠르스크, 폴타바를 잇는 지방 성들이 가장 크게 타격을 입었다. 즉, 그곳의 농민들은 경작지 부족과 (기계가 잡아먹는 탓에) 일자리 부족이라는 이중고를 겪었다. 1905년과 1907년에 농민혁명이 가장 격렬했던 지역들이기도 하다.

농노해방령은 1860년대 소위 '대개혁Great Reform'이라 불리는 일련의 개혁에 포문을 열었다. 대개혁의 목표는 전제정치의 틀 안에서 자유를 허용해 사회에 활력을 불어넣는 것이었다. 차르 정치 체제의 골칫거리 중 하나는 중앙 권력을 고루 전달하고 지방 정부를 운영할 믿을 만한 지방 기관이 없다는 점이었다. 가장 최근의 사례로 우리는 앞서 예카테리나 대제 치세에 푸가초프 반란으로 드러난 지방 정부의 약점을 살펴본 바 있다. 대개혁은 그런 사태의 재발을 사전에 봉쇄하는 것을 목표로 삼았다.

1864년 공표된 법으로 대부분의 러시아 지방에 지방의회 혹은 젬스트보zemstvo라 불린 새로운 지방자치제도가 시행되었다. 소유자산에 따른 투표권으로 대표를 선출했으므로 젬스트보는 지주 귀족들이 장악하게 되었고, 성과 군 단위에서만 운영되었다(그 아래에서는 귀족 치안관과 경찰관의 느슨한 감독 아래 농촌공동체가 지방 행정을 알아서 처리했다). 같은 해 사법 개혁도 단행되었다. 사법부는 독립했고 공개 배심원 심판 제도가 도입되었다. 대학 자치권 확대(1863년), 초등 교육 확대(1864년), 검열 완화(1865년)에 관한 법이 제정되었고, 1874년에는 농노만을 대상으로 했던 징병제를 폐지하고, 국민개병제(최대 7년간 복무)를 도입했다. 한 진보주의 법학자의 표현에 따르면, 대개혁이 목표한 바는 "억압받고 수모를 겪은 사회를 일으키고 한껏 기지개를 켜게 하는" 것이었다.[8]

1860년대의 정신이 정부 활동을 계속 지배했다면 러시아는 한결 더 자유주의적인 사회가 되었을지도 모른다. 알렉산드르 2세의 치세(1855~1881) 동안, '공공 영역'(위르겐 하버마스Jürgen Habermas의 개념을 빌리자면)도 성장했다.[9] 전문직업인 단체, 자원봉사 및 자선단체, 젬스트보, 대학 그리고 펜을 쥔 지식인들의 의회와 같았던 소위 '두꺼운 잡지thick journal' 등으로 몸집을 키우던 언론 등, 시민 사회가 자체 조직되고 대표성을 가지는 다양한 단체의 모습으로 존재를 드러냈다. 이들을 통해 국가가 무시할 수 없는 동력인 여론이 형성되기 시작했다. 러시아에서도 정치적 민주주의를 달성하는 데 필수적인 시민 사회 조직들이 발전하기 시작한 것이다.

젬스트보는 이런 진보적 발전을 추구하는 데 있어서 가장 잠재력이 큰 기관이었다. 톨스토이와 체호프의 소설 속 등장인물 같은 지주 계급(시골을 문명화하겠다는 꿈을 꾸었던 선의를 가진 사람들)이 주도한 젬스트보는 학교와 병원을 설립하고, 수의학과 농업과 관련된 학문적 서비스를 제공했다. 또한 길과 다리를 건설하고, 지방 무역과 산업을 지원하고 시골 금융 서비스에 자금을 지원하고, 농민 삶을 개선하겠다는 목표를 가지고 농촌 경제의 모든 영역에 관한 통계조사를 수행했다.

지방 젬스트보의 '작은 행동 진보주의'는 중앙 정부에 위협이 되지 않았다. 사실 차르 체제는 지방까지 중앙의 영향력이 미치지 못하는 것이 문제였으므로, 그 약점이 존재하는 한 지방 젬스트보는 중앙 정부에 필수적 도움을 제공하는 셈이었다. 중앙 정부는 89개 성의 수도에서 더 이상 존재하지 않았다. 군(우예스트) 단위 도시나 볼로스트volost(여러 미르가 묶인 단위—옮긴이)급 지방 권역에서도 중앙에서 파견한 상임 관리가 없었다. 때때로 구체적인 업무를 돌보는 치안관이 나타나기는 했지만, 대개 지방의 분쟁을 해결하곤 일이 마무리되면 돌아갔다. 어디에나 존재하고 무엇이든 할 수 있다는 흔히 알려진 차르 정권의 이미지는 중앙 정부를 두려워하며 평생 지하조직에서 살았던 혁명가들이 만들어낸 것이었을 뿐, 현실은 달랐다. 20세기 초 제정 러시아에는 인구 천 명당 국가 공무원이 4명에 불과했는데, 잉글랜드와 웨일스의 7.3명, 독일의 12.6명, 프랑스의 17.6명과 대비되는 수치였다. 1900년 통계에 따르면 시골 인구 1억 명당, 경찰 경사와 순경이 최대로 배정된 숫자가 각 1,852명, 6,874명이었다. 5,000제곱킬로미터 내에 뚝뚝 떨어진 수십 개의 마을, 그 안의 주민 5만 명이 순경 한 사람이 평균적으로 담당해야 하는 규모였다.[10]

이 공간에서 젬스트보가 할 일은 무궁무진했다. 하지만 그들이 지역 지주들에게 거둬들일 수 있는 세수는 제한적이었는데, 특히 개혁에 반대하는 많은 지주가 농민 복지를 위해 돈을 내놓는 일에 반대했기 때문이었다. 한편 젬스트보는 그들을 개혁 세력의 산실로 의심하게 된 내무부가 점점 심하게 어깃장을 놓는 상황에도 직면했다. 주된 우려는 제3요소라고 불린 젬스트보의 직원들(교사, 의사, 통계학자, 공학자, 농업학자)이었다. 이들은 주로 지주 계급이었던 행정가(제1요소)와 선출 의원(제2요소)과 대조적으로, 압도적으로 도시 출신이었다. 대다수가 실제로 학생 시위와 다른 과격 행동에 연루된 죄목으로 시골로 추방당한 사람들이었다. 이들은 젬스트보 활동을 통해 인민의 대의에 기여할 수 있기를 바랐다.

이것이 포퓰리즘(대중영합주의)이 하나의 이념으로 떠오른 배경이다. 포퓰리즘 뒤에는 농민에 대한 믿음, 농촌의 평등주의적 관습이 사회주의 사회의 모델이 될 수 있다는 믿음이 있었다. 포퓰리스트들은 서유럽이 겪었던 산업 자본주의의 부정적인 영향을 겪지 않은 채, 그런 사회주의 사회를 러시아에 세울 수 있다고 믿었다. 그 중심에는 러시아 역사를 다시 쓰기 위한 새로운 신화가 있었다. 소박한 러시아 민중을 사회주의 이상의 운반자로 재조명하는 작업이었다. 포퓰리즘 지식인들은 농민을 우상화했다. 그들은 도서관을 민속에 관한 책으로 채우고, 러시아 농민 신화, 속담, 가요, 관습법을 연구했다. 특권층이라는 죄책감에 사로잡혀 인민의 대의에 봉사하는 데 인생을 바쳤다.

포퓰리즘은 느슨하게 정의된 이념에서 러시아 최초의 진정한 사회주의 운동인 정치 운동으로 발전했다. 학생들이 앞장섰다. 1874년의 '광란의 여름' 동안 학생 수천 명이 농민을 자신들의 혁명 투쟁에 참여시키겠다는 희망을 품고 강의실을 떠나 농촌으로 향했다(브나로드 운동). 농부처럼 옷을 입고, 농촌에 도움이 되려고 농업 기술을 배웠고, 읽기를 가르치려고 책도 실어 날랐다. 시골 사람들은 학생들이 의심스러웠다. 한 포퓰리스트는 훗날 이렇게 썼다. "사회주의는 벽을 향해 던진 완두콩처럼 농민에게서 튕겨 나갔다. 사람들은 성직자의 말을 듣는 태도로 우리의 얘기를 들었다. 예의 바르게, 하지만 생각과 행동에 털끝만큼의 영향도 받지 않은 채."[11] 경찰이 대부분의 활동가를 체포했고, 가끔 농민들이 나서서 제보하기도 했다.

찬물을 끼얹는 이런 일들이 이어지며 포퓰리즘 운동은 분열했다. 일부는 선전과 '작은 행동'을 통해 농민들을 끌어들이는 일에 전념했다. 그들은 그것이야말로 민주적인 사회주의 운동을 만드는 유일한 방법이며, 무력을 사용하지 않는 유일하고 확실한 방법이라고 보았다. 또 다른 이들은 그 과정이 너무 느리고, 경찰은 언제나 우위에 있을 것이라고 우려했다. 이 분파는 정치 반란, 테러 행위, 국가 전복 쿠데타를 조직할 꽉 짜인 정당 체제가 필요하다고 주장했다. 국가 경찰 조직이 마비되어야 농민들이 자신들의 대의에 참여할 터였다.

이 같은 반란주의 전략의 가장 중요한 이론가 중 한 사람이었던 표트르 트카초프Petr Tkachev는 마르크스 못지않게 레닌에게 큰 영향을 끼쳤다. 1874년의 브나로드('민중 속으로'라는 뜻) 운동이 실패한 후 트카초프는 그런 방법론은 너무 시간이 오래 걸린다고 주장했다. 사회 혁명이 조직되기 전에 자본주의 발전의 결과로 등장한 부유한 농민 계급이 농촌에서 지배력을 행사할 것이 분명했다. 트카초프는 훈련된 선봉대가 반란을 일으켜 독재 체제를 구축하고, 그런 후에 유산 계급을 상대로 내전을 벌여 사회주의 사회를 탄생시켜야 한다고 주장했다. 트카초프는 취약한 지주 계급을 제외하면 군주제를 수호할 주요한 사회 세력이 없으니 쿠데타를 일으키기에 지금이 적기라고 보았다. 러시아에 새로 등장한 시장경제의 동력으로 부르주아 세력이 등장할 것이고 그러면 '프티 부르주아' 농민이 그들을 지지할 것이므로 더 이상의 지연은 치명적이었다.

이런 정책 전환의 결과로 정부 관료를 목표로 삼은 테러 공격이 물밀듯 쏟아졌다. 그중 다수는 급진 단체 '인민의 의지People's Will'의 소행이었는데 이들이 1881년에 알렉산드르 2세도 암살했다. 여러 번 미수에 그친 암살 시도 후, 마침내 상트페테르부르크를 지나가던 황제의 마차에 한 당원이 폭탄을 던져 마차를 호위하던 코사크 기병

중 한 명이 사망했고, 황제가 부상 없이 마차에서 내리자 다른 요원이 두 번째 폭탄을 던져 황제의 다리를 날리고 복부를 찢었다. 알렉산드르 2세는 인근의 겨울 궁전으로 급히 호송되었지만, 부상의 여파로 얼마 지나지 않아 사망했다.

러시아 역사상 이보다 더 중대한 전환점을 떠올리기는 어렵다. 황제는 사망한 3월 1일에 새 자문 협의회에 젬스트보와 시의회의 선출 대표를 포함하는 개혁안에 서명했다. 개혁안은 제한적이었고 입헌군주제의 출범을 의미하는 것과도 거리가 멀었지만, 알렉산드르 2세가 민중을 나랏일에 참여시킬 준비가 되어 있었다는 사실을 보여준다. 하지만 같은 달 8일, 알렉산드르 2세의 아들이자 후계자였던 알렉산드르 3세는 대공과 장관들과 가진 회의에서 그 개혁안을 승인하기를 거부했다. 가장 보수 반동적이고 영향력이 컸던 비평가이자, 종무원의 수석검찰관(표트르 대제가 교회 업무를 감독하기 위해 만든 비성직자 직책—옮긴이)이었던 콘스탄틴 포베도노스체프Konstantin Pobedonostsev는 개혁안 수용이 입헌 정치로 가는 확고한 첫걸음이 될 것이라고 경고했다. 또한 이 위기의 시기에 러시아에 필요한 것은 정부의 확고한 행동이지 '입으로만 떠드는 난장판'이 아니라고 주장했다. 이때부터 1881년부터 1894년 동안 러시아를 통치한 알렉산드르 3세는 독재 정치의 원칙을 회복하기 위해 확고한 정치적 반동 노선을 추구했다.

알렉산드르 3세Alexander III는 잠긴 문을 몸으로 부수고 손가락으로 숟가락을 휘는 재주로 술친구들을 웃기는 일을 좋아하던 기골이 장대한 남자였다. 그는 각진 두상에 무성한 턱수염을 한 엄하고 사나운 인상으로 그야말로 러시아 차르에 어울리는 외모를 가졌다. 알렉산드르 3세는 젬스트보는 물론이고 층층의 관료제가 차르와 인민 사이를 가로막는 벽이라고 공개적으로 비난했다. 황제는 일련의 반동적 '복원 개혁'을 도입해 통치자에 집중되는 방식(푸틴이 '권력 수직화 power verticals'라고 부르는 것)을 강화하고 대의기구를 약화했다. 지방 성 총독이 젬스트보와 시 의회의 상위 권력을 차지했다. 총독은 그 단체들의 예산 상한을 정했고 자주 경찰을 보내 급습하고 혁명가로 의심되는 직원들을 체포하는 식으로 그들의 활동을 방해했다. 총독은 지주 귀족 중에서 '지방총감land captain(젬스키 나찰리크zemsky nachalnik)'을 임명해 그들이 농촌을 '작은 차르'처럼 통치하게 했다. 지방총감은 농민공동체의 결정에 대한 번복, 선출된 농민 관료 해임, 공동체에서 발생한 분쟁에 대한 판결 등의 권력을 가졌다. 1904년까지 그들은 농민의 경범죄에 태형을 내릴 수도 있었다. 농노 해방이 시행된 지 수십 년이 지난 그때 체벌이 가지는 영향력은 아무리 강조해도 지나치지 않다. 농민들은 폭력이 곧 국가 권력의 근간이고, 폭력을 통해서만 국가 권력에서 벗어날 수 있다는 점을 분명히 느꼈다. 한 농부는 이웃 주민들이 지방총감의 임명을 '대지주가 농촌을 지배하던 농노제 시대로 회귀하는 것'으로 생각했다고 썼다. 농촌에서 차르의 권력을 긍정적으로 확립하기에 이보다 더 나쁜 방법은 없었다.

정권의 소수민족 정책에 관해서도 상황은 마찬가지였다. 1881년 이전에 정부는 민족별로 다양한 정책을 추구했다. 느슨한 통제에서 전면적인 러시아화까지 여러 접근법이 존재했다. 일례로 핀란드는 러시아 제국의 어느 지역보다 더 많은 자치권과 문화적 자율성을 누렸다(대영제국 통치하의 아일랜드인들보다 상황이 나았다). 러시아가 1808년부터 1809년에 걸쳐 스웨덴으로부터 핀란드를 획득한 후, 스웨덴 통치하에서 핀란드가 부여받은 많은 권리와 특권을 그대로 인정해 주었기 때문이다. 발트 지역에서 독일 출신 엘리트 계급은 러시아에 충성했고 차르는 그 보상으로 에스토니아와 라트비아에서 초기 민족주의 운동이 일어났을 때 독일인들의 권리를 보호했다. 마찬가지로 러시아가 1860년대에 정복한 중앙아시아에서 제국 정부는 지역 무슬림의 정서를 해치지 않는 신중한 행보를 보였다. 제국은 이슬람 기관, 모스크, 마드라사_{madrasa}(이슬람 교육 기관—옮긴이)를 통해 통치했고, 부족 관습을 법률에 반영하기도 했다.[12] 이에 반해 러시아가 예카테리나 대제 치세 이래로 점진적으로 점령해간 캅카스 지역에서 무슬림 인구가 평화를 얻은 적은 없었다. 러시아는 산악 부족을 상대로 끊임없이 전쟁을 벌였다. 특히 1863년 폴란드 봉기 후 알렉산드르 2세가 폴란드인 지주들이 여전히 민족주의적 색채를 강하게 띠었던 제국 서부 지방에 러시아화 정책을 도입한 이래로 폴란드도 전쟁터나 다름없었다. 학교와 관공서에서 러시아어 사용이 의무화되었다. 바르샤바 대학의 폴란드 학생들은 폴란드 민족 문학을 러시아 번역본으로 공부해야 하는 수모를 겪었다. 심지어 기차역, 식당, 상점에 폴란드어 사용을 금지한다는 경고문이 붙기도 했다.

차르 암살 후 강압 정책은 더 심해졌다. 과거 그 어느 때보다도 특정 민족(폴란드인, 아르메니아인, 유대인)이 불충하다고 낙인찍히고 혁명 운동과 동일시되어 터무니없을 정도로 가혹한 탄압과 각종 금지의 대상이 되었다. 스탈린은 그가 아홉 살이 되던 1888년부터 고리

Gori의 교회학교에 다녔는데, 그곳에서 아이들은 항상 러시아어를 사용하도록 강요받았고 조지아어를 사용하면 교사에게 매를 맞았다. 1907년 키이우 지역에서 콜레라가 확산했을 때 의사들은 물을 마시지 말라는 경고문을 우크라이나어로 적어서는 안 되었고, 결국 농민들은 러시아어를 읽지 못해 많이 죽었다.

제국의 모든 소수민족 중 유대인이 가장 심하게 시달렸다. 유대인은 제국의 인종 위계질서에서 가장 밑바닥에 있었다. 폴란드 분할 이후 유대인들은 광범위한 법적 장애물과 차별에 시달렸다. 19세기 말까지 차별적인 법과 규정은 1,400여 종에 달했다. 그들은 땅을 소유할 수 없었고, 공무원이나 군대 장교가 될 수 없었다. 고등학교와 대학에는 엄격한 유대인 입한 정원이 존재했다. 유대인은 법이 정한 러시아 제국 내의 15개 주에서만 거주할 수 있었고, 그곳들이 유대인 지정거주지Pale of Settlement인 셈이었다. 유대인이 알렉산드르 2세의 암살에 연루되었다고 주장하는 러시아 애국주의자들의 목표물이 되면서 1881년에 유대인은 수백 건의 포그롬을 겪었다. 유대인 집단학살은 이후 훨씬 더 많이 일어났는데, 특히 1905년부터 1906년, 그리고 1917년부터 1921년까지 반유대인 폭력이 반혁명 운동의 중요한 한 부분이 되면서 극심해졌다. 제정 러시아의 마지막 두 차르는 유대인 학살을 장려했다. 특히 니콜라이 2세는 포그롬을 '선하고 순박한 러시아 민중'의 충성스러운 행동으로 보았다. 니콜라이 2세는 1905년 결성된 극우단체 러시아 인민연합당Union of the Russian People을 후원했고, 그 조직은 한 건 이상의 유대인 학살을 주도했다.

그러니 지하 혁명 조직에서 유대인이 두각을 드러낸 것도 무리가 아니다. 특히 마르크스주의 운동은 유대인들에게 매력적이었다. 특히 유대인노동자연맹Jewish Labour Bund은 러시아 최초의 대중적 마르크스주의 정당이었다. 유대인노동자연맹은 1897년 설립되었고 1905년에는 당원 규모가 3만 5,000명에 달했다. 유대인은 러시아 사회민주노동당의 두 주요 분파인 멘셰비키와 볼셰비키 지도부에서 요직을 차지했다. 유대인들이 마르크스주의에 이끌린 건 다른 무엇보다 그 사상의 유럽적 성격 때문이었다. 포퓰리즘이 포그롬이 자행되는 곳인 러시아 농촌을 토대로 삼아 사회주의를 건설하자고 주장하는 반면, 마르크스주의는 러시아를 근대 서구 국가로 보는 입장에 기반을 두고 있었다. 마르크스주의는 국제주의에 입각한 보편적 인류해방 운동에 유대인을 동화시키겠다고 약속했다.

1881년 이후 급진적 성격을 띤 것은 유대인만이 아니었다. 러시아화 운동은 러시아 전역의 비러시아인들을 민족주의 정당, 즉 핀란드와 발트 지역의 사회민주당, 폴란드의 사회당, 우크라이나혁명당, 조지아사회민주당(청년 스탈린도 이에 속했다), 아르메니아의 다시나크Dashnak당으로 내몰았다. 민족 간 대립은 계급 분열로 더 강화되었다. 원주민 노동자 계급과 농민들은 타민족 지주 계급, 사업가, 관료와 대적할 준비가 되어 있었다. 가장 성공적인 민족주의 운동은 토지를 요구하는 농민 투쟁(특히 지주가 타민족이었던 곳들)을 모국어 사용에 대한 권리와 결합해 학교와 법원, 정부 진출에 대한 완전한 권리를 획득한 경우였다. 이 방법으로 우크라이나 민족주의 운동은 타민족(주로 폴란드인과 러시아인) 지주에 대항해 농민을 조직화함으로써 성공을 거두었다. 1905년 농민 봉기가 가장 먼저 일어난 곳이 그런 민족주의 운동이 가장 발전한 우크라이나 지역들이라는 점은 우연이 아니다.

1903년 러시아의 시골 학교들에서 설문 조사를 시행했는데 결과가 의미심장했다. 조사원은 아이들에게 장래 희망을 물었다. 아이들의 부모는 대부분 농민이었는데, 커서 농부가 되고 싶다고 대답한 아이들은 전체의 2퍼센트가 되지 않았다. 절반에 가까운 아이들이 도시에서 직업을 가지고 싶다고 답했다. 한 소년은 이렇게 말했다. "저는 상점 직원이 되고 싶어요. 진흙 속에서 걸어 다니고 싶지 않거든요. 깨끗하게 옷을 입은 도시 사람들처럼 되고 싶어요."[13] 그들에게 사회적 지위 상승이란 도시 직업을 갖는 것을 의미했다. 농촌 생활의 고초와 단순 반복에 비하면 도시의 일감은 뭐가 됐든 환영이었다.

수백만 명의 농민이 도시로 유입되었다. 어떤 이들은 야망에 이끌렸고, 어떤 이들은 인구 증가로 토지가 부족해 울며 겨자 먹기로 밀려났다. 1861년과 1914년 사이에 러시아의 도시 인구는 700만에서 2,800만으로 늘었다. 처음에는 청년 남성, 그다음은 기혼남이었고, 주로 가사 노동 인력이었던 미혼 소녀들이 그 뒤를 이었으며, 마지막으로 기혼 여성들이 아이들을 데리고 도시로 이주했다. 농촌 출신 이주민들은 도시에서 벌어들인 돈으로 최대한 오랫동안 시골 농가의 유지비를 충당했다. 돈을 모아 시골로 보냈고 수확 철에는 직접 내려가 일손을 도왔다. 개발 일로에 있는 모든 사회에서 그렇듯 사람들이 도시와 시골 사이를 줄기차게 오갔다.[14]

공장 상황은 경악스러웠다. 1890년대 사업 성장을 이끈 재무장관 비테 백작은 "농촌의 검소한 생활 습관 속에 성장한" 러시아 노동자들은 유럽이나 북미 노동자보다 "훨씬 쉽게 만족"했기에 "낮은 임금은 러시아 기업이 누리는 행운의 선물"이라고 말했다.[15] 공장 근로와 관련된 법규도 거의 없었다. 1840년대 영국 노동자들과 1880년대 독일 노동자들이 손에 쥐었던 수익은 19세기가 끝날 무렵에도 러시아 노동자들에게는 허락되지 않았다. 가장 중요한 공장법 두 건(여성과 어린이의 야간 고용 금지에 관한 법[1885년], 하루 최장 근로 시간을 11시간 30분으로 제한한 법[1897년])은 정부를 쥐어짜고서야 간신히 얻어낼 수 있었다. 하지만 국가 노동력의 대다수(특히 임시직 여성 노동자가 많았다)가 일하는 소규모 작업장에는 공장법이 적용되지 않았다. 환기 시설이 없는 작업 환경은 유독 가스로 매캐했고, 바닥은 위험한 기계들이 빼곡했다. 파업은 불법이었다. 노동조합은 금지되었다. 하지만 유럽의 다른 어느 나라보다 러시아에서 파업이 더 많았다.

대부분 지식인으로 구성된 마르크스주의 선전 단체와 연계된 노동자들이 파업을 주도했다. 이것이 당시 울리아노프Ulianov(블라디미르 일리치 울리아노프가 레닌의 본명이다. 레닌은 필명—옮긴이)로 알려졌던 레닌이 혁명 정치에 입문하던 시기의 상황이다.

소비에트 신화는 레닌을 유년 시절부터 타고난 마르크스주의 이론가였던 것처럼 그리지만, 레닌은 정치에 늦게 입문했다. 레닌은 1870년 볼가강 인근의 전형적인 지방 도시인 심비르스크에서 존경받는 유복한 집안의 아들로 태어났다. 레닌의 아버지는 심비르스크 학구 초등학교를 관장하는 장학사였다. 레닌은 중간계급 김나지움

(대학 진학을 준비하는 중·고등학교―옮긴이)을 다녔는데, 마지막 학년에 교장으로부터 표창을 받았다. 그 교장이 1917년 레닌이 끌어내린 알렉산드르 케렌스키 총리의 아버지라는 사실은 역사가 빚은 아이러니다. '아버지' 케렌스키는 레닌을 "모범적인 학생으로 (…) 품행이나 사용하는 언어가 교사들의 눈에 전혀 미흡한 바가 없다"고 평했고, 레닌이 "도덕적이고 종교적인 양육을 잘 받았기 때문"이라고 칭찬했다. 젊은 레닌은 카잔 대학 법학부에 진학했다. 아버지의 전철을 밟아 제정 러시아의 관료로 좋은 경력을 쌓을 수 있는 모든 조건을 갖추었다.[16]

1887년에 레닌의 형 알렉산드르가 차르 암살 음모에 연루되어 처형당하면서 울리아노프의 흠 없는 인생이 격랑에 휘말렸다. 레닌의 형은 1883년부터 상트페테르부르크 대학교에서 과학을 공부하고 있었는데, 차르 암살 음모는 그 대학 학생들 72명이 꾸민 일이었다. 그들은 알렉산드르 2세가 '인민의 의지'의 손에 살해당한 지 6주년이 되는 3월 1일에 알렉산드르 3세의 마차에 폭탄을 투척하기로 계획을 세웠고, '인민의 의지'를 동경했던 레닌의 형은 폭탄을 만들었다. 그 계획은 법학 학위와 함께 졸업을 코앞에 두고 있었던 레닌의 희망을 산산조각 냈고(레닌은 카잔대에서 퇴학당했다), 그를 상트페테르부르크 혁명 운동 속에 던져 넣었다.

처음에 레닌의 정치 성향은 형과 마찬가지로, '인민의 의지'가 사용한 폭력적인 방법을 채택하는 것이었다. 레닌은 화가 많고 불같은 데다 독단적인 성격이었다. 차르 체제와 그 체제에 속한 사람들에 대한 증오로 연마된 레닌의 그런 기질은 폭력적 수단에 잘 들어맞았다(레닌은 베토벤의 「열정」 소나타 공연을 관람한 후 "지금 필요한 것은 사람들의 머리를 무자비하게 후려치는 일인데, 음악이 자신에게 친절하고 바보 같은 말을 하며 사람들의 머리를 쓰다듬어 주고 싶은 마음을 불러일으키므로 음악을 자주 들을 수 없다"고 털어놓은 적이 있다).[17] 레닌이 마르크스와 만났을 때 그는 이미 이념으로 무장한 채였다. 훈련된 '선봉대'의 필요성에 대한 강조, 행동('주관적 요소subjective factor')으로 객관적인 역사의 흐름을 바꿀 수 있다는 신념, 테러와 독재 옹호, 민주주의자들(그리고 그들과 타협하는 사회주의자들)에 대한 증오 등 레닌 사상을 구성하는 주요 요소들은 마르크스주의뿐 아니라, 트카초프와 '인민의 의지' 그룹에 뿌리를 두고 있다. 레닌은 그가 아니었다면 정치적 행동을 통해 혁명을 끌어내기보다는 사회적으로 혁명이 무르익기를 기다리는 쪽을 선호하며 소극적인 상태를 유지했을지도 모르는 마르크스 변증법에 명백히 러시아적 색채를 가진 음모 정치를 주입했다. 마르크스주의 때문에 레닌이 혁명가가 된 것이 아니라, 레닌이 마르크스주의를 혁명적으로 만들었다.

1898년 러시아 사회민주노동당Social Democratic Labour Party, SD이 창당되었을 무렵, 마르크스주의 단체들은 이미 12년 넘는 기간 동안 운영되고 있었다. 주로 지식인들이 주도했고, 정치적으로 깨어 있는 노동자 계급 선봉대를 교육해 그들이 공장 동지들을 혁명 투쟁으로 이끌게 하는 데 역점을 두고 있었다. 하지만 글을 읽고 쓸 줄 아는 노동자들은 정치 활동에 참여하기보다 급여와 근로 조건 개선을 두고 협상하는 데 더 관심이 있었다. 경제주의파로 불리는 마르크스주의 단체가 그들을 대변하고 있었다는 점도 문제였다. 레닌은 훗날 그의 트레이드마크가 되는 폭력적 수사로 경제주의파를 가차 없이 공격했다. 레닌은 그들의 평화적 전술이 혁명 운동을 약화할 것이라고 주장했다. 혁명 운동에는 전투 준비가 된 노동자 정당이 필요했기 때문이다.

레닌이 염두에 둔 노동자 정당의 유형은 1902년 저작 《무엇을 해야 하는가?What Is to Be Done?》에서 드러났다. 레닌이 원한 것은 당의 대의를 위해 평생을 바칠 추종자들이었다. 헌신적인 혁명가들로 구성된 작지만 비밀스러운 단체여야 했고, 혁명가들은 '잡히지 않는 기술을 터득'한 사람들이어야 했다.[18] 당시에는 이 원칙이 의미하는 바를 아무도 완전히 이해하지 못했다. 1903년 런던에서 열린 러시아 사회민주노동당 제2차 대회에서 비로소 그 의미가 확실히 드러났다. 당내에서 당원 자격을 둘러싸고 의견이 대립했다. 레닌은 모든 당원이 활동가인 정당을 원했지만, 경제주의파에 대항해 함께 맞서는 동지였던 율리 마르토프Yuli Martov는 당 정책에 동의한다면 누구든 당원이 될 수 있어야 한다고 생각했다. 여기서 당의 정체성에 대한 상반된 두 시각이 드러났다. 한편에는 혁명가 단체가 있었고, 반대편에는 서구의 노동당과 같은 광범위한 의회 정당이 있었다. 레닌파는 근소한 차이로 다수표를 획득했고, 덕분에 '볼셰비키(다수파)'라고 스스로 이름 붙일 수 있었다. 상대편은 '멘셰비키(소수파)'로 불리게 되었다. 멘셰비키가 이런 명칭을 잠자코 받아들인 것은 실수였다. 그 이름은 그들을 처음부터 실패자처럼 보이게 했다.

이 무렵에 다른 정당들도 모습을 드러냈다. 1891년에 대기근은 사회를 정치화했다. 위기에 대처하는 데 실패한 정부에 분노가 쏟아졌고, 많은 이가 정부가 농민에게 과도한 세금을 부과한다고 비난했다. 젬스트보들은 재난에 대처하기 위해 활동을 확장했다. 사실상 그림자 정부가 된 젬스트보는 정책 방향을 잡을 의회를 개최할 것을 요구했다. 전문 직업인들은 그들대로 러시아 역사상 최초로 직종별 노동조합(프로프소유지profsoiuzy)을 결성했고, 국가 정책에 더 큰 영향력을 요구했다. 대학에서는 1899년과 1901년 사이에 학생 시위가 들끓었다. 학생과 교수들은 1903년 헌법 제정 운동을 위해 결성된 해방연합Union of Liberation에 참여했고, 1905년 해방연합으로부터 카데트Kadet(입헌민주당Constitutional Democrat)가 결성되었다. 또 다른 무리는 1901년에 사회혁명당Socialist Revolutionary Party, SR을 만들었다. 사회혁명당은 포퓰리즘 전통을 이어가면서도 노동자와 농민을 모두 가리키는 '노동하는 빈곤층'을 이끌고자 했다.

니콜라이 2세는 이런 정치적 개혁 요구에 타협할 생각이 전혀 없었다. 그는 1894년 제위에 오르며 아버지의 독재적 통치 원칙을 계속 지키겠다고 맹세했다. 그는 차르에 대한 중세 신화의 굳건한 신봉자였다. 그 신화에서 차르는 러시아를 차르 개인의 영토로 다스리라는 신성한 특권을 부여받은 신의 도구였다. 니콜라이 2세는 자신의 개인 교사이자 반동파의 거두였던 포베도노스체프에게 군주권은 절대적이고, 관료 체제나 의회, 여론에 의해 제한되지 않으며, 오직 신과 대면하는 차르 개인의 양심으로만 인도된다고 배웠다. 그는 새로운 세상의 요구에 맞추어 통치 방식을 바꿀 필요를 전혀 느끼지 못했다.

여기에 혁명적 위기의 뿌리가 있었다. 한편에는 역동적인 공공 문화와 사회가, 다른 편에는 전제정치라는 중세 관념에 고착된 채, 정치 체제에 더 큰 역할을 요구하는 신흥 공공 영역의 요구를 거부하다 결국 때를 놓쳐버린 반동적 군주제가 있었다. 그 둘 사이의 갈등은 점차 고조되었다.

1905년 1월 9일 일요일, 수많은 노동자가 차르에게 탄원서를 제출하고자 겨울 궁전으로 행진했다. 그들을 이끈 인물은 상트페테르부르크의 공장 지구에서 설교로 이미 명성이 자자했던 가폰Gapon 신부였다. 가폰 신부는 추종자들에게 성경 인용문을 예로 들며 자신들이 차르에게 나아가 간청하면 작은 '아버지 차르'(차르 바튜시카)가 자신들의 요구에 응답할 것이라고 ―그것이 신 앞에 선 차르의 의무이므로― 단순하게 설명했다. 탄원서는 더 이상 견딜 수 없는 수준에 이른 노동 여건을 개선해달라고 공손하게 청원하는 내용이었고, 이렇게 시작됐다. "폐하, 각계에서 모인 상트페테르부르크의 노동자와 주민들, 저희의 처자식과 늙고 쇠약한 부모는 폐하 앞에 나서서, 존모하는 폐하의 정의와 보호를 구합니다. 저희는 가난하고, 억압받으며, 과중한 노동에 시달리고, [고용주에게] 경멸적인 대우를 받습니다."[19]

황제는 페테르부르크에 없었다. 그는 주말이면 전원을 산책하고 가족과 함께 도미노 게임을 즐기곤 했던 차르스코예 셀로Tsarskoe Selo의 별궁에 가 있었다. 황제의 명령이 떨어지자 수비대가 도심으로 향하는 주요 통로를 막고 시위대를 해산하기 위해 발포했다. 겨울 궁전의 광장에 대규모 기병대와 대포가 자리를 잡고, 저지선을 빠져나온 자그마치 6만 명의 시위대를 막아섰다. 수비대는 채찍을 휘두르며 군중을 해산하려고 했다. 소용이 없자 그들은 사격 자세를 취했다. 시위대는 무릎을 꿇고 모자를 벗은 후 성호를 그었다. 나팔 소리가 울리자 사격이 시작되었다. 피의 일요일로 알려진 이날, 대략 천 명이 죽거나 다쳤다.

마침내 사격이 멈추고 생존자들이 주위에 널브러진 시체와 부상자들을 바라보았을 때, 결정적인 진실의 순간이 찾아왔다. 차마 믿을 수 없는 마음이 분노와 증오로 바뀌는, 모든 혁명의 출발점이었다. 수세기 동안 군주제를 떠받친 개념인 '아버지 차르'의 민속 신화가 마침내 산산조각 났다.[20] 사람들은 신성 차르는 존재하지 않는다는 사실을 깨달았다.

사회는 학살에 격분했다. 학생들은 대학을 폐쇄한 정부에 맞서 대학을 요새로 삼아 항거했다. 전문 직업인 노조들은 초기 노동 단체들을 규합하는 전국 단위 노동조합('동맹들의 동맹Union of Unions')을 결성했다. 파업과 시위가 러시아 전역을 물들였다. 바르샤바와 우치Łódź에 바리케이드가 세워졌고, 그곳의 민족주의자들은 러시아 통치에 저항하는 반란을 조직할 기회를 잡았다. 농민들도 기회를 잡았다. 그들은 사유지를 공격하고, 사유재산을 탈취했으며, 장원을 불태워 지주들을 몰아냈다. 1905년 농민 폭동 당시 파괴된 장원은 3,000여 곳에 달했는데, 대부분 중부 농업 지대에 있었다.

군대가 반란군을 진압하기 위해 투입되었지만, 가장 우수한 군대는 1904년부터 만주와 대한제국을 둘러싸고 일본과 전쟁을 치르느라(러일전쟁) 만주에 있었다. 남은 예비군들은 경험이 부족했다. 대부분은 농민의 아들이었다. 그들은 동료 농민들과 싸우는 데 이용당하는 것에 분개했고, 명령을 거부했다. 반란은 군대로도 확산됐고, 흑해함대에서도 발발했다. 그해 6월, 전함 포툠킨의 수병이 일으킨 반란은 유명하다.

사회주의자들이 유입되자 파업은 더 조직적이고 전투적으로 변모했다. 9월에는 정부에 반대하는 총파업이 러시아 전역으로 확대되었다. 모스크바 인쇄공들이 시작한 파업에 곧 철도 노동자가 합류했고, 이후 점원, 은행과 사무직 노동자, 교사, 강사, 심지어는 상트페테르부르크 국립 극장의 단원들까지 수백만 명에 이르는 사람이 파업에 동참했다. 상트페테르부르크에서 파업을 이끈 단체는 '노동자대표 소비에트Soviet of Workers' Deputies'였다. 이는 레온 트로츠키Leon Trotsky(당시에는 멘셰비키였다)가 이끄는 사회주의자 및 노동자 임시 회의기구로, 멘셰비키의 지배를 받았고 자체 신문인 소비에트 일간지 〈이즈베스티야Izvestiya〉를 출간했다.

정권은 그때까지도 이런 위기에 무능과 현실에 대한 맹목으로 대응해왔다. 니콜라이 2세는 자신이 위험에 처했다고 인정하지 않았다. 시위의 주동자는 외국 혁명가들일 뿐, 자신에게 충성을 바치는 것이 당연한 러시아 국민이 그 시위를 지지하고 있다고 생각하지 않았다. 하지만 파업이 전국을 물들이자 장관들은 정치 개혁을 하지 않으면 황실이 위험하다고 경고했고, 황제도 계속 모르쇠로 일관할 수는 없었다. 10월 17일 그는 마지못해 총리 세르게이 비테Witte 백작이 작성한 선언문에 서명했다('10월 선언October Manifesto'). 언론, 집회, 종교의 자유가 허용되었고, 입법의회 '국가두마'가 신설되었다. 12월에 통과된 두마 선거법으로 25세 이상 남성(여성은 제외되었다) 대부분이 투표권을 가졌는데, 6개의 선거인단을 설립해 지주들에게 유리하게 투표수를 조정했다.

선언문이 발표되자 거리에는 환호의 물결이 넘쳤다. '인민의 승리'로 모든 사회 계층이 하나가 된 듯한, 국민 단합을 만끽하는 정서가 만연했다. 일리야 레핀의 작품 「1905년 10월 17일Manifesto of 17 October」에 묘사된 장면이다. 하지만 그 감정은 신기루였다. 사람들의 단합은 또 하나의 신화에 불과했다. 유산계급 엘리트층의 관심사는 정치적이었고, 그들에게는 아마도 그 선언문이 자신들의 투쟁을 마무리 지은 진정한 돌파구였을 것이다. 하지만 노동자와 농민에게 정치 개혁은 그들이 가진 사회적 불만에 대한 해결책이 아니었다. 노동자의 8시간 노동, 응당 받아야 할 더 나은 대우는 어디 있는가? 농민의 땅은 어디에 있는가? 그들의 투쟁은 이제 막 시작되었을 뿐이다.

러시아의 의회 시대는 1906년 4월 27일, 겨울 궁전 대관식장에서 두마 창설을 기념하는 행사로 시작되었다. 식장 한쪽에는 휘황찬란한 제복을 입은 장관, 국무원State Council(기존 국무원을 개편한 상원. 지주, 젬스트보, 상인 등이 추가되었고, 절반은 종래대로 차르가 임명했다.—옮긴이) 의원, 희끗희끗한 머리에 연로한 궁정 고위인사들이 앉았다. 반대편에는 면 셔츠와 튜닉 차림의 전문직 대표와 농민으로 구성된 두마(하원) 의원단이 있었다. 노동자는 거의 없었다. 양측은 서로를 적대적으로 쏘아보았다.

그날의 대치는 앞으로 다가올 상황을 예고했다. 1906년부터

1917년까지의 소위 '두마 시대'는 독재 정치와 의회 통치 원칙이 서로 치열하게 싸움을 벌인 각축장이었다. 니콜라이 2세가 두마에 더 큰 권력을 허용할 의지가 있는지, 두마는 나라를 안정시키는 데 꼭 필요한 개혁을 정부와 함께 추진할 의지가 있는지가 성패를 결정할 터였다. 그것은 시험의 장이었으나, 양측 모두 실패했다.

니콜라이 2세는 '10월 선언'을 독재 권력에 대한 제한으로 받아들이지 않았다. 권좌를 지키기 위해 마지못해 서명했을 뿐, 10월 선언에 두마의 권리를 인정하는 헌법적 성격이 있다고 인정하지 않았다. '10월 선언'에는 물론, 황실과 의회 사이의 새로운 관계를 공식화한 1906년 4월 '기본법Fundamental Laws'(실질적으로는 러시아 최초의 헌법이다.—옮긴이)에 '헌법'이라는 언급은 없었다. 헌법 명칭이 누락되자 카데트(입헌민주당)는 정부와 협력할 희망을 모조리 버렸다. 그들은 정부와 타협하느니 자신들의 입헌 원칙을 고수하며 반대편에 머무르는 쪽을 택했다. 기본법은 차르에게 여전히 전권을 허용했다. 차르는 총리와 장관들의 회의체인 국무회의Council of Ministers 의원도 임명했다. 87조에 따르면 두마를 해산할 수도, 비상령으로 통치할 수도 있었다. 두마는 입법의회였음에도, 차르의 인가와 궁정 관료와 귀족이 지배하는 국무원의 인가 없이는 법안을 통과시킬 수 없었다.

두마는 선거법을 만들 때 정부의 예상보다 더 급진적이었다. 페테르부르크의 타우리데 궁전Tauride Palace에서 열린 개회식부터 두마는 혁명을 부르짖는 연단이 되어 정부에 대한 두마의 감시·감독, 국무원 폐지, 차등을 두지 않는 성인 남성의 보통 선거권 등 급진적인 정치 개혁을 요구했다. 가장 큰 두 정당은 카데트와 트루도비크

Trudovik였는데, 트루도비크는 1906년 열린 선거를 사회주의 정당들 (SR과 SD)이 보이콧한 가운데 카데트의 대항마로 결성된 포퓰리즘 정당이었다(모든 근로자를 대변하겠다는 기치를 내걸었다.—옮긴이). 트루도비크는 국가가 전국의 토지를 수용해 농민에게 분배하는 내용의 토지개혁안을 주장했다(이와 달리 카데트는 지주에게 보상금을 주는 방안을 제시했다). 어느 쪽이든 그런 내용을 검토하는 것이 탐탁지 않았던 황제는 7월 8일 두마를 해산했다.

2주 후, 니콜라이 2세는 표트르 스톨리핀Petr Stolypin을 새 총리로 임명했다. 스톨리핀은 러시아 역사상 가장 탁월한 정치인 중 한 명이었다. 그가 재임한 5년은 정권이 재앙을 피할 수 있었던 최고의 기회였다. 훤칠한 키에 당당한 풍채, 가차 없는 권력자의 모습을 보였던 스톨리핀은 1905년 혁명이 일어나는 동안 러시아 전역에 걸쳐 농민들의 반항이 가장 거셌던 사라토프 성의 총독으로 활동하면서 차르의 눈에 띄었다. 스톨리핀은 특유의 억압책(교수형과 집단 시베리아 유배)으로 반란을 잠재웠고, 그 때문에 좌파로부터 악명을 얻었다. 그런데 스톨리핀은 토지 문제가 오직 심도 있는 개혁을 통해서만 해결될 수 있다는 사실도 깨달았다. 그는 토지 개혁 모델을 자신이 13년 동안 근무했던 폴란드-리투아니아령 코브노Kovno에서 찾았다. 제정 러시아의 다른 서쪽 지방과 마찬가지로 코브노에는 농촌공동체가 존재하지 않았다. 농민들은 자기 땅을 소유했고, 그 결과 공동체가 토지 생산성을 개선해도 아무런 인센티브를 주지 않았던 중부 러시아보다 훨씬 효율이 좋았다. 토지 문제에 대한 스톨리핀의 해결책은 농민을 공동체로부터 해방하고 농민이 분배받은 토지를 사유재산으로 만들게 지원하는 것이었다.

1906년 11월 9일 제정된 법에 따라 농가의 남성 가장은 자기 몫의 땅을 별도 사유 농장(후토르khutor)으로 바꾸거나, 공동체 소속은 유지한 채 사유지(오트루프otrub)로 만들 권리를 얻었다. 국가는 수천 명의 농업 전문가를 고용하고, 농민은행을 통해 융자금을 지원해, 자영농이 공동체 농지를 사들이고 사유지를 모아 단지화하게 함으로써 개혁에 박차를 가했다. 스톨리핀은 이를 '강자 우선' 정책이라 불렀다. 국가가 새로운 농민 지주 계급을 만드는 것만이 토지에 대한 불만 때문에 또 다른 혁명이 일어나는 것을 막을 유일한 방법이었다.

제2두마는 1907년 2월에 소집되었다. 스톨리핀은 '10월당Octobrist'이 다수를 차지하기를 바랐다. 10월당은 10월 선언의 정치 원칙에 입각한 '국가 질서 정당'이었다. 스톨리핀 정부는 그들의 지지에 의존하고 있었다. 하지만 10월당은 54석을 얻었다. 98석의 카데트 의원을 합하더라도 사회혁명당SR과 사회민주노동당SD을 합해 222석을 확보한 사회주의 정당에 비해 수적으로 열세였다. 사회주의 정당이 다수를 차지했으므로 이제 지주 계급의 토지를 무상 몰수해 재분배하는 토지개혁을 밀어붙일 수 있었다. 6월 3일, 차르는 다시 한 번 두마를 해산했다. 이번에는 비상령을 발효해 새 선거법을 통과시켰는데, 그 법을 적용하면 다음에 열리는 두마는 보수파의 의석이 다수가 되는 상황이었다. 농민과 노동자, 소수민족의 유효 투표는 축소하고, 지주에게 유효 투표수를 이전보다 더 많이 인정하는 방식으로 투표권이 조정된 것이다. 카데트와 사회주의 정당들은 그 조치를 쿠데타와 마찬가지라고 비난했다. 1907년 11월 제3두마가 열렸고 친정부 정당이 443석 중 287석을 차지했다. 반대파들은 제3두마에 '주인님과 하인들의 두마'라는 이름을 붙였다.

이렇게 의회 지지를 확보했는데도 스톨리핀의 광범위한 개혁은 그다지 진전을 이루지 못했다. 스톨리핀이 제안한 볼로스트급 젬스트보 신설안은 궁정과 국무원의 서슬 퍼런 지지자를 등에 업은 지주 단체였던 '귀족 연합United Nobility'의 반발로 무산되었는데, 그들은 농민이 젬스트보를 장악할 것을 두려워했다. 초등 공교육화 개혁은 교구별 학교를 보유한 교회의 반발에 부딪혀 좌초됐다. 토지 개혁은 추진력을 상실했다. 농민의 15퍼센트만이 사유지 통합에 참여했는데 그들은 나머지 공동체 소속 농민들의 극심한 적대감과 마주해야 했다.

농민들은 수세기 동안 생활의 구심점이었던 공동체의 해체를 반대했다. 이유는 충분했다. 땅은 사람들의 기본 생계 수단이었는데, 일부가 농지를 사유화하면 그만큼 공동체의 다른 구성원이 가진 토지에 대한 기존의 권리를 박탈하는 결과가 초래될 터였다. 한 가정의 가장이 장남에게만 땅을 물려주거나 팔아버리면 어떤 일이 일어나겠는가? 다른 자녀들은 농사를 관두어야 한다. 농민들은 정부 조사관이 자영농이 되겠다는 농가에 타당한 몫 이상으로 넓은 땅을 배분할까 봐 전전긍긍했다. 농민들은 토지 면적을 정확하게 측량하는 방법을 배운 적이 없었다. 걸음으로 대강 나누고 토질을 고려해 적당히 가감했다. 분배에는 적당한 조정이 필요한데 제대로 할 수 있을까? 공용지인 목초지, 숲, 강은 어떻게 나눌 것인가? 농민들은 조사관이 채택하는 현대적인 방법을 믿을 수 없었다. 스톨리핀은 미르와 농민의 끈질긴 결합을 잘못 이해했다. 스톨리핀은 농민이 가난한 이유가 공동체 때문이라고 생각했다. 하지만 사실은 그 반대였다. 공동체는 농민들이 어깨에 짊어진 가난이라는 짐을 나누어 졌고, 그들은 가난에서 벗어나지 않고는 공동체를 떠날 이유가 없었다.

스톨리핀은 1911년 9월 1일 암살당했다. 한 학생 혁명가가 키이우 오페라 극장 안에 있던 스톨리핀에게 총을 발사했다. 스톨리핀의 사망 소식을 듣자 니콜라이 2세는 "더 이상 개혁을 입에 담지 말라"고 말했다고 한다. 황후는 총리의 사망에 안도했는데, 혈우병에 걸린 아들 알렉세이 황태자를 치료할 사람이라 여긴 '신성한' 라스푸틴Rasputin과 스톨리핀 총리가 서로 반목했기 때문이었다. 라스푸틴의 음탕한 생활을 보여주는 사건들이 산처럼 쌓여갔는데도 황후는 그에 대한 믿음을 버리지 않았다. 스톨리핀의 사망에 경찰이 얼마나 개입되었는지, 사전 승인이나 조력이 있었는지 또는 심지어 직접 주도했는지는 알려지지 않았다.

스톨리핀의 사망 무렵, 개혁은 제자리를 맴돌았고 진척이 없었다. 스톨리핀은 귀족층의 기득권에 도전하고 두마에서는 진보세력을 고압적인 전술로 휘둘러, 양측 모두와 대립했다. 러시아의 모든 개혁 정치가와 마찬가지로(알렉산드르 2세와 고르바초프가 확실히 그런 사례다) 스톨리핀은 국가 관료 체제 내부의 소수 개혁파에 지나치게 의존했다. 더 큰 사회적 기반을 동원하는 데는 실패한 것이다. 스톨리핀은 있었을지 모르나 스톨리핀주의자는 없었다.

스톨리핀이 죽은 후에는 어떤 총리도 제정 러시아가 파국을 향해 치닫는 것을 막을 수 없었다. 개혁에 관한 모든 아이디어는 폐기되었다. 1914년까지 총리직을 맡은 블라디미르 코콥초프Vladimir Kokovtsov는 황실의 지시대로 움직였으며, 두마가 뭐라고 하든 신경 쓰지 않았다. 우파 측에서는 의회 권한을 축소하자는 목소리가 높았는데(일부는 심지어 폐지하자고 주장했다), 차르가 그렇게 하지 않은 유일한 이유는 서구의 압박이었다.

니콜라이 2세는 점점 더 정치 현실에서 멀어졌다. 황제는 대중이 지지하는 독재 정치의 환상 속으로 후퇴했다. 자신이 중세 머스코비에 존재했다고 상상할 법한 그런 환상, 즉 신과 차르, 인민이 함께 공존하는 러시아에 대한 환상이었다. 황제가 라스푸틴의 음탕한 행각에 대한 소문을 알고도 참아 넘긴 이유도 여기에 있었다. 황제의 눈에 라스푸틴은 '선하고 종교적이며 단순한 러시아인'의 전형이었고, 신을 향한 황제의 양심을 올바르게 인도하는 사람이었다.

그 환상은 1913년 로마노프 왕조의 300주년 기념행사에서 전면에 드러났다. 황제는 왕조 건국과 연관된 장소에 새 교회를 건설하는 기념식에 가족과 함께 모습을 드러냈다. 그 장소는 코스트로마Kostroma의 이파티예프Ipatiev 수도원으로 미하일 로마노프가 1612년 폴란드가 침공했을 당시 피신한 곳이었다. 농민을 대표하는 사절단이 니콜라이 2세 앞에 엎드렸고, 황실 가족은 1613년 로마노프에게 바치는 왕관을 모스크바로 가져갔던 보야르 가문의 후손들과 함께 기념사진을 촬영했다. 황제와 가족들은 모스크바에서 17세기 궁정 복장으로 참석하는 성대한 가장무도회에 참석했다. 기념식의 절정은 코스트로마 로마노프 영지의 농민이었던 이반 수사닌Ivan Susanin에 관한 찬양 행사로 이뤄졌다. 차르와 인민의 합일을 상징하기 위해서였다. 전설에 따르면 이반 수사닌은 미하일 로마노프를 폴란드 침략군으로부터 지키기 위해 목숨을 바쳤다. 수사닌 신화는 끝없이 되풀이되었다. 그해 러시아 전역의 극장에서 상영되었던 글린카의 유명 오페라 「차르에게 바친 목숨A Life for the Tsar」이 대표적이다. 군사 신문들은 수사닌을 특집으로 다루면서 수사닌 일화는 "모든 군인에게 차르와 조국을 위해 어떻게 해야 하는지 영감을 준다"고 썼다.[21]

한편 유럽 대륙에서 전쟁 위협은 나날이 증가하고 있었다. 발칸반도의 민족주의 운동, 특히 세르비아 민족주의 운동은 오스트리아-헝가리 제국의 기반을 흔들었고, 베를린이 반슬라브주의적이었던 빈의 정책 기조를 지지했기 때문에 러시아와 독일 국가들 사이의 긴장도 고조되었다. 19세기 대부분의 기간, 러시아는 독일과 오스트리아와의 동맹을 통해 유럽에서 이익을 추구해왔다. 하지만 독일의 힘이 너무 커지자 1894년 러시아는 프랑스와 동맹을 맺는다. 그로부터 13년 후, 범게르만주의를 주창하는 독일의 팽창을 견제하기 위해 영국이 추가로 합류해 삼국협상Triple Entente이 출범했다.

더는 외교 정책에 대한 논의가 궁정, 차르의 장관, 외교관의 좁은 범위에 국한될 수 없었다. 두마와 언론을 통해 여론이 점점 더 중요한 위치를 차지하게 되었다. 범슬라브 정서가 특히 강력한 힘을 발휘했다. 범슬라브주의는 궁정 고위 귀족의 지지를 받았고, 제정 러시아의 대표적 보수 신문이었던 〈노보에 브레미아Novoe Vremia(신시대)〉의 논조였다. 오스트리아 제국이 세르비아인의 영토 확보를 저지하려고 오스만 제국의 일부였던 보스니아를 합병하자, 러시아가 더 강경하게 친슬라브 노선을 채택해야 한다는 목소리가 커졌다. 범슬라브주의자들은 러시아가 오스트리아를 막지 못한 데 분노했고, 세르비아가 또다시 패배하는 일을 절대 용인하지 않겠다고 별렸다. 그들은 유럽이 튜턴족과 슬라브족 사이의 피할 수 없는 결전을 향해 치닫고 있다고 생각했다. 독일의 '동진 정책Drangnach Osten/Drive to the East'은 슬라브 문명을 파괴하려는 독일 제국의 광범위한 계획의 일부이며, 러시아가 발칸 동맹국들을 지키기 위해 확고한 입장을 취하지 않으면 제국은 쇠퇴하고 결국 독일에 흡수되는 오랜 멸망의 길을 걷게 될 거라고 결론 내렸다. 1914년 〈노보에 브레미아〉의 사설란에 이런 글이 실렸다. "지난 20년 동안 서방의 저 이웃은 우리 안녕의 핵심 원천에 이를 박아 넣고 흡혈귀처럼 러시아 농민의 고혈을 빨았다."[22] 독일인은 러시아에서 부를 축적하고, 정부 요직에서 두각을 드러냈으며, 러시아 수입시장에서 점차 큰 비중을 차지하고 있었다. 이런 상황 때문에 러시아인들은 독일에 대해 실존적 위협마저 느끼고 있었다.

발칸반도의 슬라브족을 돕는 것이 러시아에 가장 유리한 일인지는 분명하지 않았다. 그런 범슬라브 신화에도, 정작 슬라브인들은 러시아의 보호에 큰 관심을 보인 적이 없었다(굳이 찾자면 슬라브인들은 서유럽에서 영감을 얻는 데 관심이 있었다). 오스트리아가 발칸반도로 세력을 확장한다면 확실히 러시아에는 위협이 될 터였다. 오스트리아는 전략적으로 갈리치아에서 우크라이나 민족주의를 고취했는데, 오스트리아의 확장으로 갈리치아를 넘어 러시아 국경지대까지 우크라이나 민족주의가 번진다면 특히 그랬다. 국경의 우크라이나 8개 성에서 러시아 전체 밀의 3분의 1, 석탄의 3분의 2, 철강의 절반 이상이 생산되고 있었다. 러시아가 우크라이나를 잃는다면 러시아는 더 이상 강대국이 아니었다. 하지만 러시아에는 유럽과 분쟁을 일으키지 않고 성장할 수 있는 시베리아가 있었고, 독일과 전쟁을 벌이지 않고도 지켜낼 수 있는 흑해 지역에서의 이익도 상당했다. 러시아의 안보에는 발칸 지역보다 다르다넬스Dardanelles 해협이 확실히 더 중요했다. 차르도 그렇게 생각한 것이 분명한데, 특히 오스만튀르크가 독일로부터 러시아는 무찌를 수 없는 드레드노트dreadnought 전함을 사들이고 있다는 첩보를 입수한 후 그랬을 것이다. 튀르크가 독일의 군사 보호국이 될 것이라는 전망은 러시아에 경각심을 불러일으켰고, 독일이 러시아 제국을 남쪽에서 포위하고 있다는 믿음에 불을 붙였다.

니콜라이 2세는 전쟁을 원하지 않았다. 러시아 군 수뇌부도 마찬가지였다. 장군들은 차르에게 러일전쟁 패배 이후 재건을 위한 시간이 필요하다고 말했다. 차르는 적어도 러시아가 군사력을 회복할 때까지는 삼국협상이 오스트리아와 독일에 대한 억제책이 되어주기를 바랐다. 그러나 1914년 6월 28일, 페르디난트Ferdinand 대공이 세르비아 민족주의자들에 의해 암살되면서 모든 것이 바뀌었다. 합스부르크가의 황태자가 살해당하자 오스트리아는 세르비아에 선전포고했다. 니콜라이 2세는 부담감을 가진 채 군대에 부분 동원령을 내리는 것을 승인했다. 니콜라이 2세는 사촌인 독일 카이저(황제)에게 오스트리아를 막아 달라고 호소했다. 하지만 독일은 오스트리아를 지지하고 있었고, 러시아와의 일전을 준비하고 있었다. 러시아와 전쟁을 한다면 신속하게 끝내야 했다. 러시아 군대는 큰 국토와 취약한 교통으로 동원되는 데 여러 주가 걸리므로, 독일은 그 기간 안에 프랑스를 전격전Blitzkrieg으로 무찌를 수 있기를 바랐다.

독일군이 무장하고 있다는 소식을 접한 차르는 7월 31일 총동원령을 내렸다. 독일을 향한 개전 신호와 다름없었다. 니콜라이 2세는 군대 장성들은 물론, 내각 각료, 두마 수뇌부, 언론의 참전 결정 요구에 시달렸다. 외무장관 세르게이 사조노프Sergei Sazonov는 "폐하가 대중이 원하는 대로 전쟁을 승인하고 세르비아를 대신해 칼을 휘두르지 않는다면, 혁명이 발발할 위험을 무릅써야 할 것이며 권좌도 위태로울지 모른다"고 말했다. 니콜라이 2세는 하얗게 질렸다. 그는 외무장관에게 "그대가 내게 시키는 일이 가져올 결과의 무게를 생각해보시오"라고 응수했다. 하지만 반론을 제기할 힘이 있는 것도 아니었다.[23]

황제와 참모진은 단기전을 기대했다. 차르는 군대의 충성심을 믿었다. 황제는 자신의 개전 선언을 듣기 위해 겨울 궁전 광장에 운집한 군중이 깃발을 흔들며 환호하는 모습을 겨울 궁전 발코니에 나와 둘러본 후, 자녀들의 개인 교사에게 이렇게 말했다. "보시오. 이제 러시아에서 1812년의 대전쟁 때 나타난 것과 같은 전국적 움직임이 있을 것이오."[24] 하지만 비현실적인 희망이었다. 니콜라이 2세는 차르에게 헌신하는 '순박한' 사람들이라는 정권의 선전에 속았다. 그 신화는 1905년 피의 일요일에 같은 광장에서 그의 군대가 저지른 짓 때문에라도 이미 사라지고 없었다. 러시아에는 그 혁명적인 해에 드러났던 사회 계층 사이의 심원한 골을 뛰어넘을 만큼 강력한 국민 단합도, 러시아를 향한 사랑도 존재하지 않았다. 궁전 광장의 환호하는 군중들은 전쟁터에 나갈 농민이 아니라 잘 차려입은 중산층 남녀, 점원, 상점주인, 장인들이었다.

대부분은 애국심이라는 감정을 알지 못했다. 자신들이 생활하는 마을 밖 세계에 대한 지식이 거의 없었기 때문에, 그들은 러시아인으로서 자신들의 정체성을 막연하게 생각했을 뿐이었다. 그들은 스스로 어느 마을이나 어느 지역 태생이라고 생각했다. 국적이 어디냐고 물으면 "우리는 이곳 출신이고 정교회 신자요"라고 대답할 터였다. 독일인이 고향 마을을 침략하겠다고 위협하지 않는 한, 그들에게는 독일인과 싸울 이유가 없었다. 징집병은 이렇게 불평했을 것이다. "우리는 탐보프Tambov 사람이에요. 독일인은 우리 마을에 쳐들어오지 않을 겁니다." 스몰렌스크에서 한 농장 감독관이 징집병들의 대화에서 들은 내용도 이와 비슷하다.

> "이 전쟁이 우리와 무슨 상관이 있냔 말일세. 다른 사람들 일에 우리가 참견하는 꼴이지."
> "우리끼리 이미 수도 없이 얘기하지 않았나. 독일인들이 돈을 달라고 하면 사람을 이렇게 죽이느니 두당 10루블씩 줘버리는 게 나아."
> "어느 차르를 섬기든 우리는 다 똑같지. 독일 차르가 더 나쁠 건 뭐람."
> "그냥 자기들끼리 싸우게 둡시다. 나중에 한꺼번에 정리하면 안 됩니까?"[25]

앞을 내다본 현인들이 전쟁의 위험성을 차르에게 경고하려고 애썼다. 1914년 2월, 독일과의 불필요한 충돌에 휘말리지 말라고 니콜라이 2세에게 청원했던 내무장관 표트르 두르노보Petr Durnovo도 그중 한 명이었다. 두르노보는 전쟁을 하면 독일의 방어를 뚫는 엄청난 부담을 러시아에 지우는 장기 분쟁, 소모전의 서막이 열릴 것이라고 경고했다. 경제적으로 러시아는 장기전을 치르기에 너무 체력이 약했다. 정부는 권위를 잃고, 사회 혁명이 뒤따를 것이었다.

문제는 모든 재난에 대한 비난의 화살을 정부에 돌리며 시작될 것이다. (…) 가장 신뢰할 만한 인물들을 잃고, 땅을 향한 농민들의 원시적 욕망의 물결에 휩쓸린 패배한 군대는 법과 질서를 지키는 보루 역할을 담당하기에는 너무 사기가 떨어졌다는 사실을 깨닫게 될 것이다. 실질적인 권위를 상실한 입법 기관과 인텔리겐치아 야당은 스스로 솟구친 민중의 파도를 잠재울 힘이 없고, 러시아는 한 치 앞을 내다볼 수 없는 절망적인 무정부 상태에 빠질 것이다.[26]

아무도 그 예언에 주목하지 않았다.

러시아 혁명과
적백내전
(1917~1921)

— 반볼셰비키 군대의
  최대 진출 전선

++ 주요 철로

-- 1918년경 국경선

0   200   400 km

북극해

노르웨이

트롬쇠

무르만스크

푸스토제르스크

오브도르스크

북극권 한계선

스웨덴

오울루

아르한겔스크

밀러 군대

러시아

핀란드

우스튜크

페름

토볼스크

스톡홀름

헬싱키

탈린(레벨)

나르바   페트로그라드

에스토니아

예카테린부르크

칼리닌
그라드

라트비아

노브고로드

블로그다

야로슬라블

니즈니노브고로드

코니히스베르크

리가

프스코프

트베리

카잔

마그니토고르스크

독일

빌뉴스

리투아니아

폴로츠크

모스크바

심비르스크

펜자

사마라

바르샤바

벨라루스

민스크

스몰렌스크

칼루가

라잔

브레스트-
리토프스크

툴라

탐보프

오렌부르크

블라디미르-볼히니아

오룔

쿠르스크

체르니히우

보로네시

사라토프

갈리치

키이우

벨고로드

우크라이나

하르키우

에카테리노슬라프

차리친

데니킨 군대

오데사

브란젤
군대

루한스크

아스트라한

헤르손

로스토프

루마니아

부쿠레슈티

세바스토폴

크라스노다르

스타브로폴

블라디캅카스

카스피해

콘스탄티노플

흑해

수후미

바투미

티플리스

앙카라

오스만 제국

예레반

바쿠

8

혁명 러시아

REVOLUTIONARY RUSSIA

두르노보의 경고는 곧 사실로 드러났다. 영국과 프랑스의 압력으로 러시아 군대는 동프로이센에서 독일군을 공격해 서부전선에서 독일군을 철수시켰다. 하지만 1914년 8월과 9월에 탄넨베르크Tannenberg 전투와 마주리안호수Masurian Lakes 전투에서 독일군에 대패한 뒤 후퇴해 포병 진지를 차리고 긴 참호전에 돌입했는데, 여기에서 곧 러시아의 약점이 드러났다.

러시아는 소모전을 할 준비가 되어 있지 않았다. 러시아의 단 하나의 최대 자산은 끝없이 공급되는 것만 같은 농민 병사였는데, 베를린을 향해 멈추지 않고 진격하는 모습이 땅을 다지는 증기롤러와 같다고 동맹국들로부터 '러시아 증기롤러'라는 별명을 얻기까지 했지만, 이 전쟁에서는 큰 이점이 되지 않았다. 러시아는 최소 징집 연령에 미치지 않는 인구 비율이 높았다. 독일은 인구의 12퍼센트가 군대에 동원되었지만, 러시아는 겨우 5퍼센트만 징집할 수 있었다.

러시아 예비군이 허약하다는 점은 더 큰 문제였다. 예산 절감을 위해 군대는 2차 동원된 예비군을 거의 훈련하지 않고 바로 전선에 투입했다. 당시 갈리치아에서 8군을 지휘하던 알렉세이 브루실로프 Brusilov 장군은 회고록에 "10월이 되자 비참했던 1차전의 희생자들을 대체하기 위해 증원군이 투입되었는데, 그들은 행군하는 것 외에 아무것도 몰랐으며, (…) 장전하는 방법을 모르는 병사가 부지기수였고, 사격 실력은 더 말할 것도 없었다. 군인이라고 할 수도 없는 사람들이었다"고 썼다.[1]

전쟁이 겨울을 지나 계속 이어지자 군대는 군수물자 부족에 시달렸다. 군수품, 식량, 의약품은 충분히 보급되지 않았다. 전쟁부는 1차 대전 이전에 무기 산업에 대한 지출을 삭감했고, 이제는 포탄과 총을 해외에서 주문해야 했는데 물건을 받는 데 오랜 시간이 소요되었다. 1915년까지 신병들은 소총 없이 훈련받았다. 전투에 투입된 병사들은 앞선 전열에서 총에 맞아 죽은 병사들이 떨어뜨린 총기를 회수하라는 명령을 받았다.

군대의 사기와 기강이 무너지기 시작했다. 1915년 여름, 독일과 오스트리아 동맹군이 돌진해 러시아군의 전선을 뚫었을 때 적군에 항복한 병사의 수가 백만 명에 달했다. 또 한 가지 문제는 장교의 손실이었다. 전쟁 시작 후 몇 달이 채 지나지 않아 엄청난 수의 장교가 목숨을 잃었다. 젊은 농민과 노동자들이 부사관NCO이 되어 그 자리를 채웠지만, 이들은 자신이 지지하지 않는 정부를 위해 목숨 바쳐 싸우고 싶지 않았던 병사들과 오히려 깊은 공감대를 형성했다. 이 부사관들이 1917년 군대 혁명의 지도자가 된다.

기강이 무너진 건 역모가 일어날지도 모른다는 소문과도 관련이 있었다. 독일 출신인 알렉산드라 황후와 라스푸틴이 독일과 내통하고 있으며 별도로 평화 협상을 벌이고 있다는 소문(러시아 정부와 협상이 진행 중이라는 가짜 뉴스를 생산한 독일 언론이 부추긴 거짓 소문이었다)이었다. 황실은 이런 파괴적인 소문에 어떻게 대응해야 할지 전혀 알지 못했다. 황실은 여론이 중요하다고 생각해본 적이 없었고 여론을 관리하는 법도 배우지 않았다. 황실에서 황후와 공주들은 애국심을 선전하기 위해 적십자 간호복을 입고 사진을 찍었다. 페트로그라드(1차 세계대전 시작 무렵, '상트페테르부르크'가 너무 독일식 이름이라는 이유로 바꾸었다)의 군사 병원을 방문해 부상자들을 면회하기도 했다. 그런데 그들이 까맣게 모른 사실이 있었다. 황후와 공주들이 입었던 간호복은 위탁 배송 중이던 간호복을 매춘부들이 대거 입수해 페트로그라드 시내에서 호객하며 입고 다녔던 것과 똑같은 디자인이었다.[2]

반독 정서는 쉽사리 폭력적으로 변할 수 있었다. 독일군이 전선을 뚫었다는 소식이 전해지자 모스크바의 성난 군중은 독일인 상점과 사무실을 불태우고 약탈했다. 붉은 광장에 사람들이 모여 그들이 황후를 가리키던 말인 '독일 여자'에게 모욕을 퍼붓고, 황후를 수녀원에 가두라고 고함을 질렀다. 이때의 분노가 얼마나 애국적인 동기였는지, 독일인 대다수가 속해 있던 부유한 도시 계층에 대한 증오에 얼마나 바탕을 두고 있었는지는 확실치 않다. 혁명의 분위기는 분명 민족주의 성격을 띠었다.

1915년 9월, 니콜라이 2세는 군대의 사기를 진작시키기 위해 니콜라이 대공으로부터 최고 사령관직을 넘겨받았다. 황제는 자신이 전선에서 지휘하면 병사들이 기운을 내고, 러시아를 위해서가 아니라면 그들의 신성 차르를 지키기 위해서 전쟁터로 나가리라 생각했다. 끔찍한 판단 착오였다. 이때부터 모든 패배는 황제의 책임이 되었다. 황제의 무능함에 대한 입방아는 물론이고(황제는 군대 경험이 없었다), 황제가 전쟁에서 반역 행위를 하고 있다는 소문까지 더해졌다. 연전연패의 원인이 황제가 러시아 군대의 이동 경로를 독일 카이저에게 흘리기 때문이며, 페트로그라드를 장악한 황후는 그곳에서 독일을 위해 일을 꾸민다는 등의 소문이었다.

모두 사실이 아니었지만 사실 여부는 중요하지 않았다. 사람들이 헛소문을 믿을 준비가 되어 있다는 사실이 소문들을 정치적으로 위험하게 만들었다. 혁명 위기에서는 현실이 아니라 인식과 믿음이 중요했다. 사람들에게 신뢰받는 공식적인 소식통과 언론이 제공하는 정보가 없는 상황에서, 헛소문은 사회적으로 폭넓은 신뢰를 얻었다. 정치인들은 물론 심지어 외국의 외교관들도 그 소문을 믿었다. 이들은 반대 세력을 규합하고, 저항 운동에 '독일파' 황실에 대항하는 애국 행위라는 의미를 부여하는 식으로 혁명 분위기가 무르익는 데 일조했다.

군인과 마찬가지로 민중도 전선이 뚫리자 정부를 비난했다. 그들은 두마와 젬고르Zemgor(젬스트보 연합Zemstvo Union과 도시 연합Union of Towns에 의해 형성된 전국 규모 공공 단체 네트워크)를 통해 행동에 나서 공급 위기에 자체적으로 대처했다. 1915년에 결성되어 노련한 젬스트보의 활동가 르보프 공후Prince Lvov가 이끌었던 젬고르Zemgor는 두마의 진보 블록Progressive Bloc과 동맹을 맺었다. 진보 블록은 1915년 '국민이 신임하는 내각ministry of national confidence'(차르가 임명하지만 두마의 승인을 받는 정부)을 요구하고자 결성되었는데, 두마 대표 3분의 2가 참여했다. 대중을 전쟁 캠페인에 참여시킬 필요가 있음을 이해했던 몇몇 장군과 정부 각료는 진보 블록을 지지했다. 하지만 반동 성향의 장관들이 황후의 부추김으로 반대에 나섰는데 그들은 그것이 두마 정부를 만들 수작이라고 비난했다. 황후가 재촉("철퇴를 내리세요. 폐하는 독재 군주입니다."3)하자, 차르는 두마를 해산했고, 장관 중에 누구든 진보 진영과 손잡는 듯 보이면 파면했다.

1916년 가을에 이르자 니콜라이 2세에 대한 신뢰는 바닥을 쳤고, 군대 사령부나 두마 단체, 궁정 관계자들이 황제를 폐위시키고 두마 정부와 협업할 수 있는 다른 인물, 예를 들면 그의 동생 미하일Mikhail 대공이나 로마노프가의 다른 인물을 황제로 옹립하려는 여러 음모를 꾸몄다. 러시아의 최고위 귀족 중 하나였던 펠릭스 유수포프Felix Yusupov 공후와 두 명의 대공이 가담한 무리가 12월 16일 라스푸틴을 죽인 것이 유일한 성공이었다. 그들은 라스푸틴을 유수포프 저택의 지하실로 유인한 후 가슴에 총을 쏘았는데 라스푸틴이 죽지 않자 네 발을 더 쏘았고 마지막 총알은 이마에 대고 바로 쏘았다. 시신은 외투로 감싸 강물에 던졌다. 그들은 라스푸틴을 제거해서 임박한 재앙으로부터 군주제를 살릴 수 있기를 바랐다. 하지만 아무것도 바뀌지 않았다.

식량 부족은 파국을 더 앞당겼다. 얼어붙는 추위로 수송 체계가 마비되자 수도에 들어오는 연료와 밀가루 공급이 끊겼다. 빵집 앞에 사람들이 길게 늘어섰다. 물가가 폭등했다. 노동자 파업은 예삿일이 되었다. 임금 인상 요구는 곧 정치적 요구로 탈바꿈했다. 공장이 문을 닫자 파업은 더 폭력적이 되었다. 페트로그라드에 있는 뉴레스너 New Lessner 기계 제조 공장에서 노동자들은 경찰과 싸웠다. 인근 병영에 있던 병사들은 파업을 진압하라는 명령을 받았지만, 노동자 편으로 돌아서서 경찰을 향해 돌을 던졌다.

1917년 2월 23일, '국제 여성의 날'에 대부분 가게 점원과 사무노동자였던 여성들이 대규모로 운집해 군인 가족들에 대한 식량 배급 개선을 요구하며 수도 중심부로 행진했다. 여기에 노동자들이 합류했고, 경찰과 한차례 충돌한 후 저녁이 되어 해산했다. 다음날 더 많은 사람이 거리로 뛰쳐나왔다. 즈나멘스카야Znamenskaya 광장에서 어마어마한 규모의 시위가 벌어지고 있었다. 경찰이 보는 앞에서 선동가들은 알렉산드르 3세의 기마상 앞에 서서 대중을 향해 연설했다. 시위대는 기마상을 붉은 깃발로 장식하고, '하마'라고 적어놓았다(육중한 모습이 요지부동의 독재 정치 같다고 사람들이 동상에 붙인 별명이다). 민중은 군주제의 종식을 외쳤다. 시위운동이 몸집을 불렸다. 2월 26일, 페트로그라드 중심부는 무장 캠프로 바뀌어 있었다. 군인과 경찰이 전역에 깔렸다. 정오 무렵, 공장 지구에서 노동자 무리가 다시 집결해 도심으로 행진했다. 넵스키 대로Nevsky Prospect에서 시위대는 경찰과 군인을 맞닥뜨렸고, 그들은 시위대에 실탄을 쏘았다. 볼린스키 Volynsky 연대의 훈련생 분견대의 손에 50명 이상이 사망한 가장 참혹한 사건이 그날 즈나멘스카야 광장에서 벌어졌다.

볼린스키 연대의 대부분은 10대였는데, 이들은 몹시 동요됐다. 한 병사는 자신이 총을 쏜 무리에서 어머니를 보았다고 했다. 다음날 아침, 다시 군중을 해산하라는 명령이 떨어졌을 때 병사들은 상관을 죽이고 군중과 한편이 되었다. 반란은 곧 다른 연대로 번졌다. 군인들은 군중에 군사력과 조직력을 더했다. 그들은 최후까지 군주제를 수호한 경찰과 싸웠고, 무기고, 전화교환소, 철도역, 경찰본부, 교도소를 점거하고 불태웠다. 군인의 합류로 시위는 완전한 혁명으로 변했다.

타우리데 궁전에서 두마 대표들은 '질서 회복을 위한 임시위원회 Temporary Committee for the Restoration of Order'를 구성하고 자신들이 상황을 총지휘하겠다고 선언했다. 페트로그라드 노동자 및 군인 대표 소비에트 Petrograd Soviet of Workers' and Soldiers' Deputies도 같은 건물에서 결성되었다. 페트로그라드 소비에트가 권력을 잡을 수도 있었지만, 그들은 두마 위원 전원이 참여하고 르보프 공후가 지도하는 임시정부를 결성하는 데 동의했다. 대부분이 멘셰비키였던 소비에트 지도자들은 러시아는 단번에 사회주의 정부 체제로 나아가기에 너무 낙후된 상태라는 마르크스 강령이 옳다고 여겼다. 마르크스는 그들에게 지금 필요한 것은 노동조합, 정당 등을 통해 대중이 스스로 조직을 만드는 자유를 누리는 '부르주아 민주주의' 발전의 시기라고 가르쳤다. 이것이 임시정부에 지지를 보낸 근거가 된 민주적 원칙이었다. 게다가 사회주의자였던 소비에트 지도자들은 그들이 내각을 구성할 경우 일어날지도 모를 혁명 반대 운동을 우려했다. 그렇게 되면 러시아는 내전에 휘말릴 터였다. 그들이 생각하기에 혁명이 뒤덮은 수도에 군대를 파견하지 말라고 장군들을 설득하는 일에는 자신들보다 두마 지도자들이 더 적합했다.

니콜라이 2세는 북부 전선의 군대를 불러오라고 명령했다. 두마 지도부는 정말로 장군들을 설득해, 그들이 차르의 명령에 불복하고 황제에게 퇴위를 촉구하도록 했다. 군대 최고위 사령관들은 황제가 퇴위하는 것만이 질서를 회복하고, 군대를 온전히 유지해 전쟁을 지속할 수 있는 유일한 길이라고 황제를 설득했다. 니콜라이 2세는 아들에게 양위하겠다고 했다. 하지만 알렉세이 황태자는 혈우병 때문에 오래 살지 못할 것이라는 경고가 이어졌다. 만약 아들에게 제위를 넘긴다면 니콜라이 2세는 외국으로 나가야 했다. 가족과 떨어져 살아야 한다는 의미였다. 러시아에 어떤 일이 생기든, 가족 곁에 머물겠다고 결심한 황제는 동생인 미하일 대공에게 양위하기로 했다.

조용하고 숫기 없는 성격에 니콜라이 2세보다 심지어 더 아둔했던 미하일 대공은 왕관을 쓰는 일이 내키지 않았다. 타우리데 궁전 앞에 모인 군중은 미하일 대공이 다음 차르가 된다는 공식 발표를 들은 후, 거친 폭력 시위를 벌였다. 미하일 대공은 목숨을 걸고 싶지 않았다. 겨울 궁전에서 멀지 않은 푸탸티나 공녀의 저택으로 피신한 대공은 3월 3일 그곳에서 두마 지도부와 만났다. 카데트 당수였던 파벨 밀류코프Pavel Milyukov는 그때까지도 합법성 문제를 우려했고, 두마 위원회에 권력을 이양하는 데 법적 승인을 제공할 권위의 상징으로서 군주제가 필요하니 제위에 오르라고 대공을 설득했다. 밀류코프는 군주의 재가가 없다면 임시정부는 "대중이 좌지우지하는 불안정의 대양 속에 가라앉는 불량 선박"이 된다고 주장했다.[4] 하지만 차르가 된 대공의 신변의 안전은 누구도 보장할 수 없었다. 그것이 미하일 대공의 결심에 쐐기를 박았다. 로마노프 왕가의 300년 통치를 끝내는 퇴위 선언문은 푸탸티나 공녀의 딸이 공부하던 방의 작은 책상에서 법학자 두 명이 작성했다. 선언문 사본을 만든 종이는 아이가 사용하던 공책에서 찢은 것이었다.

군주제의 종식에 제국 전역에서 환호가 일었다. 페트로그라드와 모스크바 거리는 열광하는 군중으로 넘쳐났다. 건물에는 붉은 깃발이 걸렸다. 헬싱포르스Helsingfors(현재 핀란드 헬싱키), 키이우, 티플리스 Tiflis(현재 조지아 트빌리시) 등 여러 수도에서는 민족을 상징하는 깃발도 함께 펄럭였다. 로마노프 왕가의 표식, 문장, 쌍두 독수리 등 건물에 붙어 있던 군주제의 상징물은 모두 군중의 손에 뜯겨 나갔다.

군주제는 죽었다. 군주제를 떠받치던 모든 제도가 말 그대로 하룻밤 새 무너졌다. 부활을 도모하는 이조차 없었다. 1917년 후 볼셰비키 세력을 무너뜨리는 것을 목표로 삼았던 러시아 내전의 반혁명파('백위군') 중 어느 누구도 군주제를 대의로 내세우지 않았다. 그들 중 많은 지휘관이 실제로 군주정 지지자였는데도 말이다. 군주제를 표방하는 것은 곧 패배를 의미했다. 러시아에 차르가 필요하다는 신화는 비로소 수명을 다했다. 트로츠키가 혁명의 역사에 대해 다음과 같이 표현한 그대로였다. "러시아는 군주제를 너무나 급하게 토해 군주제는 영원히 민중의 목구멍으로 다시 내려갈 수 없다."[5]

그러나 정치적으로는 군주제가 운명을 다했을지 몰라도, 더 광범위한 감각 속에, 군중의 심리 속에 그것은 여전히 살아 있었다. 그래서 민중은 훗날 소비에트가 만든 지도자 숭배를 그렇게 쉽게 받아들일 수 있었다. 한 군인은 영국 대사 조지 뷰캐넌George Buchanan에게 이렇게 말했다. "그렇죠, 러시아도 공화국이 되어야 합니다. 하지만 꼭대기에는 좋은 차르가 있어야 합니다."[6] 군인들이 쓴 편지(일례로 '우리는 3년 동안 민주공화국과 아버지 차르[차르 바튜시카]를 원한다'[7])에서도 비슷한 오해가 드러난다. 평범한 러시아인들의 머릿속에는 국가 개념이 차르 개인과 떼려야 뗄 수 없이 얽혀, 상석에 군주가 없는 새 국가를 상상하는 일이 쉽지 않았다. 모스크바 노동자 소비에트의 한 당원이 그해 3월 블라디미르에서 열린 연대 회의에서 연설을 했다.

연단은 마당 한가운데 있었다. 군인 두세 명이 그 위에 서 있었고, 나머지 수천 명이 주위를 에워싸고 있었다. 인파가 발 디딜 틈 없이 빼곡했다. 당연히 나는 전쟁과 평화에 대해, '인민에게 돌아가야 하는 땅'에 대해, 그리고 군주제보다 공화정이 더 나은 이유에 대해 이야기했다. 하지만 연설이 끝나고 끝없이 이어지던 '만세'와 박수갈채가 잦아들자 누군가 큰 목소리로 외쳤다. "당신을 우리의 차르로 추대하고 싶습니다!" 그러자 다른 군인들이 박수를 쳤다. 나는 로마노프 왕관을 사양하고 연단을 내려오며, 어떤 모험가나 선동가가 이 순박하고 순진한 사람들의 주인이 되는 일이 얼마나 쉬울까 하는 생각에 마음이 무거워졌다.[8]

차르스코예 셀로에서 가택연금 중이던 황제의 가족은 1917년 8월 신변의 안전이 위협받자 시베리아로 거처를 옮겼다. 원래 차르 일가는 영국으로 가기로 되어 있었지만 영국 국왕 조지 5세가 영국에서 왕정 폐지 운동이 일어날 것을 우려해 초청을 철회했고, 결국 황제와 가족들은 혁명 시위대로부터 멀리 떨어진 토볼스크의 시골 벽지로 이주했다. 그들은 그곳에서 봄까지 편안하게 지냈으나, 황제를 구출하려는 음모가 있다는 소문이 번지자 레닌은 황제 일가를 예카테린부르크Ekaterinburg로 이송하라고 명령을 내렸다. 1918년 7월 16일에서 17일로 넘어가는 밤에 황제 가족은 전원 사살되었다. 언론이 살해 소식을 보도했고, 당시 모스크바 주재 영국 요원이었던 로버트 브루스 록하트Robert Bruce Lockhart는 "대중이 경악스러울 정도의 무관심으로 그 소식을 받아들였다"는 기록을 남겼다.[9]

임시정부Provisional Government의 지도자들은 자신들을 계급이나 당의 이익을 초월해 국가의 존립을 지키는 전시 정부로 보았다. 아무도 그들을 선출하지 않았다. 그들은 민주주의 원칙을 지키는 조건으로 소비에트와 손잡고 의회 쿠데타를 일으켜 권력을 잡았다. 그들이 판단하기에 임시정부의 역할은 전쟁이 끝날 때까지, 그리고 토지 개혁이나 헌법, 타민족 문제(제국 영토를 온전히 보존해야 할지, 다른 민족들의 독립을 허용할지 등)와 같은 혁명의 근본적 주제들을 법적으로 해결할 수 있는 제헌의회 선거 시점까지 나라를 돌보는 것이었다. 그들의 입장도 이해 못 할 바는 아니나, 그들은 2월 혁명으로 촉발된 다급한 기대를 거의 충족하지 못했다. 결국 농민, 공장 노동자, 군인들은 스스로 문제를 해결하기에 이른다.

시골에서 농민들은 자체 특별위원회(일부는 소비에트라고 불렸다)를 결성해 지주의 재산을 몰수했는데, 처음에는 농기구와 가축, 이후 토지까지 대상에 포함했고, 몰수한 땅은 대개 관습적 원칙(보통 각 가구의 '식구' 수)에 따라 농촌공동체가 나누었다. 토지 몰수는 관할 구와 지방 농민회의에 의해 '합법화'되었고, 이후 5월 4일부터 25일까지

열린 제1차 전 러시아 농민총회First All-Russian Peasant Assembly의 승인을
받았다.

노동자들은 공장 경영진에게 그들의 요구를 강요했다. 노동자들
은 빠르게 조직화됐다. 1905년 이후 잠잠했던 노동조합과 소비에트
도 다시 활동을 개시했는데, 이번엔 볼셰비키가 지배하는 새로운 두
기관이 추가되었다. 하나는 경영진이 공장을 폐쇄하거나 노동자를
해고하지 못하게 감독했던 공장위원회였고, 다른 하나는 공장을 지
키기 위해 노동자들이 결성한 '붉은 근위대Red Guard'였다.

군인위원회는 장교들과의 관계를 감독하고 군사 명령에 관해 협
의했다. 일부 부대에서 군인들은 노동자와 같은 대우를 요구하며 하
루 8시간 이상 전투하지 않겠다고 어깃장을 놓았다. 전군에서 병사
들이 전투 중이 아닐 때는 장교들에게 동등한 대우를 해달라고 요구
했다. 이 같은 '병사 권력' 주장은 1917년 군대를 휩쓸었던 '참호 볼
셰비즘trench Bolshevism'(이 용어는 부대원들이 자기 명령을 듣지 않는 상황을 장교
들이 묘사한 데서 나왔다) 정신에 필수적인 요소였다.

전쟁은 임시정부가 가장 크게 분열한 지점이었다. 1917년의 정
치는 혁명이 전쟁을 끝낼 수단이라고 보는 좌파와 반대로 전쟁이 혁
명을 저지하고 질서를 회복하는 수단이라고 생각하는 우파 사이의
투쟁이었다. 외무장관 밀류코프가 소비에트 평화 캠페인과 상관없
이 러시아는 동맹국에 한 약속을 지키겠다고 발표했을 때 수만 명의
무장 노동자와 군인이 페트로그라드 거리에서 시위를 벌였고, 그들
은 승리할 때까지 계속 싸우라고 외치는 '애국' 단체와 충돌했다.

정부의 권위를 강화하고 국가가 내전으로 치닫는 것을 막기 위

해 5월에 6명의 멘셰비키와 사회혁명당 지도자들이 임시정부에 참여했다. 그 연합은 '혁명적 방어주의Revolutionary Defencism'라는 정책에 근거를 두고 있었는데, 이는 제국의 이익을 위해서가 아니라 오로지 혁명과 러시아의 방어를 위해 전쟁을 지속하는 것을 의미했다. 그들은 독일에 패배하는 것은 로마노프 왕조의 복원을 의미하지만, 혁명을 방어하기 위해 싸우는 것은 국민의 통합을 회복하는 길이라고 믿었다. 이런 가정하에 그들은 여름 공세를 개시하라는 연합군의 압력에 굴복했다.

전쟁부 장관의 자리에 앉은 케렌스키는 군대의 사기를 북돋고자 전방을 순회했다. 그는 군복을 입고 오른팔을 집어넣은 팔걸이를 목에 걸었지만, 아무도 그가 다친 사실을 눈치채지 못했다. 케렌스키는 혁명 무대를 위해 태어난 배우 정치인이었다. 연극 같은 몸짓에, 거짓은 아니었지만 연설이 절정에 도달하는 시간에 맞춘 격정적 실신까지 하는 케렌스키의 연설은 사람들의 마음을 휘어잡았다. 케렌스키는 지붕이 없는 '르노' 자동차에서 일어서서 운집한 군대를 향해 계급의 이익보다 '시민의 의무'를 우선시할 것을 촉구했다. '모든 시민'이 그렇게 하듯 군인들도 국가를 위해 희생해야 했다. 군인들은 과거 구체제를 위해 그렇게 해왔으므로, 이제 러시아의 자유를 수호하기 위해 똑같이 해야 했다. 케렌스키는 의미와 감정을 담아 농민 병사들을 향해 격정적으로 외쳤다. "그게 아니라면 최초의 자유 러시아 국가가 사실은 반란 노예의 국가라는 것입니까?"[10] 러시아 역사의 전체를 관통하는 묵직한 질문이었다.

케렌스키는 가는 곳마다 영웅으로 칭송받았다. 한 영국인 간호

사는 케렌스키를 만나는 군인(장교들이 직접 선별한 병사들이었다)마다 케렌스키의 손과 제복, 자동차와 심지어 그가 내디딘 발자국에 엎드려 입맞춤하는 모습을 묘사하며 케렌스키 숭배 현상을 예전 차르 숭배에 비교했다. "많은 군인이 무릎을 꿇고 기도했으며 다른 사람들은 눈물을 흘렸다."[11] 케렌스키에게 쏟아진 찬양은 병사들이 전투를 갈망한다는 인상을 주었지만, 실제로는 공세 날짜가 다가올수록 탈영병이 급격히 증가했다. 공격은 6월 16일에 시작되었다. 이틀 동안 진격하는 러시아 군대의 선두에는 '죽음의 여군女軍대대Women's Battalion of Death'가 배치되었다. 이 부대는 1917년에 여성 지원병들로 구성되었는데, 이들을 선두에 배치한 것은 수치심을 느낀 남성 군인들이 적극적으로 전투에 임하게 하려는 목적이었다. 하지만 독일군이 반격에 나서자 러시아 병사들은 겁에 질려 달아났다.

임시정부의 동맹은 무너졌다. 페트로그라드 수비대 병사들은 소비에트에 권력을 이양하기 위한 무장봉기를 준비했다. 이는 1917년 4월 레닌이 망명에서 돌아온 후 볼셰비키가 채택한 정책 노선이었다. 모든 군대 중에서 가장 친볼셰비키적이었던 제1기계화 연대First Machine Gun Regiment가 선두를 맡았다. 후방은 강성 볼셰비키였던 크론시타트 수병 부대가 맡았다. 그들은 5월에 자체 소비에트 공화국을 선언한 '최대강령주의자maximalist'(마르크스주의의 최대 강령은 전면적 혁명, 최소 강령은 당면 과제 개혁이다.—옮긴이) 또는 무정부주의자들이었다. 이들은 7월 3~4일에 수도를 점령했다. 볼셰비키 상부에서 명확한 명령을 하달했다면 무장봉기 세력은 쿠데타도 일으켰을 것이다. 하지만 레닌은 '권력에 도전할' 시기가 무르익었는지 확신하지 못했다.[12]

무장 수병과 제1기계화 연대가 레닌의 명령을 기다리며 볼셰비키 본부 밖에 모였을 때, 레닌은 명령을 내리지 않았다. 독려인 듯 아닌 듯 모호한 레닌의 말에 혼란이 야기되었고, 그들은 그대로 타우리데 궁으로 전진해 소비에트 지도부에게 권력을 장악하라고 요구했다. 그들의 요구는 그때까지 소비에트를 통제하고 있던 사회혁명당과 멘셰비키에 의해 거부되었고, 그러자 반란군이 될 태세를 갖추었던 군중은 더 무엇을 해야 할지 갈피를 잡지 못했다. 그들은 지쳤고 허기졌는데 그 와중에 비까지 내리자 결국 해산했다.

봉기의 좌절은 우파 진영의 반발을 불러일으켰다. 법무부는 볼셰비키가 독일 요원이라고 주장하는 전단을 뿌렸다. 구체적인 근거가 있기는 했다(볼셰비키는 1917년에 의심의 여지 없이 독일의 자금과 수송 지원을 받았다). 그리고 그 주장은 소비에트 권력이 독일, 유대인 그리고 다른 외국 적들의 조종으로 러시아를 좌지우지한다는 위험한 신화를 낳았다. 4월에 레닌이 스위스에서 러시아로 들어올 수 있었던 것이 독일이 러시아의 전쟁 의지를 꺾기 위해 준비한 '봉인' 열차, 다시 말하면 검문을 받지 않는 열차를 레닌에게 제공했기 때문이었다는 사실이 공개되었다. 볼셰비키 본부가 습격당했고 수백 명의 당원이 체포되었다. 레닌은 노동자 옷을 입은 채 핀란드로 피신했다. 그는 임시정부가 이제 프롤레타리아를 상대로 '내전'을 벌이는 '군사독재정권'이 되었다며 반역죄 재판을 받기를 거부했다.[13] 이제 맞설 수 있는 유일한 길은 권력을 잡는 것뿐이었다.

케렌스키는 사회혁명당, 멘셰비키, 카데트로 구성된 새로운 연립 정부를 구성했다. 그는 대중 집회를 제한하고, 전방에서 사형 제도를 부활했으며, 군 기강을 회복하기 위해 군인위원회의 권한을 축소하는 데 동의했고, 라브르 코르닐로프Kornilov 장군을 총사령관으로 임명했다. 우파의 영웅인 코르닐로프 장군은 소비에트의 숨통을 끊기 위해 군사독재를 추진했다. 그는 케렌스키가 자기편이라고 생각했다. 하지만 코르닐로프 장군이 코사크 기병대를 파견해 수도를 점거하고 수비대를 무장 해제하자, 케렌스키는 그를 비난하고 나섰고 소비에트를 결집해 쿠데타 시도에 맞섰다. 사실상 전투도 필요하지 않았다. 코사크 군대는 페트로그라드로 향하는 길에 북부 캅카스에서 온 소비에트 대표단과 마주쳤고, 대표단의 설득에 무기를 내려놓았다.

코르닐로프 사건은 케렌스키와 그의 정부에 대한 모든 지지를 박살냈다. 대다수 군인은 자신들의 상관이 코르닐로프를 지지했다고 의심했다. 기강이 무너졌다. 탈영률이 치솟았다. 군인들은 수확기가 된 시골로 돌아가 농민 혁명을 장악했고, 농민 혁명은 군인들이 앞장서 영주를 땅에서 몰아내려고 장원을 불태우면서 한층 더 폭력적으로 변했다. 노동자들도 급진적으로 바뀌었다. 케렌스키 정부와 연대를 유지한 멘셰비키 당을 버리고, '소비에트 전권 장악'을 주장하는 유일한 정당인 볼셰비키로 돌아섰다. 따라서 볼셰비키는 모스크바, 페트로그라드 그리고 다른 산업 대도시에서 확고한 다수파가 되었다.

10월에 열린 제2차 소비에트 대회Second Soviet Congress에서 대표들이 모든 권력을 소비에트에 넘기라고 요구하는 결의안을 통과시킬 것이 거의 확실해졌다. 이는 전 러시아 소비에트All-Russian Soviet의 모든 정당으로 구성된 정부를 의미했다. 볼셰비키가 다수당이 되기는 하겠지만, 사회혁명당, 멘셰비키와 공동으로 정부를 구성해야 했다. 10월 24일까지 대부분의 볼셰비키 지도자가 이런 결과를 대비하고 있었다. 하지만 레닌은 생각이 달랐다. 권력을 나누고 싶지 않았다. 레닌은 의회가 열리기 전에 무장봉기를 일으키라고 촉구했다. 핀란드의 은신처에서 볼셰비키 중앙위원회에 보낸 (초조함이 묻어나는) 일련의 편지에서, 레닌은 당이 권력을 '장악할 능력이 있고, 장악해야만 한다'고 주장했다. 레닌이 할 수 있다고 말한 근거는 당이 당시로서는 선거보다 더 중요한 내전에서 승리할 충분한 지지 세력을 확보하고 있었기 때문이다. 당장 당을 장악하지 않는다면 의회 선거를 기다리는 동안, 케렌스키에게 반동 세력을 조직하고 소비에트를 와해시킬 시간을 주는 셈이 되었다.[14]

레닌은 10월 10일에 페트로그라드로 돌아왔고 중앙위원회는 레닌의 주장에 떠밀려 봉기를 준비하기로 합의했으나, 언제 일을 벌일지는 그때까지도 오락가락했다. 10월 16일, 중앙위원회는 시기가 아직 무르익지 않았다고 결론 내렸다. 당의 지부 활동가들은 페트로그라드 대중이 당의 부름만으로 움직이지는 않을 것이고, "수비대 해체와 같은, 반란을 불붙일 따끔한 자극이 있어야만 할 것"이라고 말했다.[15] 레닌은 격분했다. 쿠데타에는 많은 병력이 필요하지 않았다. 레닌은 필요하다면 발트해 연대의 지원을 받을 수 있는 핀란드에서 러시아에 쳐들어가는 방식으로 무장 쿠데타를 직접 실행할 준비도 되어 있었다.

케렌스키는 레닌의 손바닥 안에 있었다. 봉기 계획이 확인되었고 그 정도는 처리할 수 있다고 확신한 케렌스키는 독일군이 러시아 수도를 향해 빠르게 전진하자 페트로그라드 수비대를 북부 전선으로 파견했다. 이것이 레닌이 기다려온 따끔한 자극이었다. 레닌은 '위험에 처한 혁명!'이라는 구호를 걸고 봉기에 대한 무장 세력을 결집했다. 수비대가 북부 전선으로 이동하는 것을 막으려고, 군대는 군사혁명위원회Military Revolutionary Committee, MRC를 결성했고 10월 21일 수비대 지휘권을 확보했다. 이후 대표단이 소비에트 의회에 참석하려고 수도에 도착했을 때, 군사혁명위원회는 철도역, 우체국, 전신국, 전화교환소, 전력국을 장악하고 거리마다 군대를 배치해 방어선을 구축했다.

이것이 레닌이 다음날 의회가 열릴 장소인 스몰니 학교(옛 귀족 여성학교)를 향해 변장한 채 수도를 가로질렀던 10월 24일 밤의 광경이었다. 조명으로 이글거리는 건물을 장갑차와 기관총이 에워싸고 삼엄하게 방어했다. 레닌은 볼셰비키 본부 36호실 안에서 반란을 일으켜야 한다고 동지들을 다그쳤다. 레닌은 의회에서 권력을 이양하는 투표를 하기 전에 반란이 완료되기를 원했다. 준비를 마치느라 하루가 더 소요되었고, 순양함 '오로라Aurora'가 내뿜은 신호탄을 시작으로 볼셰비키 투사들이 겨울 궁전을 덮쳐 케렌스키 정부의 장관들을 체포했다. 장관들은 작은 방에 은신 중이었고 수프, 생선찜, 채소 접시들을 앞에 두고 저녁을 먹는 중이었다. 케렌스키는 거기 없었다. 케렌스키는 아군을 찾으려는 필사적인 노력으로 그날 아침 북부 전선을 향해 떠났다. 이 무렵 케렌스키 정부는 너무 무력해서 전용 차량도 없었다. 그는 미국 대사관에서 압수한 르노를 타고 떠났다.

스몰니 학교의 담배 연기 자욱한 강당, 그곳에 모인 전 러시아 소비에트 회의 대표단 앞에서 장관들의 체포 소식이 발표되었다. 670명의 대표단은 대부분 제복과 외투를 차려입은 노동자와 군인이었고, 그들은 앞서 멘셰비키 당수 율리 마르토프가 제안한 모든 소비에트 정당이 참여하는 사회주의 정부를 구성하는 결의안을 만장일치로 통과시켰다. 내각 체포가 공식 발표되자 멘셰비키와 사회혁명당 대표 대부분은 이 '범죄 행각'을 비난했고, 항의의 표시로 자리를 박차고 나갔다. 레닌의 작전이 먹혔다. 권력 장악은 임시정부에 대한 쿠데타이기도 했지만, 사회혁명당과 멘셰비키를 타도할 기회였다. 멘셰비키와 사회혁명당은 회의장을 떠남으로써 소비에트 권력을 볼셰비키에 이양한 셈이었다. 트로츠키(10월 혁명 이전에 볼셰비키에 입당했다)는 기회를 놓치지 않고 달려들었다. 그는 마르토프의 결의안을 맹렬히 비난하며 '변절자'들에게 선고를 내렸다. "비참한 파산자들, 너희의 역할은 끝났다. 너희가 가야 할 곳으로 가라. 역사의 쓰레기통으로!" 뒤이어 트로츠키는 이제 막 태동하는 소비에트 권력을 말살하려고 한 그들의 '반역적' 시도를 비난하는 결의안을 제안했다.[16] 자신들이 하는 행동의 결과가 무엇인지 알 수 없었던 소비에트 대표단은 이를 지지했다. 그들의 행동은 볼셰비키 독재에 소비에트표 도장을 찍어주는 것이었다.

볼셰비키가 장기 집권할 권리를 허락받은 것은 아니었다. 볼셰비키는 혁명으로 수도를 점거했지만, 장악력이 확고하지 않았고(공무원, 국가 은행, 우체국, 전신국 등 모든 영역에서 볼셰비키의 점거를 규탄하는 파업이 벌어졌다), 지방은 전혀 장악하지 못했다. 그들은 수도 페트로그라드에 식량을 공급할 수단이 없었고, 반혁명파 케렌스키 군대와 힘겨운 싸움을 벌이던 모스크바로 파견할 군대도 없었다. 철도노조(비크젤Vikzhel)가 다른 사회주의 정당과 연합 정부를 구성하고 자신들과 대화를 하라고 압박하며 파업에 돌입하는 바람에, 철도에 대한 통제권도 상실했다. 볼셰비키는 이런 역경 속에서 그럭저럭 버텼지만, 모든 성인 시민이 투표권을 가진, 진정한 민주주의 체제인 '제헌의회Constituent Assembly' 의원 선거가 아직 남아 있었고, 야당들은 여기에 희망을 걸었다.

그들의 희망은 순진했다. 볼셰비키는 독재를 확립하기 위해 정상적인 규칙을 따르는 것을 거부했다. 집권 첫날부터 그들은 좌익 사회혁명당, 무정부주의자, 좌익 멘셰비키가 아직 남아 있어 최고위 의사결정에 제동을 걸 여지가 있었던 소비에트가 아닌, 신설 인민위원평의회(소브나르콤Sovnarkom)를 통해 명령을 하달했다. 인민위원평의회는 레닌이 선호한 정부 수단이었다. 볼셰비키는 반대파 언론을 폐지했고, '군사혁명위원회'를 시켜 카데트, 우익 사회혁명당, 멘셰비키 수백 명을 체포했다. 군사혁명위원회는 곧 레닌의 새 정치경찰인 체카Cheka('반혁명 및 파괴에 맞서는 투쟁을 위한 특별위원회Extraordinary Commission for Struggle against Counter-Revolution and Sabotage'의 줄임말이다)로 대체되었다. 볼셰비키는 국가 은행을 점령하고, 파업 중인 관료들을 체포했으며, 모스크바에서 케렌스키를 상대로 승리를 거두자 처음부터 계획했던 대로 '비크젤' 회담에서 발을 뺐다. 볼셰비키는 승리를 자신했기 때문에 제헌의회를 위한 11월 선거를 그대로 강행했다. 하지만 사회혁명당이 다수당이 되는 결과가 나오자 선거가 불공정하다고 선언했다. 레닌은 소비에트 권력이 '부르주아 의회의 형식적 민주'보다 더 우월한 민주주의 원칙이라고 주장했다. 1918년 1월 6일 타우리데 궁전에서 제헌회의가 개최되었으나 채 몇 시간이 지나지 않아 레닌의 명령을 받은 무장 근위대가 들이닥쳤고 회의는 강제 해산되었다.

한편 볼셰비키는 사회의 뿌리인 민중 단계에서 '약탈자의 약탈'에 제약을 풀었다. 폭도 재판, 린치, 폭력적 강도가 횡행했고, 재산이나 특권이 있어 보이는 누구의 것이든 징발할 수 있었다. 혁명이 자신이 가진 인도주의적 이상을 실현하고, 러시아를 서구에 더 가깝게 만들기를 바랐던 작가 막심 고리키Maxim Gorky 등의 사회주의자들은 이런 복수의 향연을 러시아 국민이 가진 '아시아적 야만'이 끔찍하게 폭발한 모습으로 판단했다. 고리키는 11월 19일 신문 〈노바야 지슨Novaya Zhizn(신생활)〉에 기고한 글에서 이렇게 썼다. "나는 러시아인이 권력을 쥐는 순간 그를 가장 경계한다. 노예로 산 것이 엊그제인데 이웃의 주인이 될 기회를 잡자마자 그는 가장 무도한 폭군이 된다."[17]

하지만 레닌은 '약탈자의 약탈'을 내전의 필수 형태인 '계급투쟁'이 심화하는 것으로 보았다. 1917년 12월에 쓴 〈어떻게 경쟁을 조직할 것인가?How to Organize Competition?〉에서 그는 지역이 저마다 알아서 적합한 방식을 찾아야 한다고 제안했다.

러시아 땅에서 악질 벼룩과 빈대 부자 같은 모든 해충을 청소해야 한다.

한 곳에서는 여남은 부자들이 감옥에 처박힐 것이다. (…) 다른 마을에서는 강제로 구식 변소를 청소하게 될 것이다. 또 다른 마을에서는 감옥에 얼마 동안 갇혔다가 노란 표식을 가슴에 붙이게 될 것이며, (…) 다른 곳에서는 열 명 중 한 명은 사살해도 좋을 것이다. 방법은 다양할수록 좋다.[18]

소비에트 관료들은 조잡한 영장을 들고 자신들이 혐오스러운 '부르주이burzhooi'라고 부르던 소위 부르주아들의 집을 돌아다니며 '혁명을 위해' 쓸모 있는 것이면 무엇이든 내키는 대로 압수했다. 그들은 '부르주이'에 세금을 부과했고 인질을 붙잡고는 세금을 내지 않으면 인질을 총살하겠다고 협박했다. 그들의 테러는 농촌공동체의 집단 책임제(크루고바야 포루카)를 전 사회 계급으로 확대해 적용하는 셈이었다. 볼셰비키는 이것을 내전의 '내부 전선internal front'이라고 불렀다.

내부 전선의 폭력은 대부분 1917년 10월 26일 볼셰비키가 통과시킨 '평화에 관한 포고Decree on Peace'에 따라 전선에서 귀환한 수백만의 병사들에 의해 자행되었다. 군인들은 평화 포고를 군대 해산 명령으로 받아들였고 가까운 기차역으로 달려갔다. 그들은 각 지역과 마을 단위에서 혁명을 수행할 '붉은 근위대'가 되었다.

볼셰비키는 전쟁을 지속할 병력이 사라지자 어쩔 도리 없이 독일군 최고 사령부와 벨라루스의 브레스트-리토프스크Brest-Litovsk에서 강화 회담을 가졌다. 하지만 전략에 관해서는 내부에서 의견이 갈렸다. 부하린과 같은 당의 좌익 세력에게 '제국주의' 독일과 별도로 평화 협상을 맺는 것은 국제주의 공산 대의에 어긋나는 것이었다. 그렇게 하면 국제주의 운동의 핵심 목표였던 서유럽으로의 혁명 확산에 대한 모든 희망이 끝장날 터였다. 그들은 산업 고도화를 이룬 사회들의 지지 없이 러시아 혁명이 홀로 살아남을 수 없으리라 생각했다. 이런 이유로 좌익 세력은 독일과의 평화 회담을 가급적 질질 끌고, 필요하다면 서유럽 프롤레타리아를 자극하기 위해 붉은 근위대와 민병대가 독일에 맞서 함께 싸우는 안(그들은 '혁명전쟁'이라고 불렀다)을 선호했다. 반면 레닌은 별도 평화회담을 가급적 빨리 끝내고 러시아에서 일어날 혁명을 위한 '휴식 기간'을 확보하기를 원했다. 레닌은 1918년 1월 11일에 열린 중앙위원회에서 소수파를 대표하는 발언자로 나서 '이제는 조국을 어떻게 지켜야 하는가의 문제일 뿐'이라고 주장했다. 독일에서 혁명이 일어나기를 기다리느라 러시아가 전쟁에서 패배할 위험을 감수할 필요가 없었고, 레닌이 보기에는 독일에서 혁명이 일어날 것 같지도 않았다. 레닌은 이렇게 주장했다. "독일은 혁명을 잉태했을 뿐이고, 우리는 이미 완전히 건강한 아이를 낳았다." 내전을 위해서는 즉각적인 평화가 필요했다. 레닌은 특유의 무뚝뚝함으로 다음과 같이 표현했다. "부르주아의 목을 비틀어야 한다. 그러기 위해서는 우리는 두 손을 자유롭게 해둘 필요가 있다."[19]

이런 분열 때문에 트로츠키가 대표를 맡은 볼셰비키 협상단은 브레스트-리토프스크 회담에서 시간을 끌었다. 트로츠키는 조약문 초안을 한 문장 한 문장 따지며 회담장을 사변적인 토론의 장으로 만들고 독일 외교관과 장군들을 농락했다. 결국 독일 측은 인내심을 잃고 우크라이나와 별도 조약을 체결했다. 우크라이나는 1월 22일 키이우에서 열린 의회에서 민족주의 지도자들이 독립을 선언하고 러시아계가 다수였던 동부 우크라이나에 포진한 '붉은 군대'와의 전쟁에 독일이 즉각적으로 도움을 제공할 것을 요구했다. 2월 9일 우크라이나와 독일이 조약을 체결함으로써 우크라이나는 독일의 보호국이 되었고, 독일과 오스트리아가 우크라이나를 점령할 수 있는 길이 열렸다. 우크라이나를 러시아에서 분리한 독일은 브레스트-리토프스크 회담에서 한결 입지가 유리해졌다. 하지만 레닌은 여전히 중앙위원회에서 제 뜻을 관철할 유효표를 확보하지 못하고 있었다. 2월 23일 독일군은 페트로그라드에 폭탄을 투하했고, 그제야 레닌은 자기 뜻을 관철할 수 있게 되었다. 볼셰비키는 1월에 협상하던 내용보다 훨씬 나쁜 조건으로 독일과 조약을 체결했다. 러시아는 유럽 대륙에 보유하고 있던 제국 영토 대부분을 포기해야 했다. 독일의 보호 아래, 폴란드, 핀란드, 에스토니아, 리투아니아가 명목상 독립을 이루었다. 소비에트 군대가 철수하는 가운데, 50만 명에 이르는 오스트리아-독일 연합군이 금세 우크라이나로 진격했다. 연합군은 붉은 군대를 동부 우크라이나로 밀어내는 내내 우크라이나 농민에게서 가급적 많은 식량을 약탈하는 데 혈안이 되었다. 결국 소비에트 러시아는 인구의 34퍼센트(5,500만 명), 농경지의 32퍼센트, 산업 능력의 54퍼센트, 탄광의 89퍼센트를 잃었다(이제 토탄과 장작이 러시아의 최대 연료 공급원이 되었다).[20] 러시아의 지위는 17세기 모스크바 대공국과 비슷한 수준으로 떨어졌다. 3월 12일 소비에트 러시아는 수도를 모스크바로 이전했는데, 이는 유럽으로부터의 후퇴를 의미했다. 상트페테르부르크는 언제나 '서방을 향해 난 러시아의 창'이었던 유럽 도시였고, 이와 대조적으로 모스크바는 러시아의 아시아적 전통을 물리적으로 상기시키는 도시였다. 국제 운동으로 혁명은 크게 타격을 입었다. 하지만 그렇게 해서 러시아 혁명은 살아남았다.

내전을 위해 군대가 결집하고 있었다. 반볼셰비키 진영인 '백위군白軍'(프랑스 혁명 전쟁 당시 반자코뱅파의 모자에 붙은 흰색 표장에서 유래한 이름)은 '붉은 군대赤軍'로부터 권력을 빼앗고 '옛 러시아'를 복원하는 목표로 얼기설기 뭉친 집단이었다. 그 목적 외에는 명확하거나 통일된 사상적 구심점은 없었다. 그들은 러시아가 어떤 국가여야 하는지(군주제인지 공화제인지, 제국인지 연방인지, 사유재산에 기반을 둘지 사회주의에 기반을 둘지)에 관해서 의견이 서로 달랐다.

남부 러시아에는 의용군이 있었다. 볼셰비키 쿠데타 이후 코르닐로프 장군이 돈강 유역에서 결집시킨 이 군대는 주로 장교 출신이었고, 이들의 우익 노선 때문에 전투에 주로 투입되는 돈 코사크와의 관계에 긴장이 감돌았다. 다수의 젊은 코사크 병사는 의용군 지도부가 명백히 선호한 제정 러시아의 회복보다, 그들만의 사회주의 공화국 건설을 원했기 때문이다. 1918년 4월 코르닐로프가 죽고 지휘권을 넘겨받은 안톤 데니킨Anton Denikin 장군은 정치 노선을 명시하지 않았다. 1917년의 경험으로 교훈을 얻은 그는 군대에 정치색을 지우고 '하나이자 불가분의 러시아' 같은 단순한 구호를 내세웠다. 코사크나 다른 소수민족 병사들이 좋아할 리 없었다.

한편 볼가강에서는 '체코슬로바키아 군단'이 사회혁명당 정부인 '코무치Komuch'를 지원했다. 코무치는 사마라에 근거지를 두고 제헌의회 복구와 전쟁 재개를 목표로 투쟁하고 있었다. 독일군의 전선 뒤에 묶인 체코인 군대는 오스트리아-헝가리 제국으로부터 민족 독립(1918년 오스트리아-헝가리 제국 패망과 함께 체코슬로바키아로 독립—옮긴이)을 이루기 위해 서부 전선에 다시 합류하기를 원했다. 농민 지지를 받지 못해 정치적으로 입지가 약했던 코무치는 곧 옴스크에 근거지를 둔 '시베리아 정부군'에 의존하게 되었다. 시베리아 군대의 우익 장교들은 흑해 함대의 러시아 제국 지휘관이었던 콜차크Kolchak 제독을 최고 통치자 자리에 앉히고 군사독재 '시베리아 정부'를 세웠고, 볼셰비키와의 전쟁에 투입할 농민을 징집했다. 서방 열강들은 이상의 모든 반혁명파 군대를 지원했다. 적어도 그들이 내세운 명목상의 이유는 러시아를 1차 세계대전의 전선에 다시 합류시키기를 원한다는 것이었다. 그런 취지로 서방 국가들은 사회주의 진영과 싸우는 반혁명파 군대에 탱크와 항공기를 포함해 설비를 제공하고 지원 병력을 파견했다.

'붉은 군대Red Army'는 볼가 전선에서 집결했다. 처음에는 노동자 민병대인 붉은 근위대가 대다수였는데, 군사 훈련을 전혀 받지 못했던 붉은 근위대가 혁명에 대한 열정만으로 경험 많은 체코인 병사들을 상대하기는 역부족이었다. 첫 전투에서 체코인 군대가 손쉽게 승리를 거두자 전쟁인민위원이었던 트로츠키는 붉은 근위대 대신 징집 부대, 경험 많은 (제정 러시아 시대) 장교, 중앙집중형 지휘체계를 갖춘, 다시 말하면 제국 군대 형태를 가진 '붉은 군대'로 군대를 재편해야 한다고 확신했다. 일반 사병들은 이 개혁을 낡은 군사 질서의 회복이라고 비난했다. 그들은 구체제 장교들이 자신들의 진급에 걸림돌이 된다고 생각했다. '군사 반대파'는 직업 장교와 여타 '부르주아 전문직'을 향한 하층 계급의 분노가 응축된 결과였다. 군사 반대파의 본거지는 차리친(현재 볼고그라드) 전선Tsaritsyn Front이었는데, 스탈린이 곡물 징발을 위해 파견되었다(그는 특유의 무자비한 방법으로 유명했다). 스탈린은 그곳에서 곧 군사 지휘권을 확보하고 트로츠키의 옛 러시아 장교들을 전면적으로 체포하며 파란을 일으켰다.

1918년 6월에 국민개병제가 도입되었다. 붉은 군대는 1919년 봄까지 100만 명을 동원했는데, 1920년에는 그 수가 세 배로 늘었고, 1921년에는 500만 명이 되었다. 러시아의 후진성 때문에 양으로 질을 대체하는, 우리가 앞서 보았던 패턴이다. 군대가 너무 빠르게 성장해 전쟁으로 황폐해진 경제는 군수품, 운송 수단, 식량, 의복을 제대로 공급할 수 없었다. 병사들의 사기가 떨어졌고, 특히 농촌 일손이 부족한 수확 철이 되자 탈영병이 수천 단위로 발생했다. 신병이 충원되었지만, 훈련을 받지 못한 채 전투에 투입되었으므로 탈영할 확률이 더 높았다. 대량 징병제가 보급 부족과 대량 탈영으로 이어지는 악순환이 펼쳐졌다. 소비에트 경제는 모든 생산을 군대 수요에 집중하는 훗날 '전시 공산주의'라 불리는 체제 속에 갇혔다.

전시 공산주의는 볼셰비키가 최초로 명령경제를 도입한 체제였다. 일각에서는 전시 공산주의가 공산 사회를 직접 견인하리라 기대했다. 새로운 체제는 1918년 5월 곡물 독점으로 시작해 민간 무역 금지, 산업 국유화, 노동의 군사화, 그리고 1920년 절정기에 실시되어 화폐 소멸로 이어진 배급제도 등 경제 전반에 대한 국가 통제의 범위를 넓혔다.

곡물 독점은 소비에트 정권이 출범한 후 최초 6개월 동안 음식도 연료도 구할 수 없던 도시에서 노동자가 대거 이탈하는 상황에 맞선 조치였다. 백만 명의 노동자들이 식량을 구하기 쉬운 농촌으로 이주했고, 공장은 연료 부족으로 문을 닫았다. 혁명은 고사 위기에 처했다. 1871년 파리 코뮌이 똑같은 상황에 부닥쳐 결국 패배한 것이 두고두고 볼셰비키에게 경종을 울렸다. 파리 코뮌의 실패로부터 그들은 도시 거점에 승리하려면 시골에서 식량 확보를 위한 전쟁을 벌여야 한다는 교훈을 얻었던 것이다.

위기의 근원은 농민들이 곡물 잉여분을 종잇조각이 될지 모를 지폐와 교환하기를 꺼린다는 점이었다. 제조업이 쇠퇴하고 물가가 치솟은 전쟁 시기에 시작된 문제였다. 기차로 이동하면서 도시에서 옷과 생활용품을 가져와 곡물 자루와 교환하는 '보따리 장사'들이 판치며 물물교환 경제가 급속히 발전한 터였다. 가죽 재킷을 입은 체카 요원들이 돌아다니며 그들이 '투기'라 부른 이런 거래를 단속했지만, 불어나는 장사꾼들의 숫자를 당해낼 수 없었다. 결국 더 강압적인 조치가 도입되었다. 곡물 독점 체제 아래 모든 농민의 잉여 생산물이 국유화 대상이었다. 볼셰비키는 공장에 무장 여단을 조직했고 그들을 시골로 보내 곡물을 강제 징발했다. 아무것도 나오지 않으면 '쿨라크kulak'(볼셰비키가 만들어낸 정체불명의 계급인 '자본주의' 농민)가 어딘가에 감추었다고 생각했다. 상대가 되지 않는 싸움인 '곡물 쟁탈전'이 벌어졌다. 무장 대원들은 마을 사람들을 때리고 고문했다. 그들은 사람들이 가진 것을 모두 내놓을 때까지 마을에 불을 질렀다. 가끔 시달리다 못한 주민들은 이듬해 비축분과 파종에 사용할 곡물까지 내놓았다. 내전의 적색 전선 뒤편에서 수백 건의 농민 봉기(볼셰비키는 '쿨라크 반혁명'이라고 불렀다)가 일어났다.[21]

내전은 볼셰비키 정권의 기틀을 잡는 경험이 됐다. 볼셰비키 특유의 강압적인 무력 통치 방식이 이 무렵 확립되었다. 전시 비상 체제로 독재는 강화됐다. 볼셰비키는 전시 비상 체제를 핑계 삼아 '계급의 적'을 대거 체포하고 처형하는 적색 테러를 정당화했고, 공산주의 아래 경제와 사회적 삶의 모든 측면을 통제하는 당 정부의 중앙집권을 강화했다. 1920년까지 약 300만 명이 소비에트 관료 체제의 일원으로 일했다. 이는 프롤레타리아 독재가 아니라 소비에트 관료 체제의 독재였다.

입당은 관료제의 사다리를 오르는 가장 확실한 방법이었다. 내전 기간에 백만 명 이상이 당에 이름을 올렸다. 붉은 군대로 유입된 인원이 많았는데 그들은 징집된 신병에게 볼셰비키처럼 읽고, 말하고, 행동하는 방법을 가르쳤다. 수뇌부는 이런 대량 입당으로 인한 당의 질적 저하를 우려했다. 당원 자격으로 얻게 되는 특전(더 좋은 일자리, 풍부한 식량과 연료 배급, 특별 상점 이용권 등)을 보고 달려든 경력주의자들에게 당이 매몰되는 것을 어떻게 막을 수 있을까? 당이라는 가면 뒤에 숨은 자들의 진짜 정체를 어떻게 확인할 것인가? 수뇌부는 그들을 '빨간 무'(겉은 붉고 속은 희다)라고 불렀다. 매년 당원 숙청이 일어났다. 그래도 이런 두려움은 적어도 1930년대까지는 불안정의 근원으로만 존재했다. 그것이 스탈린의 숙청에 기름을 부을 때까지는 말이다.

당이 커지자 당원들이 소비에트를 지배하기 시작했다. 그들은 소비에트를 중앙위원회가 통제하는 지역 혁명 조직에서 공산당 국가의 관료 조직으로 바꾸었다. 지방 도시와 일부 지방 현에서는 해당 관할 지역에 연고가 없는, 모스크바 볼셰비키 본부에서 파견한 인물이 소비에트 간부로 지명되기도 했다. 하지만 임명자의 숫자는 시골 볼로스트 소비에트의 자리를 모두 채우기에 턱없이 부족했다. 이곳에서 지도자 역할을 담당하는 볼셰비키는 농민 청년들이었고 그들 중 많은 수가 군사 기술과 조직에 관한 신기술을 배우고 사회주의 사상에 해박하여 이를 읊을 수 있는, 전쟁에서 돌아온 군인들이었다.[22] 1903년 조사에 응답한 시골 아이들처럼 그들도 농군의 삶으로 돌아가고 싶지는 않았다. 그들에게 당 업무는 사무직 자리를 얻는 방법이었다. 농촌 전역에서 공산 정권은 관료 계급의 일원이 되겠다는 농촌 젊은이들의 야망을 바탕으로 세워졌다.

1920년 봄에 이르자, 내전에서 볼셰비키의 승리가 거의 확실시되었다. 콜차크 군대는 시베리아에서 패배했다. 데니킨 군대는 크림반도로 밀려났다. 표트르 브란겔Wrangel 장군의 지휘 아래 백위군 잔당이 마지막으로 저항선을 구축했으나, 11월에 그들 역시 패배했다. 수천 명의 패잔병은 뿔뿔이 흩어져 또 다른 '러시아'가 세워질 베를린, 파리, 뉴욕으로 향하는 동맹국들의 배에 올라탔다.

볼셰비키가 승리한 핵심 요인은 무엇이었는가? 그들에게는 당의 규율과 조직이 있었다. 대중의 지지를 얻을 수 있는 확실한 상징(붉은 깃발, 붉은 군대 표장, 붉은 별)과 더불어 통일된 목표('혁명'의 수호)도 있었다. 볼셰비키는 선전의 대가였다. 그들은 각종 선전물(포스터, 팸플릿, 무료 신문, 영화, 선전연극 등)을 제작해 전선으로 전달했는데, 여기에 특수 제작한 '선전 열차agit-train'가 특히 효과적으로 활용되었다. 선전

열차 안에는 인쇄기, 도서관, 극단(개방형 짐칸을 무대로 사용했다), 심지어는 영화관까지 있었다.

그들의 선전은 오랫동안 대중 반란에 불을 지핀, 사회 정의와 자유에 관한 오래된 종교적 신화를 영리하게 각색한 것이었다. 문맹률이 높고 정치 담화를 거의 이해하지 못하는 인구가 쉽게 이해하도록, 단순한 시각적, 상징적 형태로 전달한 것이 효과적이었다. 시골 빈농에 뿌린 팸플릿은 사회주의를 그리스도가 한 일에 비유했다. 레닌이 암살 시도로 다친 후 1918년 8월부터 본격적으로 레닌 숭배가 이뤄졌는데, 종교적 색채가 명확했다. 레닌은 사람들의 대의를 위해 죽을 준비가 된 그리스도와 같은 인물로 그려졌고, 살아났기 때문에 기적의 힘으로 축복받은 인물이었다.

심지어 붉은 별마저 민속 설화에 깊이 뿌리내린 종교적 함의가 담겼다. 붉은 군대의 전단은 군인들에게 왜 붉은 별이 그들의 모자와 제복에 등장하는지 설명했다. 그것은 프라브다Pravda 여신의 상징으로, 여신의 이마에서 불타는 붉은 별이 온 세상을 밝히고, 그녀의 이름이 가진 두 가지 뜻처럼 세상에 진실과 정의를 가져온다는 의미였다. 한때 크리브다Krivda(거짓이라는 뜻)가 붉은 별을 훔친 적이 있었다. 크리브다의 통치는 세상에 어둠과 사악함을 가져왔다. 마침내 프라브다의 부름을 받은 사람들은 분연히 일어나 크리브다를 물리치고 별을 되찾았다. 전단은 이렇게 결론 내렸다. 붉은 군대의 "용감한 청년들은 크리브다와 그녀의 사악한 지지자들에 맞서 싸워 진실이 세상을 다스리도록 한다"고.[23]

민속 신화의 동원력이 볼셰비키가 성공한 유일한 원인은 아니다. 지리적 이점 또한 작용했다. 그들은 러시아 중부를 장악했는데, 그곳은 러시아 인구의 대부분이 거주하는 데다 모스크바를 중심으로 거미줄처럼 확장하는 국가 철로 네트워크의 핵심이어서, 적의 공세에 따라 군사력과 자원을 한 전선에서 다른 전선으로 이동하며 유연하게 대처할 수 있었다. 대조적으로 백위군은 여러 전선에서 싸워야 했다. 교통망이 없는 상태였으므로 붉은 군대에 대항할 작전을 운용하기가 어려웠고, 군수품 보급의 많은 부분을 외부 동맹국의 지원에 의존해야 했다.

하지만 백위군이 패배한 핵심에는 정치의 실패가 있었다. 그들은 대중의 지지를 얻을 수 있는 정책을 전면에 내세우기를 꺼렸다. 그들은 새로운 혁명 현실에 적응하는 데 완전히 실패했다. 내전의 마지막 해가 되어서야, 그것도 동맹국들의 주장에 떠밀려 마지못해 선전 작업에 실질적으로 자원을 투입했고, 심지어 그때도 러시아 민중보다는 동맹국들을 대상으로 삼았다. 백위군이 민족독립운동을 인정하기를 거부한 것은 결정적 패착이었다. 그렇게 함으로써 그들은 폴란드, 우크라이나, 에스토니아, 핀란드의 지지(어느 하나든 양측의 줄다리기에서 백위군이 승기를 잡게 만들 수 있었다)를 잃었고, 백위군 지도부가 제공하려고 했던 것보다 러시아로부터 더 많은 자치권을 얻기를 원했던 코사크와의 관계는 더욱 복잡해졌다.

무엇보다 백위군이 패배한 주요 원인은 러시아 토지를 둘러싸고 일어난 농민 혁명을 받아들이지 못한 데 있었다. 그 바람에 내전의 운명을 결정한 격전지이자 1917년 동안 농민의 토지 획득이 가장 큰 규모로 일어났던 중부 농업지대의 농촌 인구로부터 그들이 유리되었다. 이 치명적인 단점은 1919년에 모스크바를 상대로 전투를 벌인 데니킨 공세에서 잘 표현되었다. 데니킨 군대는 7월에 본거지인 우크라이나와 볼가강 하구에서 북쪽으로 진격했다. 군대는 모스크바의 방어선을 뚫기 위해 '모 아니면 도' 작전으로 이판사판 돌진했다. 10월 중순에 그들은 오룔Oryol을 점령했다. 오룔은 당시 노동자 파업이 한창이던 붉은 군대의 핵심 조병창인 툴라Tula에서 가까웠고, 툴라를 점령할 수만 있다면 모스크바 전투에서 백위군이 확실히 유리한 고지를 점령할 터였다. 또 다른 백위군 장군 유데니치의 군대가 발트해 연안 에스토니아를 통해 페트로그라드를 압박하고 있었으므로, 백위군은 이번에야말로 남부 전선에서 대규모 공세를 퍼부을 수 있었다. 볼셰비키는 경악했다. 볼셰비키는 모스크바가 곧 함락될 거라고 생각했다. 많은 이가 짐을 싸 해외로 탈출했다. 소비에트 수도를 비우고 피신하는 비밀 작전이 수립되었다. 툴라를 둘러싼 양측의 힘겨루기가 치열하게 호각을 이루던 절체절명의 순간에 한때 붉은 군대에서 탈영했던 농민 병사 25만 명이 앞 다투어 백위군과 싸우겠다고 모여들었다.[24] 그들은 식량 징발 부대와 인민위원에 치를 떨며 볼셰비키 정권을 혐오했지만, 백위군보다는 볼셰비키의 편이었다. 토지 개혁을 이룬 자신들의 혁명을 수호하기 위해서였다.

일단 백위군를 무찌르고 나자 농민들은 강제 징발로 자신들을 아사지경으로 몰고 가는 볼셰비키에 등을 돌렸다. 1920년 가을, 나라 전체가 농민 항쟁에 휩싸였다. 대부분은 소규모 반란이었지만, 우크라이나의 마흐노Makhno 부대나 탐보프의 안토노프Antonov 반란군과 같이 '녹색군'이라는 이름으로 불리며 농민 정부를 수립한 대규모 부대도 있었다. 어디서나 그들이 내세운 목표는 같았다. 1917년의 농민 자치를 회복하는 것이었다. 일부는 '공산주의자가 없는 소비에트!'라는 구호로 이를 표현했다.

시골 지역 대부분에서 볼셰비키의 권력은 사라졌다. 도시로 보내는 곡물 수송량에 큰 차질이 생겼다. 노동자들이 파업에 돌입했다. 식량 부족만의 문제가 아니었다. 노동자들은 1917년에 그들이 힘겹게 쟁취한 권리가 사라진다는 사실에 분노했다. 이들은 노동조합이 준군사적 위계질서에 따라 당의 산업 담당 부서에 종속된다는 점에 반대했고(1920년 이래로 수송 담당 인민위원이었던 트로츠키가 추진한 정책이었다), 당의 정책이 점점 수뇌부가 미리 결정한 사항을 일방적으로 하달하는 방식이 되어가면서 당내 민주주의가 쇠퇴한다고 반발했다. 노동자들은 레닌이 '노동자 반대파Worker's Opposition'라고 이름 붙인 볼셰비키 당파에서 자신들의 대변자를 찾았다. 그 당파는 알렉산드르 실랴프니코프Alexander Shliapnikov와 알렉산드라 콜론타이Alexandra Kollontai가 이끌었는데, 이들은 노동조합에 더 많은 권리를 허락하고 소비에트 민주주의로 회귀할 것을 촉구했다. 파업은 모스크바에서 시작되었고 곧 페트로그라드로 번져 다음과 같은 선언문이 혁명 4주년 기념일인 2월 27일에 페트로그라드 거리를 물들였다. 그것은 무장봉기에 대한 새로운 요구였다.

노동자와 농민은 자유가 필요하다. 그들은 볼셰비키의 법령에 복종하며 살기를 원치 않는다. 그들은 자기 스스로 운명을 통제하기를 원한다. 우리는 체포된 모든 사회주의자와 비당원 노동자들의 사면을, 계엄령의 폐지

를, 모든 노동자의 언론·출판·집회의 자유를, 공장 위원회·노동조합·소비
에트의 자유선거를 요구한다.[25]

그날의 반란은 크론시타트 해군 기지로 확산됐다. 1917년에 트
로츠키는 크론시타트 수병들을 '러시아 혁명의 자랑이자 영광'이라
불렀다. 그들은 10월 혁명에서 결정적인 역할을 했다. 그러나 이제
수병들은 볼셰비키 독재의 종식을 요구하고 있었다. 별도의 새 소비
에트를 선출하면서, 언론과 집회의 자유, '모든 노동자에 대한 평등
한 배급', 징발 중지를 요구했다.[26] 트로츠키는 폭동 진압을 직접 지
휘했다. 3월 7일, 해군 기지에 포탄을 투하함으로써 공격이 개시되
었다. 모스크바에서는 그때 제10차 당 대회가 열리고 있었다.

1921년 당 대회에서 레닌은 곡물 징발을 현물세로 대체하는 안
을 발표했다. 일단 현물로 세금을 납부하기만 하면 농민은 남은 생
산물을 자유롭게 시장에 내다 팔 수 있었다. 레닌은 모든 백위군을
합한 것보다 '훨씬 더 위험한' 농민 봉기를 잠재우고, 농민과 새로운
동맹(스미치카smychka, '결합'이라는 뜻)을 구축하려면 반드시 이렇게 해야
한다고 주장했다. 이는 공산주의의 중심 토대를 버리고 사회주의 체
제 내에서 민간 무역과 소규모 제조업이 허용되는 '신경제정책New
Economic Policy, NEP'의 토대를 마련하는 것을 의미했다. 많은 볼셰비키가
이것이 자본주의 체제로 회귀하는 결과로 이어질까 우려했다. 하지
만 레닌은 국가가 '경제의 사령탑'(중공업, 공공시설, 천연자원)을 통제하
는 한, 소비자 수요에 부응하도록 민간 농업, 소매 무역, 수공업을 허
용하는 것은 위협이 되지 않는다고 일축했다.

레닌은 당의 단결을 강화하고 '노동자 반대파'를 탄압하기 위해 당 내부에서 파벌을 만드는 것을 금지하는 법안을 도입했다. 러시아의 운명을 결정한 한 방이었다. 중앙위원회는 이제 그들이 국가를 독재 노선으로 다스리듯, 당도 똑같이 통제했다. 따라서 어떤 단체도 당으로부터 제명되는 죄목인 '당파주의'로 고발될 위험을 무릅쓰지 않고서 당의 결정에 의문을 제기할 수 없었다.

신경제정책은 전시 공산주의 체제의 본질인 명령을 통한 사회주의 건설이라는 유토피아적 이상에서 일시적으로 후퇴하는 행보였다. 이는 소규모 농민 농장 같은 나라인 러시아를 버리고, 사회주의의 한 부분으로서의 시장에 농장을 끌어들이는 정책을 만든다는 것을 의미했다. 레닌은 중앙위원회의 연단에서 "오직 자본주의가 발전한 나라에서만 즉각적인 사회주의로의 이행"이 가능하다고 말했다. 멘셰비키가 1917년에 말했던 것과 똑같았다. 이제 레닌은 멘셰비키의 해법을 채택했고, 볼셰비키에 '부르주아의 손을 빌려 공산주의를 건설하는' 임무를 시작하자고 촉구했다. 전시 공산주의에서 '계급의 적'으로 지탄받았던 교회와 사기업, 인텔리겐치아 그리고 그들의 '부르주아' 문화와 새롭게 일시적 타협을 이뤄야 했다. 레닌의 이상이 실현되려면 볼셰비키는 그들의 방식을 바꾸어야 했다. 더는 인민에게 총부리를 겨누며 통치할 수 없었다. 레닌은 이제 볼셰비키가 '더 천천히 진행해야 한다'고 경고했다. '제대로 통치하는 법'을 배우자면 서구의 교육과 문화를 배워야만 했다.[27] 그들이 과연 그럴 준비가 되었던가?

9

옛 러시아와 싸우는 전쟁

THE WAR ON OLD RUSSIA

THE STORY OF RUSSIA

★

시장이 다시 열리자 소련 경제에
활기가 돌았다. 민간 거래는 전쟁과 혁명, 내전으로 얼룩진 7년 동안
누적된 만성적 공급 부족에 즉각적으로 대응했다. 벼룩시장이 번성
했다. 농민들은 자기 생산물을 시장에 내다 팔았다. 개인 카페와 상
점, 식당들이 우후죽순으로 생겨났다. 오랫동안 잊고 살았던 사치품
들(버터, 치즈, 육류, 고급 과자와 디저트 음식)이 상점 쇼윈도에 즐비했지만,
그런 기호품의 가격은 일반 시민들의 소득 수준을 훌쩍 뛰어넘었
다. 신경제정책 체제가 낳은 신흥 상인 계층, '네프맨Nepmen'이 부상
했다. 그들은 부인과 정부에게 다이아몬드와 모피 외투를 둘러주고,
으리으리한 수입차를 타고 거리를 누볐으며, 값비싼 호텔 바에서 새
로 개장한 경마장과 카지노에서 얼마나 많은 돈을 날렸는지 떠들썩
하게 자랑했다. '이것이 혁명의 목적이었나?' 많은 사람의 머릿속을
맴돈 질문이었다. 수천 명의 노동자가 신경제정책에 환멸을 느끼고

당원증을 버렸나. 그들은 신경제정책, 즉 NEP New Economic Policy를 '새로운 프롤레타리아 착취 New Exploitation of the Proletariat' 정책이라고 비꼬아 불렀다.

신경제정책에 대한 도시 사람들의 적대감은 국영 상점에 식량이 부족해지는 상황과 함께 더욱 심해졌다. 예전과 마찬가지로 문제의 근본 원인은 농민과 거래할 소비재의 부족이었다. 내전은 산업에 심각한 타격을 입혔다. 1922년부터 이듬해까지 풍작이 이어져 농가는 상황이 좋았던 반면, 산업은 회복이 더뎠다. 그 결과 농산물 가격이 하락하고 소비재 가격이 가파르게 상승하는 가격 격차(일명 '가위 사태')가 심화됐다. 제조 비용이 상승하자 농민들은 국영 창고에 판매하는 곡물량을 줄였다. 정부 수매가가 너무 낮아서 농민들은 국가에 곡물을 팔아서는 생필품을 구매하기에 충분한 돈을 벌 수 없었다. 볼셰비키는 이 문제의 해결책을 둘러싸고 의견이 갈렸다. 트로츠키와 같은 당의 좌파들은 공산품 공급을 늘리는 것이 최우선 과제라고 판단했다. 그들은 곡물 가격은 계속 낮게 유지하고 국가의 계획경제가 주는 이점을 활용해 대대적인 산업 생산량 증가를 도모하는 가운데 곡물은 필요시 강제 징발하는 안을 선호했다. 부하린 같은 우파는 산업화를 위한 자본 축적 속도가 둔화할 가능성을 감수하더라도 조달가를 높이자고 주장했다. 높은 가격은 농민의 곡물 판매를 장려하고 혁명의 운명이 달린 정부와 농민 사이의 연대, '스미치카'를 보존할 방법이었다.

국제적으로 신경제정책이 가져올 결과에 관해서도 의견 차이가 있었다. 볼셰비키가 권력을 잡았을 때 그들 모두 혁명이 더 고도화된 산업 사회로 번질 거라고 믿었다. 그들이 보기에 사회주의는 러시아에서 독자적으로 유지될 수 없었다. 러시아는 적대적인 자본주의 국가로부터 스스로 방어할 기계 제조와 군수물자와 같은 산업이 없었기 때문이다. 그들은 해방 동력으로서 혁명이 전 세계로 퍼지기를 꿈꾸었다. 그것이 그들이 공산주의 인터내셔널, 코민테른 Comintern을 결성하고 모스크바의 지휘 아래 다른 국가의 공산주의자를 결집한 이유였다. 코민테른의 결성은 제2인터내셔널의 사회주의 정당들의 입장과 근본적으로 결별하는 것을 의미했다. 제2인터내셔널은 사회주의자들이 자국 전쟁을 지지해야 하는지를 둘러싸고 갈등을 겪다 1916년 해체됐다. 1918년에 볼셰비키는 사회민주주의에 대한 이념적 반대를 표명하려고 명칭을 사회민주노동당에서 '공산당Communist Party'으로 바꾸었다. 제3인터내셔널로 알려진 코민테른의 설립이 확고한 방점이었다. 코민테른의 '21개 조항Twenty-One Conditions'(1920년에 통과되었다)에 따라, 회원 정당은 입헌 사회주의자 정당의 '사회주의적 애국주의자'들과 투쟁하고, 전 세계에서 유일하게 공산주의 국가를 이룬 공산 사상의 유일무이한 본진인 소비에트 공화국에 충실한 지지를 보내며, 명칭을 '공산당'으로 바꿔야 했다. 러시아는 코민테른을 통해서 국제무대에서 새 지위를 얻었다. 공산주의는 러시아에 새로운 메시아 역할을 부여했다. 중세 제3의 로마 신화에서 모스크바는 세계의 유일하고 진정한 구원자 역할을 부여받은 신성한 도시였다. 이제 러시아는 제3인터내셔널의 지도자로서 자본주의의 폭압으로부터 세계를 해방하는 임무를 짊어졌다. 코민테른에 참여하는 서유럽 공산주의자들은 러시아의 지휘권을 인정했다.

그러나 1924년에 이르자 서유럽에서 혁명이 일어나지 않으리라는 사실이 명확해졌다. 종전 직후의 불안정은 지나갔다. 이탈리아에서는 파시스트당이 정권을 잡았다. 독일에서 공산주의자들이 조직한 파업은 대규모 봉기로 점화되지 못했다. 스탈린과 부하린은 이른 시일 내에 혁명을 수출한다는 목표를 포기하고, '일국 사회주의' 정책을 발전시켰다. 공산당 혁명 전략의 극적인 선회였다. 산업화한 국가들의 지원을 기다리는 대신, 1922년 러시아, 자캅카스Transcaucasian, 우크라이나, 벨라루스 소비에트 공화국은 소비에트 연방을 결성했고, 내부에서 자급자족 체제를 구축하고 자체 경제에서 발생하는 자본으로 산업을 일으켜 스스로를 방어하기로 했다. 서유럽에서 기자재와 기계를 수입하고 그 대가로 곡물과 원자재를 수출하는 식이었다.

신경제정책에 관한 논쟁은 시간에 대한 질문으로 귀결되었다. 소련이 신경제정책의 시장 경제 체제를 통해 산업화를 달성하는 데 얼마나 걸릴까? 그것의 여러 수단이, 모두가 불가피하다는 데 동의하는 자본주의 진영과의 전쟁이 일어나기 전에 소련이 필요한 방위 산업을 구축할 만큼 신속하게 작동할 것인가? 이 두려움으로 인해 스탈린이 5개년 계획을 추진하며 권력의 중심에 설 수 있었다.

멘셰비키 회고록 작가 니콜라이 수하노프Nikolai Sukhanov는 1917년에 탁월한 연대기를 남겼는데, 스탈린을 '모호하게 슬쩍슬쩍 비치고 흔적을 남기지 않는 회색 형체'라고 묘사한 표현이 유명하다.[1] 스탈린은 고향 조지아와 캅카스에서 여러 해 동안 지하조직에서 활동하다 체포되어 시베리아로 유배되었고, 1917년 3월에 페트로그라드에 등장했다. 내전 기간에는 다른 사람들이 너무 단조롭다고 생각한 여러 자리를 맡았다. 민족부 인민위원, 노동자-농민 사찰단(라프크린 Rabkrin) 인민위원, 정치국(폴리트뷰로Politburo)과 조직국(오르그뷰로Orgburo) 인민위원과 당 행정을 담당하는 사무국 총비서직을 역임했다. 그 결과 그는 겸손하고 근면한, 무난한 인물이라는 호평을 얻었다.

기형인 팔과 얽은 얼굴에 키가 작고 조지아 사투리가 섞인 러시아어를 구사하는 스탈린은 당의 대도시 지도자들이 가진 우월감을 감지했다. 쉽사리 분노에 휩싸이고 원한은 죽는 날까지 잊지 않았던 그는 당의 하위 계급으로부터 권력 기반을 다져 올라가며 복수를 계획했다. 모든 볼셰비키 수뇌부는 그를 과소평가했다. 레닌도 마찬가지였다. 레닌은 너무 오랫동안 스탈린의 무례함, 폭력성, 범죄성향을 대의를 위해 기꺼이 이용했다. 1922년 4월 레닌은 스탈린을 당의 총서기general secretary로 임명했다. 레닌은 스탈린의 무자비한 규율이 파벌을 금지하고 '노동자 반대파'—여전히 신경제정책에 반대하는 노동자의 지지를 등에 업은—를 제거하는 데 도움이 된다고 생각했다. 레닌도 서서히 깨달았지만, 그것은 끔찍한 실수였다.

스탈린이 권력을 키울 수 있었던 건 당 조직을 장악하고 체카에서 이름을 바꾼 연방정치보안부OGPU(오게페우) 경찰을 비밀리에 이용해 적들을 제거해서였다. 스탈린은 총서기이자 조직국에서 유일한 정치국원으로서, 자기 지지자들을 당의 요직에 앉힐 수 있었고 당 대회와 중앙위원회에서 과반을 확보할 수 있었다. 1922년에만 42명의 지방 당 서기를 포함해 천 명 이상의 고위 당 간부들이 조직국에 의해 선출되었다.[2] 이것이 중앙위원회 인사로 채우고, 지위, 특권, 후원 관계로 위계 서열을 매긴 노멘클라투라 제도의 핵심이었다. 중세 모스크바 대공국에서 공후들과 보야르 가문을 폐쇄적이고 세세하게 등급이 나뉜 관료 직책으로 순위를 매겼던 메스트니체스트보(관등표)와 다를 바 없었다. 이들은 스탈린이 정상을 향해 투쟁하는 동안 충실하게 그를 지지했다. 그들도 스탈린처럼 출신이 평범했다. 대부분은 학교 교육을 받은 햇수도 손에 꼽을 정도였다. 입문자용 책으로 배운 게 전부였던 그들은 마르크스주의 사상을 제대로 이해하지 못했고, 자신들의 머리로는 이해할 수 없는 복잡한 이론을 전개하는 트로츠키와 부하린 같은 지식인들을 불신했다. 스탈린이 단순한 용어로 표현한, 현실에 와닿는 지혜를 신뢰했다.

그런데도 스탈린은 한 번도 안정감을 느끼지 못했다. 타고나길 의심이 많은 성격으로, 지역 당 조직에 '반대파'(멘셰비키와 사회혁명당 잔당, 노동자 반대파, 트로츠키 추종자 등)가 숨어 있다는 생각을 떨치지 못했다. 그는 사무국과 조직국을 장악하고, 지역 당 서기들에게 반대파 움직임(기껏해야 당 지도부에 대한 비판을 입에 올리는 수준이었다)을 적발하라고 압력을 가했다. 지방 지도부의 능력은 그들이 중앙통제위원회Central Control Commission에 전달하는 정보의 질로 판단했다. 중앙통제위원회는 당 기강을 책임지는 부서로, 스탈린이 직접 지휘하다가 1923년에 동지 발레리안 쿠이비셰프Valerian Kuibyshev에 넘겼다.

통제와 처벌이라는 당의 작동원리를 넘어서서, 스탈린은 총서기로서 그가 지휘할 수 있는 OGPU(연방정치보안부)를 활용했다. 스탈린은 OGPU의 수장인 펠릭스 제르진스키Felix Dzerzhinsky와 긴밀한 동맹 관계였다. 제르진스키는 당과 사회의 '반소비에트' 단체에 관한 증거를 제공해 자원과 권력을 최대로 확보한 인물이었다. 스탈린은 정치 경찰을 통해 당 간부를 염탐하고 유사시 그들에게 불리하게 활용될 수 있는 유죄 입증 증거(콤프로마트kompromat)를 수집하거나 조작했다. 수천 명의 잠재적인 반동분자가 이런 식으로 당에서 숙청되었다. 일단 당에서 축출되면 어설픈 심문조차도 없이 체포되거나 심지어 처형당할 수도 있었다. 또한 스탈린은 동지들을 직접 염탐하는 것을 좋아했다. 서기국 내 그가 만든 '비밀 부서'에는 비밀리에 입수한 우편물과 경찰 도청으로 확보한 당 간부들의 약점과 걱정거리를 상세히 정리한 서류들이 가득했다. 스탈린의 책상 서랍에는 비밀 전화기가 숨겨져 있었는데 스탈린은 그 전화기로 크렘린의 고위 정부 관료의 개인 통화를 엿들을 수 있었다. 스탈린은 모든 동지의 약점(정부情婦, 코카인 사용, 동성애 등)을 알고 있었고, 그것들을 적재적소에 이용했다.[3]

스탈린은 총서기로서 레닌이 1922년 5월 뇌졸중으로 쓰러졌을 때 레닌의 치료를 담당했다. 레닌이 일선에서 물러나자 스탈린은 트로츠키를 견제하기 위해 삼두체제(레프 카메네프Lev Kamenev와 그리고리 지노비예프Grigory Zinoviev와 더불어)를 결성했다. 그들 모두 트로츠키를 가장 두려운 계승 경쟁자로 생각하고 있었다. 스탈린을 향한 레닌의 의심은 점점 커졌다. 1922년 12월 23일과 이듬해 1월 4일 사이에 레닌은 다가오는 12차 당 대회를 위한 일련의 짧은 메모(훗날 레닌의 유언으로 알려졌다)를 부인인 크룹스카야Krupskaya에게 받아 적게 했는데, 스탈린을 강하게 비난하며 그를 총서기직에서 해임할 것을 권고하는 내용도 담겼다.

레닌은 스탈린이 제 뜻에 따르지 않는 조지아 볼셰비키를 대하는 방식에 충격을 받은 터였다. 스탈린이 민족부 인민위원의 자격으로 소비에트 연방을 모태로 연방제를 확대하는 계획을 세웠는데, 조지아 볼셰비키가 반발하자 생긴 일이었다. 이 계획에서 비러시아 국가들은 연방에서 탈퇴할 공식적인 권리가 박탈된 채 '자치' 공화국으로서 러시아에 합류해야 했다. 레닌은 뇌졸중으로 쓰러지기 전에 소비에트 공화국들이 탈퇴 권리를 가진 채 동등한 자격으로 연방을 이루는 계획을 제시한 바 있었다. 모스크바의 캅카스 조직국 국장이자 스탈린의 최측근이었던 세르고 오르조니키제Sergo Ordzhonikidze는 조지아 공화국에 중앙집권적 통제를 가했고, '민족주의자'들과 '반동주의자'들을 당에서 숙청했다. 개인적으로 언쟁을 벌이는 와중에 스탈린의 계획에 반대하는 조지아 볼셰비키 당원의 뺨을 후려치기도 했다. 레닌은 이 사실을 전해 듣고 격분했다. 레닌은 이제 스탈린이 '대러시아 쇼비니즘'에 젖은 인물이며, '극도의 조심성, 섬세함, 협상할 자세'가 필요한 곳에서도 그저 소규모 민족 국가들을 괴롭히고 합병하는 일만 할 뿐이라는 사실을 깨달았다. 레닌은 그해 3월 스탈린이 자기 부인을 향해 '저속한 욕설의 포화'를 퍼붓고 심지어 협박하기도 한 추악한 사건을 알게 되었고, 스탈린에 대해 완전히 실망했다.[4] 그 사건으로 큰 충격을 받고 레닌은 병세가 바로 악화됐다. 3일 후 또 한 차례 뇌졸중 발작이 일었고 다시는 입을 떼지 못했다.

1923년 4월, 마침내 12차 당 대회가 열렸다. 레닌은 당 대회에서 공개되기를 바라며 메모를 남겼지만, 크룹스카야는 레닌이 회복하리라 기대하며 유언을 보관한 채 공개하지 않았다. 1924년 1월에 레닌이 죽자 크룹스카야는 서기국에 레닌의 유언을 전달하며 1924년 5월에 열릴 13차 당 대회에서 그 문건을 제본해 회람해달라고 요청했다. 유언은 전체 위원들에게 공개되지 않은 채 소규모로 미리 조율된 별도의 수뇌부 회의에서 낭독되었고, 삼두 위원은 스탈린이 자신의 방식을 바로잡겠다고 약속했으니 이를 승인하자고 대표단을 설득할 수 있었다.

트로츠키는 레닌의 유언을 두고 이렇게 결정하는 것에 반대하기에는 힘이 없었다(13차 당 대회 중앙위원회 투표에서 그는 35위를 차지했다). 트로츠키는 갈팡질팡했다. 그는 당의 통합이라는 명분으로 적들의 비위를 맞추기도 했고, 삼두체제의 '경찰 정권'에 대항해 나머지 일반 위원들을 결집하는 선봉장이 되기도 했다. 트로츠키를 지지하는 세력은 트로츠키의 산업 친화적 정책에 동의하는 원로 볼셰비키들로 구성된 '46인회'였다. 하지만 그들의 지지를 얻자 트로츠키는 파벌주의(레닌이 당파를 금지한 이래로 이는 당에 대항하는 범죄행위였다) 혐의를 받게 된다. 결국 반대파로 낙인찍혔고, '보나파르트주의자' 야망을 품었다며 1923년 10월에 당 전원회의에서 고발당했다. 카메네프와 지노비예프는 트로츠키를 당에서 축출하기를 원했으나 항상 실제보다 더 온화하게 보이고 싶어 했던 스탈린이 이에 반대했다. 트로츠키는 어쨌든 세력을 모두 잃었다. 1925년에 모든 직위를 박탈당한 트로츠키는 2년 후인 1927년에 당에서 제명되었고 카자흐스탄으로 망명했다가, 1929년 마침내 소비에트 연방에서 추방됐다.

레닌은 페트로그라드에 있는 자기 어머니의 무덤 옆에 묻어 달리고 요구했나. 하지만 스탈린은 그의 시신을 방부 처리해 전시하기를 원했다. 러시아 정교 전통에서 썩지 않는 시신은 신성의 표식이었다. 트로츠키는 질색하며 중세 루스의 종교적 숭배에 빗대 그 생각을 비난했다. "그것은 예전에는 세르기 라도네시스키와 사로프의 세라핌Serafim of Sarov의 유물이었다. 이제 저들은 그것들을 블라디미르 일리치(레닌)의 유물로 대체하기를 원한다." 스탈린은 정치국을 압박해 자기 계획을 관철했다. 레닌의 시신은 그의 사후 단 1주일 동안 임시 목조 묘소 안에 전시되었다. 수많은 사람이 시신을 참배하고 무릎을 꿇고 성호를 그으며 이 새로운 신 앞에 기도를 올렸다.[5]

스탈린은 이런 레닌 숭배로부터 다른 어떤 볼셰비키 지도자보다 더 큰 수혜를 입었다. 1924년 1월 26일에 열린 소비에트 연방 회의에서 스탈린은 복음을 외치는 전도사 같은 어조로 레닌의 위업을 받들겠다고 맹세했다. 그는 죽은 지도자의 원칙과 성취를 차례차례 나열하며 매번 똑같이 다음과 같은 신성한 맹세로 마무리했다. "레닌 동지, 당신에게 맹세하노니 우리는 명예롭게 당신의 명령을 실천하겠습니다!" 훗날 '위대한 맹세'로 알려진 이날의 연설은 스탈린을 레닌 교리의 선도적인 사도로 우뚝 세웠다. 스탈린이 하는 모든 행동이 이제 그 맹세를 실천하는 것으로 정당화되었다. 스탈린은 '레닌주의'라는 방패를 사용하며 경쟁자를 차례차례 제거해갔다.

트로츠키와 그의 지지자들(좌익 반대파로 불렸다)이 패배함에 따라 신경제정책에 대한 중농주의적 접근이 수년간 확고해진 듯했다. 지노비예프와 카메네프가 뒤늦게 트로츠키의 편에 섰지만, 신경제정책에 대한 그들의 비판(국가 경제를 희생해서 민간 부문을 키우고 있다는 비판)은 영향력이 별로 없었다. 부하린은 스탈린의 지지를 등에 업고 농촌 농장이 국가에 더 많은 식량을 팔도록 장려했다. 실질적 진전이 상당히 이루어졌다. 1926년까지 농업 생산량은 러시아가 세계 최대의 곡물 수출국이었던 1913년 수준을 회복했다. 농촌 농장들은 소비재를 더 쉽게 구할 수 있게 지원해준 협동조합을 통해 더 많은 곡물을 사회주의 경제 영역으로 판매했고, 협동조합의 농업 지원 사업(토지 재조직, 관개 농법, 농기구와 비료 개량 등)으로 농장은 생산성을 더 향상하고 있었다. 정부의 세금 정책에 고무된 많은 농촌 지역에서 토즈TOZ를 형성하기도 했는데, 이는 토지는 공동 경작하고 가축과 농기계는 각 가정의 사유재산으로 운영하는 단순한 형태의 집단 농장이다. 시간이 더 있었다면 토즈는 신경제정책의 시장 체제 안에서 중요한 집단 농업 부문을 형성할 수 있었을지도 모른다.

하지만 신경제정책의 시대는 끝을 향해 달려가고 있었다. 1927년, 흉작으로 정부가 농민으로부터 조달하는 곡물의 양이 급감했다. 그때 소련 언론에는 유제프 피우수트스키Józef Piłsudski가 이끄는 폴란드 민족주의당 정부가 수년간 소련과 긴장 관계를 유지한 영국 정부의 지원을 받아 소비에트 우크라이나와 벨라루스를 침공할 계획을 세우고 있다는 거짓 뉴스(스탈린이 주도했거나 적어도 이용한)가 넘쳐나고 있었다.* 스탈린은 다시 곡물을 징발해야 한다고 주장했다. 러시아가 사회주의 산업화 국가로 발전하는 것을 막기 위해 곡물을 틀어쥐

---

* 1924년 영국 선거 기간 중 〈데일리 메일〉에 지노비예프가 이끄는 코민테른이 노동당 정부에 침투하여 영국 본국과 식민지에서 레닌주의 혁명을 선동하는 데 노동당을 활용했음을 시사하는 가짜 '지노비예프 편지'가 게재됐고, 이에 힘입어 영국 보수당이 압승을 거두었다.

고 있는 그들의 동맹인 쿨라크와 자본주의 열강으로부터 러시아를 구할 방법은 그것뿐이라는 것이었다. 신경제정책은 러시아가 사회주의적 발전을 이루며 '쿨라크의 위협'과 '반소비에트' 세력이 약화되고 있다는 생각에 기반을 둔 것이었는데, 스탈린은 아마도 자신이 경찰국가를 세우기 위해서는 끊임없는 위기가 필요하다는 계산(그의 편집증적인 사고방식)에서 나왔을 법한 새로운 이론을 소개했다. 혁명이 최후의 승리를 향해 갈수록 쿨라크와의 투쟁이 더 심해질 것이고, 대내외의 적들이 패배에 직면했을 때 쿨라크와 같은 '반혁명' 분자들이 테러와 음모 등의 수단으로 점점 더 절박하게 저항하리라는 논리였다. 부하린은 쿨라크 탄압을 반대했다. 스탈린은 당이 쿨라크를 상대로 벌이는 전쟁을 막으려는 시도는 '적'들의 손에 놀아나는 일이라고 오랜 동지를 위협하며 확실한 경고의 메시지를 보냈다. 신경제정책의 시장 체제를 어떻게든 유지하려고 노력한 부하린의 항의에도 불구하고, 1928년 수확 철부터 강제 징발이 재개되었다. 이번에는 조치를 한층 더 강화하여 곡물 할당량을 내놓지 않는 가구에 형법 107조를 적용해 식량 징수 요원이 해당 농민을 체포하고 재산을 몰수할 수 있게 했다. 우랄-시베리아 방식으로 불린 이 작전이 그럭저럭 성공을 거두자 스탈린은 확신을 얻고 집단 농장 수확 시기에 식량을 통제함으로써 '쿨라크 파업'을 막는 더 급진적인 방법으로 선회했다.

소규모 집단 농장 토즈가 무난히 성장하고 있었는데도 스탈린은 이제 모든 농민을 대규모 집단 농장(콜호스kolkhoze)에 소속시키라고 지시했다. 콜호스에서는 토지뿐 아니라 농기구와 가축까지 모두 공유화되었다. 1929년 여름, 무장 여단이 파견되었고 농촌에 집단 농장이 세워졌다. 군대와 경찰 병력까지 추가된 무장 여단은 콜호스 설립을 성공적으로 마무리할 때까지 귀환하지 말라는 엄격한 지시를 받았다.

대다수 농민은 수세기 동안 대대로 이어온 삶의 방식을 버리는 것을 두려워했다. 가족 농장과 농촌공동체, 마을, 교회 등 모든 것이 '후진성'의 유산이라는 꼬리표를 달고 청산되었다. 많은 마을에서 시위와 폭도, 공산주의자에 대한 공격, 콜호스 자산 파괴, 그리고 (농민 여성들이 주로 주도했던) 교회 폐쇄에 대한 반대 시위가 일어났다. 농민 전쟁에 부딪혀 볼셰비키가 징발을 포기했던 내전 직후로 되돌아간 듯했다. 하지만 이번에는 정권이 그런 저항을 분쇄할 충분한 힘이 있었다. 농민들은 자신들의 무력함을 깨닫고 도망치거나 집단 농장에 뺏기지 않도록 가축을 도살했다. 소련이 보유한 소의 수는 1929~30년 통계치로는 30퍼센트 감소했고, 1928년에서 1933년 사이에는 절반으로 줄어들었다.

저항하는 농민은 누구나 쿨라크로 낙인찍혔고 OGPU가 통제하는 외딴 '특별 거주지'로 쫓겨나 벌목 캠프와 광산에서 일해야 했다. 정치국은 이런 유형지에 100만 명의 쿨라크 가족을 집어넣으라며 목표치를 OGPU에 하달했다. OGPU는 이 수치를 전체 농민 가구의 3~5퍼센트로 상향 조정하고 지방 조직에 할당량을 전달했는데, 지방 정부는 충성심을 과시하려고 종종 목표치를 넘기곤 했다.

쿨라크와의 전쟁은 막대한 인적 손실일 뿐 아니라 경제적 재앙이기도 했다. 이 사태로 새 집단 농장들은 가장 우수하고 열심히 일하는 농민들(쿨라크는 실제 그런 사람들이었다)을 잃었고, 결국 소비에트 경제는 몰락의 길로 들어섰다. 콜호스 체제는 참담한 실패였다. 초기 몇 년 동안 농민들이 학살한 말을 대체할 트랙터를 가진 농장은 거의 없었다. 충성심을 기준으로 임명된 경영진은 농장을 제대로 운영하지 못했다. 경비 감축에 대한 압박으로 일꾼에게 일 년에 고작 한두 번 몇 루블의 보수를 지급했고, 그들이 자신들에게 허용된 소 한 마리와 닭 몇 마리, 과일과 채소를 재배할 수 있는 엄밀히 제한된 개인 토지에서 나오는 보충 식량으로 적당히 알아서 생계를 꾸리기를 기대했다. 이동을 감독하는 내부 신분증 제도로 집단 농장에 묶인 농민들은 이 강제 노동을 농노제의 회복으로 보았다.

1931년 말에는 대략 소비에트 농민의 절반(10만 마을의 6천만 명)이 집단 농장에 소속되었다. 새 농장에서 나오는 거의 모든 생산물을 국가가 가져갔고, 이제 농촌공동체 미르와 같이 가혹한 징발에 저항할 단체조차 없었다. 그 결과는 1932~33년의 광범위한 농촌 대기근이었다. 사망자의 수를 확정하기는 어렵지만 인구통계학자들의 추산에 따르면 850만 명이 굶주림과 질병으로 죽었다. 가장 타격이 심했던 곳은 집단 농장에 대한 징발 기준이 특별히 높았던 우크라이나였다. 이를 근거로 일부 역사가들은 '테러 기근'이 우크라이나인을 향한 계획된 집단학살 정책이었다고 주장하나, 입증할 근거를 찾기는 어렵다.[6] 홀로도모르Holodomor(우크라이나어로 '굶겨 죽인다'는 뜻)라고도 불리는 이 기근은 소비에트 연방의 정책으로 사망한 우크라이나인의 후손들에게 러시아에 대한 증오라는 확고한 유산을 남겼다.

총 수확량이 극적으로 줄었음에도 새로운 집단 농장은 이전의 가족 농장보다 더 많은 양의 식량을 국가에 바쳤다. 집산화는 스탈린의 성공적인 업적으로 칭송되었다. 콜호스 농민들은 굶주렸지만, 정부는 곡물 수출로 벌어들인 돈으로 새 기계를 샀다. 이것이 스탈린이 1928년부터 이듬해까지 부하린과 싸운 이유였다. 5개년 계획에 대한 투자를 극대화하려면 국가가 농민들이 참여하는 시장 메커니즘에 더는 의존하지 않아야 했다.

원래 5개년 계획의 산업 성장 목표는 신경제정책 체제 안에서 달성할 수 있는 수준으로 설정되었다. 하지만 스탈린은 목표 달성 속도를 높이기를 요구했다. 1929년 가을 무렵, 5개년 계획의 목표는 투자 부문은 기존의 3배, 석탄 생산량은 2배, 철 생산량은 4배로 상향 조정되었다. 이런 목표치들은 신경제정책 체제 속에서는 달성할 수 없는 유토피아적 성장률이었다.

5개년 계획은 산업 부문을 제대로 굴러가게 하기보다는 혼란을 가중했다. 관료들은 실패를 은폐하거나 더 많은 투자를 확보하려고 공장에서 경제 부처에 이르기까지 생산의 모든 단계에서 통계를 위조했다. 따라서 계획경제의 공식 수치는 현실과 무관했다. 관리자들은 성과 목표치를 달성해야 한다는 극심한 압박으로 노동자들에게 '폭풍' 생산을 강요했다. 이는 24시간 교대 조로 쉴 새 없이 일하게 하고, 임금은 실적에 따라 차등 지급해 노동자들을 압도적인 실적을 내는 '돌격조'로 조직하는 것을 의미했다. 공장들은 기준을 맞추기 위해 서로 경쟁했고, 공장 경영진은 공급품을 비축하기에 급급했다. 결국 병목 현상과 혼란이 야기되었다. 돌격 작업 체제는 1935년에 돈바스 탄광 노동자 알렉세이 스타하노프_{Alexei Stakhanov}라는 영웅을 낳았다. 그는 6시간 만에 자그마치 102톤의 석탄(할당량의 열네 배였다)을 채굴해 기존의 모든 기록을 갈아치웠다. 대중적 운동에 그의 이름이 붙었다. 도처의 '스타하노프들'은 생활용품을 하사받았고 더 좋은 주거 환경과 높은 급여를 보장받았으며, 가끔은 관리자나 간부직으로 승진하는 등의 보상을 받았다. 그들은 충실한 스탈린주의자로 거듭났다. 하지만 폭풍 생산 제도는 연료와 원자재 공급이 부족해져서 돌격대의 작업성과가 낮아지고 급여가 줄어들면 돌격대와 관리자 간 마찰이 빚어지는 원인이 되었다. 노동자들은 관리자들의 '사보타주' 또는 '파괴' 행위를 비난했다. 그들은 그런 부족이 공급 독점과 체제의 병목을 만들어내는 현란한 목표치 때문이라는 사실을 깨닫지 못했다. 그들은 '파괴와 사보타주를 일삼는 부르주아'들이 문제를 일으킨다고 들었을 뿐이다. 정권은 계획경제가 가져온 혼돈에 대해 이렇게밖에 설명할 수 없었다.

스탈린이 5개년 계획에서 요구했던 성장률은 강제 노동 없이는 달성될 수 없었다. 특히 수많은 값진 경제 자원(다이아몬드, 금, 백금, 니켈, 석유, 석탄, 목재)이 산재했지만, 아무도 자발적으로 가려 하지 않았던 극북 동토와 시베리아의 춥고 외딴 지역은 더욱 그랬다. '굴라크 Gulag'는 이 지역을 식민화하는 데 구심적인 역할을 했다. 굴라크('교화 노동수용소 관리본부Main Administration of Corrective Labour Camps and Colonies'를 줄인 약어)는 경찰이 조직한 거대한 노예 경제 제도로, '적'들을 체포해 수용소로 보내는 일을 총괄했다. 수용소에서 죄수들은 철로와 운하를 건설하고, 맨몸으로 탄광에서 석탄과 금을 캤으며, 극 지대 삼림 전체를 벌목하는 등 건설 현장에서 목숨이 다할 때까지 일했다. 그들의 노동력은 소련의 경제 성장에 헤아릴 수 없을 만큼 크게 기여했다. 수치로 나타나는 것 이상의 가치가 있었는데, 귀중한 자원이 있지만 사람이 살기 힘든 지역을 정착지로 만들었다는 점 때문이었다.

굴라크 제도의 본보기는 백해 운하White Sea Canal(벨로모르카날 Belomorkanal)다. 백해 운하는 발트해와 백해를 잇는 227킬로미터에 이르는 수로로, 이 토목사업은 상트페테르부르크 건설 이래로 본 적 없는 규모의 유토피아적 프로젝트였다. 1932년까지 10만 명의 죄수가 동원되었는데, 이들은 원시적인 손도구(조잡하게 제작된 도끼와 톱, 망치 등)만을 받았고 살이 에일 듯한 날씨 속에 녹초가 될 때까지 일했다. 첫해 겨울 동안 약 2만 5,000명의 죄수가 죽었다. 그들의 얼어붙은 시체는 수로 바닥에 던져졌고 지금도 그 뼈가 운하 바닥에 남아 있다.

1933년 8월, 스탈린이 운하를 개통했다. 몇 주 후 소련의 주요 작가들로 구성된 '여단'이 현장을 방문했다. OGPU는 운하 완공 기념 서적을 그 작가들에게 위탁했고 그들은 그 책에서 정권의 위업을 찬양했다. 서방으로 자발적으로 망명했다 스탈린의 정책을 지원하고자 얼마 전 귀국한 막심 고리키가 편집을 맡았다. 책의 주제는 교정 노동이 어떻게 인간을 '개조'해 범죄자를 충성스러운 소비에트 시민으로 변화시키는가 하는 것이었다. 이는 거대한 거짓말이자 선전 선동이었다. 벨로모르카날은 5개년 계획이 성취한 진보의 상징으로 찬양되었다. 새 공장, 댐, 수로, 발전소, 마그니토고르스크Magnitogorsk와 같은 계획도시들이 눈부신 속도로 건설되었다. 자본주의 세계가 불황에 허덕일 때 이런 진보의 징후들은 많은 사람에게 소련 체제를 무한히 신뢰하도록 만들었다. 하지만 수많은 뼈 위에 운하가 지어졌다는 사실을 알았어도 과연 그들이 똑같이 생각했을까?

1930년대 초반의 변화 속도는 정신이 혼미할 정도였다. 나라가 진보하고 있음을 보여주는(또는 소련 언론과 여러 선전 매체가 그렇다고 말하는) 징후가 너무 많아서 사람들은 신세계가 만들어지고 있다는 신화를 믿었다.

모스크바는 이 성취의 상징이었다. 교회가 즐비한 지방 도시에 가깝던 모스크바는 몇 년 만에 새 아파트 단지와 백화점, 문화를 뽐내는 궁전, 공원과 스포츠 경기장을 갖춘 기념비적 건축 양식으로 지어진 제국 수도로 탈바꿈했다. 거리는 공장에서 갓 생산한 자동차들이 달릴 넓은 도로를 건설하느라 깔끔히 정비되었다. 모스크바 지하철은 앞으로 펼쳐질 더 나은 삶의 표상이었다. 넓은 홀, 대리석 바닥과 벽, 아치형의 높은 천장, 샹들리에, 5개년 계획의 성과를 묘사한 모자이크와 부조 장식으로 꾸며진 지하철역은 대성당 같은 느낌을 주었다. 이런 화려한 공공장소들은 여러 가구가 한집에 거주하며 주방을 공유하던 공동 아파트의 누추한 '생활공간'과 극명하게 대비되었고, 대중이 소비에트 질서의 공동체 목표와 가치를 더욱더 신봉하도록 하는 데 일조했다. 수백만 명이 그들이 겪는 일상의 고난이 노동자 천국을 건설하기 위한 가치 있는 희생이라고 믿었다. 오늘의 고생은 내일 보상받을 터였다.

5개년 계획은 이런 유토피아적 미래상에 결정적인 역할을 했다. 5개년 계획의 목표는 경제 전반에서 성장을 가속하는 것이었다. '5

개년 계획을 4년 만에!'라는 구호가 전면에 등장했다. 공산주의 유토피아로 가는 여정에 놓인 일련의 전략 목표들에 맞춰 시간은 재구성되었다. 이런 의미에서 5개년 계획은 러시아인들이 종교적인 의식에 오랫동안 간직해온 더 숭고한 존재를 이루려는 열망, 특히 러시아 땅에 낙원을 건설할 수 있다는 믿음을 기반으로 했다. 따라서 소비에트 체제에 대한 믿음을 창조하려면, 기존의 종교적 목적을 사람들에게 동기를 부여하기에 충분할 만큼 구체적이고, 민족의 집단정신에 깃든 종말론적 노력에 부합하는 의미심장한 세속 목표로 대체해야 했다. 정부는 5개년 계획의 성취를 대대적으로 홍보하며, 사람들에게 유토피아가 임박했고 거기에 도달하려면 최후의 집단적 노력이 필요하다는 믿음을 심어주기 위한 대중 선전에 열을 올렸다. 그 약속은 새로운 5개년 계획이 등장할 때마다 갱신되었고 12번 반복되었지만, 유토피아는 절대 달성되지 않았다.

가장 투철한 신봉자는 청년층이었다. 소비에트 교육 시스템이 가르치는 교리를 흡수한 젊은이들에게 공산주의 유토피아는 먼 꿈이 아니라 살아생전 보게 될 현실이었다. 1930년대에 법학을 전공했던 니나 카민스카야Nina Kaminskaya는 그 시절 자신과 친구들이 불렀던 노래를 회상했다.

우리나라를 믿는 일은 너무 쉽고,
우리나라에서 숨 쉬는 일은 이렇게 자유롭지,
우리의 영광, 사랑하는 소비에트 땅.
소비에트의 삶은 이토록 행복하고 눈부셔.

세월이 한참 흐른 후 아이들은

밤마다 침대에 누워 울지도 몰라.

이 시절에 태어나지 못했다고 말이야.[7]

　낙원의 도래가 임박했다는 느낌은 사회주의적 사실주의 예술에 묘사된 공장 노동자와 콜호스 노동자의 행복한 선전용 이미지를 통해 전달되었다. 그 그림들은 먼 미래를 그리지 않았다. 대중이 충분히 감지할 수 있는 지금의 현실을 그렸고, 그 현실은 다가오는 공산주의 유토피아의 징후를 상징하는 신화적이고 이상적인 형태로 표현되었다. 한마디로 미래가 되는 과정에 있는 현재의 모습이었다. 신도들이 물질세계에서 신성성을 느끼도록 구현된 러시아 정교의 이콘화처럼, 선전화는 감상자가 스탈린의 지휘 아래 점점 가까이 다가오는 낙원의 존재를 느낄 수 있도록 기획되었다. 이런 미래상을 받아들이는 것은 공산주의 신념의 출발점이었다. 하지만 그 신념은 성령이 하늘에 존재하는 것과 같이 땅의 세속적인 존재에도 내재한다는 정교의 종교의식에 깊이 뿌리 내리고 있었다.

　스탈린 숭배는 공산주의 미래에 관한 이런 신념에 핵심적인 요소였다. 국가의 '위대한 지도자', '스승', '아버지'를 그린 초상화가 곳곳에 모습을 드러내기 시작했다. 초상화에서 스탈린의 시선은 프레임 바깥, 오직 그만이 볼 수 있는 저 앞의 미래를 향해 고정되어 있었다. 스탈린은 침착하고 자신만만하며, 자신의 현명한 지도 아래 소비에트 인민이 달성하고 있는 영웅적 업적의 성공을 확신하는 모습이었다. 레닌 숭배에서 레닌은 인간의 몸을 한 신 또는 성인으로,

자신이 죽어 고아가 되어버린 당을 이끄는 성스러운 존재였다면, 스탈린 숭배는 스탈린을 인민을 제 자식처럼 보호하고 더 나은 삶으로 이끄는 '작은 아버지 차르', 설화 속 '차르 바튜시카'로 그렸다. '러시안에게는 차르가 필요하다.' 스탈린이 여러 차례 한 말이다.[8]

1930년대에 사람들은 가혹한 국가의 폭력, 비참함과 불확실성에 시달리면서도, 스탈린에 대한 믿음을 놓지 않았다. 러시아 역사상 러시아 신화에 대한 마이클 체르니아프스키의 통찰이 이보다 더 정확하고 적절했던 적은 없었다. 삶이 힘들어질수록 러시아인은 일상 현실을 초월한 신화에서 희망과 구원을 찾는다. 이는 스탈린에게 피해를 본 사람들조차도 스탈린의 선량함을 계속 믿었던 이유를 설명한다.

드미트리 스트렐레츠키Dmitry Streletsky는 1917년에 우랄 쿠르간 Kurgan의 한 농민 가정에서 넷 중 맏이로 태어났다. 1930년에 그의 가족은 빈약하나마 가지고 있던 모든 재산을 몰수당하고 노동수용소로 추방되었다. 지역 당 위원회로부터 쿨라크 가족 17가구를 찾아서 추방하라는 명령을 받은 지역 소비에트가 할당량을 채우기 위해 드미트리 가족을 점찍은 것이었다. 수년간 드미트리 가족은 노동수용소와 유형지에서 시달리며 고달픈 삶을 살았다. 드미트리는 열심히 공부했지만, 쿨라크 가정 출신이라는 꼬리표 때문에 대학에 진학할 수 없었고, 제대로 된 직업을 가질 수도 없었다. 하지만 그는 스탈린을 계속 신봉했고, 그의 표현에 따르면 '열성적인 스탈린주의자'로 살았다. 수십 년 후 드미트리는 자기 삶을 돌아보며, 인터뷰에서 이렇게 말했다. "스탈린에 대한 모든 희망을 포기하는 것보다, 그를 계속 믿고 그가 인민의 적들에게 속고 있다고 생각하는 편이 우리[억압받은 사람들]가 형벌을 견디기에 훨씬 쉬웠습니다. (…) 자기기만의 한 형태였겠죠. 어쨌든 정신적으로 스탈린이 정의롭다고 믿는 편이 삶을 견디기에 훨씬 나았어요. 두려움을 없애주었죠."⁹

스탈린은 1932년에 위기를 맞았다. 그해는 광범위한 파업과 함께 시작되었다. 노동자들은 식량 배급 감축과 노동 시간 연장, 1928년 대비 절반 수준으로 전락한 실질 임금 감소에 항의했다. '오늘의 희생, 내일의 더 나은 삶!'은 사람들이 외우던 5개년 계획의 주문이었다. 하지만 그 희생은 오롯이 노동자의 몫이었다. 한 OGPU 관계자가 잠깐 경계를 풀고 영국 외교관에게 이렇게 인정했다. "가게에 아무것도 없습니다. 빵도, 고기도, 비곗덩어리도요."¹⁰

당에서는 불만이 들끓었다. 반스탈린 파벌이 형성되고 있었다. 가장 위험한 것은 부하린의 지지자이자 구볼셰비키인 마르테미얀 류틴Martemyan Ryutin이 조직한 그룹이었다. 류틴은 스탈린의 정치와 성격에 대한 신랄한 비판을 담은 200쪽 분량의 논문 〈스탈린과 프롤레타리아 독재의 위기Stalin and the Crisis of the Proletarian Dictatorship〉를 썼는데, 당의 일반 당원들이 이를 돌려 보았다. 류틴 강령Riutin Platform으로 불린 이 문건에서 그는 스탈린을 탁월하지 않은 사상가, '양심 없는 음모가', 집산화를 강제 추진함으로써 레닌의 자발주의 원칙을 배반한, 파국적 정책을 펼치는 '혁명의 무덤을 파는 자'라고 비난했다.¹¹ 류틴을 포함해 류틴 그룹은 체포되어 추방되었다. 다른 사람들은 단순히 그들의 존재를 알고도 OGPU에 보고하지 않았다는 이유로 당에서 제명되었다. 이 사건으로 스탈린은 '적'들은 어디에나 있다는 편집증적 믿음을 얻었다.

11월 8일 스탈린의 아내 나데즈다 알릴루에바Nadezhda Allilueva가 자살하면서 그 확신은 더욱 강해졌다. 스탈린은 전날 저녁 크렘린에서 열린 10월 혁명 15주년 기념 만찬에서 그녀에게 무례하게 굴었다. 스탈린은 아내가 부하린(부하린의 아내는 나데즈다의 가장 친한 친구였다)을 지지했고, 산업 아카데미의 동료 학생들로부터 집산화에 대해 배운 내용에 경악했다는 사실을 알았다. 스탈린은 '국가의 적들'을 없애자고 건배를 제의했지만, 나데즈다는 술잔을 들지 않았다. 스탈린은 술을 마시지 않는 이유를 말하라고 아내를 다그쳤고, 테이블 건너에 앉은 부인을 향해 오렌지 껍질을 던지고 담배꽁초를 튕겼다. 그러자 나데즈다는 스탈린에게 "닥쳐요!"라고 소리치고 뛰쳐나간 뒤 방으로 들어가 권총으로 자살했다. 유품 가운데 남편에게 보내는 편지가 발견되었다. 그 편지에서 나데즈다는 스탈린이 하는 모든 일에 반대한다고 썼다. 류틴 강령의 복사본도 발견되었다.

스탈린은 아내의 자살로 이성을 잃었다. 적에 대한 두려움은 증폭되었다. 1933년 4월, 스탈린은 당에 대대적인 숙청을 예고했다. 당원 320만 명 중 약 5분의 1이 제명되었는데, 이전에는 '사회적으로 이질적인 요소'를 숙청 대상으로 삼았다면, 이번에는 '신뢰할 수 없는' 인물들도 포함했다. 권력을 잡은 후 15년이 지나도록 지도부가 그토록 불안정했다는 점은 놀랍다. 스탈린은 당의 일반 당원들을 신뢰할 수 없었다. 이반 뇌제가 보야르를 대한 것처럼, 스탈린은 끊임없이 그들의 충성심을 시험했다. 스탈린은 공장에서 승진한 자신만의 엘리트를 만들고 싶었다. 그렇게 성장한 엘리트는 완전한 복종으로 자신에게 보답할 터였다. 1930년대에 야간 대학에서 기술자와 관리자로 육성된 '비드비젠치vydvizhentsy('발탁자들')'가 스탈린 체제의 주축이 되었다. 이 시기 대숙청으로 상사들이 대거 사라지자, 신흥 엘리트가 관리자의 자리를 채우며 승진했다. 1952년에 비드비젠치가 소련 지도부의 절반을 차지했고(소련 정부 최고위 장관직 115석 중 57석), 그들 중에는 흐루쇼프Khrushchev, 브레즈네프Brezhnev, 그로미코Gromyko, 코시긴Kosygin도 있었다.

1934년에 이르러 스탈린은 모든 적을 물리쳤다고 생각했다. 스탈린의 1인 독재 체제는 안정화된 듯했다. 스탈린의 충실한 지지자들은 그를 차르를 지칭하던 가산제적 호칭인 '주인님(코지아인khoziain)'이라 불렀다. 1월 26일, 스탈린은 제17차 당 대회 개회식에서 '반反레닌주의' 반동 당파들을 물리쳤다고 말했다. 부하린을 비롯해 스탈린의 정책에 의문을 제기했던 인사들은 모두 제 '실수'를 철회했다. 일간지 〈프라우다Pravda〉는 그 대회를 '승리자들의 회의'로 묘사했다.

사실 당 대회에서 소련 공산당은 스탈린에 대해 마지막으로 반항을 시도했다. 중앙위원회를 선출하기 위한 비밀 투표가 진행되었는데, 스탈린이 적어도 150명의 반대표(각 후보에 대한 찬반 투표였다)를 얻었다는 소문이 돌았다. 투표용지는 분쇄되었고 공식적으로 3건의 반대표만 기록되었다. 그러나 스탈린 정책을 반대하는 움직임은 공산당 지방 서기들 사이에서 분명 커지고 있었고, 그들 중 일부는 총서기를 레닌그라드(페트로그라드에서 개명되었다)의 수장이던 세르게이 키로프Sergei Kirov로 대체하기를 원했다. 키로프는 사람들에게 인기가 있었고, 당 대회에서 스탈린보다 더 많은 표를 얻었다. 키로프가 이런 잠재적 음모를 알고 있었는지는 확실치 않다. 그가 본격적으로 그 음모에 연루되었을 것 같지도 않다. 스탈린의 아내가 죽은 후 키로프는 스탈린의 실질적 가족이나 다름없을 정도로 그와 가깝게 지냈다. 하지만 스탈린은 모든 사람이 반역자일지 모른다고 의심했고 (무기명 투표 이후 편집증이 더 심해졌다), 키로프가 제 대항마가 될까 두려워했다.

12월 1일, 키로프는 레닌그라드의 스몰니 연구소에서 불만을 가진 한 당원에 의해 살해되었다. 그는 위험인물로 알려졌으나 경찰이 출입을 허락해 건물 안으로 들어왔고 집무실에 있던 키로프를 덮쳤다. 스탈린이 이 암살에 어떤 역할을 했다고 주장할 근거는 없다. 하지만 그가 정적들을 제거하는 데 암살을 이용했다는 사실에는 의심의 여지가 없다.

살인이 일어난 지 몇 시간 만에, 스탈린은 수사를 직접 지휘하고 '테러리스트' 용의자들에 대한 즉결 재판과 처형을 위한 긴급 명령을 내렸다. 레닌그라드의 '구시대 인물들'(차르 시대 엘리트들) 수천 명이 줄지어 끌려갔다. 그들 중 누구도 실질적인 위협이 될 만한 인물이 아니었지만, 희생양이 되었다. 1935년의 대숙청으로 25만 명의 당원이 제명되었고, 그들 대부분이 비밀경찰 내무인민위원회NKVD(엔카베데, 연방정치보안부OGPU가 이름을 바꾸었다)에 의해 심문당하고 '반레닌주의자'로 고발되었다. 당 숙청에 NKVD를 관여하게 한 것은 새로운 방식이었는데, 향후 스탈린 대테러의 양상으로 자리 잡는다.

스탈린은 숙청 작업의 총지휘자였다. NKVD의 수장 겐리흐 야고다Genrikh Yagoda가 요원들이 그토록 당 동지들을 체포하는 것을 불편해한다고 우려를 표명하자, 스탈린은 그에게 정신을 바짝 차리라고, 그러지 않으면 '우리가 당신부터 후려칠 것'이라고 협박했다. 1936년 야고다는 교체되었다. 새로 우두머리가 된 스탈린의 심복 니콜라이 예조프Nikolai Yezhov는 부끄러움을 모르는 뻔뻔한 인물이었고, 스탈린의 편집적 의심을 부채질했다. 예조프는 해외에 있는 트로츠키의 지시를 받아 지노비예프와 카메네프가 스탈린과 다른 당 수뇌부 인사들을 살해할 테러 음모를 꾸미고 있다는 괴상한 설을 만들어냈다. 지노비예프와 카메네프는 1935년 이미 비밀리에 재판을 받은 터였다. 하지만 스탈린은 이런 음모가 존재한다는 사실을 '증명'하기 위해 공개재판을 열기를 원했다. 스탈린은 예조프에게 '사건의 진상 규명' 책임을 맡겼다. 체포된 용의자들은 고문에 시달리다 필수적인 자백을 제공했고, 재판장에서 미리 준비된 원고를 읽겠다고 동의했다. 1936년 8월, 지노비예프, 카메네프 등 14명의 당 지도 인사가 재판에 회부되었고, 모두 총살되었다.

1937년 1월에 열린 두 번째 공개재판에서 피아타코프Piatakov, 라데크Radek와 더불어 한때 트로츠키 지지자였던 15명이 유죄 판결을 받았다. 5월에는 투하쳅스키Tukhachevsky 원수(국방부 부부장deputy commissar of defence), 우보레비치Uborevich 장군(벨라루스 군관구 사령관commander of the Belarusian Military District), 야키르Yakir 장군(키예프 군관구 사령관commander of the Kiev Military District) 등 8명의 최고 육군 장성이 체포되어 잔인하게 고문당하고, 소련 최고재판소의 군사 법원에서 비밀리에 재판받았다. 그들은 나치 독일을 위해 첩보 활동을 수행했을 뿐 아니라 '트로츠키-

우익, 반소비에트 음모'에 가담했다는 명목으로 유죄 판결을 받았다. 판결이 내려지고 몇 시간이 채 지나지 않아 8명 전원이 총살당했다. 군대는 스탈린의 독재에 맞설 수 있는 유일한 기관이었다(이런 이유로 재판은 비밀리에 진행되었다). 이제 군대 지도부는 사실상 해체되었다. 독일과의 전쟁이 시작된 1941년에, 767명의 최고위 장성 중 512명은 총살되었고, 29명이 감옥에서 죽었으며, 3명은 자살했고, 59명은 여전히 갇혀 있는 상태였다.

1938년 3월, 마지막이자 최대 규모로 열린 공개재판에서 13명의 다른 볼셰비키 지도자와 더불어 부하린, 야고다, 리코프가 총살형을 선고받았다. '트로츠키-지노비예프 테러 조직'과 공모하여 소비에트 지도자들을 암살하고 파시스트 국가와 내통해 첩보 활동을 했다는 혐의였다.

그 재판은 당원 전체에 보내는 신호였다. 누구든 반대파로 의심되면, 아무리 오래전 일이고 관계가 희박해 보이더라도 '인민의 적들'과 연루된 인물이라고 의심되면 고발하라는 신호 말이다. NKVD는 지도자 한 명이 체포될 경우 그와 관계된 모든 인물을 조사했다. 지역 시골 마을은 고위 공직자들의 무리가 통치하는 것이 일반적이었다. 구의 당 지도자, 경찰 서장, 지방 공장이며 집단 농장, 감옥의 책임자들로 구성된 지도층은 저마다 자신이 담당하는 기관에 인맥이 있었다. 이런 공직자들은 그들의 권력망이 유지되는 한 서로 뒤를 봐주었다. 하지만 그중 한 명이 체포되면 NKVD가 연줄을 샅샅이 뒤지는 바람에, 지도자 집단은 물론 그들에게 딸린 주변인물까지 무더기로 체포되는 일을 피할 수 없었다.

테러는 공산당 피라미드, 소련의 기관은 물론 사회 전반에 확산됐다. 수백만 명이 자기 동료, 이웃, 친구, 심지어 친척들을 고발했다. 일부는 적개심, 복수, 질투 또는 물질적 이익이나 승진 욕심으로 그렇게 했다. 물론 일부는 애국적 의무감이었다. 그들은 '간첩'과 '적'에 대한 선전을 믿은 사람들이었다. 하지만 대부분의 고발자는 의심이 가는 인물이 있는데, 그를 신고하지 않았다는 사실이 나중에 밝혀지면 곤경에 처할까 봐 두려워했다. '인민의 적'과 접촉한 사실을 숨기는 것은 범죄였기 때문이다.

우리가 앞서 본 대로 러시아 통치에서 고발의 의무는 16세기까지 거슬러 올라가는 오랜 원칙이다. 또한 앞에서 관찰한 중세 시대 집단 책임 원칙이었던 크루고바야 포루카 의무와도 직결된다. 러시아 역사에서 이 현상은 줄기차게 반복된다. 1937년부터 이듬해까지 이어진 대규모 체포(대테러라 불린다) 기간에 모든 공공기관이 내부의 적을 제거하라는 NKVD의 지령을 거의 보편적인 수준으로 준수하는 데 이 고발 전통이 제 역할을 했다. 공장 단체, 연구소, 지역 소비에트 등 어느 곳이든 집단 전체가 소수로 인해서 함께 처벌받는 상황을 피하고자 사람들은 눈에 불을 켜고 불순분자를 색출했다. 증거는 필요하지 않았다. 의심만으로 충분했다. 반국가 범죄에는 '객관적 죄' 개념이 적용되었다. 개인이 순수한 의도를 가지고 성심껏 행동하더라도 그 행동이 혁명에 반하는 결과를 낳을 수 있다는 뜻이다. 개인 행위의 객관적 결과('의미')가 유무죄를 결정했다.

경찰은 고발당한 개인들이 아니라, 어떤 단체에 속한 전 인원을 탄압하기 위해 미리 준비한 명단을 근거로 사람들을 체포했다.

1937~38년에 전체 체포 인원(67만 명)의 절반과 전체 처형 건수(37만 6,000건)의 절반 이상이 '쿨라크 작전'(명령 00447호)으로 집행되었다. 희생자 대부분은 특별 정착촌과 굴라크 강제노동수용소에서 3년 또는 5년 형기를 마치고 돌아온 옛 쿨라크와 그 가족들이었다.

이 대숙청에 일말의 합리적 근거라고 할 만한 것이 있다면, 스탈린이 불가피하다고 생각한, 다가오는 전쟁 상황에서 '제5열'(비밀리에 적대국과 내통하는 자—옮긴이)이 존재한다는 두려움이었다. 스탈린은 전시 정부가 직면하는 위험 요소를 날카롭게 의식했다(볼셰비키도 러시아의 전시 상황을 이용해 권력을 잡은 바 있다). 스탈린은 특히 노동수용소에서 고초를 겪고 돌아온 '악의에 찬 쿨라크'들이 전쟁 시기에 위협이 될 수 있다고 우려했다. 또한 특정 민족 집단을 전시 상황에서 '신뢰할 수 없다'고 생각했다. 그래서 그가 일으킨 '민족 박멸 작전' 또는 대규모 추방으로 35만 명이 추가로 체포되고 20만 명이 죽었다.[12]

스탈린은 1937년에 "전투에서 이기려면 여러 부대가 필요하다. 하지만 전선에서 그 승리를 뒤집는 데는 군대 수뇌부 어딘가에 잠복한 첩자 몇 명이면 충분하다"고 경고했다. 이런 이유로 스탈린은 체포된 인원 중 5퍼센트만 실제 첩자로 밝혀진다면 '좋은 결과'라고 말했다.[13]

사람들은 이 광기를 어떻게 생각했을까? 그들은 어떻게 소련 체제에 대한 믿음과 유죄일 리 없는 친척과 친구들이 체포되는 모습을 조화시켰는가? 사람들은 감히 체포에 의문을 제기하지 않았다. 그들은 의심을 억눌렀고, 자신들이 가진 소비에트 정체성의 기본적인 틀을 유지하기 위해 의심을 합리화하는 방법을 모색했다. 스스로에게 친척은 '실수'로 체포되었다고 말했다. 숨은 적이 너무 많다 보니 경찰이 실수할 수밖에 없다고 짐작했다. 즉, 이는 스탈린의 잘못이 아니었다. 그러니 관리들의 전횡을 바로잡아 달라고 차르에게 청원하던 오랜 전통대로, 많은 사람이 그에게 청원을 올려 호소한다면 스탈린은 반드시 상황을 바로잡을 터였다. 사람들이 이 논리를 가족을 넘어 다른 사람들에게까지 적용할 준비가 되어 있었는지는 말하기 어렵다. 아마도 속속들이 알고 지내는 가장 가까운 친구의 결백은 믿었을 것이다. 하지만 적당히 알고 지내는 지인들에 대해서도 똑같이 생각했을까? 남모를 어떤 범죄를 저질렀을 수도 있다고 생각하지 않았겠는가? 아니 땐 굴뚝에 연기 나랴. 이런 식으로 사회는 파편화되었다. 사람들은 '인민의 적'을 가족으로 둔 사람들과 접촉하기를 꺼렸다. 그들과 마주치지 않으려고 길을 둘러서 가기도 했다. 직장과 마을의 이웃 간 연대—체포를 늦추고 피해를 최소화했을지도 모르는—는 불신, 걱정, 두려움이 만연한 숨 막히는 분위기 속에 녹아 없어졌다.

하지만 소련의 정의로움에 대한 사람들의 믿음이 흔들리지 않고, 이런 테러가 얼마나 더 지속될 수 있었겠는가? 1937년 통계 기준으로 하루 평균 1,500명의 소비에트 시민이 총살되었을 때 얼마 못 가 체제에 대한 신뢰는 무너질 것만 같았다. 1938년 스탈린은 진위를 확인하지 않고 고발만으로 사람들을 체포하지 말라고 NKVD에 경고했다. 예조프의 권력은 점차 제한되었다. 그해 11월 NKVD 국장직은 예조프의 부관 라브렌티 베리야Lavrenty Beria로 교체되었고, 신임 국장 베리야는 예조프가 수장이던 시절 일어난 체포 건에 대해 전면 조사를 시행했다. 이듬해 동안, 32만 7,000명의 죄수가 굴라크 노동수용소와 정착촌에서 풀려났다. 예조프는 '인민의 적'으로 밝혀졌다. 잘못된 체포로 사회 불만을 조장해 정부에 해를 끼치려고 했다는 죄목이었다. 예조프는 나중에 NKVD 본부가 있는 루뱐카 Lubianka 광장 인근의 지하실에서 총에 맞았다. 베리야의 진상 조사는 숙청이 정당하다는 믿음을 안정화하는 결과를 낳았다. 사람들은 대규모 체포는 예조프의 실수였고, 스탈린이 그것을 바로잡았다고 생각했다. 따라서 지금 수용소에 남아 있거나 지금부터 체포되는 인물들은 반역적인 모종의 범죄에 연루된 것이 틀림없다고 생각했다.

10

모국(母國)

MOTHERLAND

THE STORY OF RUSSIA

★

영화 「알렉산드르 넵스키Alexander Nevsky」는 1938년 12월 1일에 상영되었다. 800개의 영화 필름이 제작되었고, 개봉 첫날 모스크바에서만 7개 영화관에 4만 5,000명의 관객이 들었다.[1] 13세기에 존재감 없던 한 노브고로드 공후가 어떻게 튜턴 기사단으로부터 러시아를 구했는지 설명하는 대대적인 국가 홍보 캠페인이 함께 진행되었다. 스탈린은 그 영화가 몹시 마음에 들었다. 외국 침략에 맞서는 민족 단합의 애국적 메시지는 감독 예이젠시테인의 영상미, 프로코피예프Prokofiev의 표제음악(특정 이야기나 사상을 표현하기 위한 음악—옮긴이)이 주는 압도적인 감동과 함께 전달되었다. 소련이 나치 독일과 전쟁을 준비하는 시점이었으므로 영화가 연상시키는 상황이 무엇인지는 명확했다. 예이젠시테인 감독은 "우리는 이 영화가 파시즘에 대항하는 투쟁에 사람들을 동원하는 데 한몫하기를 바란다"고 선언했다.[2] 감독은 히틀러가 자서전 《나의 투쟁》에서 슬라브의 땅으로 독일의 영토를 확장(동진 정책Drang nach Osten)하자고 외쳤던 튜턴 기사단의 기억을 환기한 부분을 인용하며, 영화를 시작할 계획이었다. 계획은 취소했지만, 영화는 독일의 위협에 대한 시각적 잔상을 남겼다. 튜턴 기사단 보병들은 1차 세계대전 당시 독일 군인이 착용한 '슈탈헬름'('철모'라는 뜻)과 비슷한 군모를 썼다. 주교들의 미트라(주교 모자)에는 만卍자 모양의 스와스티카 표식이 붙어 있었다.

넵스키가 소비에트 극장에서 칭송받은 유일한 차르 통치자는 아니었다. 1937년에 표트르 대제의 전기 영화가 2부작으로 상영되었고, 예이젠시테인은 「넵스키」의 성공에 이어 영화 「이반 뇌제」 개봉을 준비하고 있었다. 스탈린은 이런 차르들의 지위 회복을 주도했다. 그는 10월 혁명 20주년 기념 연설에서 그들은 "나쁜 일을 많이 했다. 하지만 한 가지 좋은 일도 했다. 그들은 거대한 나라를 만들었다"고 언급했다.[3] 스탈린은 자신을 넵스키와 표트르 대제, 이반 뇌제를 합친 유형의 국가 지도자로 여겼고, 그 영화들 속에서 제 모습을 보았다.

스탈린의 명령으로 1934년부터 역사는 학교 교육과정에서 중요한 위치를 되찾았다. 스탈린의 지시에 따라 새 교과서에는 차르들의 긍정적인 업적, 무엇보다 소련의 전 러시아 영토를 통일한 업적이 부각됐다. 이는 1920년대의 역사 교육과는 완전히 딴판이었다. 1920년대에 학교에서 주교재로 사용된 미하일 포크롭스키Mikhail Pokrovsky의 《러시아사Russian History》는 국제 계급투쟁을 가장 중요하게 다루었다. 포크롭스키는 마르크스주의 역사학파의 개척자였다. 하지만 1932년에 사망한 후 그는 넵스키 같은 애국 영웅을 등한시하고 지나치게 사회 동력을 강조했다는 이유로 공격받았다. 역사는 조국에 대한 헌신을 가르쳐야 하는 학문이었다.

스탈린은 애국적 자부심이야말로 마르크스주의 이데올로기보다 대중적 믿음의 더 확고한 기반이라는 사실을 깨달았다. 5개년 계획으로 온 나라가 격변에 휘말린 이후, 스탈린은 친숙한 국가 상징과 개념을 구심점으로 삼아 나라를 재통합할 필요를 느꼈다. 국가 정책 기조가 1920년대의 유토피아 정책에서 전반적으로 후퇴한 것도 이와 관련이 있었다. 볼셰비키는 1920년대에 문화혁명에 박차를 가했다. 차르주의 과거와 단절하고, 보다 국제적인 프롤레타리아 문화를 육성하기 위해서였다. 공산당은 러시아 교회와 더불어 가장 친숙한 제도인 '부르주아-가부장제 가족'을 공격했다. 이런 제도의 영향력을 약화하기 위해 유치원, 세탁소, 식당을 열어 여성들을 가정 노예 상태에서 해방하고 일터에 편입되도록 지원했다. 스탈린 치하에서 볼셰비키는 교회에 반대하는 무신론 운동을 지속하면서도, 5개년 계획이 시작된 후 뚝 떨어진 출산율을 높이기 위해 새로운 '가정 친화 정책'(예를 들면 낙태 금지, 국가의 아동 지원 확대, 동성애자 처벌 등)을 도입했다. 파시스트 이탈리아와 나치 독일처럼, 스탈린의 러시아도 군대를 채울 더 많은 청년이 필요했다.

새로운 민족주의의 강조는 비러시아 민족과 관련한 모스크바 정책의 선회를 의미하기도 했다. 1920년대에 공산당은 소비에트 공화국 안에서 민족 문화를 발전시키는 것을 장려했다('형태는 민족으로, 내용은 사회주의로!'가 그때의 구호였다). 차르 제국의 '대러시아 쇼비니즘'(포크룹스키가 '민족들의 감옥'이라 부른 것이다)으로부터 비러시아 민족을 해방하는 것이 목적이었다. 근본적으로 비러시아 민족에 대한 우대정책이었던 '코레니자치아korenizatsiia'('토착화') 정책에 따라 모든 민족은 책과 신문, 학교, 대학, 관공서에서 모국어를 사용할 권리와 함께 영토 자치권을 가졌다. 그 결과 타민족 영토에서 국가 행정은 점차 토착 엘리트가 장악하게 됐다.[4]

스탈린은 이 정책을 뒤집었다. 당 조직에 대한 통제를 강화하면서 비러시아 영토의 지도자들을 더욱더 의심의 눈초리로 보게 되었고, 그들이 모스크바 노선에서 이탈하면 '부르주아 민족주의자' 딱지를 붙여 숙청하고 그 자리에 러시아인을 앉혔다. 소비에트 연방의 '민족들의 대가정'에서 이제 러시아인은 확고한 우두머리였다. 1938년 공산당 잡지 〈볼셰비크Bolshevik〉는 "위대한 대러시아 인민이 인류의 행복을 향한 소비에트 인민의 투쟁을 이끈다. 러시아인은 동등한 이들 중 단연 첫 번째"라고 선언했다.[5] 그해부터 소련 학교에서 러시아어 교육이 의무화되었다. 붉은 군대의 지휘 언어는 러시아어로 통일되었고, 민족별 부대도 이때부터 사라졌다. 스탈린은 전시에 비러시아 국경지대의 상황이 두려웠다. 대테러의 '민족 박멸 작전'이 시작되자 소비에트의 폴란드인, 라트비아인, 에스토니아인, 핀란드인, 중국인, 고려인 공동체(모두 '외국 정부 국적'으로 재정의되었다)는 모두 소탕 대상으로 전락했다. 스탈린은 그들이 간첩이 될지도 모른다고 의심했다.

1939년 무렵 스탈린은 전쟁이 임박했음을 알았다. 그는 서구 열강이 추축국(독일, 일본, 이탈리아)에 맞설 생각이 없는 것 같다고 의심했다. 서구 열강은 독일이 라인란트와 오스트리아, 체코슬로바키아를 점령했을 때 독일에 대항하지 않았다. 유럽국들은 나치의 무력 공세가 동쪽, 즉 소련을 향하기를 바라며 유화 정책에 안주하는 것처럼 보였다. 이런 고려 사항들이 8월 23일 모스크바에서 소련과 독일의 두 외무장관인 몰로토프Molotov와 리벤트로프Ribbentrop가 서명한 '독-소 불가침조약'을 정당화하는 데 사용되었다. 소련은 군사력을 확보하기 위해 더 많은 시간이 필요했다. 소련군은 이미 몽골과 만주에서 일본군과 국경 분쟁을 벌이고 있었다. 두 개의 동떨어진 전선에서 싸울 수는 없었다.

이후 러시아 정권들은 모두 똑같은 이유를 들어 정부의 충격적인 협정(이것은 소련의 원칙을 명백히 배신한 행위였다)을 정당화했다. 전 세계의 사회주의자들이 모스크바에 동조한 근거는 '반파쇼 전투'에 소련이 '선도적인 역할'을 담당한다는 점이었는데, 그것이 결국 거짓임이 드러난 셈이었다. 1941년 소련이 참전하면서 소련 역할에 관한 신화가 되살아났고, 그때도 러시아인들은 독소 조약은 나라의 존립을 위한 어쩔 수 없었던 선택이라고 합리화했다. 하지만 스탈린의 관심사는 국가 방어만이 아니었다. 그가 숨긴 장기 계획이 있었다. 9월 7일, 스탈린은 측근들을 모아놓고 서유럽 국가들과 나치 독일이 장기전으로 지쳐 나가떨어질 때를 기다렸다가 참전해 '판도를 결정하고' 승리자가 되자고 말했다. 자본주의 경제 체제(파시스트 국가들을 포함했다)가 힘을 못 쓸 때 붉은 군대가 유럽으로 진격해 소비에트 혁명을 퍼뜨리자는 계획이었다.

1945년 이후에 드러났지만, 독소 조약 이면에는 폴란드를 두 국가로 분할하고, 소련이 1917년에 잃은 영토인 발트 3국과 핀란드, 루마니아 일부 지역을 차지하는 비밀 협정도 있었다. 조약의 필요성으로 내세운 소비에트 연방의 존립과는 아무 상관이 없는 내용들이었다. 스탈린은 히틀러와 손잡는 대가로 영토 확장을 요구했고, 거기에 더해 불가리아까지 정복해 튀르키예 해협Turkish Straits 통제권을 추가로 확보하기를 원했다.

9월 1일, 독일군이 서쪽에서 폴란드 침공을 시작했고, 붉은 군대는 동쪽에서 폴란드 국경을 넘었다. 이후 18개월 동안 소련군은 소련 정권에 적대적이라고 판단한 약 40만 명의 폴란드인을 체포하고 추방했다. 스몰렌스크 인근 카틴Katyn 숲에서 1만 5,000명의 폴란드 전쟁 포로와 7,000명의 '부르주아' 포로가 소련군의 손에 목숨을 잃었다. 발트 3국도 처지는 비슷했다. 라트비아인, 에스토니아인, 리투아니아인 14만 명이 붉은 군대의 대소련 반동분자 '정화 작전'으로 목숨을 잃거나 추방되었다. 다만 핀란드는 3개월 동안 이어진 '겨울 전쟁'의 선전으로 소련군의 허를 찔렀다. 소련 군대는 25만 명의 병사가 죽거나 다치는 손실을 본 후에야 핀란드를 점령할 수 있었다.

독일과 조약을 체결한 이후 영화 「알렉산드르 넵스키」는 영화관에서 내려졌다. 이미 소련에서만 5,000만 명, 해외에서는 더 많은 숫자가 영화를 관람했다. 하지만 영화의 반독일 메시지는 이제 독일과 협력하는 스탈린의 정책에 부합하지 않았다. 조약에 따라 소련은 독일에 식량, 연료, 면화, 광물 등 수백만 톤의 전쟁 물자를 제공했다. 조약 체결 시점부터 독일이 소련을 침공한 1941년 6월까지 소련 수출의 절반 이상이 독일로 흘러 들어갔다.

스탈린은 속았다. 스탈린은 히틀러가 영국을 무찌를 때까지 소련에 눈을 돌리지 않으리라 확신했으므로 동부에서 독일군이 결집한다는 보고를 무시했고, 그것이 소련을 전쟁에 끌어들이려는 영국의 계략이라고 과소평가했다. "동지의 잘난 독일 항공본부 '정보원'에게 엿 먹으라고 하시오. 이건 적군이 흘린 미끼지 '정보'가 아니요." 스탈린은 6월 17일 독일군의 공격이 임박했음을 알리는 국가안보 인민위원에게 이렇게 회신했다.[6] 4일 후, 독일군이 '바르바로사 작전Operation Barbarossa'으로 불리는 소련 침공을 시작했을 때, 소련은 전혀 방어하지 못했다. 소련군은 속절없이 뒤로 밀렸다. 침공이 시작된 지 6일 후인 6월 28일, 독일군은 국경에서 300킬로미터를 진군한 후 민스크를 함락하기 위해 대대적인 양면 공격을 펼쳤다. 독일군은 모스크바를 겨냥했고 북쪽에서는 발트 3국을 통해 밀려들어 레닌그라드를 압박했다.

히틀러는 이 '인종 전쟁'에서 세 가지 기본 목표가 있었다. '유대인 볼셰비키 정권' 타도, 소련을 제3제국Third Reich의 자유로운 원자재 공급처로 만드는 것, 그리고 유대인과 3천만 명의 소비에트 인민이 죽거나 장차 아사하면 남은 인구를 노예로 삼는 것이었다. 히틀러는 러시아를 파괴할 생각이었다. 히틀러는 러시아인을 슬라브족과 마찬가지로 스스로 문명을 건설할 능력이 없는 '하위 인간'으로 보았다. 그는 "바이킹을 필두로 한 여러 타민족이 러시아 인류에 사회 구성의 기초를 도입해주지 않았다면 러시아인들은 여전히 토끼처럼 살고 있었을 것"이라고 말한 바 있다(우리가 첫 장에서 보았던 러시아의 초기 독일 역사학자들을 떠올리게 한다).[7]

스탈린은 소련 전선의 붕괴로 큰 충격을 받았다. 7월 3일이 되어서야 그는 전국에 송출되는 라디오에서 최초로 대국민 연설을 했다. 연설 중 여러 번 말을 잇지 못했던 스탈린은 국민을 '동지'가 아니라 '형제, 자매, 친구'라고 불렀고, '전 소련 국가의 전쟁'에 힘을 합쳐 단결할 것을 촉구했다.[8] 전쟁 전의 분열적이고 계급 투쟁적인 언어와는 전혀 다른, 사람들의 고통을 함께 나누고 있음을 시사하는 어조였다. 레닌그라드와 모스크바에서 백만 명의 사람들(다수가 학생이었다)이 즉시 전선으로 나가 싸우겠다고 자원했다. 그들은 훈련이 되어 있지 않았고, 의료 지원도 받을 수 없었으며, 그중 절반만이 무장을 갖추었다. 마을과 공장을 방어하는 민병대가 즉시 조직되었다. 1941년에 러시아를 패전 위기에서 구한 건 공산당이 아니라 소련 민중의 애국정신이었다.

9월 초, 독일군이 레닌그라드를 포위했다. 히틀러는 전쟁의 승패를 가를 모스크바 전투를 위해 북부 군대를 보존하고자 했기에 레닌그라드를 정복하지 말고 아사시키라고 지시했다. 군사적으로 레닌그라드는 전쟁의 결과에 그리 결정적이지 않았다. 하지만 혁명의 본산으로서 상징적 중요성이 있는, 포기할 수 없는 도시였다. 스탈린은 레닌그라드 방어를 위해 최고사령관 주코프Zhukov 장군을 파견했다. 레닌그라드 시민을 대피시키는 작업은 그다지 성공적으로 조직되지 못했다. 독일군이 피난로를 봉쇄하기 전에 겨우 40만 명만 도시에서 빠져나갔다. 하지만 수많은 시민은 남아서 싸우는 편을 택했다. 1944년 1월 공방전이 끝날 때까지 레닌그라드 시민 백만 명이 추위와 굶주림, 질병으로 사망했다. 도시 인구의 3분의 1에 달하는 수치였다.

독일군은 주력 부대로 모스크바의 숨통을 조이는 한편, 기갑 부대에 필수적인 농장과 석탄, 산업시설이 있는 우크라이나로도 진격했다. 10월 10일, 주코프 장군이 레닌그라드를 떠나 수도 방어를 위해 모스크바에 도착했을 때, 독일군도 모스크바 외곽까지 진출한 상태였다. 스탈린은 정부를 쿠이비셰프Kuibyshev로 이전하라고 명령했다. 모스크바를 향한 폭격이 거세지면서 공포가 도시를 뒤덮었다. 기차역에서 사람들이 서로 동쪽으로 향하는 기차를 타겠다고 싸움을 벌이는 험악한 장면이 펼쳐졌다. 스탈린은 라디오 방송을 통해 모스크바를 끝까지 사수하겠다고 맹세했고, 사람들은 이에 화답했다. 25만 명의 모스크바 시민들이 도시 가장자리에 방어용 참호를 파고, 전선에 보급품을 실어 날랐으며, 다친 병사들을 집에서 돌보았다. 수많은 시민이 서부 전선에서 와해된 병력과 시베리아의 증원군을 그러모아 결성한 육군과 함께 전쟁 준비에 나섰다.

투지에 불타는 이런 새로운 결의는 스탈린이 혁명의 날(11월 7일) 열병식을 평소와 같이 붉은 광장에서 강행하기로 한 대담한 결정으로 상징되었다. 공군 지휘관들은 독일군이 공중에서 행사 인파에 포격할 가능성을 언급하며 반대했지만, 스탈린은 강행을 고집했다(독일 항공기가 크렘린궁에 직격포를 발사해, 41명이 죽고 146명이 다친 것이 고작 며칠 전이었다).[9] 스탈린은 레닌 기념 묘소에서 알렉산드르 넵스키와 드미트리 돈스코이, 미닌과 포자르스키, 나폴레옹 군대와 싸웠던 장군들인 수보로프와 쿠투조프의 이름을 언급하며 '우리의 위대한 조상들'에게서 영감을 얻어 '우리의 영광스러운 조국'을 수호하라고 연설했다.[10] 군인들은 붉은 광장에서 전선으로 곧장 행진했다.

연설의 효과가 판세를 결정했다. 불타는 애국심으로 용기를 낸 러시아인들은 수도를 위해 비장한 각오로 싸웠다. 서서히 러시아가 독일군을 압도하기 시작했다. 독일 군대는 러시아의 겨울에 대비하지 못했고, 5개월 동안 쉬지 않고 싸운 터라 완전히 지쳐 있었다. 모스크바 방어는 전쟁의 핵심이었다. 히틀러의 모스크바 점령이 전쟁의 끝을 의미하지는 않았겠지만(붉은 군대는 우랄과 그 너머까지 퇴각할 수 있었다), 소련 정권이 전복되고, 전쟁이 장기화하며, 추가로 수백만 명이 러시아를 지키기 위해 목숨을 잃었을 것이다.

전쟁에서 소련 민중이 보여준 놀라운 용기는 아무도 부인하지 못할 것이다. 하지만 이것을 누가 설명할 수 있을까? 어째서 그토록 많은 소련 군인이 그렇게 굳은 결의로 자신을 희생하며 싸운 것인가? 외국인들은 이해할 수 없었다. 1943년에 우크라이나 전선을 방문한 유고슬라비아 공산주의자 밀로반 질라스Milovan Djilas는 이런 기록을 남겼다. "전선에는 일반 사병 개개인의 영웅적 행위와 불굴의 끈기, 주체적 결단의 사례가 넘쳐난다. 러시아는 목숨을 던지는 최후의 저항과 궁핍, 궁극에는 승리하고 말겠다는 의지 그 자체였다."[11] 일부 순진한 논평가들이 주장하듯이, 러시아인이 이런 희생을 감내하는 것은 러시아인의 성격에 잠재된 어떤 특징일까? 아니면 전체주의 국가가 심은 기강의 결과였을까?

공포와 강요는 완전한 답이 되지 못한다. 1942년 7월 28일, 독일군이 스탈린그라드Stalingrad를 압박하며 소련의 몰락이 코앞으로 닥쳐온 그때, 스탈린은 소련군에 절대 물러서지 말고 죽음을 각오하고 싸우라는 명령 227호('한 발도 물러서지 마라!')를 발령했다. 명령을 실행하기 위해 차단 분견대가 전선 뒤에 포진해 퇴각하거나 뒤처지는 병사를 사살했다. 하지만 이 공포의 영향은 제한적이었다. 명령 227호는 스탈린그라드 전투와 같은 필사적인 순간에만 사용되었을 뿐 평소에 지휘관들은 그 명령을 사용하는 법이 없었다. 그들의 경험상 군대의 효율성은 극단적인 처벌을 통해 얻어지는 것이 아니었다.

희생에 대한 숭배가 공포보다 더 중요한 요소였다. 이는 지휘부가 판단을 내릴 때 인명 손실이 상대적으로 더 큰 부담 요소였던 서구 자유주의 사회에 비해 소비에트 체제가 유리한 점이었다. 5개년 계획이 시작된 후, 소비에트 인민들은 공산주의 유토피아를 건설하려면 오늘은 희생해야 한다고 들으며 살아왔다. 1941년에 이르기까지 소련 인민은 전쟁의 고난(생활수준의 급격한 저하, 가족의 해체, 친척들의 죽음과 실종)에 다른 어떤 민족보다 더 잘 대비되어 있었다. 1930년대에 그런 것들을 이미 다 겪었기 때문이다. 10대들이 가장 극단적으로 자신을 희생했다. 소비에트 영웅들의 전설(신기록을 세운 조종사, 스타하노프, 내전의 용감한 군인들, 스페인 내전에 참전한 공산주의자들)을 들으며 자라온 청소년들은 구름처럼 자원입대했다. 붉은 군대와 그 안의 게릴라 부대에서 싸운 백만 명의 소비에트 여성 중 하나였던 리타 코간Rita Kogan도 그런 10대였다. 벨라루스의 유대인 가정에서 태어난 코간은 전쟁이 발발했을 때 고교 졸업반이었다.

1941년에 나는 겨우 열여덟 살이었다. (…) 나는 조국을 위해 위대한 업적을 달성한 소비에트 영웅들, 자신을 희생한 개척자들의 이상에 비추어 세계를 바라보았다. (…) 전쟁이 실제 어떤 것인지 몰랐지만, 전쟁에 참여하고 싶었다. 그것이 영웅이 한 일이었기 때문이다. (…) 내게 그것은 '애국심'이 아니었다. 마땅한 의무였다. (…) 군수 공장에서 일하며 그곳에서 전쟁이 끝나는 것을 볼 수도 있었겠지만, 나는 활동가였다. (…) 죽음에 대해 생각하지 않았고 죽음이 두렵지도 않았다. 나의 영웅들처럼, 나도 조국을 위해 싸우고 있었기 때문이다.[12]

코간 세대는 무모한 용기로 싸웠다. 1941년에 동원된 18세 병사 중 단 3퍼센트만이 1945년까지 살아남았다.

소련의 명령 경제는 전시 체제를 위한 것이었다. 소련은 군사 작전을 위해 생산체계를 조직할 능력(밤새 새 공장들을 옮기고 짓고, 노동자들에게 계엄령을 내리고, 백만 명의 굴라크 노예들이 죽을 때까지 연료와 광물을 캐는)이 있었다. 이는 독일인들로부터 많은 것을 기대할 수 없었던 나치군에 비해 소련이 유리한 점이었다. 스탈린 정권이 군사 목표를 달성하기 위해 기꺼이 희생시킬 수 있는 목숨의 수에는 제한이 없다시피 했다. 적을 물리치기 위해 대규모 부대에 의존하던 전통적인 러시아 군대를 훌쩍 뛰어넘는 수준이었다. 이런 무자비한 인명 경시를 감안하지 않고는 붉은 군대의 경악스러운 사망자 숫자를 설명할 수 없다. 1941년부터 1945년까지 약 1,200만 명의 군인이 사망했는데, 이는 1939년부터 1945년 사이 독일군 사망자의 세 배에 달하는 수치이다.[13]

나치즘의 패배는 무엇보다도 소련 인민의 승리였다. 스탈린은 미국 특사 애버렐 해리먼Averell Harriman에게 '우리를 위해'라는 표현을 썼지만, 소련 사람들은 공산주의를 위해 싸우지 않았다. 그들은 '모국母國을 위해' 싸웠다.[14] 스탈린과 공산당은 소련의 전시 선전에서 현저하게 뒤로 물러나 있었다. 혁명의 상징은 '모국 러시아Rodina-Mat'와 같은 오랜 이미지로 대체되었다. 공산주의 '인터내셔널가'는 새로운 소련 국가國歌로 대체되었는데, 가사는 위대한 루스 아래 하나된 민족들을 찬양하는 내용이었다. 새로 제작된 소련 메달에는 넵스키, 수보로프, 쿠투조프와 크림전쟁 세바스토폴의 순교적 영웅 나키모프Nakhimov 등 과거 차르 시대 군사 영웅들의 이름이 새겨졌다. 예이젠시테인의 「알렉산드르 넵스키」는 다시 영화관에 걸렸고, 전쟁 내내 줄기차게 상영되었다. 가장 중요한 변화는 종교에 대한 것이다. 러시아 정교회에 대한 박해가 일시적으로 중단되었고, 볼셰비키가 선출을 금지해 18년 동안 공석이었던 총대주교가 새로 선출되었으며 새 총대주교는 1943년 9월 정권과 모종의 합의에 도달했다. 스탈린은 총대주교의 지지와 충성의 대가로 성직자 수천 명의 석방을 명령했고, 교회는 다시 문을 열었다. 러시아 교회의 중심지인 삼위일체 성 세르기예프 대수도원을 포함해 모든 교회 자산이 복원되었다. 삼위일체 성 세르기예프 대수도원은 1920년 볼셰비키에 의해 폐쇄된 후 다목적으로 활용되었는데, 그중에는 무선 기술자들을 훈련하는 용도도 포함되었다.

군인들은 '모국'을 어떻게 생각했을까? 대개 '모국', '조국'으로 번역되는 러시아어 '로디나rodina'는 가족, 친족, 마을, 도시 또는 더 광범위하게는 국가를 지칭한다. 붉은 군대의 병사들은 대부분 농민의 아들이었다. 전방에서 집으로 보내는 편지에서 그들은 러시아를 위해 싸우는 것과 집과 가족을 위해 싸우는 것을 구분하지 않았다. 전시 선전은 이런 정서를 활용했다. 가장 유명한 전쟁 포스터인 '어머니 러시아가 부른다Mother Russia Calls!'에는 한 중년 여성이 징집서류를 내밀며 아들들에게 적으로부터 자신을 보호하라고 요구하는 모습이 담겼다. 모든 군인은 저마다 자신이 어머니를 지키고 있다고 믿으며 싸웠고, 그녀는 바로 그 어머니의 상징이었다.

많은 군인은 알렉산드르 트바르돕스키Alexander Tvardovsky의 서사시 〈바실리 테르킨Vasily Terkin〉에서 자신이 느끼는 애국심의 표현을 보았다. 그 서사시는 전쟁 내내 전방 신문에 실렸다. 테르킨은 농부였다. 그는 당이나 스탈린에 대해 언급하는 법이 없었다. 조국에 대한 테르킨의 애착은 스몰렌스크에 있는 그의 마을에 집중되었다. 하지만 테르킨의 의식 속에서 전쟁은 러시아뿐 아니라 세계의 해방을 위한 것이기도 했다.

오늘 우리는 러시아의 부름에 화답하네,
인민을 위해,
세상 만물을 위해.
이반부터 포마까지,
죽은 자도 산 자도,
우리는, 함께인 우리는
그 사람들, 러시아.[15]

적에 대한 증오도 이러한 애국 정서의 일부였다. 독일인들이 소비에트 영토에서 너무나 많은 잔학행위를 저질렀기에, 대중의 복수심을 불러일으키는 건 어렵지 않았다. 붉은 군대의 일반 사병에 관한 연구에 따르면, 군인들을 가장 투지에 불타게 했던 것은 다른 무엇보다도 독일인에 대한 증오심이었다. 병사들이 전장으로 향하기 전에 지휘관들은 그들을 앞에 두고 콘스탄틴 시모노프Konstantin Simonov의 시 〈그놈을 죽여라!Kill Him!〉를 읽었다.

어머니를 사랑하는가,

젖 먹여 나를 키우고

그 젖 마른 지 오랜 가슴

이제 네 뺨이 쉴 곳일 뿐.

견딜 수 있는가,

파시스트가 어미 옆에 서서,

주름진 뺨을 후려치고,

땋은 머리를 주먹에 감는다면.

(…)

그렇다면 독일놈을 죽여라 ― 반드시 죽여라!

누구보다 빠르게 숨통을 끊어라!

눈에 띄는 누구라도,

언제나 그놈을 죽여 없애라![16]

스탈린그라드는 이런 애국심의 상징이 되었다. 독일군의 전차, 대포, 비행기의 포격으로 도시가 폐허로 전락했을 때도, 소련 병사들은 거리 곳곳에서 제집 지키듯 도시를 지켰다. 병사들은 1942년 8월부터 11월까지 3개월 동안, 주코프가 이끄는 붉은 군대가 반격을 개시해 독일군을 돈강으로 밀어낼 때까지 끈질기게 싸웠다. 이 몇 주간의 전투가 전쟁의 향방을 결정하는 전환점이 되었다. 돈강에 보병의 40퍼센트와 기갑군의 4분의 3이 결집했고, 그곳에서 쿠르스크 Kursk로 진격해 1943년 7월 독일군을 격파했다. 쿠르스크는 소련 영토에서 승리하겠다는 독일군의 희망을 완전히 무너뜨렸다.

붉은 군대는 독일군을 서부 국경지대로 밀어내면서 우크라이나 민족주의자들을 상대로 2차 전쟁을 벌였다. 그중 다수는 독일군과 결탁해 소비에트 전선 뒤에서 반소 게릴라전을 펼친 스테판 반데라 Stepan Bandera의 병사들이었다. NKVD 부대는 반데라의 게릴라 부대가 활동하던 지역의 민간인들을 대거 체포해 인종 청소 정책에 따라 동쪽 굴라크 수용소로 보냈다. 비슷한 작전이 폴란드와 발트 3국에서도 추진되었다. 소련의 민족 집단(칼미크Kalmyk족, 체첸Chechen족, 잉구시 Ingush족, 크림 타타르족 등)들은 내부의 소수가 독일군에 협조했어도 전체에 책임을 물었던 소련 정권에 의해 대규모로 추방되었다.

붉은 군대는 제국 정복자로서 서쪽 국경지대로 이동했다. 붉은 군대는 처음부터 그 땅에 사는 비러시아 인구에 대해 자신들이 정복자라는 느낌을 강하게 가졌다. 소련군은 독일 영토에 진입한 후 독일인에 대한 증오와 복수심으로 불타올랐고, 베를린에 도달하는 마지막 행군 기간에 독일 여성들을 강간했다. 약 2백만 명의 독일 여성이 상부의 제지가 전혀 없었던 소련 병사들에 의해 강간당한 것으로 추정된다. 질라스가 만찬에서 유고슬라비아에서 보고되는 수백

건의 붉은 군대 병사의 강간에 대해 우려를 표하자, 스탈린은 질라스의 말을 끊고 이렇게 응수했다.

"좋아요, 귀하가 물론 도스토옙스키를 읽으셨겠지요? 인간의 영혼이, 인간의 정신이 얼마나 복잡한 것인지 보지 않았습니까? 그러면 스탈린그라드에서 베오그라드Beograd까지 싸우며 전진하는 한 남자를 상상해보시오. 폐허가 된 조국 땅 수천 킬로미터를 가로질러, 동지들의 시신과 사랑하는 이들의 시신을 지나쳐 가는 그 사람 말이오! 그가 어떻게 정상적으로 행동할 수 있겠소? 그리고 그런 악몽도 겪은 판에, 여자와 재미 좀 보는 게 뭐가 그리 끔찍하단 말입니까?"[17]

1945년 5월 24일, 크렘린에서 열린 붉은 군대 지휘관들을 위한 환영 만찬에서 스탈린은 '우리 소비에트 인민과 그리고 역시나 "대러시아인"을 위해 건배'를 제의했다. 우레와 같은 박수갈채와 만세의 함성이 오래 이어진 후 스탈린은 다시 말을 이었다. "러시아 인민의 건강을 위해 건배를 제안합니다. 러시아인은 이 전쟁에서 나라의 모든 민족 중 단연 소비에트 연방을 지도하는 동력임을 만천하에 증명했습니다."[18]

1945년의 승리로 러시아 민족주의는 그 어느 때보다 더 제국주의적인 새 이름표를 얻었다. 스탈린이 생각하기에 러시아는 전쟁을 통해 반박의 여지 없이 소비에트 민족들의 지도자로 부상했다. 질라스는 스탈린이 소비에트 연방 대신 러시아('Rossiia'-로시야)라고 말하는 것을 알아차렸다.[19] 스탈린이 '대러시아인'(스탈린이 선호한 용어이다)

에게 스스로 부여한 우선권은 비러시아 공화국은 물론 새로 병합되어 동유럽 소련 위성국이 될 서우크라이나, 몰도바, 발트 3국에서 스탈린이 추진한 전후 러시아화 정책을 정당화하는 데 쓰였다. 소련 전 지역의 학교와 대학에서 러시아어 사용이 강제 시행되었고, 고등 교육이 요구되는 거의 모든 일자리는 유창한 러시아어를 필수 자격 요건으로 내걸었다. 도서, 영화, 음악, 거리 명칭, 역사 등 모든 곳에서 러시아화가 추진되었다.

이런 승리주의는 1945년 이후 소련의 도시 재건 계획을 장악한 건축 형태에도 표현되었다. '소비에트 제국' 양식은 1812년 이후 번창했던 러시아 제국 건축의 신고전주의와 고딕 양식을 모방한 것이었다. 이것이 가장 명확하게 구현된 사례는 1945년 이후 모스크바 여러 곳에 여러 층으로 이루어진 대형 케이크 모양으로 거대하게 치솟은 7개의 기념비적인 건축물, '스탈린 대성전Stalin Cathedrals'(외무성, 모스크바 국립대학 등이 포함되었다)이다. 소비에트 제국 양식은 대형 건축물의 문화, 영화, 서커스, 심지어 순환선 콤소몰스카야Komsomolskaya역 같은 지하철역들에서도 나타났다. 콤소몰스카야역 지하에 있는 거대한 '승리의 홀Hall of Victory'은 과거 러시아의 군사 영웅들을 기념하는 공간으로, 바로크와 비잔틴 양식의 흥미로운 혼합물이다.

코민테른은 전쟁 중에 해체되었지만, 러시아는 새로운 구세주 역할을 맡았다. 최초이자 유일한 사회주의 사회로서 소련의 존립은 전 세계 공산주의자들에게 전쟁의 목표가 되기도 했다. 나치 독일이 패배하자 소련의 위신은 절정으로 치달았고, 스탈린이 1939년 히틀러와 조약을 체결하면서 구상했던 대로 붉은 군대가 점령한 여러 나라에 혁명을 수출하는 일도 더욱 힘을 얻었다. 전쟁과 혁명 사이의 역학을 볼셰비키보다 더 잘 이해하는 집단은 없었다. 볼셰비키는 가장 최근의 전쟁으로 촉발된 혁명 세력을 이용해 1917년에 권력을 잡았다. 이제 그들은 히틀러에게서 해방된, 전쟁으로 황폐해진 땅에서 똑같은 기회의 가능성을 보았다.

스탈린은 히틀러에 대한 승리를 러시아의 대외 확장의 서막으로 보았다. 1945년 초 질라스와 함께한 만찬에서 그는 이렇게 말했다. "이 전쟁은 과거 전쟁들과는 다릅니다. 각국은 군대가 진군하는 범위만큼 체제를 심습니다." 스탈린은 소련이 무적임을 증명했고, 러시아가 지도하는 소비에트 연방은 자본주의 세계를 해방시킬 정도로 충분히 강하다고 여겼다. 1948년에 티토Tito와 유고슬라비아와 결별할 때까지 스탈린은 러시아의 19세기 후반 차르들처럼 범슬라브 정책을 폈고, 그들이 그랬던 것처럼 슬라브족의 단합이 독일을 누르고 러시아의 힘을 유럽 중앙으로 확장하리라 확신했다. 스탈린은 질라스에게 이렇게 말했다. "슬라브족이 하나로 뭉치고 연대한다면, 장차 누구도 손가락 하나 움직일 수 없을 겁니다. 손가락 하나도 말입니다!" 질라스는 스탈린이 마지막 말을 강조하기 위해 검지를 허공에 휘둘렀다고 회고했다.[20]

이러한 지나친 오만은 러시아가 인류의 해방자라는 새로운 제국 신화를 만들었다. 선전가들은 1945년의 승리에서 태동된 이 신화를 유럽이 러시아의 이타적 희생 덕분에 '구원'되었던, 머스코비가 몽골을 무찌른 쿨리코보나 나폴레옹 전쟁 등 초기 역사적 사건들과 연결 지었다. 전사자들은 이런 구세주 신화를 건설하는 데 동원되었다. 그들의 죽음은 소비에트 정권의 비효율성이나 냉혹한 인명 경시가 아니라, 인류의 구원을 위해 러시아가 지불한 숭고한 희생의 증거로 인용되었다. 처음에 스탈린은 공식 전사자 수를 현대 역사가들이 추산하는 수치의 4분의 1에 불과한 700만 명으로 발표하는 것만 허락했다.[21] 손실 규모에 대한 더 완전한 집계가 이루어질 수 있었던 1960년대가 되어서야 '2천만 명의 죽음'이라는 통계가 세계의 해방을 위한 러시아의 독보적인 희생의 상징으로 소비에트 선전 무대에 등장했고, 이후 줄기차게 되풀이되었다.[22]

실제로 나치즘을 물리치기 위해 그토록 막대하게 희생한 나라는 없었다. 전사자가 수백만 명에 달했고, 러시아의 마을과 도시들은 폐허가 되었다. 경제는 만신창이였다. 집단 농장은 전쟁 전과 비교해 가축은 절반 수준이었고 남성 노동자는 62퍼센트만이 남았다.[23] 중부 농업 지대에는 1946년 대기근이 덮쳤다. 나라를 다시 세우기 위한 새로운 5개년 계획이 곧 시행되었다.

1946년 2월, 계획경제로의 복귀를 기념하는 연설에서 스탈린은 전쟁이 소비에트 체제를 시험대에 올려놓았다고 부르짖었다. 소련의 승리는 소비에트 다민족 국가와 붉은 군대 그리고 계획경제의 우수성을 입증했고, 그것들이 없었다면 '우리 군대의 용감함'만으로는 적들을 물리칠 수 없었을 거라고 강조했다.[24] 즉, 전쟁의 승리는 공산당의 업적이고, 당의 지도력이 없었다면 국민은 무방비 상태가 되었으리라는 말이다. 이후 40년 동안, 이 신화는 1917년 이후 정권이 행한 모든 일을 합리화하며 소비에트 체제를 정당화하는 데 쓰였다.

스탈린은 서구와 새로운 전쟁이 일어나면 소비에트 인민이 정권을 위해 싸울 것인지에 대해 여전히 의구심을 가졌다. 그는 사람들이 제 '조국'을 위해서는 싸울 거라는 견해를 버리지 않았다. 그래서 전후 소련 정권은 러시아 민족주의를 강력히 추진했다. 주요 목적은 냉전 동안 서구의 영향으로부터 국가체제를 안전하게 봉인하는 것이었다. 소련 언론에 러시아의 위대함에 대한 터무니없는 주장이 등장하기 시작했다. 〈프라브다〉지는 "역사적으로 대러시아 민족은 놀라운 발견과 발명으로 세계 기술을 풍부하게 만들었다"고 썼다.[25] 비행기, 증기 기관, 무전, 백열전구 등 러시아인이 개발하지 않은 발명품을 찾기가 어려울 정도였다. 소련 유전학 연구소의 티모페이 리센코Timofei Lysenko 소장은 심지어 북극에서도 자라는 새로운 품종의 밀을 개발했다고 주장했다. 이 거짓 주장은 1950년대에 이런 유사 과학을 도입한 마오쩌둥 치하에서 수백만 명의 목숨을 앗아갔다. 러시아 문화에 대한 자부심은 끝이 없었다. 문화부 장관이었던 안드레이 즈다노프Andrei Zhdanov는 "러시아의 문학과 음악은 서구 문화보다 몇 배나 더 뛰어난 러시아의 문화를 반영하기 때문에, 서양보다 훨씬 우월하다"고 주장했다.[26]

인텔리겐치아가 가진 친서방 경향에 대해 불신이 깊었던 스탈린은 이런 민족주의적 작업을 인텔리겐치아를 이념적으로 옭아매는 수단으로 활용했다. 전시에 미국의 '렌드리스Lend-Lease'(무기 대여) 지원을 통해 외국의 서적과 영화가 러시아에 들어오자 러시아에서 개혁 사상도 함께 부상했는데, 스탈린은 이를 탄압하는 작업에 곧 착수했다. 즈다노프는 예술과 과학 전 분야에서 서구(반소련) 경향에 대한 숙청을 지휘했다(그래서 이 탄압을 '즈다놉시치나Zhdanovshchina'라고 부른다). 1946년 8월, 중앙위원회가 잡지 〈즈베즈다Zvezda〉와 〈레닌그라드〉에 대해 검열 명령을 내리며 단속이 시작되었다. 그 잡지들이 저명한 두 레닌그라드 작가 미하일 조셴코Mikhail Zoshchenko와 안나 아흐마토바Anna Akhmatova의 작품을 게재한 데 따른 조치였다. 조셴코는 소련의 마지막 풍자 작가였다. 독재자는 풍자를 참을 수 없는 법이다. 아흐마토바는 그녀의 시가 전쟁 중에 필사본으로 널리 유통되고(소련에서는 거의 출판되지 않았었다) 심지어 군부대에서도 유행하면서 엄청난 도덕적 위상을 얻었는데, 스탈린은 그녀의 영향력을 질투했다.

두 사람에 대한 공격에 이어 모든 예술과 과학 분야에서 '반소비에트 요소'를 겨냥한 일련의 탄압 조치가 잇따랐다. 국립현대서구미술관State Museum of Modern Western Art은 폐쇄되었다. 소련 음악에 나타나는 '형식주의'와 여타 '퇴폐적인 서구 영향'을 뿌리 뽑는 작업을 통해 쇼스타코비치Shostakovich, 하차투리안Khachaturian, 프로코피예프를 포함한 일군의 작곡가들이 '블랙리스트'에 올라갔다. 1947년 7월, 중앙위원회는 과학자 부부, 니나 클류에바Nina Kliueva와 그리고리 로스킨Grigory Roskin이 미국 여행 중에 암 연구에 대한 정보를 누설했다며 고발 성명을 발표했다. 두 사람은 서방에 대한 '굴종'이라는 죄목으로 기소돼 '반애국' 행위를 조사하는 새 기관인 '명예 법원honour court'에 끌려가 800명의 관중 앞에서 적대적인 질문에 답변해야 했다.

소련 안의 유대인들도 공격 대상이 되었는데, 그들의 처지는 이스라엘이 냉전에서 어느 편과 손을 잡느냐의 문제에 달려 있었다. 스탈린은 팔레스타인에 유대인 국가를 세우는 안을 지지했다. 그는 그 유대인 국가가 소비에트 위성국이 되기를 바랐다. 이스라엘이 미국의 편에 서자, 스탈린은 200만 명의 소련 유대인들이 가진 친이스라엘 정서가 점점 두려워졌다. 1948년, 모스크바 유대인 극장의 유명 감독이었던 솔로몬 미코엘스Solomon Mikhoels가 내무부MVD(내무인민위원회NKVD가 이름을 바꾸었다)의 손에 죽었다. 그의 시신은 나중에 길에 버려졌고, 사고로 위장하기 위해 트럭이 그의 시신 위를 밟고 지나갔다. 이듬해 다른 문화 분야에서도 '사해동포주의자'(유대인이라는 소리다) 탄압 운동이 시작되었다. 유대인들은 공산당, 작가 조합Writers' Union, 대학, 연구소에서 퇴출되었다. 반유대인 운동은 1952년 '유대인 의사 음모' 사건으로 절정을 맞았다.

음모론은 1948년 크렘린 병원의 의사였던 리디아 티마슈크Lidiia Timashuk가 즈다노프가 사망하기 이틀 전, 스탈린에게 보낸 한 편지로 거슬러 올라간다. 티마슈크는 편지에서 즈다노프의 의료진이 그의 상태가 얼마나 위중한지 제대로 인지하지 못했다고 주장했다. 편지는 대수롭지 않게 보관 처리되었는데, 4년 후 이제 완전히 망상에 사로잡힌 스탈린이 그 편지를 근거로 크렘린의 의사들이 즈다노프를 포함해 수뇌부를 살해하는 '시온주의 음모'에 가담하고 있다고 저격했다. 의사와 관리 수백 명이 체포되어 고문에 시달리다가 소련 유대인이 이스라엘 및 미국과 연계된 국제적인 음모에 연루되어 있다고 거짓으로 자백했다. 소련은 1937년으로 되돌아간 것만 같았다. 지금 '인민의 적'은 유대인이었다.

1952년 12월, 스탈린은 중앙위원회 회의에서 "모든 유대인은 잠재적 미국 스파이"라고 잘라 말했다. 수천 명이 체포되고, 일터와 주거지를 뺏겼으며, '뿌리 없는 기생충'이라는 꼬리표가 붙은 채 소련

변방으로 추방되었다. 스탈린은 극동 지역에 유대인들을 보낼 수 있는 거대한 노동수용소들을 건설하라고 명령했다. 스탈린이 죽지 않았다면, 소련에서 홀로코스트가 벌어졌을 것이다.

스탈린은 뇌졸중으로 쓰러져 닷새 동안 의식을 찾지 못하다 1953년 3월 5일 사망했다. 의료 지원이 제때 이뤄졌더라면 살아났을지도 모른다. 하지만 의사 음모 사건의 공포 속에서 스탈린의 측근 중 누구도 감히 나서서 결정을 내리지 못했다. 스탈린은 자신이 만든 공포 체제의 마지막 희생자였다.

인파가 스탈린의 시신이 안치된 붉은 광장 근처 '열주의 홀Hall of Columns'로 구름처럼 몰려들었다. 수백 명이 압사했다. 집단적인 애도와 히스테리 상황이 펼쳐졌다. 스탈린은 30년 동안 사람들에게 도덕적 기준점, 스승, 국가 지도자, 정의와 질서의 수호자였다. 그들의 차르였고, 땅 위의 신이자, 희망과 이상의 구현이었다. 사람들은 그들이 지나온 고난의 시간 동안 그를 믿을 필요가 있었다. 민중이 보인 슬픔은 그의 죽음에 대해 자신들이 느낄 수밖에 없는 두려움과 혼란에 대한 자연스러운 반응이었다.

집단지도부가 통치권을 이어받았다. 라브렌티 베리야가 선두에서 지휘했다. 하지만 베리야가 쿨라크를 해체하고 서부 우크라이나와 발트해 연안, 동독에 대한 소련 정책을 완화하는 계획을 추진하자, 당 고위 간부 및 군부 지도자들은 그를 반대하는 입장에 섰다. 6월 26일, 베리야는 흐루쇼프와 고위 군부 인사가 조직한 쿠데타로 체포되었다. 비밀 재판을 받은 베리야는 나중에 총살되었다.

니키타 흐루쇼프Nikita Khrushchev는 쿠데타 과정에서 집단지도부의 우두머리로 부상했다. 가난한 농가 출신으로 과장된 몸짓에 불같은 성격을 가진 흐루쇼프는 스탈린 정책의 충실한 집행자로서 권력의 사다리를 차근차근 오른 인물이다. 그는 처음에는 모스크바 당수로서, 이후에는 우크라이나에서 25만 명을 체포한 책임자로서 1930년대 탄압에 깊이 연루되었다. 아마도 흐루쇼프가 1956년의 '비밀 연설Secret Speech'을 통해 스탈린 치세의 범죄를 폭로한 것은 죄책감 때문이었을 것이다.

굴라크 수용 인원은 1952년에 최대치에 달했는데, 그때 노동수용소와 정착촌에는 약 200만 명의 죄수가 있었다. 스탈린이 죽자 죄수들이 석방되기 시작했다. 처음에는 주로 단기형을 받은 범죄자들이 풀려났고, 소비에트 검찰에 의해 사건이 재검토되어야 했던 '정치범'들은 자기들이 저지른 실수를 인정하기를 꺼리는 당국의 방해 때문에 더 늦게 석방되었다. 엄청나게 많은 죄수가 돌아오자 정권은 사태를 설명해야 했다. 하지만 얼마나 많은 진실이 공개될 수 있었겠는가? 지도부 인사들은 탄압의 전체 그림이 드러났을 때 무슨 일이 벌어질지 두려웠다. 자신들이 책임을 떠안게 될까? 사람들이 대규모 체포를 막지 못한 것에 대한 책임을 묻진 않을까?

1935년부터 1940년까지 당원들에 대한 탄압을 조사할 위원회가 구성되었다. 정치국은 위원회 조사 결과에 몹시 충격을 받아 1956년 2월에 스탈린 사후 최초로 열리는 당 대회였던 20차 당 대회에서 그것을 발표하기로 결정했다(나라 전역의 탄압에 대한 전체 조사 결과는 아니었다). 발표문은 지도부가 단체로 작성했고, 발표는 흐루쇼프가 맡았다. 당내 숙청과 스탈린이 전쟁에서 저지른 실수의 내용이 자세히 담겼고, 원인으로는 독재자가 된 스탈린이 레닌주의 원칙에서 벗어난 것과 지도자의 정책에 반대하는 것을 불가능하게 만든 '개인숭배'가 제시되었다. 흐루쇼프는 현 지도부는 위원회로부터 이런 내용을 보고받아 알게 되었다는 것을 강조함으로써, 책임을 피하고 모든 죄를 스탈린에게 전가하려고 애썼다. 당 지도부는 비난의 대상이 아니었다. 발표의 목적은 오로지 스탈린주의를 10월 혁명의 사회주의 이상에서의 일탈로 설명함으로써 당에 대한 신뢰를 회복하는 것이었다.

흐루쇼프는 내용을 당 밖으로 누설하지 말라고 호소하며 발표를 마무리했다. 하지만 발표문은 소련 전역에서 수백만 당원이 돌려 봤고 동유럽 공산주의 정권에도 전달되었다. 발표문이 폴란드에서 출판되자, 〈뉴욕 타임스New York Times〉가 그것을 게재하기도 했다. 그렇게 발표문은 서방에서 다시 소련으로 흘러 들어갔다. 검열의 고삐가 점차 느슨해졌던 흐루쇼프의 '해빙' 분위기 속에서 소비에트 지식인들은 당의 기록들을 평가할 용기를 얻었다. 나중에 유명한 반체제 인사가 되지만 당시에는 모스크바 대학 재학생이었던 류드밀라 알렉세예바Liudmilla Alexeeva는 이렇게 회상했다. "당 대회는 우리가 소련 체제에 외롭게 던지던 질문에 마침표를 찍었다. 젊은 남녀는 의견과 정보, 신념, 의문을 나누는 것을 점점 두려워하지 않게 되었다. 매일 밤 우리는 비좁은 아파트에 모여 시를 낭송하고, '비공식' 산문을 읽었으며, 저마다 알고 있는 이야기를 공유해 나라에서 일어나는 일에 대한 실체적인 그림을 그리곤 했다."[27] 당의 도덕적 권위는 위기를 맞았다. 역사상 처음으로 당은 실수를 인정했고(사소한 실수가 아니라 끔찍한 수준이었다), 그것에 대해 내내 거짓말을 해왔다. 그러니 어떻게 신뢰를 되찾을 것인가?

해빙은 현대 러시아 역사 내내 정치의 대리인이었던 문학에서 시작되었다. 스탈린식 순응에 대한 강요가 사라지자, 작가들은 소련의 삶을 더 진실한 모습으로 그려내는 데 몰두했다. 이 시대를 가리키던 이름을 제목으로 삼은 일리야 에렌부르크Ilya Ehrenburg의 소설 《해빙The Thaw》(1954)은 폭군 같은 공장 지배인인 남편에게 억압받던 한 여성이 마침내 봄철 해빙기에 그를 떠날 용기를 내는 이야기를 담았다. 문학 부흥의 절정은 1962년 알렉산드르 솔제니친Alexander Solzhenitsyn의 《이반 데니소비치의 하루One Day in the Life of Ivan Denisovich》였다. 이 작품은 스탈린의 노동수용소를 주제로 한 첫 번째 소설로 잡지 〈노비 미르Novy Mir(신세계)〉에 실렸다. 수백만이 그 작품을 읽었다. 하지만 굴라크에 대한 비난은 허용해도, 10월 혁명은 감히 의심의 대상이 아니었다. 10월 혁명과 내전을 배경으로 한 보리스 파스테르나크Boris Pasternak의 대하소설 《닥터 지바고Doctor Zhivago》는 1956년 진보 성향의 〈노비 미르〉를 비롯한 여러 잡지에서 '반소비에트적'이라는 이유로 거절당했다. 이 소설은 밀라노로 밀반출돼 이탈리아어로 출판되었고, 곧 세계적인 베스트셀러가 되었다. 파스테르나크는 1958년 노벨상 후보에 올랐다. 하지만 소련 정부의 압력 때문에 수상을 포기해야 했다.

해빙으로 소련 사회는 서방에 부분적으로 개방되었다. 처음으로 외국인 관광객이 소련 땅을 밟았다. 흐루쇼프 정권은 달러를 벌어들이는 수입원이자 소련의 업적을 세계에 홍보할 기회가 될 거라 여겼다(그 무렵 스푸트니크Sputnik 우주 계획이 착수되었다). 1957년, 모스크바에서 '세계 청년 페스티벌World Festival of Youth'이 개최되었다. 크렘린의 목표는 자본주의 국가의 젊은이들을 소련의 삶의 방식에 끌어들이는 것이었다. 하지만 결과는 정반대였다. 소련 동년배의 삶이 서구식으로 바뀌었다. 소련 학생 세대는 공산주의 청년 동맹인 '콤소몰Komsomol'의 따분하고 순응주의적 문화를 따르기에는 너무 세련되었다. 그들은 로큰롤 음악과 패션에 사로잡혔다. 학생들은 단파수신기로 보이스오브아메리카Voice of America, VOA와 라디오프리유럽Radio Free Europe, RFE을 청취했다(서방의 자유에 관한 뉴스와 정보를 알리기 위해 록과 재즈를 틀었던 방송들이다). 해빙 계획의 일환으로 소련 영화관에서는 할리우드 영화가 상영되었는데, 학생들이 할리우드 영화를 통해 서방세계에 대한 관점을 형성하면서 엄청난 파급효과를 일으켰다. 시인 조지프 브로드스키Joseph Brodsky는 영화 「타잔Tarzan」이 "20차 당 대회와 그 후에 흐루쇼프가 한 모든 연설보다 탈스탈린화에 더 크게 기여했다"고 말했다.[28]

1960년 무렵에는 인구의 절반 이상이 30세 미만이었다. 그들의 부모는 나치에 맞서 싸운 '대조국전쟁Great Patriotic War'을 몸소 겪었지만, 이 젊은 세대에게 10월 혁명은 자신과 상관없는 것이었다(너무나 먼 옛날이야기 같았다). 그들을 체제의 가치와 신념에 동화시키는 건 그야말로 도전이었다.

흐루쇼프는 콤소몰을 통해 그렇게 하려고 했다. 그는 혁명 초창기의 열정을 일깨우기 위해 고안한 정책 사업에 무엇보다 대중의 참여를 가장 중요시했다. 1954년에 시작해 1963년까지 추진된 미개척지 개간 운동('버진랜드Virgin Lands')을 통해 콤소몰 출신의 젊은 남녀 수만 명이 카자흐스탄의 미개척 스텝 지대의 집단 농장에 자원했다. 1963년까지 4,000만 헥타르의 불모지가 경작지로 탈바꿈했고, 곡물 생산량이 증가했다. 하지만 밀을 재배할 정도로 토질이 좋지는 않았으므로 수확량은 들쭉날쭉하다가, 1958년 이후 꾸준히 감소했다.

흐루쇼프는 1964년 축출되었다. 버진랜드 운동의 실패와는 별개로, 식량 부족 때문에 비난받았고, 불만이 고조되던 중 1962년 남부 러시아의 노보체르카스크Novocherkassk에서 노동자들이 일으킨 봉기를 군대가 진압하는 과정에서 수십 명이 사망하는 일도 있었다. 흐루쇼프는 정치 개혁을 통해 지역 당서기의 경제 권한을 축소한 데다, 중앙위원회의 자리를 정기 선거의 대상으로 만들어 그들의 소외감을 키웠다. 중앙위원회 자리는 스탈린 치하에서는 지역에서 후원과 영향력의 카르텔을 만들 수 있었던 거의 종신권에 가까운 권리였다. 흐루쇼프의 변덕스러운 지도력, 직관에 따라 행동하고는 비판하는 사람들에게 공격을 퍼붓는 경향, 비전문 분야에 대한 간섭, 쿠바 미사일 위기로 위험천만하게 미국과 날을 세운 일 등 이 모든 것이 당 동지들이 그에게 등을 돌린 이유였다. 그들은 더 안정적인 집단 통치체제를 원했다.

흐루쇼프를 대체한 무색무취의 정권에서 레오니트 브레즈네프Leonid Brezhnev가 '동등한 자 중 일인자primer inter pares'로 등극했다. 이는 외견상 '집단 지도'를 표방하는 움직임이었다. 집단 지도라는 신화는 모든 소비에트 지도자가 그들의 신뢰성을 상징화하고, 당의 규율을 집행하는 용도로, 브레즈네프의 경우에는 안정을 약속함으로써 간부들의 신뢰를 회복하기 위한 용도로 이용되었다. 이후 정치국의 결정은 집단 의결로 이루어졌고 의원 명단은 알파벳순으로 나열되었다. 서서히 브레즈네프가 권력을 장악했다. 브레즈네프는 제도의 산물이자, 이렇다 할 노선이 없는 평범한 관료였다. 심지어 관심 분야도 고전적인 범주(빠른 차, 사냥, 여자, 축구 같은 것들)였다. 스탈린의 숙청 기간에 권력의 사다리를 오른 수많은 당 기관원처럼 브레즈네프도 지적이기보다 실용적인 능력을 갖추고 있었다(그의 내각에서 가장 똑똑한 장관이었던 알렉산드르 야코블레프Alexander Yakovlev는 브레즈네프의 핵심 재능은 '누가 친구이고 누가 적인지 기막히게 알아보는' 것이라고 언급했다).[29] 그는 지역 당 지도자들과 정치적 동맹을 맺고 후원 세력을 구축하는 데 능력을 발휘했다. 그들 중 다수는 그가 공장 바닥에서 시작해 우크라이나 드니프로페트로우스키Dnepropetrovsk 당 조직의 선전 책임자로 출세 가도를 달린 1930년대까지 거슬러 올라가는 동지들이었다. 이들을 하나로 묶은 구심점은 현상 유지였다. 지도부는 흐루쇼프가 시작한 당의 개혁을 중단하고, 자신들이 계속 정상에 머무를 수 있는 안정적인 체제가 회복되기를 바랐다. 브레즈네프가 권좌에 앉아 있는 한, 그들도 노년까지 자리를 유지할 수 있었다. 1964년에 60세였던 정치국의 평균 연령은 1982년에는 70세로 치솟았다.

권위를 회복하기 위해 레닌주의 이념을 내세웠던 흐루쇼프 내각과 달리, 브레즈네프 내각은 정치 기반을 강화하기 위해 러시아 민족주의로 눈을 돌렸다. 이때부터 정부는 이전에 별 관심을 두지 않았던 대조국전쟁에 대한 국가 숭배 기조를 확립했다. 1965년까지 '승리의 날Victory Day'은 소련의 국경일도 아니었다. 기념행사와 퍼레이드를 조직하는 일은 퇴역 군인 단체들의 몫이었다. 하지만 전승 20주년이 되던 해부터, 5월 9일은 군사력을 과시하는 인력과 장비가 총동원되고, 모든 당 지도부가 레닌 기념 묘소의 정상에서 붉은 광장을 행진하는 붉은 군대 병사들에게 거수경례를 하는 기념일로 탈바꿈했다. 2년 후, 크렘린 장벽 인근에 '무명용사의 묘Tomb of the Unknown Soldier'가 세워졌고, 외국 고위 인사들(예비부부들도 애용한다)이 '2천만 명의 사망자'에 경의를 표하는 성지가 되었다. 같은 해 볼고그라드Volgograd(이전의 스탈린그라드)에는 기념비적인 추모 시설이 완공되었다. 시설 중심에는 거대한 조각상 '마더러시아콜스Mother Russia Calls'가 우뚝 서서 인민에게 행동을 촉구하는 칼을 하늘 높이 치켜들고 있었다.

브레즈네프 정부는 민족주의의 두 주요 흐름을 장려했는데, 두 가지 모두 문학 분야에서 구현되었다. 그중 하나는 표도르 아브라모프Fedor Abramov, 발렌틴 라스푸틴Valentin Rasputin, 솔제니친(그가 정권을 등지고 서구로 망명하여 1973년 외국에서 《수용소 군도Gulag Archipelago》를 출간하기 전이었다) 등이 포함된 '마을 산문 작가village prose writers' 그룹이었다. 이들은 흐루쇼프 시대에 처음 등장했고, 주로 〈노비 미르〉 잡지를 통해 작품을 선보였다. 이들의 작품은 집산화의 유산(마을과 교회의 해체, 시골의 인구 감소, 삼림 벌채, 환경오염, 농촌 생활수준 저하)을 비난하고 옛 러시아 농촌의 가치와 전통을 그리워하는 정서가 주를 이루었다. 다른 흐름은 더 강성이었는데, 콤소몰의 공식 기관인 '몰로다야 그바르디야Molodaya Gvardiya'(청년 친위대Young Guard)가 발간하는 잡지를 주요 통로로 삼았다. 이 잡지는 브레즈네프의 사상 책임자였던 미하일 수슬로프 Mikhail Suslov를 포함한 당 지도부 내 신스탈린파의 후원을 받았다. 몰로다야 그바르디야도 마을 산문 작가 그룹이 가진 우려에 동조했지만, 정치국 비호 아래 더 공격적인 정책을 내놓았다. 여기에 소속된 작가들은 러시아의 정체성은 강력한 권위주의 국가체제와 반서구 전통에서 찾아야 한다는 민족주의 역사관을 중심으로 뭉쳤다. 미하일 수슬로프의 부추김에 그들은 공산당이 마르크스-레닌주의와 함께 러시아 민족주의를 근본이념으로 채택해야 한다고 주장했다. 당 선전부장이었던 알렉산드르 야코블레프Alexander Yakovlev는 잡지의 민족주의적 입장이 반레닌주의라고 비판했다가 자리에서 물러나 소련 대사로 캐나다에 파견되는 처벌을 받았다(그는 10년이 지난 1982년, 수슬로프가 사망한 후에 귀환하여 고르바초프 개혁의 주요 이념가로 활동한다).

이들뿐 아니라 다른 민족주의 단체들도 당 지도부의 보호를 받았다. 민족주의는 점점 커지는 서구 사상과 문화의 영향력에 맞설 해독제로 여겨졌다. 민족주의는 군사비 증액에도 일조했다. 1982년에 이르면 국방비가 국가 GNP(국민총생산)의 6분의 1에 달했는데, 주로 1979년 아프가니스탄 침공(불안정한 공산주의 정권을 지지할 목적이었다)과 미국과의 핵 군비 경쟁 때문이었다. 민족주의 지지는 시골의 생활수준 저하를 되돌리는 것을 최우선 과제로 삼았던 브레즈네프의 정책에도 마찬가지로 중요했다. 1965년과 1970년 사이에 집단 농장에 지급되는 국가 보조금은 네 배 증가했다.

하지만 아무리 많이 투자한다 해도 집단 농장의 운명을 되돌릴 수는 없었다. 부실하게 제조된 농기계들은 수시로 고장 났고, 수리되지 않은 채 몇 년이 흐르기도 했다(사태를 확인하기가 두려웠던 브레즈네프는 1980년에야 마침내 조사를 명령했고, 그 결과 요구 조건에 맞게 제조된 농기계는 전체의 1퍼센트 미만이라는 사실이 드러났다).[30] 국가가 모든 농산물(곡물, 사탕무, 면화, 아마, 육우)을 가져가는 부문에서는 콜호스 노동자들이 실적 인센티브를 전혀 받지 못했다. 국가 조달 가격은 상승했지만, 노동자 임금은 여전히 낮게 유지되었다. 많은 농민이 콜호스 관리인들이 방치한, 수돗물이나 전기도 없는 거주지에서 극심한 가난에 시달리며 살았다. 그들은 농장에서 유일한 사유지였던 한 뼘 남짓한 텃밭(농촌 살림의 마지막 피난처였다)에 사활을 걸었다. 그곳에서 과일과 채소를 재배하거나 돼지와 가금류를 키워 마을 길가나 농민 시장에 내다 팔았다. 브레즈네프 정부는 소비자가 사적으로 구입할 수 있는 식재료의 양을 늘리고자 사유지 크기에 대한 제한을 해제했다. 1970년대 말까지, 이런 할당 사유지는 국가 전체 농경지의 4퍼센트에 불과했지만, 돼지고기와 가금류의 40퍼센트, 과일의 42퍼센트, 감자의 절반 이상이 이곳에서 생산됐다.[31] 농민 시장의 물품 가격은 특별한 경우를 제외하고는 너무 비싸 대부분은 감당할 수 없었다.

국영 상점에는 모든 것이 부족했다. 혹시 우연히 구하기 어려운 물건(어떤 물건이든 품귀의 대상이 될 수 있었다)이 들어올지 몰라 사람들은 문 앞에 길게 줄을 섰다. 사람들은 정권의 선전 주장에 환멸을 느끼고 냉소적으로 변했다. 억압이 더 이상 두렵지 않았던 이들은 쓴 농담으로 분을 삭였다.

한 남자가 가게에 가서 물었다. "고기 없습니까?" 점원이 대답한다. "여기는 생선이 없습니다. 고기 없는 곳을 찾으려면 길 건너 가게로 가보세요.”

공급이 부족하지 않은 유일한 상품은 술이었다. 브레즈네프 시
대에 주류 소비는 두 배 이상 증가했다. 1980년대 초, 콜호스 가구의
평균 보드카 소비 금액은 전체 가구 수입의 3분의 1에 달했다. 알코
올 중독은 국가적 질병이었다. 범죄율(매년 1천만 명이 음주로 구속되었다)
과 남성 기대수명 감소(1964년 66세에서 1980년 62세로)에 막대한 영향을
끼쳤다. 브레즈네프의 자식도 둘 다 알코올 중독자였다. 하지만 정
부는 그 문제에 관심을 가지지 않았다. 정부는 보드카 판매를 늘려
다른 살 것이 거의 없는 사람들에게서 돈을 걷었다. 사람들이 시위
에 나서느니 술에 취해 있는 편이 나았다.

석유 수출로 벌어들인 돈이 1970년대에 일어났을지도 모를 식
량 폭동과 체제 전복으로부터 정권을 구했다. 1973년 10월 ‘욤 키푸
르(아랍-이스라엘) 전쟁Yom Kippur War’ 당시, 중동 산유국들이 친이스라엘
국가에 석유 판매를 금지하면서 원유 가격이 다섯 배나 치솟았다.
기절 직전이었던 소련 경제는 덕분에 숨통이 트였다. 소련은 1970
년대에 주로 시베리아에서 새 유전을 개발해 석유 생산량이 두 배로
증가한 터였다. 석유와 가스로 벌어들인 달러로 소련 정부는 서방에
서 소비재와 식료품을 수입할 수 있었다. 혁명 이전에 러시아는 주
요 농산물 수출국이었다. 그러나 1917년 이후 60년이 채 지나지 않
아 러시아는 세계 최대의 식품 수입국이 되었다. 러시아 전역에서
구워지는 빵과 과자의 3분의 1은 외국산 곡물로 만든 것이었다. 육
우 농장은 사료를 전적으로 수입 곡물에 의존했다.

어느 체제든 수명이 길어지면 사람들이 '우리는 더는 이렇게 살 수 없다'고 외치는 순간이 온다. 1970년대가 그랬다. 하지만 변화를 일으킬 사회 동력이 없었다. 사람들은 그들이 느끼는 비탄에 대해 무언가를 하기에 너무 겁이 많았고, 소극적이었으며, 체제에 고분고분했다. 인권 운동가, 유대인 리퓨즈닉스refuseniks('거부자'라는 뜻으로 정부가 해외 이민을 금지한 사람들), 반체제 성직자, 노벨상 수상자이자 사미즈다트samizdat(자가 출판)와 타미즈다트tamizdat(해외 출판) 등으로 활동가 지하조직을 만든 안드레이 사하로프Andrei Sakharov 같은 진보 지식인 등 반체제 인사의 활동에 참여하는 사람은 극히 소수였다. 심정적으로 동의하는 사람들(아마도 대다수 인텔리겐치아)이 있었지만, 국가보안위원회KGB(내부무MVD가 이름을 바꾸었다)의 괴롭힘과 감시로 반체제 인사와 접촉하는 건 불가능했다.

변화는 그것을 할 능력이 있는 유일한 곳에서 추진되었다. 바로 공산당 지도부였다. 미하일 고르바초프Mikhail Gorbachev는 레닌주의를 되살려 소련 체제에 새로운 활력을 불어넣겠다는 흐루쇼프의 비전을 신봉한 많은 볼셰비키(그들은 모두 20차 당 대회가 낳은 자식들이었다) 중 한 명이었다. 그들은 브레즈네프 시절에 중앙위원회 산하 사무국에서 일했고, 흐루쇼프 시절부터 페레스트로이카perestroika(체제 개혁)—고르바초프 시대의 표어이다—에 관해 이야기해왔다. 글라스노스트Glasnost(공개, 개방) 역시 1960년대 공산당 내부 서클에서 정부가 하는 일이 언론에 공개돼야 한다고 주장하며 사용한 개념이었다.

고르바초프는 1931년 러시아 남부 스타브로폴Stavropol의 한 농가에서 태어났다. 고르바초프의 조부는 1933년 파종 계획을 이행하지 않은 죄로 시베리아로 유배되었는데, 그해에 그의 여섯 아들 중 셋과 마을 인구의 절반이 아사였다. 외조부는 콜호스 의장이었는데, 1937년 '트로츠키주의자'로 체포되었다. 고르바초프는 1990년까지 그 '얼룩진 이력'을 비밀에 부쳤다. 하지만 그런 탄압의 낙인이 스탈린주의의 유산을 극복하려는 그의 헌신적인 노력의 뿌리였음은 의심의 여지가 없다.

좋은 학교 성적과 콤소몰 평가 덕분에 고르바초프는 모스크바 대학의 법학부에 진학했다. 그는 대학 학위를 가진 최초의 소련 지도자였다. 공산당에 입당하던 1952년 무렵에 고르바초프는 정통 스탈린주의 사상으로 무장하고 있었다. 그는 이때까지 가족의 고난을 스탈린의 정책과 연관 짓지 않았다. 하지만 고르바초프의 세계관은 흐루쇼프의 비밀 연설을 계기로 바뀌었다. 다른 한편으로 그에게 중대한 영향을 미친 인물은 대학 시절 절친이었던 즈데네크 플리나르 Zdeněk Mlynář다. 플리나르는 훗날 1968년 8월 소련이 체코슬로바키아를 침공해 탄압한 알렉산드르 둡체크Alexander Dubček의 사회주의 개혁 정부에서 핵심 인물이 된다.

1970년, 39세의 고르바초프는 스타브로폴 지역 당 서기가 되었다. 소련의 최연소 당 서기였다. 그 자리는 승진에 유리한 요직이었다. 스타브로폴이 온천으로 유명해 크렘린의 고위 인사들이 휴가를 보내는 곳이었기 때문이다. 고르바초프는 기회를 십분 활용해 자신의 유능함, 지성, 인간적 매력으로 그들에게 좋은 인상을 남기는 데 성공했다. 유리 안드로포프Yuri Andropov KGB 국장은 잦은 방문객이었다. 안드로포프는 고르바초프를 브레즈네프에게 소개했고, 브레즈네프는 그를 모스크바로 불러 농업 정책을 감독하는 책임자 자리를 맡겼다.

1982년 브레즈네프가 사망하자 안드로포프가 당의 새 지도자가 되었다. 안드로포프는 노동 규율을 강화하고, 관료 조직 내부의 부패를 척결하며, 소련 경제를 분권화해 생산성을 높이겠다는 의지를 드러냈다. 안드로포프는 운영의 합리성만 확보한다면 국가 시스템이 마치 경찰국가처럼 제대로 작동할 거라고 믿는 근대화 지지자였다. 그는 고르바초프와 니콜라이 리시코프Nikolai Ryzhkov와 같이 젊은 개혁가들을 승진시켜 브레즈네프파의 '원로 친위대'인 콘스탄틴 체르넨코Konstantin Chernenko의 영향력을 견제하고자 했다. 하지만 안드로포프는 재임 15개월 만에 지병으로 사망했다. 그는 고르바초프를 후임으로 지명했지만, 체르넨코가 그 자리를 대신했다. 몇 주 지나지 않아 체르넨코 자신도 병세가 위중해졌다. 볼셰비키들은 노환으로 사망하고 있었다.

1985년 3월, 체르넨코의 후임자로 고르바초프가 선출된 것은 처음에는 그렇게 급진적으로 보이지 않았다. 다수가 개혁파가 아닌 상황이었으므로 고르바초프는 흐루쇼프의 처지로 전락하지 않으려면 일을 신중하게 추진할 필요가 있다고 느꼈다. 집권 첫해에 고르바초프는 안드로포프가 추진하던 정책인 경제 '가속화'(우스코레니예uskorenie)만 입에 올렸다. 1987년 1월 중앙위원회 총회에서야 고르바초프는 자신이 구상하는 페레스트로이카 계획을 발표했다. 그는 그것을 명령 경제와 정치 체제를 급진적으로 구조조정한다는 의미에서 혁명이라고 묘사했고, 자기가 만든 대담한 계획을 정당화하기 위해 레닌을 되살렸다. 그는 신실한 레닌주의자였다. 다른 당 지도자들은 레닌에게 입에 발린 미사여구를 바쳤지만, 고르바초프는 레닌의 사상, 특히 레닌이 신경제정책에서 발전시킨 개념들이 여전히 소련이 마주한 도전에 도움이 된다고 정말로 믿었다.

경제 측면에서 페레스트로이카는 신경제정책과 공통점이 많았다. 페레스트로이카는 시장 경제가 사회주의 경제 구조에 도입되어 생산을 자극하고 소비자의 니즈를 충족시키는 데 이용될 수 있다는 가정에 기초했다. 1987년, 임금과 물가에 대한 국가의 통제가 느슨해졌다. 이듬해 협동조합이 합법화됐고, 그 결과 카페와 레스토랑, 주로 보드카와 담배, 외국에서 수입된 음란 비디오를 파는 소규모 상점과 길거리 매점이 신경제정책 시대와 마찬가지로 우후죽순 생겨났다. 하지만 이런 조치들이 식량과 생필품 부족을 해결하지는 못했다. 계획경제의 해체만이 이 위기를 해결할 수 있었을 텐데, 그 개혁은 1987년에는 너무 까마득해 보였고, 1990년 8월 시장경제 전환 500일 계획이 시행되었을 때는 이미 너무 늦어버렸다.

글라스노스트야말로 고르바초프 개혁에서 정말로 혁명적인 요소였고, 체제를 이념적으로 뒤흔들기 시작한 수단이었다. 고르바초프가 글라스노스트로 의도한 것은 투명한 정부를 만들고, 그의 개혁에 반대하는 브레즈네프주의 보수파의 권력 기반을 무너뜨리는 것이었다. 글라스노스트의 필요성은 앞서 1986년 4월 체르노빌 원자로 폭발 사고에 대한 불명예스러운 정보 은폐로 더 강화되었다. 하지만 글라스노스트 이후 빚어진 결과는 순식간에 고르바초프의 통제를 뛰어넘어 폭풍처럼 소용돌이쳤다. 검열을 완화하면서 당은 대중 매체에 대한 통제력을 잃었는데, 이는 이전에는 정부가 은폐했던 사회 문제들(열악한 주거, 범죄, 생태학적 재앙들)을 언론이 노출함으로써 체제에 대한 대중의 신뢰가 약해지는 것을 의미했다. 소련 역사를 폭로한 것도 비슷한 결과를 낳았다. 처음으로 개방된 기록 보관소에서 사실을 담은 자료들이 쏟아져 나오고 번역된 외국 도서가 유입되자, 소련 산업화의 성과, 사회주의 사회의 창조, 나치즘이 패배하는데 당이 주도한 역할, 심지어 10월 혁명을 대중이 얼마나 지지했는지에 대한 개념 등 소비에트 체제를 정당화하는 신화가 하나둘 검증의 대상이 되었다.

글라스노스트는 사회를 정치화했다. 공공 단체가 결성되었다. 1989년 3월에 이르자 소련에는 6만 개의 '비공식' 단체와 모임이 생겼다. 여기에는 예전에 러시아에 결여되었던, 민주주의가 존속하기 위해 꼭 필요한 시민 사회의 동요가 있었다. 여러 단체는 거리로 나가 시위했다. 많은 이가 정치 개혁, 소비에트 공화국들의 독립, 공산당 권력 독점(소비에트 헌법 6조에 명시된)의 종식을 요구했다. 도시들은 1917년의 혁명 분위기로 돌아가고 있었다.

체제 내의 개혁파들이 방어 의지를 잃거나 반대파 지지 의사를 밝히며, 일당 체제 국가가 무너지기 시작했다. 고르바초프 개혁의 지적 설계자인 야코블레프는 유럽 사회민주주의자처럼 말하기 시작했다. 모스크바 당 서기였던 보리스 옐친Boris Yeltsin은 당이 레닌주의 유산을 포기해야 한다고 말했다. 고르바초프도 같은 방향으로 움직이고 있었다. 이 체제가 개혁으로 해결되기 어렵다는 사실을 깨달으면서 그의 관점도 발전을 거듭했다. 고르바초프는 국가 내에서 견제와 균형의 필요성에 관해 이야기하기 시작했고, 소비에트 자유선거를 지지했으며, 헌법 제6조를 폐지하자는 급진 개혁파의 요구에 동조하는 쪽으로 서서히 선회했다.

공산주의 보수 강경파는 체제가 뒤흔들리는 속도에 경악했다. 정치 개혁은 1917년 이후 당이 이룩한 모든 것을 파괴하는 혁명이 될 것처럼 위협적이었다. 개혁에 반대하는 보수파의 입장은 레닌그라드의 화학 교수였던 니나 안드레예바Nina Andreeva의 〈나는 원칙을 포기할 수 없다I Cannot Give up Principles〉는 논고로 표현되었다. 기고문은 몇몇 정치국원의 승인을 받아 1988년 3월 〈소베츠카야 로시야 Sovetskaya Rossiya〉지에 게재되었다. 기고문은 소련 역사를 '먹칠'하는 행위를 공격하고 '사회주의를 건설하고 지켜낸' 스탈린의 업적을 옹호했으며, '조국의 역사상 가장 중대한 전환점에 우리가 그것을 위해 싸웠던 것처럼' 레닌주의 원칙을 수호하라고 전국의 공산주의자에게 촉구했다.[32]

고르바초프는 더 급진적인 일련의 개혁을 추진하는 것으로 반격하기로 했다. 그는 1988년 6월, 전연방 당협의회All-Union Party Conference 에서 새로 만든 입법부인 '인민대표대회Congress of People's Deputies'에 관해 전체 의석의 3분의 2를 경쟁 선거로 선출하는 방안을 밀어붙였다. 인민대표대회는 연간 2회 소집되며 소련 최고 의사결정 기구인 최고 소비에트회의Supreme Soviet of the Soviet Union를 선출하는 기구가 되었다. 아직 다당제 민주주의라고 할 수는 없었지만(선출된 대표의 87퍼센트가 공산당 출신이었다), 유권자들이 합심하면 현직 지도자를 퇴출할 수 있었다(라트비아와 리투아니아에서는 당 지도부 전체가 1989년 대회 선거에서 참패하는 굴욕을 겪었다).

인민대표대회는 일당제 국가에 대항하는 민주주의의 발판이 되었다. 1억 명이 5월 말에 열린 개막식을 TV로 관전했다. 당 소속 개혁 주도파와 무소속 대표 민주주의자들은 의회 내에서 '지역 간 단체'를 결성하고, 헌법 제6조 폐기(공산당 권력 독점)를 중점적으로 요구했다. 고르바초프는 그 제안에 동의했고, 1990년 2월 정치국이 법안을 통과시켰다. 고르바초프는 일당제 국가를 구할 개혁을 시작했지만, 이제 그것을 해체하고 있었다.

민족주의 운동에 고삐가 풀렸다. 발트 3국이 가장 먼저 독립을 요구했고, 조지아와 아르메니아, 그리고 서부 우크라이나와 몰도바(발트 3국과 마찬가지로 2차 세계대전으로 소련에 합병되었다) 주민 상당수가 그 뒤를 이었다. 엘리트들은 소련 체제에 의존했고, 대중적 대안이 아마도 이슬람이었을 중앙아시아 공화국들은 반응이 더뎠다.

고르바초프의 개혁은 두 가지 측면에서 민족주의 지도자들을 도왔다. 첫째, 1990년에 고르바초프는 대통령직을 신설하고 자신이 취임했는데, 이는 각 소비에트 공화국 지도자가 대통령으로 세력 기반을 만들 수 있게 독려하는 효과를 낳았다. 옐친이 가장 큰 수혜자였다. 1991년 옐친이 러시아 공화국 대통령으로 당선되자, 러시아에서 선출되지 않은 소비에트 연방 대통령보다 그의 권위가 더 커졌던 것이다. 옐친은 소비에트 연방으로부터 러시아의 독립을 상징하는 인물이 되었다. 둘째, 각 공화국의 최고 소비에트회의에 자유 경선을 도입하자 민족주의자들이 새 의회에 통제력을 획득했고, 모스크바

로부터 독립을 선언하는 데 의회를 이용할 수 있게 되었다. 발트 3
국의 민족주의자들은 1990년 최고 소비에트 선거에서 압승을 거두
었다.

경찰 탄압 또한 조지아와 발트 3국의 독립 운동을 부채질했다.
트빌리시에서 1989년 4월, 19명의 시위대가 소련 경찰에 의해 사망
하고 수백 명이 다쳤다. 리투아니아와 라트비아에서는 1991년 1월
에 벌어진 진압으로 17명이 사망했다. 이러한 최후의 탄압은 KGB
와 군부의 공산주의 보수 강경파에 의해 선동되었다. 그들은 민족주
의자들이 폭력적으로 대응하도록 부추기려고 애썼는데, 그 경우 국
가비상사태를 선포하고 소비에트 연방의 해체를 막을 수 있었기 때
문이다. 고르바초프는 보수 강경파에 맞서다 당을 분열시킬 위험을
감수하지 않기로 했다. 그는 강경파 진영에서 보리스 푸고_{Boris Pugo}를
내무장관으로, 겐나디 야나예프_{Gennady Yanaev}를 소련 부통령으로 임명
하며 한발 물러섰다.

고르바초프는 소련을 재건하기 위한 자신의 계획을 추진하기 위
해 보수 강경파의 지지가 필요했다. 고르바초프는 소비에트 연방 대
통령으로서 공화국들에게 신연방조약을 제안했고, 공화국들은 새로
운 연방에 참가할지를 국민투표로 결정하기로 했다. 고르바초프는
레닌의 원래 계획대로 소비에트 연방을 자발적인 연방으로서 유지
하는 연방 체제에 동의하기를 원했다. 6개 공화국(조지아, 아르메니아,
몰다비아, 발트 3국)은 연방을 탈퇴하기로 하고, 이 사안을 투표에 부치
지 않기로 했다. 국민투표를 실시한 다른 9개 공화국에서는 국민의
4분의 3이 연방제 유지에 찬성했다. 소련 정부와 9개 공화국 지도자

가 신연방조약 내용을 둘러싸고 협상했다('9+1' 협정). 신연방조약은 1991년 4월 23일 모스크바 인근 노보오가레보Novo-Ogarevo에서 조인되었다. 이 협상 과정에서 (러시아 공화국 대통령으로 당선된 후에 입지가 강력해진) 옐친과 (우크라이나 대통령이 되려고 민족주의자로 변모한) 레오니드 크라우추크Leonid Kravchuk는 연방 대통령을 압박해 개별 공화국의 권한을 더 많이 확보했다.

8월까지 9개 공화국 중 8개 공화국이 신연방 안을 승인했다(우크라이나는 신연방은 찬성했지만, 우크라이나 주권 보장을 요구하며 버티는 중이었다). 조약 초안은 유럽연합EU처럼 저마다 별도의 대통령, 외교 정책, 군사력을 가진 독립 국가 연합으로 소비에트 연방을 바꾸는 내용이었다. 신연방의 공식 명칭은 소비에트 주권 공화국 연방(기존의 '사회주의'가 '주권'으로 바뀌었다)이었다. 8월 4일 고르바초프는 크림반도의 포로스Foros에서 휴가를 보내기 위해 모스크바를 떠났고, 20일에 모스크바로 되돌아와 신연방조약에 서명할 예정이었다.

그 조약은 어떻게든 연방을 살려보려는 노력이었지만, 보수 강경파들은 신연방조약이 연방의 붕괴를 초래할 것을 우려했고, 행동에 나서야 할 때라고 생각했다. 8월 18일, 공모자들은 포로스로 날아가 고르바초프에게 비상사태 선포를 요구했고, 고르바초프가 그들의 요구에 대한 최후통첩을 거부하자 그를 별장에 가두었다. 모스크바에서 반란 인사들이 국가비상사태위원회(부통령 야나예프와 내무장관 푸고가 포함되었다)를 조직한 후, 집권을 선언했다. 야나예프가 알코올 중독으로 부들거리는 손에 피로가 역력한 모습으로 세계 언론을 향해 자신이 소련 대통령직을 맡는다고 자신 없는 태도로 발표했다.

쿠데타 세력은 너무 주저해서 어떤 식으로든 실질적인 성공을 거둘 가망이 전혀 없었다. 아마 그들조차도 마지막 순간에는 체제를 지키기 위해 필요한 조처를 취할 의지를 잃었을지도 모른다. 그들은 옐친을 체포하지 못했고, 옐친은 소련 최고회의 의사당인 벨리돔White House으로 이동해 그곳에서 의회를 지켰다. 쿠데타 세력은 자신들이 무력 진압용으로 모스크바로 데려온 전차 사단들에 공격 명령을 내리지 못했다. 군부 고위 지휘관들의 충성은 누가 권력을 잡든 양측으로 분열될 터였다. 벨리돔 외부에 주둔한 타만스카야 사단 Tamanskaya Division은 전차 위에 올라서서 군중에게 연설하는 옐친에게 충성을 선언했다. 이 시점에서 피비린내 나는 전투 없이는, 반란 세력이 벨리돔 공격에 성공할 방법은 없었다. 하지만 그들은 싸울 용기가 없었다.

쿠데타는 곧 무너졌다. 쿠데타 주모자들은 8월 22일 체포되었다(푸고는 체포 병력이 들이닥치기 전에 아내를 쏘고 자신도 자살했다). 고르바초프는 모스크바로 돌아왔다. 하지만 그의 권위는 크게 약화했다. 많은 사람이 고르바초프가 쿠데타 세력의 편이었거나, 어떤 식으로든 공모했을 거라고 생각했다(1917년 8월 코르닐로프 쿠데타 시도 이후 케렌스키가 처한 것과 똑같은 상황이었다). 쿠데타로 인해 공산당의 신뢰성은 바닥을 쳤고, 러시아 공화국 대통령이자 '민주주의의 수호자'인 옐친에게 주도권이 넘어갔다. 8월 23일, 옐친은 쿠데타에 공산당이 연루된 정황이 있는지 조사가 끝날 때까지 러시아 공산당에 대한 활동 정지 명령을 내렸다(공산당은 그해 11월 활동이 금지되었다). 그날 밤, 모스크바의 군중은 루뱐카 광장 KGB 본부 밖에 서 있던 펠릭스 제르진스키의 동상을 쓰러뜨렸다. 이튿날 고르바초프는 공산당 총서기직을 사임했다.

고르바초프는 여전히 신연방조약 회담을 재개하기를 원했다. 그러나 옐친은 소련의 해체를 자신이 이끄는 러시아 정부가 연방을 상대로 거두는 승리로 보았기에 이를 거절했다. 다른 공화국들, 특히 우크라이나는 이제 무장 병력과 KGB의 권력 중심지인 모스크바와 연합하는 어떤 종류의 시도도 경계하게 되었다. 11월 중순, 노보오가레보 회담이 재개되었을 때, 옐친과 크라우추크는 소련 대통령으로부터 더 많은 권력 이양을 요구했다. 소비에트 사회주의 공화국 연방USSR이 마침내 주권 공화국 연방으로 전환될 것처럼 보였다. 그러나 12월 1일 국민투표에서 우크라이나인들은 압도적 다수로 독립에 투표했다. 우크라이나의 탈출은 소련 국가라는 선박에 거대한 구멍을 냈는데, 그 배의 침몰을 비극으로 본 사람들에게는 절대 잊히지 않을 행동이었다. 일주일 후 옐친, 크라우추크와 더불어 벨라루스 지도자 스타니슬라우 슈시케비치Stanislav Shushkevich는 벨라루스에서 만나 소련의 해체를 선언했다. 사실상 그것은 세 공화국의 지도자들이 일으킨 쿠데타였다.

고르바초프는 크리스마스에 크렘린에서 방송한 퇴임 연설에서 소비에트 연방의 폐지를 지지할 수 없다고 선언했다. 그것은 헌법 절차나 심지어 민주적 투표로도 비준되지 않았다. 대중은 연방을 원했지만, 민족주의 지도자들은 국민의 뜻과 반대로 갔다.

11

이야기의 결말

ENDS

러시아 이야기는 어떻게 막을 내 릴까? 러시아의 미래는 언제까지 과거에 의해 형성될 것인가? 여러 모로 러시아는 주기적으로 순환하는 역사에 갇힌 것처럼 보인다. 20 세기 들어 1917년과 1991년 두 차례, 독재 국가가 무너지고는 다른 형태로 되살아났다. 국가의 붕괴로 풀려난 공공 세력은 민주 정부를 유지하기엔 너무 힘이 없어 분열된 것으로 드러났다. 이것이 러시아 역사 내내 줄기차게 거듭된 패턴이다. 독재 국가는 여러 차례 민중 봉기의 위협을 받았지만 언제나 다시 권력을 거머쥐었다.

왜 1991년에도 이런 일이 되풀이된 것일까? 옐친 시대에 러시아 의 민주주의가 실패하고, 푸틴 시대에 독재가 부활한 것을 어떻게 설명해야 하는가? 온갖 분야 전문가들이 많은 의견을 내놓았다. 문 헌은 방대하고 매년 양이 엄청나게 증가한다. 하지만 분석의 관점은 편협하다. 대다수는 모스크바와 다른 대도시에 살던 자유주의 인텔리겐치아들의 관점을 반영하는데, 작고 고립된 지식인 계층이었던 인텔리겐치아는 스스로 혹은 서방의 동맹들이 생각하는 것처럼 러시아에 중대한 영향을 미친 적이 단 한 번도 없다. 서방 분석가들은 '도둑정치'(클렙토크라시kleptocracy) 또는 '마피아 국가'의 화신으로서 푸틴을 분석하는 데만 너무 집중했다. 그런 묘사가 가리키는 그 국가는 너무나 복잡한 체제여서, 사재 축적이라거나 한 개인과 그를 따르는 소수 사단의 음모로만 설명할 수 없다. 어쨌거나 '푸틴 체제'라고 불리는 것의 많은 요소는 옐친 시대에도 이미 존재했다. 분석 문헌들의 더 심한 문제는 몰역사주의다. 사람들은 너무나 빈번하게 러시아 역사에 대한 충분한 지식 없이 현대 러시아 정치를 분석한다. 그러나 지난 30년 동안 러시아가 발전해온 과정을 이해하려면 러시아의 과거를 반드시 알아야 한다. 러시아 이야기가 어디로 향하는지 알고 싶다면, 역사와 신화 그리고 푸틴 정권이 그 둘을 어떻게 사용하고 있는지를 재검토해야 한다.

1991년의 사건들은 혁명이 아니었다. 공산당의 권력 포기였다. 러시아에서 소련 정권을 무너뜨리려는 대규모 봉기나 반대파 운동은 일어나지 않았다. 1989년 동유럽 혁명 때처럼 권력을 넘겨받을 준비가 된 정당, 노동조합, 시민 협의 단체도 존재하지 않았다. 쿠데타 세력에 맞서 벨리돔을 지킨 군중은 훗날 주장된 것과 달리 그렇게 규모가 크지 않았다. 그 주장에 따르면 8월 20일 밤부터 이튿날 새벽까지, 탱크 부대에 맞서 옐친 정부를 수호하겠다고 빗속에 운집한 군중은 4만 명이었다고 한다.[1] 하지만 외신 TV 기자들의 가장 신뢰할 만한 추산에 따르면 그날 밤 벨리돔 인근 일대에는 바리케이드 뒤에 선 '소수의 오합지졸 병력'과 '수천 명' 남짓한 사람들뿐이었다. 그 와중에 도시의 나머지 지역에서는 평소와 다름없는 생활이 이어졌다(한 리포터는 벨리돔 앞보다 모스크바에 새로 문을 연 '맥도널드 햄버거' 가게의 대기 줄이 더 길다고 생각했다고 한다).[2] 청년 세 명이 탱크에 깔려 사망했는데 얄궂게도 그때 탱크는 철수 명령을 받고 모스크바를 벗어나던 중이었다. 이런 불필요한 죽음은 쿠데타 주모자들과 심지어 KGB의 결의를 깨기에 충분했다.[3] 탱크가 모두 철수한 다음날인 8월 21일에서야 더 많은 사람이 모였다. 수만 명의 군중이 모스크바, 레닌그라드와 여러 다른 도시에서 차례로 열린 승리 집회에 모습을 드러냈다.

이것이 민주주의의 승리일지는 모르나, 사람들은 오랫동안 그것을 승리라고 인식하지 못하고 있었다. 신뢰성 있는 여론조사기관인 레바다 센터(유리 레바다Yuri Levada)에 따르면, 1994년 무렵에는 러시아 국민의 7퍼센트만이 소련 정권의 몰락이 민주적 승리라고 생각했다. 나머지는 그것이 지도부 간의 '권력 투쟁' 또는 국가에 '끔찍한 결과를 초래한 비극'이라고 생각했다.[4]

민주주의 혁명 없이, 구체제 엘리트들은 포스트 소비에트 체제의 정상에 다시 등장했다. KGB는 인력 물갈이 없이 연방방첩국 Federal Counter-Intelligence Service(이후 연방보안국Federal Security Service, FSB으로 변경)으로 이름만 바꾸었다. 옐친은 내각을 이전 공산당원들로 채우고, 옛 소련의 기구들(군대, 국영 은행, 유엔에서 소련이 가졌던 직위)을 러시아화하는 작업에 착수했다. 동유럽과 발트해 국가들에서는 과거 소비에트 체제의 탄압 기구에서 일했던 관료들의 공직 진출을 금지하는 척결법이 제정되었는데, 러시아에는 그런 조처도 없었다. 심지어 8월 쿠데타의 지도자들도 1994년 2월 사면되었다. 일부는 교도소에서 풀려나자마자 러시아 대형 은행과 기업의 요직으로 직행했다.

경제 분야에서도 공산당 엘리트들이 고르바초프 개혁으로 생긴 법적 허점을 약삭빠르게 이용해, 소련 경제의 잔해를 딛고 백만장자로 부상했다. 국영기업을 사유화하는 대규모 계획은 사회적 재앙이었다. 국무총리 예고르 가이다르Yegor Gaidar와 부총리 아나톨리 추바이스Anatoly Chubais와 같은, 큰 그림을 보는 능력이 있었던 옐친 내각의 젊은 자유 시장주의자들은 1992년에 서둘러 사유화 계획을 추진했는데, 그 안에는 국영 기업의 주식을 살 수 있는 권리증서(사유화 증권)를 국민에게 배부하는 내용도 포함되었다. 대부분 국민은 이 증서로 무엇을 해야 하는지 전혀 알지 못했다. 주식에 대해 들어본 적도 없었다. 정부는 1992년 1월, 기본 생필품에 대한 상품가격 통제를 철회하는 정책('충격 요법')을 시행했고, 그 결과로 물가가 치솟자 사람들은 당장 먹고사는 일에 급급해졌다. 많은 사람이 증서를 받자마자 통조림 몇 개나 보드카 한 병 값에 불과한 금액을 받고 팔았다. 증서의 가치는 인플레이션과 상관없었기 때문에, 대출을 기꺼이 퍼주는 국영 은행에 연줄이 있는 사업가들은 기업들을 헐값에 사들일 수 있었다. 러시아의 가스 독점 국영기업 '가즈프롬Gazprom'의 증서 가치는 2억 2,800만 달러로 서방 은행들의 평가 가치의 0.1퍼센트에 불과했다.[5]

최악의 스캔들은 1995년 도입된 '주식담보 대출' 계획이었다. 옐친 정부는 돈이 부족해 공무원들에게 급여를 지불하지 못했고, 많은 공무원이 몇 달 치 월급을 받지 못했다. 엘친 정부는 1996년 재선을 앞두고 1995년 12월 의회 선거에서 제1당으로 부상한 공산당(금지 조치가 풀렸다)에 정권을 빼앗길 위기에 처해 있었다. 엘친의 지지율은 역대 최저였고, 공산당 당수 겐나디 주가노프Gennady Zyuganov에 한참 뒤처졌다. 사람들은 경제 붕괴, 사회 기본 서비스의 상실, 증가하는 범죄와 부패에 신물이 났다. 그들은 민주주의(데모크라티아демок ратия)를 '오물주의'(데르모크라티아дермократия)라 불렀다. 추바이스는 주요 올리가르히(신흥 재벌)들을 소집하고는, 국영 석유 기업과 광산 기업의 지배적 지분에 대한 '일시적 소유권'을 허용할 테니 엘친 정부에 '대출' 형태로 자금을 지원하라고 제안했다. 국가 자산이 올리가르히라는 새로운 보야르 계급을 형성한 재벌(엘친 정부가 직접 고른 인물들이었다)의 손에 들어가도록 부정하게 조작된 경매를 통해 주식이 팔렸다. 콤소몰 관료로 재산을 축적했던 미하일 호도르콥스키Mikhail Khodorkovsky는 러시아의 대형 정유기업 중 하나인 '유코스Yukos'의 지분 45퍼센트를 1억 5,900만 달러라는 헐값에 취득했다. 옛 공산당 출신으로 소련 외무통상부 관료였던 블라디미르 포타닌Vladimir Potanin은 세계에서 두 번째로 큰 니켈 생산 기업인 '노릴스크 니켈Norilsk Nickel'의 지분 38퍼센트를 경매 개시가보다 10만 달러 더 많은 금액으로 사들였다. 모든 사람이 예상한 대로, 정부는 대출금을 갚지 않았고 일시적 인수는 영구적인 것이 되었다.[6]

이 계획으로 엘친은 5억 달러의 선거 운동 자금을 확보했다. 미국 조언자들과 엘친이 총애한 두 미디어 거물(각각 TV방송사를 소유했다) 블라디미르 구신스키Vladimir Gusinsky와 보리스 베레좁스키Boris Berezovsky의 도움으로, 옐친의 선거 팀은 공산주의자들에 대한 공포를 선전하는 이야기로 언론을 물들였다. 결과는 대성공이었다. 하지만 이제 진정한 권력은 올리가르히에게 있었다. 그들은 선거 운동 기간에 몇 차례 심장마비를 겪은 후 대통령직을 가까스로 수행하던(폭음도 문제였다) 옐친에게 여러 직책을 요구하며 그들이 마치 정부인 양 굴었다. 나라는 '과두 귀족'이 지배하는 봉건 영지로 붕괴할 위기에 처했다.

이것이 푸틴이 연방보안국FSB에 의해 권력의 중심으로 들어가게 된 맥락이다. FSB는 '나라를 구하기 위해' FSB가 지향하는 국가통제주의적 원칙에 부합하는 한층 더 강력한 지도자로 옐친을 대체해야 한다고 보았다. 푸틴은 첫 번째 선택이 아니었다. FSB는 1991년 이전에 KGB의 대외정보국장이었던 예브게니 프리마코프Yevgeny Primakov 국무총리에게 희망을 걸었다. 하지만 1999년 5월 옐친이 프리마코프를 파면했는데, 프리마코프가 2000년 대선에서 대통령으로 당선되면 자신이나 가족들에게 면책권을 허용하지 않으리라는 점이 명백해졌기 때문이었다. 스위스에 본사를 둔 마베텍스Mabetex 사를 통한 돈세탁과 관련해 옐친과 그의 딸에 대한 부패 혐의가 점차 커지고 있었다. 옐친은 자신을 보호해줄 후계자를 원했다. 옐친의 선택은 베레좁스키가 천거한 후보인 푸틴이었고, 옐친은 1999년 8월 그를 국무총리로 임명하며 푸틴이 자기 뒤를 이어 대통령이 되기를 바란다고 선언했다. 국무총리로서 푸틴이 최초로 수행한 업무 중 하나는 옐친과 그 가족에 대한 면책권 승인이었다.

푸틴은 1952년 레닌그라드에서 태어났다. 그의 가족은 많은 레닌그라드 시민이 그랬듯 전쟁에 혹독하게 시달렸다. 푸틴의 아버지는 전선에서 심하게 다쳤고, 형은 어린 시절 레닌그라드 공방전이 한창이던 때에 죽었다. 푸틴은 23세의 나이에 KGB에 들어갔고 첩보원으로 드레스덴에 파견되었다. 베를린 장벽이 무너지던 때, 그는 소련 영내 지하실에서 비밀문서를 태우고 있었다. 그 몇 년간의 민주주의 물결은 푸틴에게 아무런 영향을 주지 못했다. 푸틴은 소련 체제의 붕괴를 조국이 겪은 굴욕이라고 생각했고, 통제되지 않은 민주주의는 혼돈과 국가의 약화로 끝날 수밖에 없다는 교훈을 얻었다. 그것은 러시아 대통령 푸틴에게 지침이 될 교훈이었다.

푸틴은 1990년에 레닌그라드로 돌아왔고, 상트페테르부르크(1991년에 이름을 되찾았다) 시장이 된, 법학 교수이자 옛 스승인 아나톨리 숍차크Anatoly Sobchak를 위해 일하기 시작했다. 푸틴은 기업들에게 허가를 내주는 일을 맡았고, 러시아 물품을 수출하고 그 대가로 해외에서 식료품을 수입하는 무역 거래 프로그램을 주도했다. 하지만 식료품은 도착하지 않았고, 그는 사기꾼들로부터 수백만 달러 상당의 뇌물을 받은 혐의로 고발되었다.[7] 숍차크의 보호 덕분에 푸틴은 기소를 면했다. 푸틴을 옹호했던 많은 인물은 푸틴 정권에서 요직을 맡았다. 그중에는 총리와 대통령직을 차지했던 드미트리 메드베데프Dmitry Medvedev, 법무부 장관 세르게이 스테파신Sergei Stepashin, 푸틴의 첫 두 번의 대통령 임기 동안 FSB 국장이었던 니콜라이 파트루셰프Nikolai Patrushev 등이 있다.

옐친과 FSB의 상관들이 느낀 푸틴의 매력은 충성심이었다. 푸틴은 1996년 크렘린에서 근무하기 시작하고 2년이 지나지 않아 FSB의 국장으로 승진했다. 대중은 푸틴을 대통령으로 선출하기는 했지만, 그 무색무취의 인물에 대해 별로 아는 바가 없었다. 하지만 그것이 푸틴이 성공한 비결이었다. 그의 승리는 정책에 대한 평가가 아니라 (그의 정치적 입장이 어떤지 아무도 몰랐다), TV 화면에 비친 이미지에 달려 있었다. 냉정하고, 똑 부러지고, 유능한, 국제무대에서 러시아를 망신시키지 않을 인물, 요약하자면 옐친과 정반대의 인물 말이다.

사람들은 믿음과 실행의 체계였던 공산주의가 사라지자 당혹스러웠다. 그들은 도덕적 공백에 빠졌다. 어떤 사람들은 종교로 그 공백을 메웠다. 어떤 이들은 군주제에서 대안을 찾았다. 심지어 로마노프가 다시 왕좌에 복귀한다는 얘기도 돌았다. 모든 종류의 광신, 마법의 치유력을 가진 최면술사들을 맞이할, 준비된 추종자들이 거기에 있었다. 그게 무엇이 됐든, 희망을 주는 무언가를 믿어야 할 필요는 우리가 보았듯 러시아 사회사에서 끊어지지 않는 한 줄기 흐름이다. 러시아 사람들은 삶이 힘들수록, 구원받을 수 있다는 확신을 주는 신앙에 더 집착했다.

이데올로기의 붕괴는 다른 민족보다 러시아인들에게 더 크게 영향을 미쳤다. 우크라이나인, 발트해 국가들, 조지아, 아르메니아, 심지어 카자흐스탄도 소련의 붕괴를 외부의('러시아의') 통치로부터 이룬 민족 해방으로 상상했기에 스스로 민족 국가를 재건할 수 있었다. 하지만 러시아인들은 그런 가능성이 원천 봉쇄됐다. 그들은 한 번도 민족 국가였던 적이 없었다. 그들의 정체성은 제정 러시아에,

소련에 포함된 것이었고, 러시아인들은 그곳에서 늘 주도적인 민족이었다. 러시아는 너무 오랫동안 제국으로 존재해 1991년을 기점으로 그저 자신들을 한 국가로 재창조할 수가 없었다.

러시아인들이 구심점 삼아 단결할 수 있는 상징이나 개념은 없었다. 그런 것들은 역사에 의해 너무 나뉘어 있었다. 표트르 대제가 제정한 삼색기(흰색-파란색-빨간색)가 1993년에 국기로 채택되었지만, 민족주의자들은 비잔틴 제국의 국기로 알려진 알렉산드르 2세의 검은색-노란색-흰색 기를 선호했고, 반면 공산주의자들은 붉은 깃발을 고수했다. 소비에트 국가國歌는 글린카의 '애국의 노래'로 대체되었지만 인기가 없었다. 새 국가는 러시아 선수들이나 축구선수들의 마음을 끓어오르게 하지 못했고, 국제무대에서 그들의 밋밋한 모습은 국가적 수치의 원천이 되었다. 결국 원래의 것으로 되돌렸고 가사만 바꾸었다('러시아—우리의 신성한 국가'). 새 국경일들이 제정되었다. 러시아 정교회의 모든 축일도 회복되었다. 하지만 소련 휴일은 여전히 지켜졌다. 이념적으로 이런 난장판이 없었다. 소련의 몰락으로 생긴 진공은 러시아 역사에 존재하는 모든 시기의 파편으로 채워지고 있었다.

러시아의 과거를 절충적으로 사용하는 이런 태도를 보여주는 좋은 사례는 푸틴의 한 초기 정치 광고판이다. 그 광고판은 2003년 12월 총선 이후 푸틴의 통합러시아당에 의해 모스크바 전역에 설치되었다. 러시아 삼색기와 '강한 러시아는 단결된 러시아'라는 표어를 배경으로, 러시아 역사의 국가적 인물 145명의 초상화가 그려진 러시아 지도가 담겨 있었는데, 알렉산드르 넵스키, 표트르 대제, 니콜라이 2세, 스톨리핀, 톨스토이, 차이콥스키, 레닌, 심지어 스탈린까지 있었다. 이는 모두에게 어필하기 위해 이것저것 모두 쓸어 담은 혼합 이상의 의미가 있었다.[8] 즉, 푸틴이 자신이 권위자라고 여기는 주제인 러시아 역사를 해석한 것을 바탕으로, 그의 사상을 천명한 것이었다.

푸틴은 러시아 역사를 국가통제주의적이고 보수적인 시각으로 보았다. 푸틴이 읽은 러시아 역사는 러시아는 강한 국가 아래 국민들이 단합했을 때 강했고, 국민이 분열하고 그들을 통합하고 특별하게 만드는 '러시아 원칙'을 바라보지 못할 때 약했다는 교훈을 주었다. 이는 1999년 12월 출판된 《밀레니엄 선언Millennium Manifesto》에서 그가 처음으로 구상한 견해였다. 푸틴은 1991년 이래로 러시아인들이 얻은 자유주의적 자유는 보편적 가치이지만, 러시아의 강점은 애국심, 집단주의, 국가에 대한 복종이라는 '전통적 가치'에 있다고 선언했다. 그는 "러시아인들에게 강한 국가는 싸워서 이겨야 하는 변종이 아니다. 반대로 그것은 질서의 원천이자 보장, 모든 변화의 주도자이자 주요한 동력"이라고 말했다.[9] 이런 국가 개념은 분명히 민족주의적이었지만(푸틴은 러시아를 세계 주요 강대국으로 회복하는 것이 자기 목적이라고 말했다), 러시아 역사의 어떤 이념이나 시기에 맞게 조정된 것이 아니었다. 때때로 푸틴은 스톨리핀의 점진적 발전 원칙을 언급했고, 다른 때에는 차르, 슬라브주의자, 백위군 망명자, 유라시아주의 철학자, 러시아 정교회 또는 KGB 지침서를 인용했다.

푸틴의 국가 권력 회복은 구신스키와 베레좁스키가 소유한 TV 방송국의 통제권을 되찾는 데서 시작되었다. 두 사람은 강압에 따라

주식을 처분하고 외국으로 이주했다. 두 방송국 모두 푸틴이 2000
년 대선 득표율을 의식해 체첸 전쟁을 벌이고 체첸 테러 위협을 조
작하는 것에 비판적이었다(대선 6개월 전 랴잔과 모스크바에서 아파트 건물
에 대한 일련의 폭파 사건이 일어났고, 많은 사람이 FSB가 한 짓이라고 주장했으나,
푸틴 정부는 체첸 테러리스트의 소행이라고 떠넘겼다). 푸틴은 언론을 장악함
으로써 이제 자신을 비판하는 사람들을 '러시아의 적' 또는 '인민의
적'(스탈린 시대였다면 모골이 송연한 꼬리표였다)으로 몰아가며 본인을 구
심점으로 삼는 국가 권력 강화를 정당화할 수 있었다. 주요 도시를
제외하면, 인터넷 접속이 가능한 가구는 거의 없었다. 10명 중 8명은
TV로 뉴스를 접했다.

다른 올리가르히들은 회사를 뺏겼다. 2003년 호도르콥스키는 체
포되어 사기와 탈세 혐의로 기소되었고, 시베리아 노동교화 9년형
을 선고받았다. 크렘린은 호도르콥스키가 자기가 가진 유코스 지분
을 미국 석유 대기업 엑손에 매각하려는 것에 경악했다. 푸틴 정부
가 세계 자본주의 경제 체제에 러시아가 재편입되는 일을 지지하기
는 했지만, 외국 회사가 안보와 외교 정책에 핵심적인, 에너지 같은
전략 경제 분야를 좌지우지하게 둘 수는 없었다. 유코스는 국영화되
었다. 호도르콥스키의 주요 범죄는 푸틴과 비공식 협약을 맺은 올리
가르히의 한 사람으로서 그 협약을 위반하고 반대파 단체에 자금을
지원한 일이었다. 푸틴은 대통령이 되면서 쿤체보Kuntsevo에 있는 스
탈린 별장으로 경제인들을 불러 모으고, 그들이 정치에 관심 가지지
않는 한 계속 돈을 벌게 해주겠다고 말했다.

이는 16세기 이래 차르와 과두 귀족 사이의 관계를 규정했던 가

산제 원칙의 부활이었다. 새로운 '보야르'들은 '차르'가 허락하는 한 국민을 쥐어짜 제 배를 불릴 수 있었다. 푸틴의 내부 각료들은 그 전통을 알고 있었다. 그들 사이에서 보호 대상인 기업들은 '방목장'이라고 불렸다. 키예프 루스까지 거슬러 올라가 당시 관료들이 자기 관할지에서 수입을 얻음으로써 자신을 '부양'하는 것이 허용되었던 코르믈레니예kormlenie('부양') 체제의 현대적 버전인 셈이었다.

푸틴의 다음 중요한 조처는 지역 주지사 선거를 폐지하고, 주지사를 모스크바가 임명하는 방식으로 바꾼 것이었다. 2004년 9월 북오세티야North Ossetia 베슬란Beslan의 한 학교에서 벌어진 테러 공격(베슬란 학교인질사건) 이후에 통과된 이 개혁안은 체첸인들에 의한 추가 테러 공격을 막기 위해 국가 통제를 강화할 필요가 있다는 이유로 공식적으로 정당화되었다. 푸틴 정부는 체첸 테러리스트들이 '러시아 해체'를 도모한다고 주장했다.[10] 한편 푸틴은 행정권을 중앙으로 집중하고 강화하기 위해서 자신이 '권력 수직화'(이와 유사한 전제주의적 개념이 러시아 역사에 얼마나 많았던가)라고 부른 방침을 밀어붙였다. 대통령의 권위를 잠재적으로 위협할 수 있는 지방자치 조직과 지방의회를 약화하기 위해서였다. 이런 중앙집권화 과정은 옐친이 1993년에 의회가 자신이 계획을 세운 헌법 개혁에 반대하자 탱크로 의사당을 포위하면서 시작되었다. 푸틴은 의회를 대통령에 예속시킴으로써 그 과정을 완성했다. 푸틴은 정당 체계를 간소화해 집권 여당이자 다수당인 자신의 통합러시아당과 더불어 연방공산당, 자유민주당(이름과 어울리지 않지만 극우 민족주의 정당이다), 정의러시아당(연방공산당의 표를 분산하기 위해 정부가 만든 가짜 정당이다)의 세 야당으로 운영되는 정당 구조를 만들었다. 러시아 의회는 푸틴의 법에 '고무도장'을 찍는 기관으로 전락했다.

이 권위주의에 붙여진 이름은 '주권 민주주의sovereign democracy'였다. 2006년 대통령 행정실 부실장이자 수석 보좌관인 블라디슬라프 수르코프Vladislav Surkov가 만든 용어로, 그 뜻은 루이스 캐럴Lewis Carroll의 소설 《거울 나라의 앨리스Through the Looking Glass》에 등장하는 '험프티 덤프티'의 대사로 이해하면 쉽다. "내가 어떤 단어를 쓰잖아? (…) 그 단어 뜻은 내가 정한 딱 그 의미야." 수르코프가 정한 '주권 민주주의'의 의미는 '러시아는 독자적인 정치 체제를 채택하고 그것을 '민주주의'라고 부를 자유가 있음'이었다(푸틴은 어쨌거나 선출되었다). 그 주장을 검증하려고 하거나 민주주의의 의미(진보적 의미의 자유, 인권, 법치주의, 이웃 국가의 주권에 대한 존중 등)를 가르치려고 하는 서방의 모든 시도는 러시아 내정 간섭으로 일축되었다. 러시아는 선거는 시행되지만 결과는 미리 정해지는 '단계적' 또는 '관리된' 민주주의를 가지게 되었다. 크렘린의 언론 통제, 야당에 대한 법적 제한과 위협, 조직적 투표 조작이 그 민주주의를 떠받쳤다.

수르코프는 이 '러시아' 버전의 '민주주의'를 뒷받침하려면 러시아인이 소련이라는 과거를 긍정적인 경험으로 재확인하는 것이 중요하다고 주장했다. 러시아의 주권은 지금의 체제가 역사의 산물, 즉 지나온 '모든' 단계의 산물이고, 그 체제를 스스로 만들어가고 있다는 러시아인들의 믿음에 달려 있었다. 만약 그들 스스로 1991년에 정복되었거나 패배했다고 생각한다면, 소련 시민으로서 이룬 모든 것이 무위로 돌아갔다고 느낀다면, 러시아인은 진정한 주권을 가진 것이 아니었다.

소련 역사에 대한 크렘린의 자신감 회복 운동은 학교에서 시작되었다. 2007년 전국 고등학교 교사 협의회에서 푸틴은 자신이 파악한 소련 역사 교육의 '무질서와 혼란'을 질타하고, 학교 교육에 '범용 표준'을 적용하라고 요구했다. 그때 오간 대화를 보자.

회의 참가자: 1990년부터 1991년까지 우리는 이념적으로 무장해제 되었습니다. [우리는] 인간의 가치에 대한 몹시 불확실하고 추상적인 이념을 받아들였습니다. (···) 마치 다시 학교로, 아니 유치원으로 돌아간 듯했습니다. 우리는 [서방으로부터] 들었지요. '당신들은 공산주의를 거부하고 민주주의를 건설하고 있으며, 우리는 그 작업이 언제 완수되었는지, 얼마나 잘되었는지 판단하겠다'고요. (···)

푸틴: 자기를 선생이라고 생각하고 훈계를 늘어놓는 사람에 대한 귀하의 발언은 완벽히 옳습니다. 하지만 의심의 여지 없이 그것이 우리나라에 영향력을 행사하는 도구이기도 하다는 점을 덧붙이고 싶습니다. 이것은 시도되고 있으며 실제 발생하는 농간입니다. 만약 외부인이 우리에게 등급을 매길 준비가 되어 있다면, 이것은 그가 [우리를] 관리할 권리를 가로채 행사하고 앞으로도 그렇게 할 거라는 의미입니다.

푸틴은 역사 교사들을 상대로 한 마무리 연설에서 이렇게 말했다.

우리 역사에서 문제가 되는 몇몇 페이지에 대해 말하자면, 네, 그런 일이 있었습니다. 하지만 어떤 나라인들 없었을까요? 그리고 러시아는 다른 나라보다 그런 페이지의 수가 훨씬 적습니다. 그리고 다른 나라들에 비하면 그렇게 경악할 정도도 아닙니다. 맞습니다. 우리도 끔찍한 페이지들이 있었습니다. 1937년에 시작된 사건들을 기억합시다. 그것들을 잊지 맙시다. 하지만 다른 나라도 그보다 덜하지 않았습니다. 더 심했지요. 어떤 경우든 우리는 미국이 베트남에서 그랬던 것처럼 수천 킬로미터의 땅에 화학물질을 쏟아붓지도, 작은 한 나라에 제2차 세계대전 동안 사용된 양의 7배에 달하는 폭탄을 투하하지도 않았지요. 예를 들자면 말입니다. 우리는 나치즘처럼 시커먼 페이지도 없습니다. 모든 나라에 온갖 종류의 일이 벌어집니다. 그리고 우리를 죄책감에 얽매이게 내버려둘 수도 없습니다.[11]

협의회 나흘 뒤, 러시아 의회는 학교에서 사용할 역사 교과서를 결정하는 권한을 교육부에 부여하는 법을 통과시켰다. 교육부가 선호한 교과서(《러시아 근대사 1945—2006The Modern History of Russia 1945—2006》)는 대통령 행정실의 위탁과제로서 새로 출간되었는데, 대통령 행정실은 작성 위원들에게 해당 시기 지도자들에 대한 평가에 관해 다음과 같은 지침을 내렸다.

스탈린 — 긍정 (권력 수직화 강화, 사유재산 비허용)

흐루쇼프 — 부정 (권력 수직화 약화)

브레즈네프 — 긍정 (스탈린과 같은 이유)

고르바초프와 옐친 — 부정 (국가 파괴. 하지만 옐친 시대에는 사유재산 허용)

푸틴 — 가장 우수한 통치자 (권력 수직화 강화, 사유재산 확대)[12]

한편 크렘린의 이념가들은 자국 역사에 죄책감이라는 멍에를 씌워 '러시아를 약화'하려고 한 행위('반애국적 요소'라고 불렀는데, 스탈린이 만든 용어다)를 공격하는 일련의 작업에 착수했다. 스탈린의 범죄나 러시아 역사의 '검은 얼룩'을 감히 부각한 사람은 누구든 서방의 간첩이라는 메시지였다. 2008년 12월, 푸틴의 자문역이었던 글레프 파블롭스키Gleb Pavlovsky는 "외국이 개입해 러시아의 역사적 기억을 좌지우지할 위험에 처했고, 러시아는 제 역사의 주권자가 되기를 멈추었다"고 썼다.[13] 같은 달, 20년 동안 스탈린 시대의 가해자와 희생자의 정보를 수집하며 스탈린의 탄압을 파헤친 선구적 단체인 '메모리알 Memorial Society'의 상트페테르부르크 기록 보관소에 사람들이 들이닥쳤다.[14] 기록물들은 법원 명령으로 반환되었지만, 메모리알은 경고 조치를 받았다.

4년 후, 해외로부터 후원받는 시민 단체들을 '외국 대리인Foreign Agent'으로 등록하도록 하는 법이 통과되었다. 이 명칭은 스탈린 시대에 외국 간첩을 적발하는 데 사용된 이래 계속 그런 뉘앙스를 가진 용어였다. '외국 대리인 법'으로 2021년에 메모리알의 모스크바 지부가 폐쇄됐다. 일부 누리 소통 매체(소셜 미디어)에 '외국 대리인'이라는 표시를 하지 않았기 때문이었다. 개별 역사가들의 입을 막고 신뢰성을 떨어트리기 위해 여러 법이 적용되었다. 메모리알의 유리 드미트리예프Yuri Dmitriev 카렐리아Karelia 지부장을 날조된 소아성애 혐의로 투옥한 일도 있었는데, 그가 1937년 이후의 집단 처형 매장지를 발굴하고, 가해자는 물론 9,000명의 희생자의 신원을 조사하는 작업을 했기 때문이었다. 2016년 체포된 드미트리예프는 그로부터 4년 후 65세의 나이로 13년(나중에 15년으로 연장되었다)의 징역형을 선고받았다. 이 일에는 친척들이 스탈린 시대에 KGB와 MVD에서 일했던 전 카렐리야 FSB 국장이 앞장섰다.[15]

스탈린의 정치 탄압과 관련된 역사 연구 출판을 금지하는 법은 없었다. 푸틴은 스탈린의 탄압을 부정하지는 않았지만, 스탈린의 지도하에 소련이 거둔 성취도 균형 있게 제시될 필요가 있다고 주장했다. 특히 푸틴의 역사 인식에서 특별히 신성한 지위가 있는 1945년의 승리 같은 것 말이다.

2009년에 통합러시아당은 의회에서 대조국전쟁의 공식적인 역사 기록을 보호하는 법을 제안했다. 이 법은 5년 후에 통과되었고, 러시아 형법 제354조 1항(나치즘의 부활)으로 신설되었다. '사회에 불경한' 모든 정보를 포함해, '제2차 세계대전의 승리에 소련이 기여한 바에 관한 거짓 정보를 의도적으로 유포하는' 행위에 대해 5년 이하의 징역형이 명시됐다. '기억법memory law'으로 알려진 이 법은 1939년부터 1941년까지 소련과 나치 독일이 협력했다는 사실을 언급하며 이목을 끌거나, 2차 대전에서 소련이 영광스럽고 영웅적인 역할을 했다는 공식 입장에 이의를 제기하는 '범죄'를 저지른 여러 역사가, 언론인, 블로거에 적용되었다. 2015년부터 2019년까지 재판에 회부된 26건의 형사 기소건 중 단 한 건을 제외하고 모두 유죄 판결을 받았다. 무죄를 선고받은 한 사람은 '소위 홀로코스트'는 존재하지 않으며, 유대인에 의해 자행된 '후안무치한 사기행각'일 뿐이라고 주장한 민족주의 활동가이자 작가였다.[16]

푸틴은 2차 대전의 기억을 무기 삼아 외국 열강에도 맞섰다. 그는 폴란드와 발트 3국을 비난하며 히틀러와 스탈린이 맺은 불가침 조약을 옹호했고, 우크라이나 민족주의자들을 전시에 나치와 협력한 사람들에 빗대었으며, 나치 독일에 대한 승리를 기념하는 모스크바에서 열린 75주년 행사에 영국과 미국이 사절을 보내지 않은 것을 비난했다. 영국과 미국의 불참을 두고 그가 사용한 거친 용어들(인터뷰에서 '도덕적 수치'와 '모욕'이 둘 다 사용되었다)은 러시아인들이 오랫동안 마음 깊이 품어온 분노를 표현한 것이었다. 그 분노의 바탕에는 냉전이 시작된 이래 소련 선전가들이 끊임없이 퍼트린, 서방 연합국들은 2차 세계대전 승리에 대한 소련의 기여를 한 번도 제대로 인정한 적이 없다는 생각이 있었다(이 분노는 2차 세계대전에 대한 서구의 신화 때문에 강화되었는데, 그 신화에서 영국과 미국은 독일을 무찌른 영웅처럼 그려졌지만, 소련의 역할은 미미했다).

러시아 이야기를 통제하려는 국가 캠페인은 2015년에 20개의 '나의 역사My History' 상설 주제공원 중 첫 장소를 모스크바에서 개장하며 절정에 달했다. 전국에 걸쳐 자리 잡은 주제공원은 인터넷이 제공되는 멀티미디어 전시 공간으로, 학교들이 대대적으로 이용했다. 전시장은 유소년 학생, 대학생, 사관학교 생도들로 붐볐다. 이런 공간에 대한 아이디어는 러시아 역사를 애국적 시각으로 바라보는 것을 장려하기 위해 러시아 정교회가 제안했다. 2011년에 정교회는 모스크바에서 '정교도 루스'라는 전시를 개최했는데, 그것이 역사 주제공원의 모델이 되었다. 정교회 수장인 키릴 총대주교는 러시아는 이미 속죄했으므로 소련 시대에 자행된 죄에 더는 연연할 필요가 없다고 주장하며 푸틴식 역사 노선을 확고히 지지했다. 또한 학교 교과서에서 러시아 역사를 긍정적으로 평가하는 것이 나라의 과거에 뿌리를 둔 죄책감과 열등감인 러시아인의 '역사적 마조히즘 증후군'을 극복하는 데 도움이 되기를 희망한다고도 말했다.[17]

'나의 역사' 전시의 주요 메시지는 러시아는 강력한 지도자 아래 단결할 때 번영하고, 그렇지 못하고 쪼개져 내란을 벌이면, 강력한 러시아를 두려워하고 러시아를 계속 약한 상태로 유지하거나 해체하려고 하는 적대적 외국 열강의 침략에 취약해진다는 것이었다. 국경을 방어하기 위한 강력한 국가의 필요성은 무엇과 비교할 수 없이 중요했다. 전시회는 시종일관 러시아 역사 전체(13세기 몽골족으로부터 동란 시대 폴란드와 스웨덴, 19세기 영국과 프랑스, 내전 시기 동맹국의 개입, 그리고 나치 독일의 침략까지)를 아울러 언제나 적국은 러시아를 침략하고 파괴하려 했다는 점을 상기시키는 내용이었다.

러시아 이야기의 모든 장은 푸틴 정부의 '애국 정책'을 정당화하는 방식으로 전개된다. 알렉산드르 넵스키가 스웨덴과 튜턴 기사단을 상대로 거둔 승리는 '서방의 침략을 물리쳐야 한다'는 한순간도 사라지지 않는 필요를 일깨운다. 넵스키가 몽골과 손잡은 일은 푸틴의 외무장관 세르게이 라브로프Sergei Lavrov의 표현을 빌리면, 서방으로부터 거부(뜻: 러시아에 대한 서방의 제재)당할 때 동쪽(뜻: 중국)의 도움을 구한 '수백 년간 이어진 러시아 외교 전통의 토대'로 칭송된다.

러시아에 강력한 지도자가 필요하다는 메시지는 이반 4세, 표트르 대제, 그리고 크림전쟁 당시 '전통적인 러시아 원칙'을 옹호하며 서구와 대립각을 세웠다는 점에서 아마도 푸틴이 가장 좋아하는 차르일 니콜라이 1세에 헌정된 전시로 구현되었다. 근대 러시아의 이야기는 내부의 친서방 '적'들에 의해 훼손된 위대함이 위대한 지도자들에 의해 회복된 명료한 이야기다. 로마노프 왕조의 전제권력은 300년 동안 국가의 발전을 지켜냈지만, 1917년에 이르러 서방 동맹국의 부추김을 받은 '자유주의자'들이 러시아 제국을 폐허로 만들었다. 국민은 분열하고 내전으로 찢겼으나 스탈린이 그들을 재통합하고 러시아를 다시 강력하게 만들었다. 이 순환은 1991년에 되풀이되었다. 서방의 꼭두각시인 자유주의자 고르바초프와 옐친이 국가를 붕괴했지만 푸틴의 지도 아래 '대러시아'가 재건된 것이다.[18] '나의 스토리' 버전의 러시아 이야기는 그렇게 끝난다.

이는 많은 러시아인이 듣고 싶었던 이야기였다. 소련 학교에서 배운 역사로 관점을 형성한 50대 이상은 특히 그랬다. 그들은 글라스노스트가 한창일 때 나라의 역사가 '더럽혀지는' 것에 분개했다. 스탈린 시대가 얼마나 나빴는지에 대한 도덕 강의를 누가 듣고 싶단 말인가? 그들은 반대로 생각했다. 그들이 아는 그 시대는 자식에게 더 나은 삶을 선물하려고 분투한 희생에 관한 이야기, 부모의 삶의 서사였다. 푸틴이 제시한 역사는 러시아인이 된다는 것이 다시 뿌듯한 일이 되도록 했다. 그들이 과거 소련 시절을 좋아하는 건 아마도 1991년 이후 복지 혜택이 줄고 경제적 불안정이 커진 데 대한 자연스러운 반응일 수 있다. 소련 체제에서는 일자리, 연금, 주택, 의료가 모두 (기본적인 수준에 머물긴 했지만) 보장되었다. 그런데 소련의 업적에 대한 자부심은 소련 시절 학교를 졸업한 사람들에게만 국한되지 않는다. 푸틴이 집권한 이래로, 소련에 대한 향수는 전반적으로 증가 추세였다. 심지어 소련이 붕괴될 때 아직 태어나지도 않았던 사람들

사이에서도 일어난 현상이었다. 2020년에 레바다 센터Levada Centre가 실시한 여론조사에 따르면, 러시아인 4명 중 3명이 소련 시절이 러시아 역사에서 '가장 위대한 시기'라고 생각하는 것으로 드러났다.[19] 지난 20년 동안 여론조사는 일관되게 인구의 절반 정도는 스탈린이 '위대한 지도자'라고 생각하고 있다는 사실을 보여준다.[20]

이런 향수의 정서는 젊은이들에게 전승된 소련 정신의 긴 수명과 연관되어 있다. 이는 레바다 여론조사 그룹의 놀라운 발견이었다. 그들은 여러 해에 걸쳐 시행한 여론조사에서 '소련인의 개성'과 관련된 태도(낮은 물질적 기대, 사회적 순응주의, 소수민족과 성 소수자에 대한 비관용, 권위의 수용 등)가 전혀 줄지 않았음을 발견했다. 1991년 조사를 시작할 때 그들이 예상한 대로였다. 줄기는커녕 그런 태도는 인구 전체로 보자면 더 뚜렷해지고 널리 퍼졌다.[21] '호모 소비에티쿠스 Homo Sovieticus(소비에트형 인간)'는 소련의 붕괴와 함께 죽은 것이 아니었다. 새로운 형태로 다시 태어났다.

소비에트형 인간의 부활은 역사 속 국가 폭력을 바라보는 일반적인 러시아인의 태도에서도 확인된다. 2007년 조사에 따르면 10명 중 7명은 체카의 창시자인 제르진스키가 '공공질서와 시민의 삶을 보호'했다고 응답했다. 7퍼센트만이 그를 '살인자이며 처형 집행자'라고 생각했다. 더 충격적인 점은 응답자 대부분이 스탈린 정권의 대숙청(대부분 '1,000~3,000만 명의 희생자'자 부당하게 억압받은 사실을 인지했다)을 잘 알고 있었고, 그런데도 3분의 2가 스탈린이 나라에 좋은 영향을 미쳤다고 응답했다는 사실이다. 수백만 명이 살해된 것을 알면서도 러시아인들은 대규모 국가 폭력이 정당화될 수 있다는 볼셰비

키 사상을 수용하고 있는 것으로 보인다.[22]

2010년대 초, 수백만 명의 러시아인이 TV 프로그램 「시대재판the Court of Time(Sud vremeni)」을 시청했다. 러시아 역사 속 인물과 사건들이 재판에 회부되고, 변호인단이 나와 증거를 제시하고, 증인이 출석하며, 시청자들이 배심원이 되어 전화 투표로 판결을 내리는 내용이었다. 판결 결과를 보면 러시아인들의 태도는 변하지 않을 거라는 생각을 갖게 된다. 스탈린이 농민을 상대로 벌인 전쟁과 집산화의 재앙적 영향에 관한 수치가 제시되었는데도, 시청자의 78퍼센트가 여전히 스탈린의 정책이 소련의 산업화를 위해 타당한 조치('절박한 필요')였다고 믿었다. 오직 22퍼센트만이 농민을 희생자로 삼은 '범죄'였다고 생각했다. 다른 사안들에서 수치는 더 극적이다. 시청자 10명 중 9명은 스탈린의 산업화 계획이 나라를 구했다고 생각했고, 10명 중 1명만이 과거에 벌어진 '정당하지 않은 파탄'이라고 생각했다. 히틀러와 스탈린이 체결한 불가침조약에 대해서는 91퍼센트가 소련이 히틀러와 전쟁을 준비할 시간이 필요했다는 데 동의했다. 시청자의 93퍼센트가 고르바초프의 개혁안들을 재앙으로 간주했고, 더 많은 사람이 글라스노스트 정책을 서구의 '정보 전쟁'이라고 믿었다. 또한 러시아인들은 '호모 소비에티쿠스'를 몹시 그리워하는 것으로 드러났다. 시청자의 94퍼센트는 '소비에트인의 개성'이 '진정한 역사적 업적'이라는 데 동의했다. 오직 6퍼센트만이 그것이 신화라고 믿었다.[23]

푸틴은 대통령 첫 임기 동안, 러시아와 서방의 통합을 더 확대할 의향이 있었다. 그는 여러 인터뷰에서 '서유럽 문화의 일부'로서 러시아에 대한 본인의 비전을 설명했고, 러시아가 나토NATO와 유럽연합에 가입할 가능성도 열려 있다고 말했다. 모든 것은 서방 기구들이 어떻게 반응할지, 특히 러시아가 안보 우려 및 역사적 연결성과 민감성을 가지고 있는 여러 지역에서 나토가 어떤 태도를 보일지에 달려 있었다. 그런 곳에서 러시아의 우려와 관심사가 공격받거나 무시당한다면 모스크바는 가만있지 않을 터였다. 푸틴은 이렇게 경고했다. "우리는 지리geography가, 러시아의 혼이 우리를 데려다 놓은 이곳에 머물기 위해 노력할 것입니다. 하지만 우리가 밀려난다면 우리는 힘을 키우기 위해 다른 곳과 손잡을 수밖에 없을 것입니다." 이것은 적어도 18세기 이래로 러시아 역사를 관통하며 되풀이된 패턴이었다. 러시아는 유럽 일부가 되기를 원했고 존중받기를 원했다. 하지만 서방 지도자들에 의해 거부된다면, 그들이 러시아에 굴욕감을 준다면, 러시아는 스스로 재건하고 서방에 대항해 무장 공세를 취할 것이었다.

나토와 유럽연합은 이 역사적 순환을 끝낼 기회를 놓쳤다. 나토는 러시아를 유럽의 새로운 안보 협정에 끌어들이는 대신, 러시아를 계속 고립시키는 편을 택했다. 미국과 북대서양 동맹국들은 냉전에서 자신들이 '승전국'인 것처럼 행동했고, 러시아가 역사적 이해관계를 가진 지역에서 소련 붕괴 후 일어나는 일들에 대해 '패전국' 러시아와 상의할 필요가 없다는 듯 행동했다. 러시아인이 서방에 대해 느끼던 분노가 몸집을 불렸다. 적대적인 서방이 러시아를 대등한 국가로 인정하지 않고, 러시아가 약해진 틈을 타 조국을 깎아내린다고 러시아 국민을 설득하는 데는 대단한 노력이 필요하지 않았다(냉전 시절의 오랜 반서방 선전 덕분이었다). 이것이 푸틴이 그의 반서방 이데올로기를 건설한 토대였다. 그것은 러시아 내부에서 소련 몰락으로 피해를 본 사람들(공공기관 근로자, 하급 및 중간 공무원, 소련의 옛 국영 산업 노동자)과 서구가 부과한(그들에게는 그렇게 보였다) 시장 기반 경제에서 고군분투하는 사람들에게 호소력이 있었다.

크렘린이 판단하기에 최초로 서방이 러시아를 모욕한 사건은 1999년, 발칸반도에서 러시아의 가장 긴밀한 동맹국인 세르비아로부터 코소보 알바니아인들이 독립 전쟁을 벌였을 때 UN의 지원 없이 나토가 일방적으로 개입해 알바니아인들을 지원한 일이었다. 3월부터 6월 사이 나토군의 공습으로 세르비아인 1,500명이 사망했는데, 절반이 민간인이었다. 모스크바는 알바니아인을 상대로 한 세르비아 밀로셰비치Milošević 정권의 '인종청소'를 막기 위해 개입했다는 나토의 주장을 일축하며, 이는 러시아가 자국 '세력권'이라 주장하는 발칸반도에서 나토가 이익을 추구하려는 행위로, 명백한 UN 헌장 위반이라고 비난했다. 크렘린이 나토의 개입을 발칸반도에서 러시아가 가지는 권위에 대한 도발로 여기고 분노한 바탕에는 러시아의 범슬라브 맹주 역할이라는 신화가 있었다. 앞서 살펴본 대로 그 신화는 자주 허상에 불과했지만(크림전쟁이 그런 예다), 러시아에서 실존하는 요소였고, 이것이 크렘린의 태도와 정책을 형성했다. 나토가 그 사실을 인지하지 못한 것은 러시아와의 관계에 당연히 악영향을 초래했다. 게다가 나토의 개입은 위험한 선례를 남겼다. 그것은 이후 러시아가 조지아, 크림반도, 우크라이나 전쟁을 정당화하는 데 쓰였다.

서방과의 진정한 단절은 나토의 동진에서 비롯되었다. 크렘린의 사고체계에서 나토의 동쪽 확장은 미국이 후원하는 민주화 운동이 러시아 세력권으로 확산하는 것과 연결되었고, 러시아의 '주권 민주주의'를 위협하는 행위로 간주되었다. 1999년에 체코, 헝가리, 폴란드가 나토 회원국이 되었다. 5년 후, 불가리아, 루마니아, 라트비아, 리투아니아, 에스토니아도 나토에 가입했다. 모스크바는 이를 베를린 장벽이 무너질 때 미국이 '나토는 동쪽으로 1인치도 전진하지 않을 것'이라고 한 구두 약속에 대한 배신으로 보았다. 미국 측의 다수는 그런 보장을 하지 않았다고 부인하거나, 혹은 그 말은 동독에 국한된 것이지 바르샤바 조약기구 회원국 전체에 대한 것이 아니라고 주장했다. 그들은 서방의 다른 지도자들이 모종의 약속(일례로 1991년에 영국 외무장관 더글러스 허드Douglas Hurd는 '저 동유럽과 중부 유럽 국가들을 어떤 형태로든 나토에 영입할 계획이 없다'고 러시아를 안심시켰다)을 했더라도, 새로 독립한 동유럽 국가들은 러시아의 침략 위협으로부터 나토의 보호를 받을 자격이 있다고 주장했다.[24] 사실관계가 어떻든, 나토의 동진은 러시아와의 관계에 찬물을 끼얹었다. 1946년에 소련 봉쇄에 관한 냉전 정책을 입안했던 조지 케넌George Kennan은 옛 바르샤바 조약기구의 영토를 침범하는 것은 '재앙적 실수'가 될 것이라고 경고했다. 그는 1998년 〈뉴욕 타임스〉와의 인터뷰에서 이렇게 말했다. "이는 러시아 역사에 대한 이해가 거의 없음을 보여줍니다. 당연히 러시아 측에서 나쁜 반응이 나올 것이고, 그러면 [나토 확장 지지자들은] '내가 러시아인들은 저렇다고 했지?'라고 할 겁니다. 완전히 틀렸습니다."[25]

그리고 사건들이 정말로 그런 방식으로 전개되었다. 옛 소련 위성국의 나토 가입은 나토가 반러시아 동맹처럼 인식되는 결과를 낳았고, 서방을 향한 러시아의 해묵은 분노에 기름을 부었다. 푸틴은 2007년 2월 10일에 열린 뮌헨 안보회의Munich Security Conference에서 미국이 세계를 지배하고 국제 관계에서 아무런 견제를 받지 않는 무력을 행사하고 있다며 맹공을 퍼붓는 것으로 분노를 표출했다. 나토가 동쪽으로 확장한 것은 러시아를 향한 '심각한 도발'이었고, 국제 협약을 위반한 행위였다. 따라서 러시아는 자국 이익을 추구하는 데 더는 낡은 국제 규칙을 따르지 않겠다고 경고했다.[26] 러시아의 공격을 유발함으로써 나토는 제가 대응해야 할 바로 그 문제를 만들었다. 마치 나토의 존립을 정당화하기 위해 공격적인 러시아가 필요한 것만 같았다.

푸틴의 연설 이후 두 달이 지난 시점에 시작된 러시아의 반격을 가장 먼저 느낀 것은 에스토니아였다. 에스토니아 정부가 탈린에 있는 소련 전쟁 기념물을 철거하자 러시아 해커들(FSB와 연관된 집단으로 추정된다)은 에스토니아를 상대로 사이버 테러를 가했다. 다음에 러시아가 무력행사에 나선 곳은 조지아였다. 조지아는 2008년 4월 부쿠레슈티에서 열린 나토 회의에서 나토 가입 의사를 밝혔고 상황은 긍정적이었다. 그러나 조지아는 그해 8월 이탈 자치주 압하지야Abkhazia와 남오세티야의 친러 성향 분리주의자들과의 내전에 휘말렸고, 난민들이 국경을 접한 러시아로 도망쳤다. 모스크바는 항공기와 탱크를 투입해 조지아 군대를 후퇴시키고, 조지아 영토의 큰 부분을 점거하고는 압하지야와 남오세티야를 독립 국가로 인정한다고 선언했다. 푸틴이 대통령직에 앉힌 메드베데프는 나토가 코소보 독립을 지지한 선례를 언급하며 러시아의 개입을 정당화했다. "국제 관계에서 누군가에게는 이 규칙을 적용하고, 다른 이들에게는 다른 규칙을 적용할 수는 없습니다." 미국에 던지는 경고였다. 러시아의 힘의 과시는 나토에 가입하려던 조지아의 희망을 꺾었다(나토 동맹국은 러시아 군대가 일부를 점령하고 있는 국가를 받아들이지 않을 것이다). 그 사건은 러시아의 침공을 비난하면서도 군사적 수단을 써 이를 저지할 의도가 없음이 명백한 서방의 약점도 드러냈다.

푸틴은 2012년에 세 번째 대통령 임기를 시작했다. 국가 주요 수출품인 석유와 천연가스 가격이 사상 최고치를 기록하면서 경제 상황은 순조로웠다. 조작 선거에 반발하는 대규모 시위가 벌어졌지만, 어쩌면 그 시위 때문에, 푸틴은 더 강경한 외교 정책을 폈다. 그는 '러시아 세계Russkii mir'에서 러시아의 영향력을 회복할 필요성이 있다고 강조했다. 푸틴은 구소련 국경 내에서 '전통적 러시아 가치'를 방어할 공간으로서 '러시아 세계'라는 개념을 끌어들였는데, 이는 정교회 총대주교가 소련의 해체로 끊어진 연결고리인 키예프 루스의 영적 유산을 부흥하기 위해 발전시킨 개념이었다. 푸틴은 그것을 포착해 2012년부터 외교 정책의 한 부문으로 활용했다. 그는 '러시아 세계'가 키예프 루스로부터 공통의 역사, 종교, 문화적 유산을 물려받은 슬라브인, 러시아인, 우크라이나인, 벨라루스인 '가족' 공동체라고 말했다. 2005년에는 이 세계가 '[20세기] 최대의 지정학적 재앙'인 소련의 붕괴로 갈기갈기 찢겼다고 연설했다. 그는 이렇게 덧붙였다.

"러시아 국가에 관해 말하자면 진짜 드라마가 펼쳐졌습니다. 수천만 러시아인과 동포는 러시아 영토 밖에 내쳐진 자신들을 발견했습니다."[27]

19세기 슬라브주의자들의 범슬라브 이데올로기는 '러시아 세계' 개념으로부터 한 발 내디디면 닿는 곳에 있었다. 푸틴의 외교 정책은 점차 그 방향을 향했다. 슬라브주의자들은 러시아는 국경으로 구분되는 영토보다 더 넓은 '정신적 문명'이라는 주장을 펼친 바 있다. 그들은 크림전쟁으로 이어진 사건들이 벌어질 때 니콜라이 1세에게 서방에 맞서 발칸반도와 성지의 정교회를 지킬 것을 요구했다. 해외에서 정교회의 이익을 증진하는 것이 차르의 신성한 의무라고 말했다. 푸틴은 이런 원칙에서 출발해 소련 붕괴 후 러시아 외부에 발이 묶인 '수천만 명의 우리 시민'을 지키는 것이 러시아 국가의 임무라고 주장했다. 니콜라이 1세에게 오스만 제국 사안에 개입할 구실이 종교였다면, 푸틴이 러시아어 사용자가 다수를 차지하는 구소련 연방국에 간섭할 구실은 언어였다. 그들이 외국 주권국의 시민이고, 자신들도 그렇게 생각하고 있다는 사실은 푸틴의 관점에서는 중요하지 않았다.

푸틴은 슬라브주의자들처럼 러시아를 서구의 세속적이고 자유주의적인 영향력과 근본적으로 반대되는 정신적 가치로 정의되는 초국가적 '문명'으로 구상했다. 푸틴의 이런 사고방식은 크림전쟁 후에 다닐렙스키가 집필한 《러시아와 유럽Russia and Europe》에서 유래했을 가능성이 있다. 이 범슬라브주의 사상가는 러시아는 러시아를 침략국으로만 바라보고 별 볼 일 없는 나라로 깎아내리기를 원했던 유

럽이 이해하거나 받아들일 수 없는 독특한 다문화 문명이라고 주장
했다. 다닐렙스키는 러시아는 유럽의 일부가 아니었으며, 유럽이 다
른 문명에 제 가치관을 강요하는 수단인 '보편적' 원칙(사실은 서방에
유리할 뿐인)을 기준으로 러시아를 판단해서는 안 된다고 주장했다.
러시아는 서방을 따르면 약화될 뿐이므로, 러시아만의 보수적이고
신앙이 깃든 전통을 지키고 싶다면 서방에 맞서야 했다.

　다른 사상가들도 푸틴의 러시아 세계 개념이 형성되는 데 일조
했다. 푸틴 이념의 '핵심'으로 가장 자주 인용되는 사상가는 이반 일
리인Ivan Ilyin(1883~1954)이다. 그는 백위군 망명 철학자, 군주제 지지
자, 파시즘 동조자로, 그가 입안한 러시아의 정신과 국가형성에 대
한 신비주의 사상이 1991년 이후 러시아 민족주의자들에게 광범위
한 영향을 미쳤다. 일리인의 주장은 다음과 같았다. 러시아는 혹독
한 기후, 방어하기 버거운 광대한 영토, 고통스러운 역사라는 측면
에서 전 세계 어느 나라보다 '무거운 십자가를 짊어진' 나라이다. 그
러나 특별한 정신적 힘, 사랑과 이타적인 희생으로 시련을 극복하고
우뚝 섰다. '국가 독재자'가 이토록 특별한 러시아의 역량을 장악한
다면 러시아는 볼셰비키로부터 해방되고, 유라시아의 새 신성제국
으로 거듭날 수 있다. 러시아 정교회는 소련 몰락 후 러시아의 서사
를 백위군과 군주제 운동의 잃어버린 역사와 연결하기 위해 일리인
의 사상을 대대적으로 홍보했다. 2005년에는 일리인의 유해를 스위
스로부터 송환해 백위군 데니킨 장군의 유골과 함께 모스크바 돈스
코이 수도원에 재매장하기도 했다. 일리인의 신비주의 사상은 모스
크바 대학의 철학 교수 알렉산드르 두긴Alexander Dugin을 통해(그의 가장

영향력 있는 저서 《지정학의 기초The Foundations of Geopolitics》는 러시아 육군 총참모 대학의 교과서로 사용되었다) 푸틴의 대의를 위한 더 간명한 형태로 전파되었고, 유라시아에 러시아 제국을 재건하는 것을 목표로 하는 혼합형 전술 전략(정치 전복, 러시아 가스와 석유의 무기화, 사이버 전쟁과 군사력의 결합)을 이끌어냈다. 서구 자유주의 질서와 미국의 글로벌 지배에 대한 거부를 바탕으로 동맹을 구축하는 성격의 전체주의였다.

우크라이나는 금세 러시아와 서구가 벌이는 '문명 충돌'의 전쟁터가 되었다. 푸틴 정부는 여러 차례 우크라이나 주권을 인정한다고 선언했지만, 실제로는 그렇지 않았다. 푸틴의 관점에서 우크라이나는 키예프 루스 이래로 '역사적' 러시아 또는 '대大' 러시아의 변방을 차지한 사람들이었다. 우크라이나는 '러시아 세계'와 분리될 수 없는 한 부분이었다. 수많은 가족과 공동체에 러시아인과 우크라이나인이 섞여 있었다. 양국 경제는 하나로 통합되어 분리될 수 없었다. 러시아 가스는 우크라이나를 거쳐 유럽으로 수송되었다. 러시아 제국 해군의 가장 중요한 기지는 크림반도의 세바스토폴에 있었는데, 그 땅은 1954년 흐루쇼프 서기장이 우크라이나 코사크 수장국과 러시아의 통합 300주년을 기념해 우크라이나 소비에트 공화국에 할양한 러시아 영토였다. 흐루쇼프의 선물에 거창한 의미가 붙은 것도 아니었다. 소비에트 연방에는 국경이 없었다. 하지만 1991년 이후 크림반도의 상실은 그곳의 휴양지에서 휴가를 보내고 학교에서 크림반도가 러시아 땅이라고 배웠던 러시아인들에게 쓰디쓰게 느껴졌다. 세바스토폴은 1941~1945년 전쟁에서의 활약으로 '영웅 도시'로 수훈된 열두 도시 중 하나였다. 러시아인 25만 명이 크림전쟁(서방에 대항해 정교를 수호한 또 하나의 전쟁이었다) 중에 죽었다. 크림반도는 블라디미르 대공이 세례를 받은 러시아 기독교의 발상지이자, '러시아의 혼'의 상징적 고향이었다. 적어도 그것이 '러시아 세계'의 선전가들이 제시한 내용이다.

푸틴은 우크라이나를 약하고 분열된 채로, 러시아에 계속 의존하게 하는 정책을 추구했다. 우크라이나가 서방 영향권에 들어가지 않게 하려면 러시아가 반드시 우크라이나를 지배해야 한다고 생각했다. 민주주의 국가로 급성장한 우크라이나의 자유가 그의 권위적 정권에 위협이 되는 것도 두려웠다(특히 친러시아 대통령 후보인 야누코비치의 부정선거 결과를 뒤집고 빅토르 유센코Viktor Yushchenko를 대통령으로 만든 2004~2005년의 오렌지 혁명은 크렘린궁을 바짝 긴장하게 했다). 푸틴의 전략은 러시아에 인접한 국가들, 그중에서도 특히 오스만 제국에 대한 차르 시대 정책을 연상시켰다. 여러 차르는 군사력을 무장 외교의 수단으로 사용했다. 오스만 제국의 발칸반도 영토를 위협하고, 필요하다면 점령도 불사함으로써, 흑해와 성지에 관한 러시아 측의 요구를 관철했다. 푸틴은 우크라이나를 상대로 똑같은 전술을 썼다. 단, 해외의 정교도를 보호한다는 명분(차르들이 유럽의 튀르크 사안에 개입하기 위해 사용한 것) 대신, 수백만 명의 옛 러시아 시민을 지킨다는 핑계로 우크라이나 내정 간섭을 정당화했다.

푸틴 정권은 우크라이나의 친러 정치인들을 지지했고, 유럽과 긴밀한 통합을 꾀하는 인사들이 일을 추진하기 어렵게 했다. 크렘린궁은 우크라이나의 분열을 입맛대로 이용했다. 우크라이나는 동·서로 나뉘었는데, 서부는 폴란드-리투아니아 공화국이었다가 오스트리아-헝가리 제국의 영토였던 곳으로 우크라이나어를 사용하는 인구가 대다수였고, 동부는 러시아어 인구가 압도적으로 많았다. 러시아가 동쪽에 버티고 있었으므로 어떤 정부도 내전의 위험을 무릅쓰지 않고 우크라이나를 지나치게 친유럽 노선으로 만들 수는 없었다. 하지만 서부 지역의 유럽적 시각을 고려할 때 우크라이나를 러시아 편향으로 재조정하는 일도 위험하기는 마찬가지였다.

위태위태했던 균형이 깨진 건 두 가지 상황이 전개되면서다. 하나는 푸틴이 2012년부터 추진력을 얻은, 구소련 연방국 중 러시아, 벨라루스, 카자흐스탄 중심의 '유라시아 경제공동체'에 우크라이나를 포함하는 장기 계획을 발표한 것이었다. 푸틴은 언젠가 유라시아 연합이 러시아가 사령탑을 맡은 유럽연합 같은 체제로서, 서방에 대항하는 유라시아 블록이 되는 계획을 구상했다. 또 다른 상황은 2013년 가을부터 키이우와 다른 서부 우크라이나 도시들에서 대규모 시위가 일어난 것이었다. 키이우 마이단 광장을 점거한 시위대는 야누코비치(2010년 선거에서 정당하게 선출되었다) 정부에 유럽연합과 연합 협정을 체결하라고 촉구했다. 야누코비치 대통령은 협정 조건을 두고 협상해 왔지만, 모스크바의 압박 속에서 협정 준비과정을 핑계로 시간을 끌고 있을 뿐이었다. 정체불명의 저격수들(야누코비치 정부의 특수부대로 추정된다)이 군중을 향해 총격을 가하자 시위는 '마이단 혁명'으로 바뀌었고, 이는 전 세계에 TV로 중계되었다. 2014년 2월 22일, 시위대는 키이우를 장악했다. 우크라이나 의회에서 임시정부가 결성되는 동안 야누코비치는 동우크라이나로 피신했다가 이후 러시아로 탈출했다.

크렘린궁은 마이단 혁명을 서방이 방조한 야권 세력의 불법 쿠데타로 보았다. 푸틴은 나중에 마이단 혁명이 러시아를 공격하기 위해 우크라이나를 무기로 사용해온 서구 열강의 역사적 행태의 연속선상에 있다고 언급했다. 푸틴 정부가 선전 주장을 하기에 충분할 정도로 시위 주동자들이 미국과 유럽연합 정치인들에 의해 독려된 것은 사실이었다. 크렘린 측 언론은 우크라이나 임시정부를 '네오나치'와 '파시스트'가 배후에 있는 '쿠데타 군사정부$_{junta}$'라고 일관되게 말해왔다. 이는 일부 우크라이나인이 실제로 독일에 협조했던 2차세계대전의 기억에 뿌리를 둔, 러시아 민족주의 감정에 호소하는 명백한 선전 전술이었다. 그들은 임시정부가 우크라이나 내에 있는 러시아인을 '집단학살'하겠다고 위협한다고 비난했다(러시아어와 다른 소수민족 언어를 보호하는 법을 폐지하려는 키이우 의회의 잘못된 판단에 근거한 과장된 주장이었다). 주로 러시아어를 사용하는 크림반도 주민들은 크렘린의 상황 설명을 쉽사리 믿었다. 그들은 키이우의 새 정부를 반대하는 대규모 시위를 벌였고, 그중 많은 이가 크림반도가 우크라이나로부터 독립하는 안을 국민투표에 부치라고 요구했다.

크렘린은 이 사안이 나토의 개입으로 알바니아인의 자결권이 확보된 코소보와 유사하다는 사실을 포착했고, 크림반도의 러시아인도 동일한 권리가 있다며 새로운 크림전쟁을 시작했다.[28] 2월 말, 러시아 특수부대는 크림반도를 점령하고 친러시아 정부를 세웠으며, 유엔총회가 불법이라고 선언한 국민투표를 시행했다. 97퍼센트의 유권자가 러시아의 크림반도 합병에 찬성했다. 제대로 국민투표를 시행했더라도 비슷한 결과가 나왔을 수도 있다. 하지만 푸틴은 국제 규칙을 따를 필요가 없었다. 그는 나토가 우크라이나 영토를 지키기 위해 행동에 나서지 않으리라는 것을 알고 있었다. 해볼 테면 해보라는 식이었을 것이다.

러시아 국민은 크림반도 합병을 대대적으로 환영했다. 부당하게 뺏긴 러시아 영토를 되찾았다는 정서가 깔려 있었다. 국가적 자부심이 차올랐다.

푸틴의 지지율은 최대 80퍼센트까지 치솟았다. 이때가 푸틴 리더십 숭배가 절정에 오른 순간이었다. 푸틴은 만인과 만물 위에 군림하는 국가 권력의 구현인 차르의 지위에 올랐다. 외국이 합병 행위를 비난하고 러시아에 대한 서방 제재가 가해졌지만, 러시아인들은 '진짜 차르' 또는 '신성한 차르' 신화를 믿었던 것처럼 푸틴을 신뢰했다. 대부분은 그 사건 이후 벌어진 경제 침체에 관해 정권이 설명하는 대로 믿었다. 푸틴 정권은 서방을 향한 '우리 대 그들' 대의로 민족주의적 감정을 결집하기 위해 경제 침체의 원인을 서방 제재 탓으로 돌렸다.

서방의 제재는 러시아의 우크라이나 공격을 막기에 역부족이었다. 이때는 '러시아 세계' 개념이 크렘린의 군사 정책을 확고히 장악하고 있었다. 세르게이 글라지예프Sergei Glazyev와 같은 대통령 보좌관들은 이 개념을 이용해 우크라이나가 미국이 러시아와 싸우는 데 이용하는 '신나치' 괴뢰 정권(그가 쓴 표현이다)으로 전락하는 것을 막기 위해, 이미 친러 분리주의자들이 키이우를 상대로 무력 투쟁을 벌이고 있던 돈바스Donbass 전쟁을 확장해야 한다고 밀어붙였다.[29] 크림반도 침공 직후 푸틴은 동부에서 전쟁 중인 분리주의자들에게 군사력을 제공했고, 그 후 정체불명의 군복을 입은 러시아 부대(소위 자원군)가 전쟁에 투입됐다. 돈바스 분쟁은 이후 8년 동안 이어져 러시아인과 우크라이나인 2만 명의 목숨을 앗아갔다. 독일과 프랑스의 중재로 '제2차 민스크 협정Minsk II Accords'이 논의되었다. 우크라이나는 러시아와 맞닿은 국경지대를 포함해 분쟁 지역에 관한 주권을 되찾고, 돈바스는 우크라이나로부터 완전한 자치권을 부여받는 내용이었다. 하지만 양측은 합의에 이르지 못했다.

그러는 내내 서구는 러시아의 화석 연료를 계속 사들였다. 올리가르히들의 영국 놀이터, '런던그라드Londongrad'에서 로펌, 은행가, 세무 컨설턴트, 미술상, 부동산 중개인들은 늘 하던 대로 돈세탁 업무를 계속했다. 우크라이나 침공 4년 후, 러시아는 2018년 월드컵 개최국으로 선정되었는데, 그 사건은 러시아가 국제 사회에 무난히 복귀하는 신호탄처럼 느껴졌다. 러시아 팀이 8강에 오르는 것을 지켜보면서 푸틴은 자신이 우크라이나를 공격한 일이 별 탈 없이 마무리되어 간다고 느꼈을 것이다. 러시아 경제는 제재에 적응했고 대부분 예전 수준을 회복했다. 석유와 가스 수출 덕분에 러시아 외환보유고는 5,000억 달러에 이르렀는데, 세계에서 네 번째로 큰 규모였다. 그것은 푸틴이 러시아의 생활수준을 떨어뜨리지 않으면서 우크라이나에서 전쟁을 지속할 수 있는 금고 역할을 했다. 푸틴은 더한 제재를 걱정하지도 않았다. 미국 백악관에는 도널드 트럼프 대통령이 있었고, 유럽연합은 브렉시트로 힘을 잃었으며, 헝가리, 프랑스, 이탈리아 우파 포퓰리스트 당의 지원을 등에 업은 상황이었으므로, 푸틴은 자신이 전쟁을 확대해도 서구 열강은 미온적으로 반응하리라 기대했을 것이다.

푸틴의 확전 결정은 그가 우크라이나에서 러시아의 행동에 대한 나토의 위협을 어떻게 평가했는지에 달려 있었을 것이다. 2008년 부쿠레슈티 회의에서 나토는 우크라이나가 필수 요건(정치 부패를 척결하고 법치를 확립하기 위한 개선 조치들이 언급되었다)을 충족한다면, 조지아와 더불어 나토에 가입하는 것을 승인하겠다고 선언한 바 있었다. 몇몇 나토 지도자들이 이에 반대했는데, 특히 앙겔라 메르켈 Angela Merkel 독일 총리는 그것이 러시아에는 위험한 도발로 보일 것이라고 경고했다. 하지만 미 대통령 조지 W. 부시는 성명을 강행했다. 임기 종료가 몇 달 남지 않았던 그는 구소련에서 미국의 이익과 민주주의를 촉진하는 성과를 남기려고 필사적이었다. 부시는 러시아의 공격적인 태도에 위기감을 느끼던 동유럽 회원국들의 지지를 받았다. 전 폴란드 대통령 레흐 바웬사 Lech Wałęsa의 표현을 빌리자면, 당시 그들은 우크라이나의 나토 가입을 "곰을 우리에 가둘 중대한 역사적 기회"로 보았다.[30]

나토의 개입은 모스크바에 경종을 울렸다. 러시아의 크림반도 침공 이후, 나토 동맹국은 우크라이나 정부에 30억 달러의 군사 원조를 제공하고, 우크라이나 무기를 현대화하는 데 도움을 주었으며, 우크라이나에서 합동 훈련을 시행함으로써 우크라이나 군대 훈련을 지원했다. 전쟁은 우크라이나의 국민적 단결을 촉진했다. 또한 우크라이나에서 러시아를 향한 폭력적인 증오가 형성되는 결과도 낳았다. 그것은 1944~45년에 나치 독일의 편에 서서 소련군에 맞서 싸웠던 우크라이나 민족주의 지도자 스테판 반데라Stepan Bandera의 추모 열기에서 드러났다. 반데라의 이름이 붙은 거리와 광장이 새로 생겼다. 리비우Lviv와 테르노필Ternopil 같은 도시에 이 게릴라 지도자의 동상이 세워졌다. 하지만 반데라 숭배는 우크라이나에 '나치'의 위협이 존재한다는 모스크바의 선전을 향해 던지는 선물이 되었다.

푸틴은 우크라이나에서의 나토 역할을 직접적인 군사 위협으로 보았다. 푸틴은 2022년 2월 21일 한 시간 동안 이어진 대국민 연설에서 러시아가 개입하지 않으면 우크라이나는 러시아를 공격하는 나토군의 '전진 교두보 역할'을 할 것이라고 주장했다. 나토가 작전 훈련을 가장해 러시아 국경 근처 하르키우(하리코프)Kharkiv와 같은 우크라이나 도시에 기지를 건설하고 있으며, 그곳에서 핵미사일을 쏘면 몇 분도 채 지나지 않아 모스크바에 도달한다고 강조하며, "우리 목에 칼을 들이대는 것과 마찬가지"라고 선언했다.[31] 서구의 관점에서 이것은 광기와 편집증에 가까웠다. 어쨌거나 나토는 방어를 위한 기구였고, 러시아를 공격할 이유가 없었다. 하지만 푸틴은 자신이 읽은 러시아와 우크라이나의 역사를 통해 그러한 결론에 도달했다.

푸틴은 2021년 7월 크렘린 대통령궁이 발간한 장문의 역사 논고 〈우크라이나인과 러시아인의 역사적 단일성에 관하여On the Historical Unity of the Ukrainians and the Russians〉에서 자기 생각을 설명했다.[32] 당시 그 글은 우크라이나에서 벌어지는 현재의 갈등과는 무관한, 오랜 역사 논쟁에 사로잡힌 사람이 쓸 법한 이상하고 현학적인 글로 치부되었다. 두긴과 같은 학자들의 영향이 고스란히 드러났다. 이제 그것은 그로부터 8개월 후인 2022년 2월 푸틴이 시작한 우크라이나 침공에 대한 역사적 정당화라는 관점으로 읽힐 수 있다. 글에서 푸틴은 러시아인과 우크라이나인은 하나의 민족이며, 우크라이나는 '대러시아'(푸틴이 때로는 소련과 동일시하고, 때로는 소련의 핵심적인 슬라브주의와 동일시한 실체이다)의 한 부분이므로, 독립 국가로 존재한 적이 없다고 주장했다. 푸틴은 역사적으로 여러 순간, 우크라이나는 그들이 독립국이라고 믿도록 부추겨 러시아를 공격하게 한 적대적 외국(스웨덴, 폴란드, 1차 세계대전의 오스트리아와 독일, 내전 당시 연합국들)에게 이용당했는데, 오늘날 서방이 그와 똑같은 짓을 하고 있다고 주장했다.

푸틴은 소비에트 연방을 구성할 때 우크라이나인들에게 인공 국가를 선물한 볼셰비키가 문제였다고 분개했다. 우크라이나 소비에트 공화국은 1917년 이전에 신러시아(노보로시야), 즉 오데사에서 도네츠크를 잇는 러시아 제국의 흑해 연안 지역을 부여받았다. 이후 크림반도 역시 우크라이나로 넘어갔다. 푸틴은 이 모든 것이 소련이 건재했던 동안에는 문제가 되지 않았다고 언급했다. 하지만 소련이 붕괴(소비에트 공화국들에 분리권을 허락한 레닌의 '잘못된 정책'의 결과)하자, 우크라이나가 '역사적인 러시아 영토'를 부당하게 취득한 셈이 되었다. 푸틴은 우크라이나의 몫은 1922년에 우크라이나가 소련에 가입할 때 가졌던 영토에 국한된다고 주장했다. 1917년에 우크라이나인들이 차지했던 더 작은 규모의 (신러시아나 크림반도를 제외한) 잔존국(더 큰 기존 국가의 잔재로 이루어진 국가—옮긴이)을 의미했다. 이런 주장은 1991년 이후 푸틴의 사상에 중대한 영향을 미친 솔제니친과 같은 러시아 민족주의자들이 이전에도 제시한 내용이었다. 우크라이나를 잃은 것은 푸틴 세대의 민족주의자들에게 쓰라린 과거였다. 푸틴의 '실로비키siloviki'(군사, 국가 안보를 책임지는 '실세 집단men of force')는 소련이 해체되던 시점에 모두 KGB 또는 군대에 있었다. 자신들의 상관이 제국을 잃는 것을 지켜본 그들은 우크라이나와 벨라루스라는 '내부 제국inner empire'을 회복하겠다는 결의로 뭉쳤다. 그들은 우크라이나가 소련의 해체(우크라이나인들이 연방으로부터 독립하겠다고 투표한 것이 최후의 일격이 된 것만은 분명했다)를 초래했다고 비난했고, 그들을 응징하기로 마음먹었다.

러시아군은 2021년 3월에 군사력을 강화하기 시작했다. 12월까지 10만 명 이상의 병력이 우크라이나 국경에 집결했다. 당시 군대는 푸틴의 무장 외교를 위한 수단처럼 보였다. 전쟁의 위협으로 우크라이나 젤렌스키 대통령이 위기를 다루는 방식에 대한 반대 목소리가 커지며 우크라이나 내부의 정치적 분열이 표면으로 드러났는데, 이는 푸틴이 바라던 상황이었다. 푸틴은 우크라이나에 절대로 나토에 가입하지 않겠다는 서면 보장을 요구했다. 또한 나토가 새 회원국에 핵무기나 군사 기지를 배치하지 않겠다고 확약한 1997년 이후, 동유럽에 배치한 군사 자산을 모두 없애라고 요구했다. 2022년 1월 21일, 푸틴의 최후통첩은 미국 안토니 블링컨Antony Blinken 국무장관에 의해 거부되었다. 블링컨은 제네바에서 러시아 라브로프 외무장관과 냉랭하게 회담했고, "나토는 방어 동맹이며, 러시아를 위협하지 않는다"는 원론적인 담화만 되풀이했다. 푸틴은 그 말에 동의하지 않았다. 한 달 후, 푸틴은 우크라이나를 침공했다. 우크라이나에서 나토가 러시아에 가하는 위협을 예방하는 필수 조치라는 주장이었다.

푸틴이 전면적인 공격에 나서리라 예측한 사람은 거의 없었다. 동부 지역에서 공격을 감행한 후 뒤따른 무장 외교라는 것이 더 그럴싸한 시나리오처럼 보였다. 하지만 이때가 푸틴이 자신이 만든 '러시아 세계' 신화의 희생자가 된 순간이었다. 푸틴은 진심으로 심각한 저항에 부딪히지 않고 키이우를 점령하고 우크라이나를 '해방' 할 수 있다고 생각했다. 이 위험한 망상은 모든 전선에서 공격을 감행하도록 그를 이끌었다. 푸틴의 결정에 심지어 크렘린의 고위 관료들도 놀랐다. 이는 푸틴이 현실과 괴리되어 있었다는 사실로 설명될 수 있는 문제다. '코로나19' 바이러스 감염에 대한 두려움으로, 푸틴은 이전 2년 동안 봉쇄된 크렘린궁에 혼자 머물렀고, 거의 아무와도 접촉하지 않았다(카자흐스탄 대통령조차도 푸틴을 만나기 전에 2주 동안 격리되었다). 권좌에서 22년간 내려오지 않은 푸틴은 독재자가 되었다. 아무도 감히 그를 의심하지 않았다. 푸틴은 사무실을 가장 위대한 차르들의 동상으로 채웠고, 자신을 그들에게 견주었다. 푸틴의 무모한 결정 뒤엔 자만심이 있었다. 그는 속전속결로 손쉽게 승리를 거둘 수 있다고 여겼다. 키이우에 있는 푸틴의 요원들은 젤렌스키 정권이 곧 무너질 거라 보고했다. 젤렌스키 정부는 경제를 망쳤고 우크라이나 국민의 지지를 잃어, 러시아 군대가 쳐들어가면 국민들이 군대를 환영할 거라고 했다. 요원들은 너무 두려웠으므로 진실을 말해서 푸틴의 환상을 깰 수 없었다.

2월 24일, 러시아군은 벨라루스를 통해, 그리고 동쪽에서는 러시아, 남쪽에서는 크림반도를 통해 우크라이나로 진군했다. 푸틴은 군대가 이틀 안에 키이우에 도달할 거라고 예측했다. 국영 통신 리아

노보스티RIA-Novosti는 2월 26일 우크라이나가 '러시아 세계'로 복귀했음을 알리는 승전 기사를 누리집에 실수로 게재했다가 금세 삭제했다. 러시아 군대는 우크라이나 수도에 진입하지 못했다. 그들은 우크라이나인(코사크의 투지가 핏속에 흐르는 민족)과 카키색 옷을 입은 젤렌스키 대통령의 지도력을 과소평가했고, 젤렌스키가 매일 송출하는 영상 연설은 국민에게 이길 수 있다는 확신과 단합을 향한 새 기운을 불어넣었다. 푸틴은 우크라이나가 국가가 아니라고 부인했는데, 그가 일으킨 우크라이나와의 전쟁은 유례없이 더 단결한 한 국가를 만들어냈다.

속전속결 작전이 실패하자 러시아는 키이우를 함락할 다른 방법이 없었다. 러시아는 전방에 탄약과 식량, 연료, 기술 및 의료 지원을 충분히 제공할 보급 체계가 없었다. 러시아 군대는 사람들의 생각보다 대단하지 않은 것으로 드러났다. 보급이 더 활발하고 기민하게 움직이는 적을 압도하기 위해 러시아군은 중화기와 압도적인 군대 규모에 의존했다. 앞서 본대로 전형적인 러시아 군대의 방식이다. 징집병들의 낮은 사기도 금세 드러났다. 포로로 잡힌 많은 군인이 자신들은 우크라이나를 상대로 싸워야 하는 줄 몰랐으며, '나치'로부터 슬라브족 형제들을 구하러 간다고 들었다고 주장했다. 교착 상태에 발목이 붙들린 침략군은 민간인 지역, 아파트 지구와 심지어 병원에 이르는 도시 시설에 폭격을 가했다. 러시아군이 체첸과 시리아에서 사용한 전술이었다. 수백만 명의 절박한 우크라이나인이 자동차나 기차로, 피신할 수 있는 어떤 수단이든 잡아채 도시에서 탈출했다. 남은 사람들은 지하실로 이동해 어떻게든 살아남으려 애썼다.

러시아는 부차Bucha와 이르핀Irpin 등의 마을에서 많은 잔학 행위를 저질렀는데, 주민들은 러시아 군대를 두 팔 벌려 환영하기는커녕 적개심과 반항 정신으로 불타올랐다.

이러한 전쟁 범죄는 적어도 우크라이나인들이 제노사이드(집단학살)라 주장하는 정도에 미치지 못할지는 모르나, 우크라이나 의회가 제노사이드라고 선언한 소련의 기아 테러, '홀로도모르'를 기억하는 우크라이나인들이 그렇게 주장하는 것은 놀랄 일이 아니다. 우크라이나의 국가 지위를 부정하는 러시아의 수사학은 국제법상 법리적 집단학살의 일부임이 틀림없다. 하지만 실제로 지상에서 일어나는 러시아의 행위는, 비록 그것이 우크라이나를 지구상에서 없애겠다는 크렘린의 목표로 시작되기는 했어도, 옛 식민지를 상대로 몰락한 제국이 저지르는 보복이라는 후기 제국주의 현상과 더 연관이 깊다. 우크라이나 민간인 학살, 여성 강간 및 기타 테러 행위는 집단으로 우크라이나인을 제거하려는 대량 학살의 목적보다는 우크라이나가 얻은 독립과 자유에 대한, 그들이 '러시아 세계'의 신민이 아닌 유럽의 일부이자 우크라이나인이 되기로 한 것에 대한 응징이자 피의 대가를 요구하는 행위에 더 가까웠다.

러시아 군대는 키이우를 에워싼 방어선을 돌파할 수 없었기 때문에, 4월 첫째 주에 북부에서 철수해 동쪽에서 다시 결집했고, 그곳으로부터 러시아군과 우크라이나 중앙부 사이에 포진한 4만 명의 우크라이나 최정예 부대를 상대로 스텝 지대에서 대규모 공세를 시작할 준비를 했다. 러시아의 목표는 우크라이나 군대를 괴멸하고, 동우크라이나 전체가 어렵다면 돈바스라도 완전히 점령해, 최소한 러시아와 크림반도를 잇는 육로를 확보하는 것이었다. 일설에 따르면 푸틴은 '승리의 날' 기념일인 5월 9일, 모스크바에서 열리는 연례 군사 퍼레이드에서 승리를 선언할 수 있기를 바랐지만, 이 책의 집필 시점인 현재(2022년 4월 20일) 그 희망은 이루어질 것 같지 않다. 전쟁은 오랫동안 지속될 것으로 보인다.

푸틴 정권은 이 전쟁을 '실존적 전쟁'으로 간주하고 있다. 그 표현은 푸틴 정권의 원로 고문인 세르게이 카라가노프Sergei Karaganov가 사용했는데, 그는 푸틴 정권이 '일종의 승리'를 선언할 수 있을 때까지 전쟁을 멈추지 않을 거라고 경고했다.[33] 하지만 러시아인들은 얼마나 오랫동안 전쟁 비용을 감당할 수 있을까? 어느 정도의 사상자까지 '승리'를 위해 어쩔 수 없었던 희생으로 수긍할 것인가? 경제적 어려움을 몇 해나 견뎌낼 수 있을까? 푸틴 정권은 앞서 본 것처럼 애국적 희생에 대한 숭배가 소련의 전쟁에 엄청나게 중요한 역할을 했던 1941~1945년의 기억을 불러일으키는 것을 좋아한다. 하지만 지금 러시아인들은 그때처럼 조국을 위해 싸우는 것이 아니다. 어떤 외국도 러시아를 침략하지 않았다. 그들은 '러시아 세계'라는 푸틴의 신화를 위해 외국 땅에서 싸우고 있다. 이럴 가치가 있냐고 그들이 물을 법하지 않은가?

크렘린궁은 이 전쟁을 위해 대중을 준비시켰다. 지난 8년 동안 러시아 TV 채널들은 우크라이나가 나치가 들끓는 서방의 사악한 대리인이며 러시아를 파괴할 계획을 꾸미고 있다는 오래된 서사를 한결같이 재생산했다. 그 메시지는 학교와 사관학교를 통해, 인쇄 매체를 통해, 그리고 이 전쟁의 숨은 핵심 동력인 키릴 총대주교의 주일 설교를 통해 널리 퍼졌다(러시아 정교회 달력에서 '용서의 날'로 지정된 3월 6일, 키릴 총대주교는 그 전쟁을 자유주의 가치 때문에 동성애라는 '죄악'을 '게이 프라이드 퍼레이드Gay Pride Parade'와 같은 행사로 기념하게 된 서방에 맞서는 십자군에 비유하는 연설을 했다).[34] 4월 초 독립적인 여론조사에 따르면, 러시아 인구의 4분의 3이 크렘린이 '특별 군사작전'이라 이름 붙인 전쟁을 지지하는 것으로 나타났다. 하지만 여론조사 결과를 조금 축소해서 볼 필요가 있다. 사람들은 조사관에게 그들이 가진 의구심을 표현하기를 꺼릴 것이다. 그렇게 했다가는 교도소로 직행할 수도 있으니 말이다. 그래도 그 수치는 타당해 보인다. 해당 수치는 중장년층 인구와 대략 일치하는데 그들은 뉴스를 TV로만 접한다. 인터넷이나 독립적인 정보원에 접근할 수 없는 상황(페이스북, 트위터, 인스타그램과 최후까지 남은 민영 라디오 및 온라인 TV 방송이 전쟁 첫 주에 모두 폐쇄되었다)에서 개인이 국가가 제시하는 서사에 도전하기는 어렵다. 푸틴의 서사는 한결 더 효과적인데, 여러 해에 걸쳐 비러시아인을 서구의 '제5열'로 삼는 이야기를 유포해온 소련의 냉전 신화 위에 써 내려간 것이기 때문이다. 푸틴은 이런 초기 서사 위에 자신의 우크라이나-나치 신화를 쌓아 올려야 할 필요가 있음을 알고 있다. 푸틴은 TV에 나와 러시아보다 유럽에 더 편안함을 느끼는 '쓰레기'와 '반역자'를 비난하고, 자기 정책에 반대하는 러시아의 '적', '제5열 언론인'을 대대적으로 색출하겠다고 위협한다. 스탈린을 연상시키는 푸틴 담화는 한편으로는 전쟁에 반대하는 목소리를 내는 사람들을 공격(폭력과 인종차별적 모욕, 학대, 공개적 비난 등)하기 위해 '충성'스럽고 '애국심에 불타는 시민'을 장려하고, 다른 한편으로는 다수를 위협하여 침묵과 공모 속으로 끌어들이는, 스탈린의 공포 시대를 연상시키는 불신과 증오, 공포의 분위기를 사회 전반에 조성하는 효과를 가진다. 이것은 소련 역사에서 배운 행동 양식이다. 러시아 국민은 여러 세대를 이어 내려온 집단 기억으로, 공권력에 의문을 제기하지 않고 불편한 도덕적 사안들을 회피할 줄 안다. 한마디로 들은 대로 받아들이는 것이다.

이 전쟁은 어떻게 끝날 것인가? 전쟁이 끝난 후 러시아는 어떤 국가가 될까? 가능한 모든 시나리오에서 러시아와 우크라이나에 좋은 징조는 없다. 첫 번째로 러시아가 군사적으로 패배하는 시나리오부터 보자면 그럴 가능성이 가장 낮다. 우크라이나의 '승리'가 우크라이나 지도자가 생각하는 대로 전 영토에서 러시아 군대를 추방하는 것을 의미한다면 그렇다는 말이다. 심지어 러시아가 패배하더라도 푸틴 정권은 더 억압적이고 국제사회로부터 더 고립된 형태로 아마도 살아남을 것이다. 푸틴은 언젠가 물러나겠지만(암에 걸렸다는 소문이 있다) 혁명이 일어나지 않는 한 푸틴 체제는 다른 지도자 아래 계속될 것이다. 언론을 지배하고 탄압 수단과 보유 외환을 틀어쥔 이 정권은 너무나 강력해서 투옥된 알렉세이 나발니Alexei Navalny 같은 대중 지지를 받는 야당 인사조차도 대항하기 어렵다. 나발니는 전체적으로 생활수준이 낮은 상태를 유지했던 2010년대 후반, 정부 부패에 대한 대중의 분노를 등에 업은 인물이다. 러시아 이야기가 보여주듯 독재 국가는 오랜 기간의 불만 속에서도 잘 살아남는다. 시민 사회는 너무 약하고, 분열되고, 조직화되지 않아, 혁명은 고사하고 국가권력의 성격에 변화를 일으킬 정도로 길게 야권 운동을 지속할 힘도 없다. 오늘날 민주주의의 실패는 공공 영역의 허약함에 뿌리를 두고 있다. 공산주의 독재 정권이 무너진 지 30년이 지났지만, 러시아는 활동의 자유가 곧 민주주의의 토대인 공공 영역(진정한 정당, 전문 단체, 노동조합, 소비자 단체, 시민 단체, 주민 단체)이 모든 면에서 취약하다. 한때 국가의 양심 역할을 했던 인텔리겐치아들은 이제 영향력이 거의 없다. 설상가상 우크라이나 전쟁으로 수만 명의 지식인 계층(예술가, 학자, 언론인, 과학자, 정보통신 전문가)이 해외로 도피했으므로 상황은 더 나쁘다. 의심할 여지 없이 그들은 곧 러시아로 돌아가기를 원한다. 하지만 1917년 이후 러시아를 떠난 망명자émigré들도 똑같은 염원을 가졌지만, 돌아온 이들은 극소수였다.

두 번째 가능한 시나리오는 우크라이나 분쟁이 교착 상태에 이르러 영구 동결되는 것인데, 러시아 군대가 돈바스와 동쪽을 점령한 상태에서 양측 모두 전쟁을 중단할 생각이 없고, 러시아가 그 땅을 점령하고 있는 이상 어떤 실질적인 평화 회담을 가질 근거도 없는 상황을 말한다. 8년간의 전쟁으로, 러시아와 타협하지 않겠다는 우크라이나인들의 결의는 더 단단해졌다. 평화를 얻자고 땅을 포기하더라도, 러시아가 새로운 공세를 취하며 그 땅을 전진 기지로 사용하지 않으리라는 보장이 없기 때문이다. 푸틴이 하는 모든 말은 신뢰할 수 없다. 우크라이나 역시 러시아의 핵심 요구사항인 나토 가입 포기에 응할 가능성은 작다. 그 목표는 2019년부터 우크라이나 헌법에 명시되어 있으므로, 그 결정을 철회하기 위해서는 국민 투표 또는 의회 표결이 필요한데, 젤렌스키의 추정상 이는 '최소 1년' 이상 걸리는 일이다. 그러나 매주 그런 결의안이 통과될 가능성은 줄어들

텐데, 나토 가입이 우크라이나가 독립 국가로 존립하는 것을 보장할 유일한 방법이라는 점이 더욱 분명해지고 있기 때문이다(러시아 침공 전에는 55퍼센트가 나토 가입을 선호했지만, 3월 말에는 수치가 72퍼센트로 증가했다).[35]

결국 우크라이나는 크렘린과 타협에 도달할 수밖에 없을 것이다. 이 전쟁을 막을 다른 방법은 없다. 문제는 안보에 대한 국제적 보장과 함께 우크라이나에 가장 유리한 조건으로 협상을 끌어내는 일이다. 이를 위해서는 완전한 승리는 아니더라도 우크라이나가 우위를 점할 때까지 서방이 계속 군사 지원을 제공해야 한다. 하지만 언제까지 서방에 의존할 수 있을까? '우크라이나와 함께한다'고 말하는 모든 담화와 별개로, 서방은 러시아와의 직접적인 분쟁에 휘말리거나, 러시아가 판매량을 감축한다면 벌어질 심각한 석유와 가스 부족 상황을 감내할 준비가 되어 있는가? 푸틴은 서방의 결의가 흐트러지리라 기대할 것이다. 그는 서방세계 사람들이 늘어지는 전쟁에 염증을 느끼고, 당장 제 눈앞에 닥친 문제를 더 걱정하게 될 거라 생각한다. 푸틴은 장기적으로 민주주의를 불안정하게 만들 것으로 예측할 수 있는 효과(급격한 인플레이션, 우크라이나 곡물에 의존하는 중동과 북아프리카의 식량 부족, 그리고 이 지역들에서 유럽으로의 대량 이주)가 발생할 가능성이 큰 전쟁을 시작했다. 만약 이 수가 먹히지 않는다면, 푸틴은 나토가 결국엔 러시아와 직접 대면하는 것을 피하고 물러서리라 생각하기 때문에, 핵무기 사용을 불사하며 전쟁을 확대할 준비도 되어 있다. 푸틴은 우크라이나를 '러시아 세계'로 다시 끌어들이기 위해 거기까지 갈 준비가 되어 있다.

크렘린의 가용 자원을 고려할 때 러시아의 승리는 가장 가능성이 큰 결말이다. 그런데 그 승리는 어떤 모습일까? 돈바스 전역을 차지하는 '승리'에 안주한다고 하더라도, 러시아는 자국 군대가 파괴한 도시들을 재건하는 막대한 비용 부담은 물론이고, 우크라이나의 반란과 시민 불복종의 문제를 떠안을 것이다. 러시아 경제는 제재로 인해 더욱 약화될 것이다. 경제는 50년 뒤로 후퇴해, 사실상 소련 시절 수준으로 돌아갈 것이다. 서방으로부터 고립된 러시아는 동쪽으로 방향을 전환할 텐데, 이는 전쟁으로 속도가 더 빨라진 면이 있고, 크렘린의 많은 사상가가 환영하는 바이기도 하다. 이들은 중국을 주요 동맹으로 삼아 서구의 자유주의 가치와 미국의 세계적 영향력에 대항하는 유라시아 블록에 러시아의 미래가 달려 있다고 믿기 때문이다. 중국에 화석 연료, 귀금속과 원자재를 제공하기만 하면, 러시아는 이 새로운 관계에서 보조 파트너가 될 것이다. 하지만 중국과 연대함으로써 민족주의 운동과 독재 정권이 서방을 향한 국가적 분노를 이용할 수 있는 그런 지역—인도에서 중동에 이르는—에서 러시아가 서구의 이익에 반하는 위험한 위협을 대표하는 역할을 맡게 될 것이다. 크렘린이 이해하기에 이것은 우크라이나와 싸우는 전쟁이 아니라, 성장하는 유라시아의 힘으로 미국이 지배하는 세계 질서와 경제를 종식하기 위한 전쟁이다.

이 전쟁은 신화가 낳은, 자국 역사에 대한 푸틴의 왜곡된 해석이 낳은 불필요한 전쟁이다. 조만간 끝나지 않는다면 전쟁은 천 년 동안 유럽을 풍요롭게 만든 러시아 최고의 정수, 문화와 사회 부문마저 파괴할 것이다. 전쟁이 끝난 뒤 러시아는 더 가난하고 더 예측이

어려우며 세계에서 더 고립된 나라가 될 것이다. 독재자가 나라의 과거를 재창조하는 데 사용할 때 신화가 얼마나 위험한 것이 될 수 있는지 보여준다.

러시아의 미래는 불투명하다. 하지만 한 가지는 분명하다. 러시아 역사는 절대 똑같지 않을 것이다. 러시아의 과거는 정권이 바꿀 필요가 있다고 생각하는 대로 재창조될 것이며, 국민이 방향을 바꾸려고 할 때 다른 모습으로 다시 상상될 것이다. 지금은 그 이야기가 푸틴의 러시아 독재 전통 재창조로 마무리될 운명인 듯 보일지도 모른다. 그러나 러시아 역사는 그렇게 끝날 필요가 없다. 러시아가 더 민주적인 길을 택했을지도 모를 역사의 여러 장이 있었다. 중세 도시 공화국, 농촌공동체, 코사크 수장국, 무엇보다 젬스트보는 러시아의 강력한 자치 전통을 보여준다. 이들이 더욱 포괄적인 국가 정부의 기반을 마련할 수도 있었다. 러시아 통치자들은 헌법 개혁을 향해 나아갔지만, 러시아를 1917년의 비극으로 몰고 간 사건들의 흐름 속에서 그들의 진보적 주도권은 뒤집히고 말았다. 또한, 혁명의 혼돈 속에서도 러시아 국민이 자신들이 염원한 사회 정의와 자유가 있는 유토피아적 꿈에 부합하도록 국가를 재정립할 수 있었던 순간들이 있었다. 이런 이야기들을 다시 시작하는 것은 분명 러시아의 운명을 바꾸는 작업의 일부가 될 것이다.

★

감사의 말

THE STORY OF RUSSIA

★

고마운 분이 많다. 피터 스트라우스, 멜라니 잭슨, 스티븐 에드워즈 및 RCW의 나머지 팀에게 감사한다. 원고 초안의 첫 독자가 되어준 스텔라 틸라드와 크리스토퍼 와일드에게 감사한다. 블룸스버리의 알렉시스 커쉬바움과 그녀의 팀원들, 재스민 호시, 스테파니 래스본, 로렌 와이브로, 조니 코워드, 피터 제임스, 본문 편집자 마이크 애슨슨, 지도 제작자 조 칼릴, 사진 연구원 캐서린 베스트와 제니스타 테이트 알렉산더에게 감사한다. 그리고 내가 사랑해 마지않는 메트로폴리탄의 편집자 사라 버쉬텔과 그녀의 팀원들, 브라이언 랙스, 캐롤린 오키프, 크리스토퍼 세르지오에게 감사한다.

★

주석

★

주석에 사용된 약어

IRL RAN   러시아 과학 아카데미 소속 러시아 문학 연구소(상트페테르부르크)

NA   국립문서보관소(런던)

OR RNB   러시아 국립 도서관, 원고부(상트페테르부르크)

RGASPI   러시아 국가기록보관소, 사회 및 정치 역사 서고(모스크바)

RGIA   러시아 국가기록보관소, 역사 서고(상트페테르부르크)

서문

1   P.-A. Bodin, 'The Monument to Grand Prince Vladimir in Moscow and the Problem of Conservatism', in M. Suslov and D. Uzlaner (eds), *Contemporary Russian Conservatism: Problems, Paradoxes and Perspectives* (Leiden, 2019), p. 306.

2   <Krem lin.ru/eve nts/presid ent/news/53211.> The opening can be

viewed in the video embedded here: <en.wikipe dia.org/wiki/Monumen t_to_Vla dimir_the_Great>.

3 A. Timofeychev, 'Moscow Monument to Prince Vladimir provokes ire in Kiev', *Russia Beyond the Headlines*, 14 November 2016: <www.rbth.com/ politics_and_society/2016/11/14/moscow-monument-to-prince-vladimir-provokes-ire-in-kiev_647547>.

4 <korrespondent.net/ukraine/3544735-evropeiskyi-vybor-ukrayny-sdelan-tysiachu-let-nazad-poroshenko>.

5 G. Orwell, *Nineteen Eighty-Four* (London, 2003), p. 40. 이 말은 '과거의 변형 가능성'이 '신성한 원칙'인 오세아니아의 당 슬로건이다.

6 S. Velychenko, 'Tsarist Censorship and Ukrainian Historiography, 1828–1906', *Canadian-American Slavic Studies*, vol. 23, no. 4 (1989), pp. 385–408.

7 M. Cherniavsky, *Tsar and People: Studies in Russian Myths* (New Haven, 1961), p. 229.

8 E. Rostovtsev and D. Sosnitskii, 'Kniaz Vladimir Velikii kak natsional'nsyi geroi', *Dialog so Vremenem*, issue 65 (2018), pp. 150–64.

9 19세기 후반 블라디미르 대공 숭배에 관한 우크라이나의 편향적 해석에 관해서는 다음을 참고하라. H. Coleman, 'From Kiev across All Russia: The 900th Anniversary of the Christianization of Rus' and the Making of a National Saint in the Imperial Borderlands', *Ab Imperio*, vol. 19, no. 4 (2018), pp. 95–129.

10 S. Solov'ev, *Istoriia Rossii s drevneishikh vremen*, 6 vols (St Petersburg, n.d.), vol. 6, p. 339.

11 E. Kantorowicz, *The King's Two Bodies* (Princeton, 1957).

1. 국가의 시작

1   See P. Geary, *The Myth of Nations: The Medieval Origins of Europe* (Princeton, 2002).

2   *Povest' vremennykh let*, ed. V. P. Adrianova-Peretts and D. S. Likhachev with revisions by M. B. Sverdlov (St Petersburg, 1996), p. 13.

3   C. Jarman, *River Kings: A New History of the Vikings from Scandinavia to the Silk Road* (London, 2021), p. 190. On the identity of Rörik see: S. Coupland, 'From Poachers to Gamekeepers: Scandinavian Warlords and Carolingian Kings', *Early Medieval Europe*, vol. 7, no. 1 (2003), pp. 85–114.

4   S. Franklin and J. Shepard, *The Emergence of Rus, 750–1200* (London, 1996), pp. 317–19.

5   J. Black, *G.-F. Müller and the Imperial Russian Academy* (Montreal, 1986), pp. 109–17; V. Fomin, 'Lomonosov i Miller: uroki polemiki', *Voprosy Istorii*, no. 8 (2005), pp. 21–35.

6   Z. Harris and N. Ryan, 'The Inconsistencies of History: Vikings and Rurik', *New Zealand Slavonic Journal*, vol. 38 (2004), pp. 1115–16.

7   N. Karamzin, *Istoriia gosudarstva rossiiskogo*, 3 vols (St Petersburg, 1842–3), vol. 1, p. 43.

8   See e.g. J. Nielsen, 'Boris Grekov and the Norman Question', *Scando-Slavica*, vol. 27 (1981), pp. 69–92.

9   N. Andreyev, 'Pagan and Christian Elements in Old Russia', *Slavic Review*, vol. 21, no. 1 (1962), p. 17.

10 T. Noonan, 'Why the Vikings First Came to Russia', *Jahrbücher für Geschichte Osteuropas*, New Series, vol. 34, no. 3 (1986), pp. 321–48;

Franklin and Shepard, *The Emergence of Rus*, pp. 12–16.

11   Harris and Ryan, 'The Inconsistencies of History: Vikings and Rurik', pp. 120–1.

12   G. Jones, *A History of the Vikings* (Oxford, 2001), p. 164.

13   See O. Pritsak, *The Origin of Rus'* (Cambridge, Mass., 1981).

14   J. Shepard, 'The Origins of Rus' (c. 900–1015)', in M. Perrie (ed.), *The Cambridge History of Russia*, vol. 1: *From Early Rus' to 1689* (Cambridge, 2006), p. 51. On Khazar influence see: T. Noonan, 'Khazaria as an Intermediary between Islam and Eastern Europe in the Second Half of the Ninth Century: The Numismatic Perspective', *Archivum Eurasiae Medii Aevi*, vol. 5 (1985), pp. 179–204.

15   For this view see Pritsak, *The Origin of Rus'*.

16   Franklin and Shepard, *The Emergence of Rus*, pp. 99–100, 140 ff., 170 ff.

17   *The Russian Primary Chronicle*, trans. S. Cross and O. Sherbowitz-Wetzor (Cambridge, Mass., 1953), p. 198.

18   D. Obolensky, *Byzantium and the Slavs* (New York, 1994), pp. 61–2.

19   See A. Feldman, 'The Historiographical and Archaeological Evidence of Autonomy and Rebellion in Chersōn : A Defense of the Revisionist Analysis of Vladimir's Baptism (987–989)', MRes. Th esis, University of Birmingham, 2013.

20   D. Obolensky, *The Byzantine Commonwealth: Eastern Europe, 500–1453* (London, 1971).

21   Obolensky, *Byzantium and the Slavs*, p. 101.

22   S. Averintsev, 'Visions of the Invisible: The Dual Nature of the Icon', in R. Grierson (ed.), *Gates of Mystery: Th e Art of Holy Russia* (Fort Worth, Tex.,

1993), p. 12.

23 See R. Milner-Gulland, *The Russians* (Oxford, 1997), pp. 175–6.

24 L. Ouspensky, 'The Meaning and Language of Icons', in L. Ouspensky and V. Lossky, *The Meaning of Icons* (New York, 1982), p. 42.

25 See O. Figes and B. Kolonitskii, *Interpreting the Russian Revolution: The Language and Symbols of 1917* (New Haven, 1999), pp. 74–5.

26 M. Cherniavsky, *Tsar and People: Studies in Russian Myths* (New Haven, 1961), p. 6. See further, E. Reisman, 'The Cult of Boris and Gleb: Remnant of a Varangian Tradition?', *Russian Review*, vol. 37, no. 2 (1978), pp. 141–57; F. Sciacca, 'In Imitation of Christ: Boris and Gleb and the Ritual Consecration of the Russian Land', *Slavic Review*, vol. 49, no. 2 (1990), pp. 253–60; C. Halperin, 'The Concept of the *ruskaia zemlia* and Medieval National Consciousness', *Nationalities Papers*, vol. 8, no. 1 (1980), p. 80.

27 O. Figes, *Natasha's Dance: A Cultural History of Russia* (London, 2002), pp. 320–1.

28 I. Stepanova, *The Burial Dress of the Rus' in the Upper Volga Region (Late 10th–13th Centuries)* (Leiden, 2017), p. 4.

29 N. Kollmann, 'Collateral Succession in Kievan Rus'', *Harvard Ukrainian Studies*, vol. 14, no. 3/4 (1990), pp. 377–87.

30 Franklin and Shepard, *The Emergence of Rus*, pp. 367–9.

31 D. Miller, 'The Kievan Principality in the Century before the Mongol Invasion: An Inquiry into Recent Research and Interpretation', *Harvard Ukrainian Studies*, vol. 10, no. 1/2 (1986), p. 222.

2. 몽골의 영향

1   S. Zenkovsky (ed.), *Medieval Russia's Epics, Chronicles, and Tales* (London, 1991), p. 196.

2   다음도 참고하라. U. Büntgen and N. Di Cosmo, 'Climatic and Environmental Aspects of the Mongol Withdrawal from Hungary in 1242 CE', *Scientific Reports*, vol. 6, no. 1 (2016), 전투 자원 부족 때문에 퇴각했다는 해석이다.

3   M. Favereau, *The Horde: How the Mongols Changed the World* (Cambridge, Mass., 2021), p. 51.

4   Ibid. , p. 202.

5   David Miller, 'Monumental Building as an Indicator of Economic Trends in Northern Rus' in the Late Kievan and Mongol Periods, 1138–1462,' *American Historical Review*, vol. 94, no. 2 (April 1989), pp. 360–90.

6   L. Langer, 'Muscovite Taxation and the Problem of Mongol Rule in Rus', *Russian History*, vol. 34, nos. 1–4 (2007), p. 116.

7   Ibid. , p. 110.

8   Zenkovsky, Medieval Russia's Epics, p. 232; M. Cherniavsky, *Tsar and People: Studies in Russian Myths* (New Haven, 1961), pp. 18–22.

9   J. Blum, *Lord and Peasant in Russia: From the Ninth to the Nineteenth Century* (Princeton, 1961), p. 106.

10 G. Vernadsky, *The Mongols and Russia*, vol. 3: *A History of Russia* (New Haven, 1953), p. 378.

11 J. Fennell, *The Emergence of Moscow, 1304–1359* (London, 1968), pp. 82–9.

12 Ibid. , p. 192.

13 Vernadsky, *The Mongols*, p. 260.

14 'The Scythians' (1918) in A. Blok, *Sobranie sochinenii v vos'mi tomakh* (Moscow/Leningrad, 1961–3), vol. 3, p. 360.

15 Ibid. , p. 267.

16 D. Ostrowski, *Muscovy and the Mongols: Cross-Cultural Influences on the Steppe Frontier*, 1304–1589 (Cambridge, 1998), p. 67.

17 N. Karamzin, *Istoriia gosudarstva rossiiskogo*, 12 vols (St Petersburg, 1851–3), vol. 5, p. 373; D. Likhachev, *Russkaya kul'tura* (Moscow, 2000), p. 21.

18 C. Halperin, *The Tatar Yoke: The Image of the Mongols in Medieval Russia* (Bloomington, Ind., 2009), p. 193.

19 S. Solov'ev, *Istoriia Rossii s drevneiskikh vremen*, 29 vols (Moscow, 1851–79), vol. 4, p. 179.

20 See C. Halperin, 'Kliuchevskii and the Tatar Yoke', *Canadian-American Slavic Studies*, vol. 34, no. 4 (2000), pp. 385–408.

21 Favereau, The Horde, p. 238.

22 Ostrowski, *Muscovy and the Mongols*, p. 56. See further, N. Baskakov, *Russkie familii tiurksogo proiskhozhdeniia* (Moscow, 1979).

23 N. Trubetskoi, *K probleme russkogo samopoznaniia* (Paris, 1927), pp. 41–2, 48–51.

24 Vernadsky, *The Mongols*, pp. 13, 391.

25 H. Dewey and A. Kleimola, 'Russian Collective Consciousness: The Kievan Roots', *Slavonic and East European Review*, vol. 62, no. 2 (1984), pp. 180–91.

26 G. Alef, 'The Origin and Early Development of the Muscovite Postal

Service', *Jahrbücher für Geschichte Osteuropas*, New Series, vol. 15, no. 1 (1967), p. 1.

27 Ostrowski, *Muscovy and the Mongols*, p. 52.

28 M. Cherniavsky, 'Khan or Basileus: An Aspect of Russian Medieval Political Theory', *Journal of the History of Ideas*, vol. 20 (1959), pp. 459–76.

29 See D. Ostrowski, 'The Mongol Origins of Muscovite Political Institutions', *Slavic Review*, vol. 49, no. 4 (1990), pp. 525–42.

30 Karamzin, *Istoriia gosudarstva rossiiskogo*, vol. 5, p. 374.

3. 차르와 신

1 D. Miller, 'The Coronation of Ivan IV of Moscow', *Jahrbücher für Geschichte Osteuropas*, New Series, vol. 15, no. 4 (1967), pp. 559–74.

2 D. Ostrowski, *Muscovy and the Mongols: Cross-Cultural Influences on the Steppe Frontier, 1304–1589* (Cambridge, 1998), pp. 171–7.

3 D. Miller, 'Creating Legitimacy: Ritual, Ideology, and Power in Sixteenth-Century Russia', *Russian History*, vol. 21, no. 3 (1994), pp. 289–315.

4 The classic work developing this thesis is E. Kantorowicz, *The King's Two Bodies* (Princeton, 1957).

5 G. Alef, 'The Adoption of the Muscovite Two-Headed Eagle: A Discordant View', *Speculum*, vol. 41, no. 1 (1966), pp. 1–21.

6 J. Martin, *Medieval Russia, 980–1584* (Cambridge, 2007), p. 261.

7 *The Correspondence between Prince A. M. Kurbsky and Tsar Ivan IV of Russia, 1564–1579*, ed. and trans. J. Fennell (Cambridge, 1955), p. 75.

8   S. von Herberstein, *Notes upon Russia. Being a translation of the earliest account of that country, entitled Rerum Moscoviticarum Commentarii,* trans. and ed. R. H. Major, 2 vols (London, 1851–2), vol. 1, p. 30.

9   R. Pipes, *Russia under the Old Regime* (London, 1974), p. 97.

10 T. Hunczak (ed.), *Russian Imperialism from Ivan the Great to the Revolution* (New Brunswick, 1974), p. ix.

11 V. Kliuchevskii, *Kurs russkoi istorii,* 5 vols (Moscow, 1987), vol. 1, p. 31. 러시아의 내부 식민지화라는 개념은 원래 클류쳅스키의 스승인 솔로비예프가 다음 저작에서 발전시켰다. volume 2 of his *Istoriia Rossii sdrevneishchikh vremen* (1851).

12 M. Perrie and A. Pavlov, *Ivan the Terrible* (London, 2003), pp. 48–50.

13 See R. Skrynnikov, 'Ermak's Siberian Expedition', *Russian History,* vol. 13, no. 1 (1986), pp. 1–40.

14 I. de Madariaga, *Ivan the Terrible* (New Haven, 2005), p. 353.

15 C. Halperin, *Ivan the Terrible: Free to Reward and Free to Punish* (Pittsburgh, 2019), pp. 182–6.

16 Madariaga, *Ivan,* pp. 257–9.

17 *Correspondence,* p. 41.

18 Perrie and Pavlov, *Ivan,* p. 159.

19 See further, P. Hunt, 'Ivan IV's Personal Mythology of Kingship', *Slavic Review,* vol. 52, no. 4 (1993), pp. 769–809.

20 M. Cherniavsky, 'Ivan the Terrible as Renaissance Prince', *Slavic Review,* vol. 27, no. 2 (1968), pp. 195–211. For the comparison with Charlemagne: D. Rowland, 'Ivan the Terrible as a Carolingian Renaissance Prince', *Harvard Ukrainian Studies,* vol. 19 (1995), pp. 594–606.

21   L. Kozlov, 'The Artist and the Shadow of Ivan', in Richard Taylor and D. W. Spring (eds), *Stalinism and Soviet Cinema* (London, 1993), p. 123.

22   *Moscow News*, no. 32 (1988), p. 8.

4. 동란 시대

1   F. Fletcher, *Of the Russe Common Wealth* (London, 1591), p. 34.

2   M. Cherniavsky, *Tsar and People: Studies in Russian Myths* (New Haven, 1961), p. 179.

3   Ibid., pp. 114–17.

4   P. Longworth, 'The Pretender Phenomenon in Eighteenth-Century Russia', *Past & Present*, vol. 66, issue 1 (1975), p. 61.

5   M. Perrie, *Pretenders and Popular Monarchism in Early Modern Russia* (Cambridge, 1995), p. 131.

6   C. Dunning, *Russia's First Civil War: The Time of Troubles and the Founding of the Romanov Dynasty* (University Park, Pa., 2001), p. 302.

7   17세기 유럽의 '일반 위기' 개념은 에릭 홉스봄이 1954년 발간한 다음 논문으로 거슬러 올라간다. 'The General Crisis of the European Economy in the 17th Century', *Past & Present*, vol. 5, issue 1 [1954], pp. 33–53. 이 작품은 자본주의의 출현과 국가의 문제점에 관한 일련의 논쟁을 불러일으켰다. 가장 중요한 논문들은 다음에 수록되어 있다. G. Parker and L. Smith, *The General Crisis of the Seventeenth Century* (London, 1978). 러시아에 '일반 위기' 이론을 적용하는 것과 관련해서는 다음을 참조하라. P. Brown, 'Muscovy, Poland, and the Seventeenth Century Crisis', *Polish Review*, vol. 27, no. 3/4 (1982), pp. 55–69.

8   V. Kivelson, 'The Devil Stole his Mind: The Tsar and the 1648 Moscow Uprising', *American Historical Review*, vol. 98, no. 3 (1993), p. 744.

9   V. Kliuchevsky, *A Course in Russian History: The Seventeenth Century* (New York, 1994), p. 152.

10 Ibid., p. 755.

11 R. Crummey, *Aristocrats and Servitors: The Boyar Elite in Russia, 1613–1689* (Princeton, 1983), p. 36.

12 A. Kleimola, 'The Duty to Denounce in Muscovite Russia', *Slavic Review*, vol. 31, no. 4 (1972), p. 773.

13 R. Hellie, 'The Stratification of Muscovite Society: The Townsmen', *Russian History*, vol. 5, part 2 (1978), pp. 119–75.

14 For the legal evolution of serfdom: R. Smith, *The Enserfment of the Russian Peasantry* (Cambridge, 1968).

15 O. Figes, *The Europeans: Three Lives and the Making of a Cosmopolitan Culture* (London, 2019), p. 74.

16 P. Avrich, *Russian Rebels, 1600–1800* (New York, 1972), p. 109.

17 P. Longworth, 'The Subversive Legend of Stenka Razin', in V. Strada (ed.), *Russia* (Turin, 1975), vol. 2, p. 29.

18 S. O'Rourke, *The Cossacks* (Manchester, 2007), p. 82. On the pogroms of the Civil War, see J. Veitlinger, *In the Midst of Civilized Europe: The Pogroms of 1918–1921 and the Onset of the Holocaust* (New York, 2021).

19 L. Hughes, *Russia in the Age of Peter the Great* (New Haven, 1998), p. 317.

20 S. Collins, *The Present State of Russia* (London, 1671), pp. 64–5.

21 Kliuchevsky, *A Course*, p. 343.

22   L. Hughes, *Sophia Regent of Russia, 1657–1704* (New Haven, 1990), p. 249.

5. 서양을 마주한 러시아

1   A. Schönle, 'Calendar Reform under Peter the Great: Absolutist Prerogatives, Plural Temporalities, and Christian Exceptionalism', *Slavic Review*, vol. 80, no. 1 (2021), pp. 69–89; L. Hughes, 'Russian Culture in the Eighteenth Century', in D. Lieven (ed.), *The Cambridge History of Russia*, vol. 2: Imperial Russia, 1689–1917 (Cambridge, 2006), p. 67.

2   N. Riasanovsky, *The Image of Peter the Great in Russian History and Thought* (New York, 1985), p. 5.

3   S. Montefiore, *The Romanovs* (London, 2016), p. 82.

4   W. Fuller, 'The Imperial Army', in Lieven (ed.), *Cambridge History of Russia*, vol. 2, p. 532.

5   Hughes, *Russia in the Age of Peter the Great*, p. 29.

6   P. Bushkovitch, 'Peter the Great and the Northern War', in Lieven (ed.), *The Cambridge History of Russia*, vol. 2, p. 498. Translation changed for clarity.

7   'Peterburg v 1720 g. Zapiski poliaka-ochevidtsa', *Russkaya Starina*, vol. 25 (1879), p. 267.

8   S. Soloviev, *Istoriia Rossii ot drevneishikh vremen*, 29 vols (Moscow, 1864–79), vol. 13, p. 1270.

9   On textile manufacturing: W. Daniel, 'Entrepreneurship and the Russian Textile Industry: From Peter the Great to Catherine the Great', *Russian*

Review, vol. 54, no. 1 (1995), pp. 1–25.

10   *Iusnosti chestnoe zertsalo* (St Petersburg, 1717), pp. 73–4.

11   L. Tolstoy, *War and Peace*, trans. L. and A. Maude (Oxford, 1998), p. 3.

12   Riasanovsky, *Image*, p. 80.

13   Ibid., p. 60.

14   V. Solov'ev, *Sochineniia*, 2 vols (Moscow, 1989), vol. 1, p. 287.

15   S. Dixon, *The Modernisation of Russia* (Cambridge, 2012), p. 16.

16   See further, B. Meehan-Waters, 'Catherine the Great and the Problem of
      Female Rule', *Russian Review*, vol. 34, no. 3 (1975), pp. 293–300.

17   H. Rogger, *National Consciousness in Eighteenth-Century Russia*
      (Cambridge, Mass., 1960), p. 37.

18   J. Alexander, *Catherine the Great: Life and Legend* (Oxford, 1989), pp. 11,
      14.

19   R. Ovchinnikov, 'Sledstvie i sud nad E. I. Pugachevym', *Voprosy Istorii*, no.
      3 (1966), p. 128.

20   R. Jones, *The Emancipation of the Russian Nobility, 1762–1785* (Princeton,
      2019), p. 204.

21   P. Dukes (ed.), *Russia under Catherine the Great*, vol. 2: *Catherine
      the Great's Instruction (Nakaz) to the Legislative Commission*, 1767
      (Newtonville, Mass., 1977), p. 3.

22   See M. Bassin, 'Geographies of Imperial Identity', in Lieven (ed.),
      Cambridge History of Russia, vol. 2, pp. 45–64.

23   M. Bassin, 'Inventing Siberia: Visions of the Russian East in the Early
      Nineteenth Century', *American Historical Review*, vol. 96, no. 3 (1991),
      pp. 768–70.

24 유대인 숫자는 정확하게 추정하기 어렵다. 많게는 20만 명에서 적게는 3만 2,000명으로 추산된다. 다음을 보라. J. Klier, *Russia Gathers her Jews: The Origins of the 'Jewish Question' in Russia, 1772–1825* (DeKalb, Ill., 1986), p. 56.

25 W. Reddaway (ed.), *Documents of Catherine the Great* (Cambridge, 1931), p. 147; *Correspondance artistique de Grimm avec Catherine II*, Archives de l'art français, nouvelle période, 17 (Paris, 1932), pp. 61–2.

26 See further, O. Figes, *Crimea: The Last Crusade* (London, 2010), pp. 10–17.

27 S. Montefi ore, *Prince of Princes: The Life of Potemkin* (London, 2000), pp. 274–5.

28 J. Blum, *Lord and Peasant in Russia: From the Ninth to the Nineteenth Century* (Princeton, 1961), p. 441.

29 Jones, *Emancipation of the Russian Nobility*, p. 293.

30 Alexander, *Catherine*, p. 283.

31 V. Semennikov (ed.), *Materialy dlia istorii russkoi literatury* (St Petersburg, 1914), p. 34.

6. 나폴레옹의 그림자

1 M. Heller, *Histoire de la Russie et de son empire* (Paris, 1997), p. 616.

2 A. Czartoryski, *Mémoires et correspondance avec l'empereur Alexandre Ier*, 2 vols (Paris, 1887), vol. 1, p. 979.

3 See M.-P. Rey, *Alexander I: The Tsar Who Defeated Napoleon* (De Kalb, Ill., 2012), ch. 7.

4   Ibid., Kindle edn, loc. 6079.

5   IRL RAN, f. 57, op. 1, n. 63, l. 57 (Sergei Volkonsky).

6   A. Ulam, *Russia's Failed Revolutions: From the Decembrists to the Dissidents* (New York, 1981), p. 5.

7   A. Sergeyev, 'Graf A. Kh. Benkendorf o Rossii v 1827–30gg. (Yezhegodnyye otchoty tret'yego otdeleniya i korpusa zhandarmov)', *Krasnyi Arkhiv*, vol. 37 (1929), pp. 131–74.

8   P. Squire, 'The Metternich–Benckendorff Letters, 1835–1842', *Slavonic and East European Review*, vol. 45, no. 105 (July 1967), pp. 368–90.

9   N. Riasanovsky, *Nicholas I and Offi cial Nationality in Russia* (Berkeley, 1959), p. 74.

10   K. Aksakov, *Polnoe sobranie sochinenii*, 2 vols (St Petersburg, 1861), vol. 2, p. 292.

11   N. Gogol, *Pis'ma*, 4 vols (St Petersburg, n.d.), vol. 2, p. 508.

12   P. Annenkov, *The Extraordinary Decade: Literary Memoirs* (Ann Arbor, 1968).

13   V. Belinskii, *Polnoe sobranie sochinenii*, 13 vols (Moscow, 1953–9), vol. 10, p. 212.

14   A Presniakov, *Emperor Nicholas I of Russia: The Apogee of Autocracy, 1825–1855* (Gulf Breeze, Fla., 1974), p. 56.

15   S. Monas, *The Third Section: Police and Society in Russia under Nicholas I* (Cambridge, Mass., 1961), p. 240.

16   NA, FO 195/332, Colquhoun to Stratford Canning, 2 July 1849.

17   W. Bruce Lincoln, *Nicholas I: Emperor and Autocrat of All the Russias* (De Kalb, Ill., 1989), p. 321; Monas, *The Third Section*, pp. 142, 194.

18 J. and E. Goncourt, *Journal: Mémoires de la vie littéraire*, ed. Robert Ricatte, 3 vols (Monaco, 1956), vol. 2, p. 499.

19 A. Taylor, *The Struggle for Mastery in Europe, 1848–1918* (Oxford, 1959), p. 49.

20 O. Figes, *Crimea: The Last Crusade* (London, 2010), p. 8.

21 A. Zaoinchkovskii, *Vostochnaia voina, 1853–1856*, 3 vols (St Petersburg, 2002), vol. 2, p. 523.

22 Ibid., vol. 1, pp. 702–8.

23 Figes, *Crimea*, p. 442.

24 N. Danilevskii, *Russia and Europe: The Slavic World's Political and Cultural Relations with the Germanic-Roman West*, trans. S. Woodburn (Bloomington, Ind., 2013), p. 107.

25 A. Kelly, *Toward Another Shore: Russian Thinkers between Necessity and Chance* (New Haven, 1998), p. 41.

26 RGIA, f. 914, op. 1, d. 68, ll. 1–2.

27 *Materialy dlia istorii uprazdneniia krepostnogo sostoianii pomeshchich'ikh krest'ian v Rossii v tsarstvovanii Imperatora Aleksandra II*, 3 vols (Berlin, 1860–2), vol. 1, p. 114.

7. 위기의 제국

1 For more on the Bezdna incident: Daniel Field, *Rebels in the Name of the Tsar* (New York, 1976).

2 T. Emmons, 'The Peasant and the Emancipation', in W. Vucinich (ed.), *The Peasant in Nineteenth-Century Russia* (Stanford, 1968), p. 54.

3   See J. Blum, *Lord and Peasant in Russia: From the Ninth to the Nineteenth Century* (Princeton, 1961), pp. 512–14.

4   I discuss the peasant ideology in greater depth in *A People's Tragedy: The Russian Revolution, 1891–1924* (London, 1996), pp. 98–102; and *Peasant Russia, Civil War: The Volga Countryside in Revolution, 1917–1921* (Oxford, 1989), ch. 3.

5   Figes, *A People's Tragedy*, p. 105.

6   T. Shanin, *The Awkward Class* (Oxford, 1972), p. 48.

7   A. Anfimov, *Zemel'naya arenda v Rossii v nachale XX veka* (Moscow, 1961), p. 15.

8   D. Saunders, *Russia in the Age of Reaction and Reform* (London, 1992), p. 213.

9   J. Habermas, 'The Public Sphere', *New German Critique*, no. 3 (1974), p. 49.

10   Figes, *A People's Tragedy*, p. 46.

11   F. Venturi, *Roots of Revolution: A History of the Populist and Socialist Movements in Nineteenth-Century Russia* (New York, 1960), p. xxvi.

12   See R. Crews, *For Prophet and Tsar: Islam and Empire in Russia and Central Asia* (Cambridge, Mass., 2009).

13   J. Brooks, *When Russia Learned to Read: Literacy and Popular Literature, 1861–1917* (Princeton, 1985), pp. 55–6.

14   이 시기에 러시아가 '개발도상 사회'였다는 분석에 관해서는 다음을 보라. T. Shanin, *Russia as a 'Developing Society', vol. 1: Roots of Otherness: Russia's Turn of Century* (London, 1985). 20세기 인도에서 나타났던 유사한 농촌에서 도시로의 이주 패턴에 관해서는 다음을 보라. R. Chandavarkar,

"'The Making of the Working Class": E. P. Thompson and Indian History', *History Workshop Journal*, no. 43 (1997), pp. 185–7.

15   T. von Laue, 'A Secret Memorandum of Sergei Witte on the Industrialization of Imperial Russia', *Journal of Modern History*, vol. 26 (1954), p. 71.

16   D. Volkogonov, *Lenin: Life and Legacy* (London, 1991), pp. 8–9.

17   L. Fischer, *The Life of Lenin* (London, 1965), p. 329.

18   L. Lih, *Lenin Rediscovered: What Is to Be Done? In Context* (Chicago, 2008), p. 447.

19   W. Sablinsky, *The Road to Bloody Sunday: Father Gapon and the St Petersburg Massacre of 1905* (Princeton, 1976), p. 344.

20   1881년 알렉산드르 3세의 암살 이후, 반차르주의적 발언을 한 농민을 체포하는 경찰의 체포 절차 때문에 농민들이 차르에 대해 더 적개심을 품게 되었던 상황의 초기 징후들에 관해서는 다음을 보라. D. Beer, "'To a Dog, a Dog's Death!": Naive Monarchism and Regicide in Imperial Russia, 1878–1884', *Slavic Review*, vol. 80, no. 1 (2021), pp. 112–32.

21   *Voennaya Gazeta*, 13 June 1913, p. 2.

22   *Novoe Vremia*, 6 March 1914.

23   Figes, *A People's Tragedy*, p. 251.

24   P. Gilliard, *Thirteen Years at the Russian Court* (London, 1921), p. 111.

25   A. Brussilov, *A Soldier's Notebook, 1914–1918* (London, 1930), p. 39.

26   F. Golder, *Documents on Russian History, 1914–1917* (New York, 1927), p. 21.

8. 혁명 러시아

1   A. Brussilov, *A Soldier's Notebook, 1914–1918* (London, 1930), pp. 93–4.

2   O. Figes and B. Kolonitskii, *Interpreting the Russian Revolution: The Language and Symbols of 1917* (New Haven, 1999), p. 24.

3   B. Pares (ed.), *Letters of the Tsaritsa to the Tsar, 1914–1916* (London, 1923), p. 157.

4   O. Figes, *A People's Tragedy: The Russian Revolution, 1891–1924* (London, 1996), p. 345.

5   L. Trotsky, *The History of the Russian Revolution* (London, 1977), p. 193.

6   G. Buchanan, *My Mission to Russia and Other Diplomatic Memoirs*, 2 vols (London, 1923), vol. 2, p. 86.

7   OR RNB f. 152, op. 1, d. 98, l. 34.

8   St Antony's College, Oxford, Russian and East European Centre, G. Katkov Papers, 'Moskovskii sovet rabochikh deputatov (1917–1922)', p. 10.

9   R. Lockhart, *Memoirs of a British Agent* (London, 1933), p. 304.

10 R. Browder and A. Kerensky (eds), *The Russian Provisional Government 1917: Documents*, 3 vols (Stanford, 1961), vol. 2, pp. 913–15.

11 F. Farmborough, *Nurse at the Russian Front* (London, 1977), pp. 269–70.

12 G. Zinoviev, 'Lenin i iiul'skie dni', *Proletarskaya Revoliutsiia*, no. 8–9 (1929), p. 62.

13 V. Lenin, *Collected Works*, 47 vols (London, 1977), vol. 25, pp. 176–9.

14 Ibid., vol. 26, pp. 19, 21.

15 *The Bolsheviks and the October Revolution: Minutes of the Central Committee of the Russian Social-Democratic Labour Party (Bolsheviks),*

August 1917–February 1918 , trans. A. Bone (London, 1974), p. 98.

16   Figes, *A People's Tragedy*, pp. 489–91.

17   M. Gorky, *Untimely Thoughts: Essays on Revolution, Culture, and the Bolsheviks, 1917–1918*, trans. Herman Ermolaev (New Haven, 1995), p. 95.

18   V. Lenin, *Polnoe sobranie sochinenii*, 55 vols (Moscow, 1958–65), vol. 35, p. 204.

19   RGASPI, f. 17, op. 1, d. 405, l. 1–13.

20   J. Wheeler-Bennett, *Brest-Litovsk: The Forgotten Peace* (New York, 1938), p. 269.

21   O. Figes, *Peasant Russia, Civil War: The Volga Countryside in Revolution, 1917–1921* (Oxford, 1989), pp. 150 ff .

22   O. Figes, 'The Village and Volost Soviet Elections of 1919', *Soviet Studies*, vol. 40, no. 1 (1988), pp. 21–45.

23   Figes and Kolonitskii, *Interpreting the Russian Revolution*, p. 152.

24   O. Figes, 'The Red Army and Mass Mobilization during the Russian Civil War', *Past & Present*, vol. 129, issue 1 (1990), pp. 206–9.

25   *Kronshtadtski miatezh: sbornik statei, vospominanii i dokumentov* (Leningrad, 1931), p. 26.

26   See I. Getzler, *Kronstadt, 1917–1921: The Fate of a Soviet Democracy* (Cambridge, 1983).

27   Lenin, *Collected Works*, vol. 33, pp. 487–502.

9. 옛 러시아와 싸우는 전쟁

1   N. Sukhanov, *The Russian Revolution, 1917: A Personal Record*, ed. J. Carmichael (Oxford, 1955), p. 230.

2   S. Kotkin, *Stalin*, vol. 1: *Paradoxes of Power, 1878–1928* (London, 2014), p. 432.

3   Ibid. , pp. 433–41; B. Bazhanov, *Bazhanov and the Damnation of Stalin*, trans. D. Doyle (Athens, Oh., 1990), p. 40. See further, N. Rosenfeldt, '"The Consistory of the Communist Church": The Origins and Development of Stalin's Secret Chancellery', *Russian History* 9 (1982), pp. 308–24; J. Harris, 'Stalin as General Secretary: The Appointments Process and the Nature of Stalin's Power', in S. Davis and J. Harris, *Stalin: A New History* (Cambridge, 2005), pp. 63–82.

4   *Izvestiia TsK*, no. 12 (1989), pp. 193, 198.

5   N. Tumarkin, *Lenin Lives! The Lenin Cult in Soviet Russia* (Cambridge, Mass., 1997), pp. 139–49, 160–4; O. Velikanova, *Making of an Idol: On Uses of Lenin* (Göttingen, 1996), pp. 33–4.

6   See R. Conquest, *The Harvest of Sorrow: Soviet Collectivization and the Terror-Famine* (Oxford, 1986), and A. Applebaum, *Red Famine: Stalin's War on Ukraine* (New York, 2017).

7   N. Kaminskaya, *Final Judgment: My Life as a Soviet Defence Attorney* (New York, 1982), pp. 18–21.

8   On such statements and their provenance see D. Brandenberger and A. Dubrovsky, '"The People Need a Tsar": The Emergence of National Bolshevism as Stalinist Ideology, 1931–1941', *Europe-Asia Studies*, vol. 50, no. 5 (1998), p. 873.

9   O. Figes, *The Whisperers: Private Life in Stalin's Russia* (London, 2007), p. 275.

10   J. Haslam, 'Political Opposition to Stalin and the Origins of the Terror in Russia, 1932–1936', *Historical Journal*, vol. 29, no. 2 (1986), p. 396.

11   J. Getty and O. Naumov, *The Road to Terror: Stalin and the Self-Destruction of the Bolsheviks, 1932–1939* (New Haven, 1999), pp. 54–7.

12   H. Kuromiya, 'Accounting for the Great Terror', *Jahrbücher für Geschichte Osteuropas*, New Series, vol. 53, no. 1 (2005), pp. 86–101.

13   O. Khlevniuk, *Master of the House: Stalin and his Inner Circle* (New Haven, 2009), p. 174; Istochnik , no. 3 (1994), p. 80.

10. 모국(母國)

1   *Izvestiia*, 29 November 1938; *Kino-Gazeta*, 2 December 1938.

2   S. Eizenshtein, 'Patriotizm – moia tema', in *Izbrannye prozvedeniia v shesti tomakh* (Moscow, 1964), vol. 1, p. 162.

3   D. Brandenberger and A. Dubrovsky, '"The People Need a Tsar": The Emergence of National Bolshevism as Stalinist Ideology, 1931–1941', *Europe-Asia Studies*, vol. 50, no. 5 (1998), p. 880.

4   See T. Martin, *The Affirmative Action Empire: Nations and Nationalism in the Soviet Union, 1923–1939* (Ithaca, NY, 2001).

5   Cited in S. Plokhy, *Lost Kingdom: A History of Russian Nationalism from Ivan the Great to Vladimir Putin* (London, 2018), p. 255.

6   O. Khlevniuk, *Stalin: New Biography of a Dictator*, trans. N. Favorov (New Haven, 2015), p. 188.

7   T. Snyder, *Black Earth: Th e Holocaust as History and Warning* (New York, 2016), p. 19.

8   *Pravda*, 3 July 1941, p. 1.

9   Khlevniuk, *Stalin*, p. 218.

10   *Vecherniaya Moskva*, 8 November 1941.

11   M. Djilas, *Conversations with Stalin*, trans. M. Petrovich (London, 2014), p. 40.

12   Interviews with Rebekka (Rita) Kogan, St Petersburg, June, November 2003. See O. Figes, *The Whisperers: Private Life in Stalin's Russia* (London, 2007), pp. 417–19.

13   군인 사상자 수는 논란의 여지가 있고 확실하게 계산하기 어렵다. 러시아 국방부가 제시한 수치는 870만 명이지만, 군사 기록보관소의 명단으로 더 높은 수치(최대 1,400만 명)가 추산되었다. 나는 독일 강제 노동수용소에서 사망한 소련 포로들을 집계한 빅토르 젬스코프의 계산을 따랐다(V. Zemskov, 'O Masshtabakh liudskikh poter' SSSR v Velikoi Otechestvennoi Voine', *Voenno-Istoricheskii Arkhiv*, vol. 9 [2012], pp. 59–71).

14   R. McNeal, *Stalin: Man and Ruler* (London, 1988), p. 241.

15   G. Hosking, 'The Second World War and Russian National Consciousness', *Past & Present*, vol. 175, issue 1 (2002), p. 177.

16   Figes, *The Whisperers*, pp. 414–15.

17   Djilas, *Conversations with Stalin*, p. 78.

18   <marxists.org/reference/archive/stalin/works/1945/05/24.htm>.

19   Djilas, *Conversations with Stalin*, p. 45.

20   Ibid., pp. 80–1.

21   M. Ellman and S. Maksudov, 'Soviet Deaths in the Great Patriotic War: A

Note', *Europe-Asia Studies*, vol. 46, no. 4 (1994), p. 671. 2,800만 명이라는 추정치는 1989년 고르바초프가 임명한 전문가 위원회에 의해 제시되었다.

22   전쟁 손실을 터무니없이 과소평가한 스탈린의 동기가 무엇이었는지 설명할 자료는 아직 기록보관소 문건에서 발견되지 않았다. 어쩌면 서방과의 새로운 전쟁 가능성을 염두에 둔 그가 이미 얼마나 많은 사람이 죽었는지 사람들이 알게 되기를 원치 않았던 것일지도 모른다.

23   <soviethistory.msu.edu/1947-2/famine-of-1946-1947/>.

24   I. Stalin, *Speeches Delivered at Meetings of Voters of the Stalin Electoral District, Moscow* (Moscow, 1950), pp. 19–44.

25   *Pravda*, 9 January 1949.

26   *Pravda*, 7 November 1946.

27   L. Alexeyeva and P. Goldberg, *The Thaw Generation: Coming of Age in the Post-Stalin Era* (Boston, 1990), p. 4.

28   J. Brodsky, 'Spoils of War', in *On Grief and Reason: Essays* (London, 1996), p. 8.

29   S. Schattenberg, *Brezhnev: The Making of a Statesman*, trans. J. Heath (London, 2021), p. 186.

30   Ibid., p. 217.

31   L. Timofeev, *Soviet Peasants: Or, the Peasants' Art of Starving* (n.p., 1985).

32   *The Current Digest of the Soviet Press* (Columbus, Oh.), 27 April 1988, pp. 1–6.

11. 이야기의 결말

1   See e.g. A. Ostrovsky, *Inventing Russia: The Journey from Gorbachev's*

Freedom to Putin's War (London, 2018), p. 115.

2   Diane Sawyer of ABC, *World News Tonight* : <youtube.com/watch?v=fdKuo9ZqVZw> .

3   KGB 언론 담당이었던 알렉산드르 미하일로프가 한 인터뷰를 보라. icds.ee/en/25-years-after-the-moscow-putsch-what-did-events-look-like-from-within-the-kgb/.

4   A. Kolesnichenko, 'Effects of 1991 August Putsch still felt in Russia', *Russia Beyond the Headlines*, 23 August 2013: <rbth.com/politics/2013/08/23/effects_of_1991_august_putsch_still_felt_ in_russia_29 171.html>.

5   T. Wood, *Russia without Putin: Money, Power and the Myths of the New Cold War* (London, 2018), Kindle edn, loc. 555.

6   See D. Hoffman, *The Oligarchs: Wealth and Power in the New Russia* (New York, 2001).

7   M. Gessen, *Man without A Face: The Unlikely Rise of Vladimir Putin* (New York, 2013).

8   S. Corbesero, 'History, Myth and Memory: A Biography of a Stalin Portrait', *Russian History*, vol. 38, no. 1 (2011), p. 77. Many thanks to @cdmoldes for tracking down the image.

9   V. Putin, 'Russia at the Turn of the Millennium', <government.gov.ru/english/statVP_eng_1.html>.

10   C. Belton, *Putin's People: How the KGB Took Back Russia and Then Took on the West* (London, 2020), p. 267.

11   L. Aron, 'The Problematic Pages', *New Republic*, 24 September 2008.

12   *Kommersant-Vlast'*, no. 27 (371), 16 July 2007.

13   G. Pavlovskii, 'Plokho s pamiat'iu – plokho s politikoi', *Russkii Zhurnal*,

December 2008.

14 See my account in 'Putin vs. The Truth', *New York Review of Books*, 30 April 2009.

15 International Federation for Human Rights (FIDH), *Russia – 'Crimes against History'*, report published 10 June 2021, p. 29: <fidh.org/IMG/pdf/russie-_pad-uk-web.pdf>.

16 Ibid., p. 10. See further I. Kurilla, 'Th e Implications of Russia's Law against the "Rehabilitation of Nazism"', *PONARS Eurasia Policy Memo* , no. 331 (August 2014).

17 A. Miller, 'Adjusting Historical Policy in Russia', *Russia in Global Affairs*, no. 4 (2014): <eng.globalaffairs.ru/articles/a-year-of-frustrated-hopes/>. See further, H. Bækken and J. Due Enstad, 'Identity under Siege: Selective Securitization of History in Putin's Russia', *Slavonic and East European Review*, vol. 98, no. 2 (2020), pp. 321–44.

18 E. Klimenko, 'Building the Nation, Legitimizing the State: Russia – My History and Memory of the Russian Revolutions in Contemporary Russia', *Nationalities Papers*, vol. 49, no. 1 (2021), pp. 72–88.

19 <themoscowtimes.com/2020/03/24/75-of-russians-say-soviet-era-was-greatest-time-in-countrys-history-poll-a69735>.

20 <levada.ru/2021/06/23/otnoshenie-k-stalinu-rossiya-i-ukraina/>.

21 Iu. Levada, '"Chelovek sovetskii": chetvertaia volna', *Polit.ru*, 30 April 2010: <polit.ru/lectures/2004/04/15/lev ada.html>. See further M. Gessen, *The Future Is History: How Totalitarianism Reclaimed Russia* (New York, 2017), which discusses the phenomenon.

22 D. Khapaeva and N. Koposov, *Pozhaleite, lyudi, palachei: Massovoe*

istoricheskoe soznanie v postsovetskoi Rossii i Stalinizm (Moscow, 2007).

23   For transcripts and recordings of the shows see: <kurginyan.ru>.

24   Cited in R. Braithwaite, 'NATO enlargement: Assurances and misunderstandings', European Council on Foreign Relations, 7 July 2016. On-line edition: <ecfr.eu/article/commentary_nato_enlargement_assurances_and_misunderstandings/>.

25   T. Friedman, 'Foreign Affairs; Now a Word from X', *New York Times*, 2 May 1998.

26   <en.kremlin.ru/events/president/transcripts/24034>.

27   <en.kremlin.ru/events/president/transcripts/22931>.

28   나토의 유고슬라비아 개입은 유고슬라비아의 정책을 비난하는 세 차례 유엔 안전보장이사회 결의가 선행된 후 결정되었다. 러시아가 우크라이나를 침공하기 전에는 이러한 외교적 노력이 없었다. 유엔 회원국 97개국이 코소보의 독립을 인정했으나, 러시아의 크림반도 합병의 합법성을 인정한 국가는 5개국에 불과했다.

29   On Glazyev's influence see M. Zygar, *All the Kremlin's Men: Inside the Court of Vladimir Putin* (New York , 2016), ch. 17.

30   M. Sarotte, *Not One Inch: America, Russia, and the Making of Post-Cold War Stalemate* (New Haven, 2022), p. 184.

31   <en.kremlin.ru/events/president/news/67828>.

32   <en.kremlin.ru/events/president/news/66181>.

33   <https://www.newstatesman.com/world/europe/ukraine/2022/04/russia-cannot-afford-to-lose-so-we-need-a-kind-of-a-victory-sergeykaraganov-on-what-putin-wants>.

34   <https://www.themoscowtimes.com/2022/03/07/russian-church-leader-

appears-to-blame-gay-pride-parades-for-ukraine-war-a76803>.

35 헌법 개정에 소요되는 시간에 관한 젤렌스키의 의견은 그가 러시아 독립 언론 인 네 명과 가진 흥미로운 인터뷰를 참고하라. <https://www.youtube.com/ watch?v=IA01DLfqYIY>. (from 50 minutes in). For Ukrainian polls: <https:// www.themoscowtimes.com/2022/02/18/ukrainians-supp ort-for-joining-nato-hits-record-high-poll-a76442> and <https://ratinggroup.ua/research/ ukraine/pyatyy_obschenacionalnyy_opros_ukraina_v_usloviyah_ voyny_18_marta_2022.html.>